国家职业资格培训系列教材

医药商品购销员
（中、初级）

主　　编　陈长艳
主　　审　黎　梅　刘国伟
副 主 编　陈显智　张　曦
编　　者　（按姓氏汉语拼音排序）
陈长艳　陈显智　郭步伐
李德龙　张国江　张　曦

科 学 出 版 社
北　京

内 容 简 介

本教材根据人力资源和社会保障部制定的《医药商品购销员国家执业标准》为依据,针对医药商品购销员职业岗位群能力的要求,将内容分为职业道德、医学知识、药学知识、顾客服务、医药商品的购销、药品的保管与陈列、经济核算、消防和安全用电知识八章及相关法律知识。各章初、中级内容融为一体,写作内容紧扣现行法律法规,力求科学、简洁、实用,体现了知识的科学性、完整性和规范性。在编写上注重思想性、启发性和适用性相结合,形成了“理论-实践-测试”三位一体的教材创新体系,突出了理论知识与岗位技能相结合的实用性与可操作性,有利于提高读者的职业技能和综合素质。

本教材可作为初、中级医药商品购销员的职业培训指导用书,也可作为药品生产、经营企业对从业人员进行药品知识和操作技能培训用书,以及药品购销人员的自学用书。

图书在版编目(CIP)数据

医药商品购销员:中、初级 / 陈长艳主编. —北京:科学出版社,2014. 3
国家职业资格培训系列教材
ISBN 978-7-03-040005-5

Ⅰ. 医…　Ⅱ. 陈…　Ⅲ. 药品-购销-资格考试-教材　Ⅳ. F763

中国版本图书馆 CIP 数据核字(2014)第 041737 号

责任编辑:张　茵 / 责任校对:李　影
责任印制:徐晓晨 / 封面设计:范璧合

科学出版社出版
北京东黄城根北街16号
邮政编码:100717
http://www.sciencep.com
北京凌奇印刷有限责任公司印刷
科学出版社发行　各地新华书店经销
*
2014年3月第　一　版　开本:787×1092　1/16
2019年2月第六次印刷　印张:19
字数:450 000
定价:65.80元
(如有印装质量问题,我社负责调换)

前　言

医药商品购销员职业技能培训与鉴定是为了更好地贯彻执行国家职业资格鉴定制度，对医药商品购销员的技能水平和职业资格进行客观、公正、科学规范的评价，通过鉴定从而使医药商品购销员获得相应的资格证书，作为求职的凭证。

本教材是以国家人力资源和社会保障部制定的《医药商品购销员国家职业标准》为依据，结合医药商品购销员的基础水平及目前医药行业对医药商品购销员的实际要求而编写。在编写过程中坚持以国家法律为准绳，以培养学生药品营销能力为目标，以“任务引领，实践导向”为主体的课程模式，采用项目模块的编写方式，以考核要点-案例导入-项目知识-项目实践-项目练习为主线进行编写。在全面贯彻素质要求的同时，力图贯彻教材的思想性、科学性、启发性、适用性和创新性原则，体现了职业教育贴进社会对人才的需求；贴进岗位对专业人才知识、能力和情感要求的标准；贴进受教育者的心理取向和所具备的认知、情感前提。

本教材内容分为职业道德、医学知识、药学知识、顾客服务、医药商品的购销、药品的保管与陈列、经济核算、消防和安全用电知识八章及相关法律知识。各章初、中级内容融为一体，力求科学、简洁、实用，体现了知识的科学性、完整性和规范性。在各章的项目内容之前列出相应的考核要点，以便学生目标明确，重点突出；紧接着以生动有趣的生活事例或用药案例导入课程，有利于激发学生学习及探索知识的兴趣；正文之后还增加了与医药商品购销员工作岗位技能联系密切的项目实践，突出了职业教育重技能的特点，体现了理论知识与岗位技能相结合的可操作性与实用性。

本教材可作为初、中级医药商品购销员的职业培训指导用书，也可作为药品生产、经营企业对从业人员进行药品知识和操作技能培训用书，以及药品购销人员的自学用书。

本教材共分八章，各章的内容和执笔者是：第一章，职业道德，郭步伐。第二章，医学知识，项目一，医学基础知识，张国江；项目二，常见疾病介绍，陈显智。第三章，药学知识，第一节，药物基础知识，陈长艳；第二节，常用药物介绍，项目一～五（抗生素～抗病毒药），郭步伐；项目六（传出神经系统药），李德龙；项目七～十二（镇静催眠药～解热镇痛抗炎药）郭步伐；项目十三～十八（泌尿系统药～降血脂药），张曦；项目十九～二十七（血液系统药～子宫平滑肌收缩药），李德龙；项目二十八～三十（维生素类药物及钙剂～消毒防腐药），陈长艳。第四章，顾客服务，张曦。第五章，医药商品的购销，陈显智。第六章，药品的保管与陈列，陈长艳。第七章，经济核算，张曦。第八章，消防和安全用电知识，陈长艳。

本教材由贵州省毕节市卫生学校组织编写，教材编写工作得到学校教材建设委员会各位领导、各位专家的大力支持，在本教材出版之际，编写组全体同志谨向各位领导、各位专家表示崇高的敬意和衷心感谢！同时也感谢科学出版社的帮助。在教材编写中参考了部分相关教材和有关法律法规，在此向有关的作者和出版社一并致谢！

尽管我们编写组的各成员中多数具有医药学专业的实践和教学经历，经验也较为丰富，但因水平有限，教材会有诸多不尽如人意之处，敬请广大师生批评指正。

教材编写组

2013 年 12 月

目　录

第一章　职业道德

职业道德是一般社会道德的特殊形式，是社会道德的主体部分，普遍受到全社会各行各业所重视和关注。加强职业道德的学习，对维护医药商品购销员职业的良好形象，提高服务质量有着极其重要的意义。

项目一　职业道德基本知识

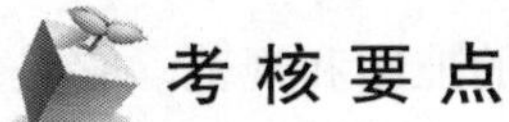

考核要点

1. 职业道德的定义及主要内容。
2. 医药商品购销员的定义及职业守则。

案例导入

顾客，男性，于某药店咨询治疗乙型肝炎的药物，医药商品购销员为其介绍了拉米夫定，强调拉米夫定是目前治疗乙型病毒性肝炎的特效药物，能彻底杀灭乙型肝炎病毒，使血清乙型肝炎病毒抗原、抗体完全转阴，并能保护肝功能不再受损。最终促成顾客购买药品，售价为药店标签价格的2倍。

问题：

1. 请问医药商品购销员在本次药品销售过程中是否违背职业道德？
2. 谈谈您对案例中医药商品购销员销售行为的看法。

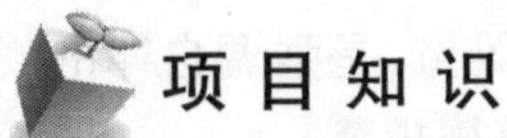

项目知识

一、职业概述

（一）职业的定义

职业是指人们在社会生活中所从事的作为谋生手段的工作。从社会角度来看，职业是劳动者获得的社会角色，劳动者为社会承担一定的义务和责任，并获得相应的报酬；从国民经济活动所需要的人力资源角度来看，职业是指不同性质、不同内容、不同形式、不同操作的专门劳动岗位。职业随着社会进步和劳动分工而逐步产生和发展，它是社会生产力发展和科技进步的产物。所以，社会劳动分工是职业产生的基础和条件。一个国家经济体制、产业结构和科技水平状况决定着社会职业的构成，而职业构成的变化也客观反映着经济、科技以及社会其他领域结构的发展和结构变化。现代社会中，职业已不仅仅是人们的谋生手段，而成为人们寻求自我发展、展现个人才能和实现自我价值的舞台。

（二）职业的特点

职业一般具有目的性、社会性、稳定性、规范性、群体性等特点。

1. 目的性　职业活动是以获得报酬，及实现自我价值和为社会做出贡献为目的。

2. 社会性　职业活动是在特定社会生活环境中开展的,同时所从事职业活动与其他社会人员相互关联、相互服务。

3. 稳定性　职业在一定历史时期内形成,能在较长的一个历史阶段相对稳定,并持续发展与优化。

4. 规范性　任何一项职业活动必须遵守国家法律法规,符合社会道德规范,符合特定生产技术技能规范的要求。

5. 群体性　从事某种职业的人员不可能只是一个单独的个体,而是从事同一职业的人们在职业活动中形成的具有职业特色的群体。

二、道德概述

(一) 道德的含义

道德是人们共同生活及其行为的准则和规范。它是由一定社会物质生活条件所决定,以善恶为评价标准,依靠社会舆论、传统习惯和人们内心信念的力量,调整人与人、个人与社会之间关系的行为规范的总和。通俗地说,道德就是做人的道理和规矩,其规定了人们应该做什么和不应该做什么,应该怎样做和不应该怎样做。

(二) 道德的特点

1. 社会性　道德产生、存在于人类社会生活中,道德意识、道德规范是社会性的而不是个人性的。

2. 阶级性　阶级社会中,各个阶级都有各自不同的道德。对立的阶级有相互对立的道德,不同的阶级也有不同的道德原则,所以阶级社会中一切道德理论体系都是有阶级性的。

3. 广泛性　纷繁复杂的社会生活中,调节人与人、人与社会的关系,法律的影响范围较小,仅能对触犯法律的行为实行制裁,而法律无法规定和干预的,主要依靠道德规范进行调节。如服务态度、礼貌行为的规范只有靠道德规范进行评价与调节。

4. 自律性　道德与法律不同,它不需要国家暴力机关强制执行,而是依靠社会舆论、传统习惯和人们的内心信念的力量来维持,是强调自律的规范体系,人们自愿地认同社会道德规范,并结合个人的实际情况践行道德规范。

5. 规范性　道德用以调节人际关系,指示人们应当做什么、不应当做什么,因此同法律一样,是社会生活中的规范性力量。

6. 层次性　道德规范之间有不同的层次,有根本性的道德规范,即道德原则,也有建立于道德原则基础之上的次一级的具体的道德规范。

7. 稳定性　一定社会的道德意识在一定时期是相对稳定的。

三、职业道德

(一) 职业道德的定义

广义的职业道德是指从业人员在职业活动中应该遵循的行为准则,涵盖了从业人员与服务对象、职业与职工、职业与职业之间的关系。狭义的职业道德是指一定职业活动中,从业人员应遵循和体现的具有一定职业特征、调整一定职业关系的职业行为准则和规范。

(二) 职业道德的主要内容

1. 爱岗敬业　爱岗就是热爱自己的工作岗位,热爱本职工作;敬业就是要以一种恭敬严肃的态度对待自己的工作。爱岗敬业是职业道德的精髓,是最基本的职业道德规范,其不仅是个人生存和发展的需要,也是社会存在和发展的需要。只有爱岗敬业的人,才会在自己的工作岗位上勤勤恳恳,不断地钻研学习,一丝不苟、精益求精,才有可能为社会为国家做出崇高而伟大的奉献。

2. 诚实守信　诚实即忠诚老实、言行一致、表里如一,不弄虚作假,不隐瞒欺骗;守信就是讲信用、讲信誉、信守承诺。诚实守信是一切职业道德的立足点。诚实守信既是一种道德品质和道德信念,也是每个公民的道德责任。随着时代的不断发展和变化,"诚实守信"也不断赋予体现时代精神的新内涵。公民道德建设中,把诚实守信融入到职业道德的各个领域和各个方面,使各行各业的从业人员,都能在各自的职业中,培养诚实守信的观念,忠诚于自己从事的职业,信守自己的承诺。

3. 办事公道　是指我们在办事情、处理问题时,要站在公正的立场上,对当事双方公平合理、不偏不倚,不论对谁都是按照一个标准办事。公道与公平、公正,含义大致相同,意指坚持原则,按照一定的社会标准实事求是地待人处世。从业人员要做到办事公道,必须坚持原则,不徇私情、不畏权势、不计个人得失。同时,加强学习,不断提高认识能力,明确是非标准,分辨善恶美丑,并有敏锐的洞察力。

4. 服务群众　是指认真听取群众意见,深入了解群众需要,端正服务态度,提高服务质量。服务群众是爱岗敬业、诚实守信及办事公道在职业活动中的具体化表现。从业人员在职业活动中,应想群众之所想、急群众之所急,时刻牢记全心全意为人民服务的宗旨,为群众提供热情周到的服务,才能充分体现服务群众在职业道德中的核心地位。

5. 奉献社会　奉献,就是不论从事任何职业,从业人员的目的不是为了个人、家庭,也不是为了名和利,而是为了有益于他人,有益于国家和社会。奉献社会就是积极自觉地为社会做贡献。奉献社会是社会主义职业道德的本质特征,是职业道德的出发点和归宿。社会主义制度建立在以公有制为主体的经济基础之上,广大劳动人民当家做主,因此,社会主义职业道德必须把奉献社会作为自己重要的道德规范,作为自己根本的职业目的。

项目练习

一、判断题:关于下列说法正确的打"√",错误的打"×"。

1. 职业是指人们在社会生活中所从事的作为谋生手段的工作。 (　)
2. 道德是人们共同生活及其行为的法定规范。 (　)
3. 社会主义职业道德的本质特征是爱岗敬业。 (　)
4. 职业道德的出发点和归宿是奉献社会。 (　)

二、选择题:每小题有四个备选答案,请从中选择一个最佳答案。

1. 下列哪项不是职业的特点
   A. 目的性　B. 社会性
   C. 规范性　D. 易变性
2. 道德的特点不包括
   A. 目的性　B. 自律性
   C. 广泛性　D. 阶级性
3. 职业道德的精髓是
   A. 爱岗敬业　B. 诚实守信
   C. 办事公道　D. 服务群众
4. 职业道德的立足点是
   A. 爱岗敬业　B. 诚实守信
   C. 奉献社会　D. 服务群众
5. 职业道德的核心是
   A. 爱岗敬业　B. 诚实守信
   C. 奉献社会　D. 服务群众

项目二　医药商品购销员职业守则

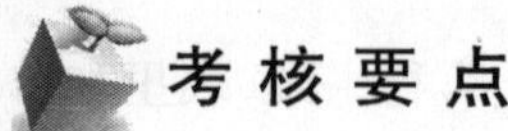

考核要点

医药商品购销员职业守则的内容。

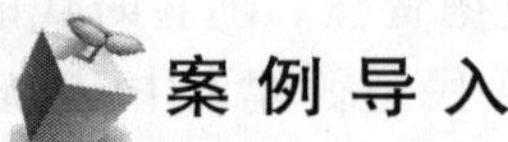

案例导入

陈某,男性,25岁,某药品零售连锁企业医药商品购销员,主要负责药品销售。陈某为增加个人收入,从其他零售药店购买药品,再以开展促销活动为由,将自购药品以本店药品价格的八折销售给顾客。

问题:

请从医药商品购销员职业守则的角度,谈谈您对案例中陈某行为的看法。

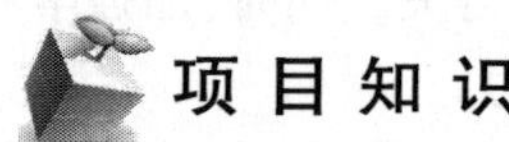

项目知识

一、医药商品购销员

(一) 医药商品购销员的定义

改革开放以来,随着社会发展、科技进步,带来经济结构、产业结构的调整变化,为医药商品生产、经营、流通领域创造了全面发展的大好机遇。在医药商品生产、经营、流通领域全面发展的同时,对其各个环节的职业活动提出了更专业化的要求,传统职业的知识和技术难以适应药品生产、经营、流通领域发展的需要。医药商品购销是药品生产、经营的重要环节,为适应新形势的发展变化,优化劳动者素质,产生了更加专业化的医药商品购销员职业。

为适应经济、社会发展的需要,提升职业标准,国家人力资源和社会保障部制定了《医药商品购销员国家职业标准》,明确提出了医药商品购销员职业的定义,即医药商品购销员是指从事药品采购、销售及咨询服务的人员。

(二) 医药商品购销员职业技能鉴定

1. 医药商品购销员职业等级　医药商品购销员职业共设三个等级,分别为:初级(国家职业资格五级)、中级(国家职业资格四级)、高级(国家职业资格三级)。

2. 医药商品购销员基本文化程度要求　高中毕业(或同等学力)。

3. 医药商品购销员职业技能鉴定适用对象　从事或准备从事本职业的人员。

4. 医药商品购销员职业技能鉴定申报条件　不同等级医药商品购销员职业技能鉴定申报条件不同。凡具备以下条件之一者,可申报相应等级医药商品购销员职业技能鉴定。

(1) 初级(国家职业资格五级):经本职业初级正规培训达规定标准学时数,并取得毕(结)业证书;从事本职业学徒期满;连续从事本职业2年以上。

(2) 中级(国家职业资格四级):取得本职业初级职业资格证书后,连续从事本职业工作3年以上,经本职业中级正规培训达规定标准学时数,并取得毕(结)业证书;取得本职业初级职业资格证书后,连续从事本职业工作5年以上;连续从事本职业工作7年以上;取得经劳动保障行政部门审核认定的、以中级技能为培养目标的中等以上职业学校药学专业毕业证书。

(3) 高级(国家职业资格三级):取得本职业中级职业资格证书后,连续从事本职业工作4年以上,经本职业高级正规培训达规定标准学时数,并取得毕(结)业证书;取得本职业中级职业资格证书后,连续从事本职业工作7年以上;取得高级技工学校或经劳动保障行政部门审核认定的、以高级技能为培养目标的高等职业学校药学专业毕业证书。

5. 鉴定方式　医药商品购销员职业技能鉴定分为理论知识考试和技能操作考核。理论知识考试采用闭卷笔试方式,技能操作考核采用现场实际操作方式。理论知识考试和技能操作考核均实行百分制,成绩皆达60分以上者为合格。鉴定合格者由人力资源和社会保障部门职业技能鉴定中心统一颁发职业资格证。

二、医药商品购销员职业守则

(一) 遵纪守法,爱岗敬业

遵纪守法是指每个医药商品购销员都要遵守纪律和法律,尤其要遵守职业纪律和与职业活动相关的法律法规。为加强药品监督管理,保证药品质量,保障人体用药安全,维护人民身体健康和用药的合法权益,国家不断建立和完善医药商品研制、生产、经营、流通等环节管理的法律法规体系。迄今,国家颁布了《中华人民共和国药品管理法》、《药品生产质量管理规范》(简称 GMP)、《药品经营质量管理规范》(简称 GSP)、《药品流通监督管理办法》、《药品流通环节价格管理暂行办法》等法律法规。医药商品购销员在职业活动中,应学法、知法,增强法制意识,自觉遵守法律法规,确保顾客、国家、社会权益不受侵害。职业纪律是指在特定职业活动范围内从事某种职业的人们必须共同遵守的行为准则。医药商品购销员的职业纪律包括单位、行业的时间纪律、组织纪律、岗位纪律、协作纪律、安全卫生纪律、品行纪律,规范医药商品生产、经营、流通领域正常秩序,促进经济发展。

爱岗是敬业的基础,敬业是爱岗的具体表现,不爱岗就很难做到敬业,不敬业也很难说是真正的爱岗。爱岗是热爱自己的工作岗位,热爱本职工作。热爱本职工作,就是医药商品购销员以正确的态度对待各种职业活动,努力培养热爱自己所从事的工作的幸福感、荣誉感。一个人一旦爱上了自己的职业,他的身心就会融合在职业工作中,就能在平凡的岗位上,做出不平凡的事业。

遵纪守法,爱岗敬业对医药商品购销员的具体化要求:

1. 合法经营　医药商品购销员在药品经营活动中,要做到合法经营,首先应注重职业道德及药事法律法规的学习,动态更新法律法规理论知识,不断提高法律素质,充分理解职业道德、药事法律法规对合法经营的重要意义;其次,应在职业道德与法律框架内开展药品采购、销售及咨询服务等职业活动,践行社会主义荣辱观,以遵纪守法为荣、以违法乱纪为耻,自觉维持医药商品生产、经营、流通等领域的正常秩序,严禁假劣药品进入药品流通领域。

2. 职业忠诚　在职业活动中怀抱忠诚,守忠诚之德,脚踏实地工作,践行"忠诚"理念,不断树立对事业的献身精神和忠诚意识,增强对事业执着追求的责任心和使命感,精益求精的职业品质和刻苦钻研的精神,形成良善的职业态度和职业作风。医药商品购销员应不断加强对医药基础知识、药品购销、经济核算等专业知识的学习,不断提高业务素质,科学合理地实施药品采购、销售及咨询服务,准确介绍、销售药品。

(二) 质量为本,真诚守信

在医药商品购销员职业活动中,涉及的质量包含医药商品质量、服务质量。医药商品往往与人的生命有直接关系,特别是确保药品质量尤为重要。因此,国家制定了法定的国家药品标准,规范药品研制、生产、流通、使用等行为,实行严格的质量监督管理,确保药品质量。“药关人命,质量第一”,一定要牢固树立“质量第一”的理念,将药品质量放在首位,为消费者提供安全有效、质量可靠的药品,确保人民用药安全高度负责的精神。

服务质量是指服务能够满足规定和潜在需求的特征和特性的总和,是指服务工作能够满足被服务者需求的程度。顾客所购买的不仅仅是医药商品,还有期望,他们不是仅要获得冷冰冰的实体医药商品,更多的是要在获得实体产品的同时获得心理满足。在竞争日益激烈的医药商品经营中,求生存的最佳途径是提高顾客的满意度,对医药商品的满意度在很大程度上取决于营销的服务理念是否让人感到亲切。

真诚守信是做人、做事的基本准则。真诚是人的一种道德品质,在职业活动中,应忠实于事物的本来面貌,不篡改事实,光明磊落,不玩弄花招、避人耳目、欺骗别人。守信就是信守诺言,讲信誉、重信用,忠实履行自己承担的义务。虚假失信行为将会损害个人、集体荣誉及利益。

质量为本,真诚守信对医药商品购销员的具体化要求:

1. 质量意识　医药商品购销员必须牢固树立质量意识,将其体现在药品生产、运输、贮藏、陈列、销售等各个环节之中。认真钻研药品贮藏、陈列、养护及质量审核知识,严格质量要求,合法采购、销售符合国家质量标准的药品,加强药品贮藏、陈列、养护管理,对可能引起药品质量改变的因素积极预防和处理。同时,经过培训学习,增强服务意识,不断提高服务质量。

2. 实事求是　实事求是就是严格按照客观实际思考或办事。在职业活动中,应依据药品相关知识真实地介绍药品,不夸大药品功效或作用,不缩小或掩饰药品的不良反应及缺陷,力求做到诚、真、实。同时,还包括实事求是地对待和处理顾客的意见、抱怨及投诉。

(三) 急人所难,救死扶伤

医药商品购销员所从事的是一种维护人的生命和增进人类健康的服务性职业,服务的最终对象是身患疾病的人。在职业活动中,应急他人之所急,想他人之所想,坚持“以人为本、以人为中心”,平等地尊重人、关怀人、照顾人,热心主动帮助别人解决困难,充分体现救死扶伤及全心全意为人民服务的精神。

急人所难,救死扶伤对医药商品购销员的具体化要求:

1. 一视同仁　医药商品购销员在职业活动中,应将顾客的利益放在首位,不论贵贱贫富、长幼妍媸、怨亲善友,均应一视同仁,平等地为每一位顾客提供热情周到的服务。

2. 业务熟练　我们必须不断丰富医药知识、购销知识和熟练职业技能,才能为顾客提供优质的服务,才能尽到职业责任。

(四) 文明经商,服务热情

文明经商、服务热情就是要在职业活动中遵循社会主义的经营思想、经营作风、经营道德的要求,注重服务礼仪,不断地改进服务方式,改善服务态度,做到主动、热情、耐心、周到。

文明经商,服务热情对医药商品购销员的具体化要求:

1. 公平销售　医药商品购销员要认真执行价格政策,坚持原则,秉公办事,不得利用工作之便谋取私利。对于紧缺医药商品要按规定供应。

2. 注重礼仪　医药商品购销员在职业活动中应做到仪表整洁、举止大方、微笑迎客、主动热情、尊重顾客、平等待人。

项目练习

一、判断题：关于下列说法正确的打"√"，错误的打"×"。

1. 医药商品购销员是指从事药品采购、销售及咨询服务的人员。（ ）
2. 医药商品购销员职业共设五个等级。（ ）
3. 医药商品购销员基本文化程度要求是初中毕业。（ ）
4. 取得本职业中级职业资格证书后，连续从事本职业工作7年以上者，可申报高级职业资格鉴定。（ ）
5. 质量为本中的质量仅仅指医药商品质量。（ ）

二、选择题：每小题有四个备选答案，请从中选择一个最佳答案。

1. 医药商品购销员不可从事
   A. 药品采购 B. 药品销售
   C. 咨询服务 D. 处方审核
2. 医药商品购销员职业等级的中级，即国家职业资格
   A. 二级 B. 三级
   C. 四级 D. 五级
3. 医药商品购销员职业守则不包括
   A. 遵纪守法 B. 药关人命
   C. 救死扶伤 D. 文明经商
4. 下列哪种行为违背医药商品购销员职业守则
   A. 救死扶伤 B. 急人所难
   C. 服务热情 D. 虚假失信
5. 下列哪种行为违背医药商品购销员职业守则
   A. 质量为本 B. 乘人之危
   C. 服务热情 D. 真诚守信

第二章 医学知识

药物通过作用于机体或病原微生物而发挥防治作用，同时产生不良反应。只有正确认识人体以及病原微生物的基本结构和功能，熟悉常见疾病有关知识，才能正确理解药物的作用及临床用途，更专业化地为顾客介绍药品，充分发挥药物疗效，减少不良反应的发生，确保用药安全。

项目一 医学基础知识

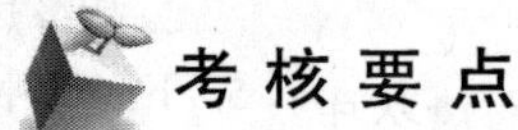

考核要点

1. 人体细胞的基本结构和功能。
2. 人体基本组织的结构和生理功能。
3. 人体主要系统的器官构成和生理功能。
4. 微生物分类。
5. 主要微生物（细菌、病毒、真菌）的结构特征。
6. 抗原的定义及基本特性。
7. 免疫器官、免疫细胞及免疫球蛋白的组成。
8. 免疫应答及超敏反应的定义及类型。

案例导入

患者，女性，38岁。因尿频、尿急、尿痛3天，加重伴腰部酸痛、发热1天。体查：体温39.2℃，脉搏108次/分，血压118/82mmHg，呼吸20次/分，急性痛苦面容，心肺未见异常，左侧肾区明显叩击痛，左中输尿管点压痛。血常规检查：红细胞 6.2×10^{12}/L，血红蛋白124g/L，白细胞 11.5×10^{9}/L，中性粒细胞0.75，淋巴细胞0.28。尿常规检查：尿液浑浊，尿pH 6.4，尿中红细胞(++)，白细胞(+++)。诊断为急性肾盂肾炎。拟给予抗感染、降温、增加尿量等治疗。以庆大霉素稀释后静脉滴注，复方氨林巴比妥注射液肌内注射，复方新诺明、碳酸氢钠片口服治疗。

问题：

1. 庆大霉素静脉滴注时，药物经过什么途径到达炎症发生的部位？
2. 复方氨林巴比妥肌内注射后，药物经过什么途径到达什么部位发挥作用？
3. 复方新诺明、碳酸氢钠片的作用部位在哪里？经哪些途径到达作用部位？

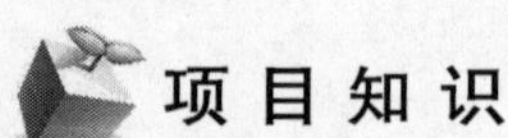

项目知识

一、人体的基本结构和生理功能

人体是由无数的细胞作为基本单位构成的有机体。形态结构相似、功能相近的细胞和细胞间质构成的细胞群体，称为组织。人体的基本组织包括上皮组织、结缔组织、肌组织和神经组织四大类。几种不同组织构成的具有一定形态并完成一定功能的结构称为器官。多个共同完成某一方面生理功能的器官组成的整体称为系统。人体有运动、呼吸、消化、循环、泌尿、生殖、神经、内分泌等系统。人体就是由各系统相互协调而组成的一个复杂、完整、统一的有机体。

(一) 细胞

细胞是构成人体及其他生命体的基本结构和功能单位。人体各种细胞形态各异、大小不一,功能不同。显微镜下细胞结构由细胞膜、细胞质和细胞核三个部分组成。

1. 细胞膜　是细胞表面的一层薄膜,主要由脂质、蛋白质和多糖三类物质构成。细胞膜由液态的脂质双分子层为基本骨架,其中镶嵌、覆盖和贯穿不同功能的蛋白质。细胞膜在维持细胞形态、保护细胞内容物、抵御外界侵害、细胞内外物质交换、信号转导等方面起着重要的作用。如某些药物发挥其药理作用就是通过作用于细胞膜上的特殊蛋白质而实现的。

与细胞膜结构类似的薄膜也存在于细胞内部,构成各种细胞器膜。细胞膜和细胞器膜统称为生物膜。生物膜由于其特殊的脂质双分子层结构,对细胞的物质交换起着重要的作用。药物的吸收、分布及排泄过程都要通过生物膜。

2. 细胞质　位于细胞膜与细胞核之间,由细胞器、基质和包涵物组成。其中细胞器包括线粒体、内质网、核糖体、高尔基复合体、溶酶体、中心粒和细胞的骨架结构。这些细胞器之间在功能上紧密配合,共同完成细胞的多种生理功能。某些药物发挥药理作用、进行生物转化是在细胞质内进行的。

3. 细胞核　人体内除成熟红细胞外,所有的细胞都有细胞核。细胞核由核膜、核仁、染色质(染色体)和基质等构成。细胞核的主要功能是储存遗传信息、控制细胞代谢和增殖活动。某些药物通过作用于细胞核发挥药理作用,如抗肿瘤药。

(二) 基本组织

人体有四种基本组织,包括上皮组织、结缔组织、肌组织和神经组织。

1. 上皮组织　由密集排列的细胞和少量细胞间质构成。按分布和功能不同,可分为被覆上皮、腺上皮和感觉上皮。这里主要介绍与药物的吸收、分布、药理作用及其排泄有关的被覆上皮和腺上皮。

(1) 被覆上皮:覆盖于体表及衬贴在体内中空器官(如胃肠道、泌尿生殖道等)内表面和实质器官(如心脏、肝脏)表面。被覆上皮内没有血管,其营养来源由上皮深部结缔组织的组织间液提供。

根据上皮细胞的排列层数和表层细胞的形态,被覆上皮分类如下:

- 被覆上皮
  - 单层上皮
    - 单层扁平上皮
    - 单层立方上皮
    - 单层柱状上皮
    - 假复层纤毛柱状上皮
  - 复层上皮
    - 复层扁平上皮
    - 变移上皮

单层扁平上皮表面光滑,细胞扁平,排列像铺路石一样,主要分布在心包膜、胸膜、腹膜表面、肺泡腔及心血管腔的内表面,有减少摩擦的作用;单层立方上皮主要分布于肝的小叶间胆管、甲状腺及肾小管等处,有分泌功能;单层柱状上皮主要分布于胃肠道、胆囊和子宫,主要有吸收和分泌功能;假复层纤毛柱状上皮主要分布于呼吸道,起保持呼吸道清洁的功能;复层扁平上皮主要分布于口腔、食管、阴道、肛门及体表等易受损伤的部位,起保护功能;变移上皮主要分布于膀胱。

被覆上皮主要有保护、吸收及分泌等功能,是药物吸收的第一道屏障。上皮层的厚度和通透性影响了药物的吸收速率,一般来说,药物通过单层上皮吸收速率大于复层上皮。雾化吸入的药物主要经肺泡腔内表面的单层扁平上皮吸收,吸收速度较快;舌下含服的药物主要经口腔黏膜的复层扁平上皮吸收;口服药物主要经小肠的单层柱状上皮吸收;搽剂经皮肤给药后主要经皮肤表面的复层扁平上皮吸收,吸收速度较慢。

(2) 腺上皮:是指具有分泌功能的单层柱状上皮和立方上皮。以腺上皮为主构成的器官称为腺体。腺上皮细胞存在有多种受体,与某些药物发挥药物效应关系密切。如阿托品阻断唾液腺上皮细胞膜上的 M 受体,抑制唾液的分泌。

2. 结缔组织　是由细胞和大量细胞间质构成,其中细胞间质包括基质和纤维。广义的结缔组织包括固有结缔组织、软骨、骨、血液和淋巴液。通常所说的结缔组织主要是指固有结缔组织,包括疏松结缔组织、致密结缔组织、脂肪组织及网状组织。

结缔组织分布广泛,具有支持、连接、营养、保护和修复功能。结缔组织的基质中所含的液体称为组织液,分布于血液和细胞之间,对实现细胞与血液之间的物质交换起着桥梁纽带作用,药物的吸收和分布均与组织液有关。

3. 肌组织　主要由肌细胞构成,肌细胞间有少量结缔组织、血管和神经,具有收缩和舒张功能。根据结构和功能特点不同,肌组织分为骨骼肌、平滑肌和心肌三大类。骨骼肌一般附着在骨骼上,其舒缩活动受意识及运动神经控制,称为随意肌。其收缩迅速而有力,但不持久,易疲劳。平滑肌主要分布于内脏器官和血管,其舒缩活动由自主神经控制,不受意识控制,缓慢而有规律,不易疲劳。心肌仅分布于心脏,其收缩活动由自主神经控制,不受意识控制,部分心肌细胞具有自动节律性。

4. 神经组织　由神经细胞和神经胶质细胞构成。

(1) 神经细胞:又称神经元,有接受刺激、传导冲动和整合信息的功能,是神经组织结构和功能基本单位。每个神经细胞都由细胞体和突起两部分构成。其中,突起由神经细胞膜和细胞质构成,分树突和轴突两种。树突有一个或多个,能接受刺激,并将冲动传向细胞体。轴突只有一个,与其他神经细胞或效应器细胞之间形成突触,轴突的功能主要是传导神经冲动。突触是指神经细胞之间或神经细胞与非神经细胞之间相互接触并传递信息的特殊结构。按传递信息的方式分为电突触和化学突触。其中,典型的化学突触由突触前膜、突触间隙和突触后膜三部分构成。突触前膜神经细胞轴突末梢释放的传递信息的化学物质称为神经递质,中枢递质主要有乙酰胆碱、单胺类、氨基酸类和肽类,外周递质主要有乙酰胆碱和去甲肾上腺素。神经递质必须与相应突触后膜上的受体结合,才能发挥传递信息的作用。某些药物与相应受体结合后能产生与递质类似的生理效应,这些药被称为受体激动药。某些药物与相应受体结合后,妨碍递质与受体结合,使递质不能正常产生相应生理效应,这些药物被称为受体阻断药。

(2) 神经胶质细胞:分布于神经细胞周围,可对神经细胞起支持、保护、营养和绝缘等功能。

(三) 人体各主要系统的基本结构和生理功能

1. 血液系统　血液由血浆和血细胞组成。从人体血管中抽出的血液,注入加有抗凝剂的试管中,静置或离心后,管内血液可分为三层:上层呈淡黄色液体即血浆;中层为呈灰白色,主要成分是血小板和白细胞;下层红色不透明的部分是红细胞。

(1) 血浆

1) 血浆的成分:血浆由水、血浆蛋白、无机盐离子、小分子有机物等组成,其中,含量最多的成分是水。

2) 血浆蛋白:主要包括白蛋白、球蛋白和纤维蛋白原。其中白蛋白最多,由肝脏合成,是形成血浆胶体渗透压的主要成分。某些药物与白蛋白可逆性结合,可影响药物的分布和药理活性的发挥;球蛋白次之,参与人体的免疫;纤维蛋白原最少,参与血液凝固过程。

3) 血浆渗透压:由晶体渗透压和胶体渗透压两部分组成。①血浆晶体渗透压:溶解于血浆中的晶体性物质(主要是电解质)形成的渗透压称为血浆晶体渗透压。由于晶体物质不能自由透过红细胞膜,因此血浆晶体渗透压对调节红细胞内外水的分布和维持红细胞的正常形态和功能起着重要作用。②血浆胶体渗透压:血浆中的胶体性物质(主要是血浆蛋白质)形成的渗透压称为血浆胶体渗透压。因血浆蛋白质分子量大,不能自由通过毛细血管壁,对调节血管内外水的分布及维持正常血容量起着重要作用。

与血浆渗透压相等的水溶液称为等渗液,临床上常用的等渗液有5%葡萄糖注射液和0.9%氯化钠注射液;渗透压大于血浆渗透压的水溶液称为高渗液,如50%葡萄糖注射液、20%甘露醇注射液;渗透压小于血浆渗透压的水溶液称为低渗液,如0.45%氯化钠注射液。

(2) 血细胞:包括红细胞、白细胞和血小板。

1) 红细胞:正常成年男性红细胞数为$(4.0\sim5.5)\times10^{12}/L$,女性红细胞数为$(3.5\sim5.0)\times10^{12}/L$;红细胞内充满丰富的血红蛋白,正常成年男性血红蛋白为120~160g/L,女性血红蛋白为110~150g/L。红细胞的主要功能是运输O_2和CO_2。红细胞数和血红蛋白含量低于其正常值,称为贫血。

2) 白细胞:为血液中有核的球形细胞,包括中性粒细胞、嗜酸粒细胞、嗜碱粒细胞、淋巴细胞和单核细胞。正常成人白细胞总数为$(4.0\sim10.0)\times10^9/L$。其中中性粒细胞最多,占白细胞总数的50%~70%,主要功能是吞噬细菌和异物,其数量增多常发生急性化脓性感染,数量减少常见于某些病毒感染及伤寒、副伤寒等疾病;淋巴细胞数量第二,占白细胞总数的20%~40%,分T淋巴细胞和B淋巴细胞两大类,分别参与细胞免疫和体液免疫;单核细胞占白细胞总数的3%~8%,是血液中体形最大的细胞,穿过血管壁进入组织间隙后,成为巨噬细胞,可吞噬细菌和异物、识别和杀伤肿瘤细胞、参与激活淋巴细胞的特异性免疫功能。

3) 血小板:由骨髓中巨核细胞的胞质部分脱落形成的胞质小块。正常人血小板数量为$(100\sim300)\times10^9/L$。血小板的功能是参与生理性止血,维持毛细血管内皮的完整性和参与血液凝固。当血小板数下降低于$50\times10^9/L$时,容易发生出血。

(3) 血液凝固:指血液由流动状态转变为不流动的胶冻状态的过程。血液凝固过程非常复杂,需要多种凝血因子和血小板共同参与,大体上分为三个步骤,即:凝血酶原激活物的形成;凝血酶原转化为凝血酶;凝血酶催化纤维蛋白原转化为纤维蛋白。血液凝固最终是因为血浆中形成了不溶于水的纤维蛋白,纤维蛋白交织成网,网罗红细胞形成血凝块。血液凝固后血块收缩并析出的淡黄色液体称为血清。血清与血浆的主要区别是不含纤维蛋白原。止血药和抗凝血药通过影响血小板功能和(或)血液凝固、纤溶过程而发挥作用。

2. 循环系统 包括心血管系统和淋巴系统两部分,在此主要介绍心血管系统。心血管系统由心脏、动脉、静脉、毛细血管组成。其主要功能是运送物质(营养物质、氧、激素)到全身各器官、组织、细胞;运送代谢产物(CO_2、尿素等)到排泄器官(肺、肾、皮肤)。

(1) 心脏

1) 心脏的外形:近似倒置、前后略扁的圆锥体。分为:一尖、一底、两面、三缘、三沟。

2) 心脏的位置:位于胸腔纵隔内,外面围有心包;心脏的2/3位于正中面的左侧,1/3位于右侧。

3) 心脏的各腔:心脏有四个腔室,分别是左心房、左心室、右心房、右心室。左心房与右心房之间以房间隔相隔,左心室与右心室之间以室间隔相隔。

4) 心脏的瓣膜:心脏有四个瓣膜,包括两个房室瓣和两个动脉瓣,左心房与左心室之间的房室瓣称为二尖瓣,右心房与右心室之间的房室瓣称为三尖瓣,左心室与主动脉之间的动脉瓣称为主动脉瓣,右心室与肺动脉之间的动脉瓣称为肺动脉瓣。瓣膜的作用是控制血液流向,防止发生血流倒流。

5) 心包:包裹在心脏周围和出入心脏的大血管根部。

6) 心脏内的血流:左心房通过四条肺静脉入口接收来自肺静脉回流的血液,血液经二尖瓣瓣口流向左心室,再从左心室通过主动脉瓣瓣口流向主动脉;右心房通过上、下腔静脉和冠状窦接收来自全身的静脉血,血液经三尖瓣瓣口流向右心室,再从右心室通过肺动脉瓣瓣口流向肺动脉。

7) 心脏的传导系统:由特殊分化的心肌纤维构成("两结、一束")。组成:窦房结、房室结、房室束及其分支(左、右束支和浦肯野纤维)。其功能是产生兴奋,传导冲动,维持心脏正常的节律性搏动。

8) 心脏的功能:心脏是血液循环的"发动机",为血液的流动提供动力,心脏通过不断的收缩和舒张,推动血液沿单一方向循环流动。

心房或心室一次收缩和舒张所经历的机械活动周期,称为心动周期,心动周期时间即为心房或心室收缩和舒张一次所经历的时间。心率是指每分钟心跳的次数。正常成人心率60~100次/分。交感神经兴奋时,心率加快;迷走神经兴奋时,心率减慢。心动周期等于60秒除以心率,心率加快,心动周期缩短;心率减慢,心动周期延长。

9) 反映心脏功能的指标:①通常用单位时间内从心脏泵出的血液量来衡量心脏的泵血功能。心脏每收缩一次由一侧心室射出的血液量,称为每搏输出量。②一侧心室每分钟射出的血液量,称为每分输出量,简称心输出量。左右两侧心室的输出量基本相等。心输出量受心肌收缩能力、心率、心脏负荷等因素的影响。心肌收缩能力越强,心输出量越高,反之,心肌收缩能力越弱,心输出量越低。在一定范围内,心率加快,心输出量会增加,但心率过快(>180次/分)或过缓(<40次/分)时,心输出量均会降低。心脏负荷分前负荷和后负荷。前负荷是指心室舒张末期的血液充盈量,一定范围内,前负荷增加,心输出量也随之增加;前负荷增加超过一定限度,会使心肌收缩力降低,心输出量会下降,如静脉输液过快、过量时,会加重心脏前负荷,容易发生心力衰竭。后负荷是指心室射血所要克服的阻力,即动脉血压。动脉血压增高时,心室收缩所要克服的阻力增大,心输出量会下降。

(2) 血管:是输送血液的管道系统,分为动脉、毛细血管和静脉。动脉是把血液从心脏输送出来的血管,毛细血管是实现血液与组织细胞之间进行物质交换的血管,静脉是把血液输送回心脏的血管。

1) 肺循环的血管:①肺循环的动脉:肺动脉干位于心包内,起自右心室的肺动脉口。分为左、右两支肺动脉,进入肺后,逐级分支延续成为肺泡壁毛细血管。②肺泡壁毛细血管:是实现肺泡气与血液之间进行气体交换的血管。气体流经细胞壁毛细血管时,经过气体交换,氧含量低、二氧化碳含量高的静脉血变为氧含量高、二氧化含量低的动脉血。因含氧量影响血红蛋白的颜色,动脉血含氧量高,呈鲜红色,静脉血含氧量低,呈暗红色。③肺循环的静脉:收纳来自肺泡壁毛细血管的动脉血,逐级汇集到肺门部形成四支肺静脉(左、右各两支),注入左心房后部。

2）体循环的血管:①体循环的动脉:主动脉起自左心室,可分为升主动脉、主动脉弓、降主动脉三段。②体循环毛细血管:是实现血液与组织细胞之间进行物质(包括气体)交换的血管。血液流经毛细血管时,经气体交换,氧含量高、二氧化碳含量低的动脉血转变为氧含量低、二氧化碳含量高的静脉血。③体循环的静脉:上腔静脉系收纳头颈部、上肢、胸部(心除外)的静脉血;下腔静脉系收纳下肢、盆部、腹部的静脉血;心静脉系收纳心的静脉血。

3）动脉血压:动脉血管内流动的血液对单位面积血管壁的侧压力,即血液对动脉管壁产生的压强称为动脉血压。衡量动脉血压的指标包括收缩压、舒张压和脉压。心室收缩时,动脉血压上升所能达到的最高值,称为收缩压;心室舒张时,动脉血压降低所降到的最低值,称为舒张压;收缩压和舒张压之间的差值,称为脉压。一般所说的血压即为动脉血压,通常以肱动脉血压为标准。正常成人收缩压为90~139mmHg,舒张压60~89mmHg,脉压30~40mmHg。血压过低和过高,均会对机体产生不利影响。影响动脉血压的因素包括每搏输出量、心率、外周阻力、循环血量、血管容积和大动脉管壁的弹性等,药物对血压的影响是通过干预上述因素而实现的。

(3) 心血管活动的调节:主要包括神经调节和体液调节。

调节心血管活动的基本中枢位于延髓。延髓心血管中枢通过控制交感神经和副交感神经来调节心血管的活动。当交感神经兴奋时,可使心率加快,心肌收缩力增强,心输出量增加,血管收缩,血压升高;当副交感神经兴奋时,可使心率减慢、心肌收缩力减弱,心输出量减少,血压降低。

调节心血管活动的体液因素为各种内源性化学物质如肾上腺素、去甲肾上腺素、血管紧张素、抗利尿激素、组胺、5-羟色胺等。①肾上腺素:作用于心脏,可引起心率加快,心肌收缩力增强,心输出量增加;作用于血管可使一些部位的血管收缩,一些部位的血管舒张。②去甲肾上腺素:主要作用于血管,引起血管收缩,血压升高。③血管紧张素:作用于血管,引起血管收缩,血压升高;作用于肾上腺皮质,刺激醛固酮的分泌,醛固酮作用于肾远曲小管和集合管,具有保钠、保水和排钾作用,增加循环血量,从而使血压升高。④组胺、5-羟色胺:作用于微血管,使微血管扩张,微血管壁通透性增高。

3. 呼吸系统　由呼吸道和肺组成。呼吸道包括鼻、咽、喉、气管和支气管等,是气体进出肺的通道,分上呼吸道和下呼吸道两段。上呼吸道包括鼻、咽、喉,病原微生物引起上呼吸道的炎症称上呼吸道感染;下呼吸道包括气管和各级支气管。肺是外界空气和血液之间进行气体交换的场所。

(1) 鼻:由外鼻、鼻腔、鼻旁窦三部分组成。

(2) 咽:见消化系统。

(3) 喉:既是呼吸道,又是发音器官。位于颈前部正中;喉上方借韧带连于舌骨,吞咽时,可上下移动。喉的结构以软骨作支架,以关节、韧带和肌相连,内面衬以黏膜而成。

(4) 气管和主支气管

1）气管:位于食管的前方。由气管软骨、平滑肌和结缔组织构成,呈后壁略平的圆桶形管道。

2）主支气管：是指气管分叉处到肺门之间的呼吸道。左主支气管细、长、平（较水平），右主支气管短、粗、直（较垂直），因此支气管异物易发生于右主支气管。

（5）肺：位于胸腔内，纵隔的两侧，膈的上方。近似圆锥形，具有一尖、一底、两面、三缘。肺尖圆钝，肺尖高出胸廓上口；肺底向上凹陷，面向膈，又称膈面；外侧面称肋面，广阔圆凸，面向肋和肋间隙；内侧面称纵隔面，面向纵隔、脊柱，内侧面中央凹陷处称肺门，主支气管、肺血管、淋巴管、神经经肺门进入肺；前缘锐薄，左肺前缘有心切迹和左肺小舌，右前缘肺近垂直；后缘圆钝，位于脊柱两旁；下缘锐薄，伸向膈与胸壁。

左肺由斜裂分为上叶和下叶；右肺由斜裂和水平裂分为上叶、中叶和下叶。

（6）胸膜：为覆盖于肺表面和胸廓内表面的浆膜。胸膜可分为壁胸膜和脏胸膜两部。覆于肺表面的胸膜称为脏胸膜；衬附于胸壁内面、膈上面和纵隔侧面的胸膜称为壁胸膜；胸膜腔是由脏胸膜与壁胸膜在肺根处互相移行而形成的潜在性间隙；正常胸膜腔是密闭的，无气体，仅有少量浆液，其内压强小于大气压即呈负压。

（7）纵隔：两侧纵隔胸膜之间所有器官和组织结构的总称。前界是胸骨；后界是脊柱胸段；两侧界是纵隔胸膜；上界是胸廓上口；下界是膈。以胸骨角和第4胸椎椎体下缘平面为界，分为上纵隔和下纵隔；以心包为界，下纵隔又分为前、中、后纵隔。

1）上纵隔内含：胸腺、出入心的大血管、迷走神经、膈神经、气管、食管、胸导管等。

2）前纵隔内含：少量结缔组织和淋巴结。

3）中纵隔内含：心包、心、出入心的大血管根部。

4）后纵隔内含：胸主动脉、奇静脉及其属支、主支气管、食管、胸导管、迷走神经、交感神经、淋巴结。

（8）呼吸系统的功能：实现人体与外界环境之间进行气体交换；喉兼有发音的功能。

呼吸是指机体与外界环境之间进行气体交换的过程，呼吸包括肺通气、肺换气、气体在血液中的运输及组织换气四个紧密联系的环节。肺通气是指肺与外界的气体交换过程；肺换气是指肺泡与肺毛细血管血液之间的气体交换过程；组织换气是指血液与组织细胞之间的气体交换过程。肺通气和肺换气统称为外呼吸，组织换气称为内呼吸。

（9）呼吸系统功能的调节：呼吸的正常节律及适应性变化是通过神经调节和体液调节来实现的。调节呼吸运动的呼吸中枢位于延髓呼吸中枢、脑桥呼吸中枢及大脑皮质，其中基本中枢位于延髓呼吸中枢，包括吸气中枢和呼气中枢两部分，吸气中枢兴奋时，呼气中枢处于抑制状态，吸气中枢抑制时，呼气中枢处于兴奋状态，交替控制有节律的呼吸运动。脑桥主要功能是抑制延髓的吸气中枢，促使吸气向呼气转化，防止吸气过深。大脑皮质控制随意呼吸，在一定限度内控制呼吸的频率和深度。动脉血、脑脊液中的 O_2、CO_2 含量和 H^+浓度变化是调节呼吸运动的主要体液因素，动脉血 O_2 含量降低、CO_2 含量升高、H^+浓度升高，可刺激化学感受，兴奋呼吸中枢，使呼吸加深加快，但严重缺氧及 CO_2 潴留，可使呼吸变浅变慢。

4. 消化系统　由消化道和消化腺两部分组成。消化系统的功能主要是消化食物，吸收营养成分。

消化是指食物在消化道内被加工分解的过程。食物的消化分机械性消化和化学性消化。机械性消化是通过消化道的运动，将食物磨碎，与消化液充分混合并向消化道远端推进的过程；化学性消化是指通过消化液中各种消化酶的催化作用，将食物中的大分子物质变为可吸收的小分子物质的过程。

吸收是指小分子营养物质、水、无机盐等物质通过消化道黏膜进入血液循环和淋巴循环的过程。糖类物质主要以单糖(主要是葡萄糖)的形式进行吸收,脂类物质以脂肪酸、甘油和甘油一酯的形式吸收,蛋白质主要以氨基酸的形式进行吸收,无机盐以溶解状态进行吸收。

(1) 消化道组成及功能:分上消化道和下消化道,上消化道依次包括口腔、咽、食管、胃、十二指肠,下消化道依次包括空肠、回肠、盲肠、阑尾、结肠、直肠、肛管,上、下消化道的界限为十二指肠悬韧带。

1) 口腔:前壁为口唇,分为上唇、下唇,上、下唇围成口裂,通外界;侧壁为颊;下壁为口腔底;上壁为腭,分为硬腭、软腭。咽峡是口腔通往咽的门户,由腭垂,左、右舌腭弓和舌根共同围成。

口腔分口腔前庭和固有口腔两部。口腔前庭是牙弓外面与唇颊之间蹄铁形腔隙;固有口腔是牙弓以内,腭与口腔底之间的腔隙。

口腔内有牙、舌、唾液腺等结构。牙主要起切断、磨碎食物及辅助发音的作用;舌起搅拌、吞咽食物,感受味觉和辅助发音等作用;唾液腺的主要功能是分泌唾液。口腔没有吸收营养物质的作用,但某些脂溶性比较高的药物,通过舌下含化方式给药,经口腔黏膜吸收。

2) 咽:为上起于颅底,下至第6颈椎椎体下缘,上宽下窄、前后略扁的漏斗状肌性管道,全长约12cm,后壁贴于上6个颈椎体的前方,前壁分别通鼻腔、口腔与喉腔。咽腔以软腭与会厌上缘为界分鼻咽、口咽、喉咽三部,鼻咽为鼻腔后方,颅底至软腭水平,前方通双侧鼻后孔,侧方经咽鼓管通鼓室;口咽为口腔后方,软腭至会厌上缘,前方经咽峡通口腔;喉咽为喉的后方,会厌上缘至食管上口,前方经喉口通喉腔,下方续为食管。会厌是控制气流从咽进出喉和食团从咽进入食管的"双控开关"。

3) 食管:是前后略扁的肌性管道,是消化管最狭窄的部分,全长约25cm;依其走行的位置分为颈段、胸段、腹段。食管没有吸收营养物质的作用。

4) 胃:为两端细小,中部膨大并向右上侧弯曲的肌性囊袋,上端入口为贲门,下端出口为幽门,有前、后壁,右侧方的凹缘称胃小弯(最低点称角切迹),左下方的凸缘称胃大弯,整体从上到下分为四个部分:贲门部—靠近贲门的部分;胃底—贲门以上膨出的部分;胃体—胃中间的大部分;幽门部—角切迹和幽门之间的部分,近幽门的部分幽门管,近胃体的部分称胃窦。幽门处由胃的环行肌增厚形成幽门括约肌;幽门括约肌内面,由胃黏膜形成的环行皱襞形成幽门瓣。

胃通过容受性舒张、紧张性收缩和蠕动等运动形式,将食物进一步磨碎并与胃液充分混合,将食物排空到小肠;胃仅能吸收乙醇和少量水分。

胃液是由胃黏膜腺体分泌的液体,其主要成分有盐酸、胃蛋白酶原、黏液、内因子等。胃酸即壁细胞分泌的盐酸,其生理功能包括:①使胃蛋白酶原激活成为胃蛋白酶,并为胃蛋白酶提供适宜的酸性环境。②杀灭病原微生物。③促进小肠对铁和钙的吸。④使蛋白质变性,易于消化。⑤进入小肠后能促进胰液、胆汁和小肠液的分泌。胃蛋白酶原由主细胞分泌,在胃酸的作用下激活为胃蛋白酶,对食物中的蛋白质进行化学消化。黏液由胃黏膜上皮及胃底腺黏液细胞分泌,与 HCO_3^- 形成黏液-碳酸氢盐屏障,保护胃黏膜免受胃酸、胃蛋白酶腐蚀破坏。内因子由壁细胞分泌,保护维生素 B_{12} 不被消化酶破坏,同时促进维生素 B_{12} 在回肠的吸收。

5) 小肠:是消化管中最长的一段,全长5~7m,上起自幽门,下连于盲肠。分为十二指肠、空肠、回肠三个部分。十二指肠呈"C"字形环绕胰头,长25~30cm。空肠和回肠位于大肠形成的“方框”中央,起于十二指肠空肠曲,末端连接盲肠。小肠通过紧张性收缩、蠕动、分节运动等运动形式,使食糜与消化液充分混合,增加食物与小肠黏膜接触,利于食物的消化和吸收;同时将食糜向大肠方向推送。小肠不但是食物消化的主要场所,同时也是营养物质和口服药物吸收的主要场所。

6) 大肠:起于盲肠,止于肛门,全长约1.5m。大肠口径较粗,肠壁较薄,盲肠和结肠具有三个特征性结构:①结肠带3条,由纵行平滑肌增厚形成。②结肠袋:许多由横沟隔开的囊袋状突。③肠脂垂:附于结肠带附近的许多脂肪突起。

大肠分为5个部分,即盲肠、阑尾、结肠、直肠、肛管。盲肠长6~8cm,为大肠起始部膨大的盲端,位于右髂窝内,左接回肠,上通升结肠,后内侧壁上有阑尾的开口;回盲瓣位于回盲口的上下缘,是由黏膜形成的一对半月形的黏膜皱襞,有防止大肠内容物逆流的作用。阑尾长7~9cm,根部附着于盲肠后内壁,远端游离,全长有系膜,活动度大,阑尾根部的体表投影(麦氏点)为右髂前上棘与脐连线的中、外1/3交界处;结肠位于盲肠和直肠之间,围绕在小肠周围,可分为升结肠、横结肠、降结肠、乙状结肠四个部分;结肠有两个弯曲即结肠右曲(结肠肝曲)、结肠左曲(结肠脾曲);直肠位于小骨盆内,全长10~14cm,上端在第3骶椎平面与乙状结肠相接,前方男性为膀胱、前列腺、精囊腺,女性为子宫、阴道,后方为骶、尾骨,下端穿盆膈,移行于肛管。

大肠没有重要的消化功能,主要功能是吸收水分、电解质和某些维生素,形成并暂时储存粪便。

7) 肛管:是盆膈至肛门的一段肠管,长约4cm。

(2) 消化腺:消化腺包括大消化腺和小消化腺,大消化腺包括大唾液腺、肝和胰腺,小消化腺是指消化道管壁内的许多小腺体。消化腺的功能是通过分泌消化液,对食物进行化学消化。

1) 肝脏:是人体内最大的消化腺。呈楔形,活体呈棕红色,质软而脆。可分上下两面、前后两缘(前缘锐利,后缘钝圆,朝向脊柱)。肝脏可分泌胆汁。胆汁经肝细胞产生后→左、右肝管→肝总管→胆囊管→胆囊(贮存和浓缩);进食后胆汁从胆囊→胆囊管→胆总管→肝胰壶腹(Vater壶腹)→十二指肠大乳头→小肠。胆汁主要成分有胆盐、胆红素、胆固醇及多种无机盐,不含消化酶。其中胆盐可促进脂肪的消化与吸收;促进脂溶性维生素的吸收。肝脏除分泌胆汁外,还能参与物质的代谢及药物的生物转化。

2) 胰腺:呈长棱柱状,位于胃的后方,在1、2腰椎平面横贴于腹后壁,为腹膜外位器官,从大体形状上分胰头、胰体、胰尾三个部分,胰管与胆总管汇合后,开口于十二指肠大乳头;副胰管开口于十二指肠小乳头。胰腺的外分泌部能分泌胰液,其主要成分有碳酸氢钠、胰淀粉酶、胰脂肪酶、胰蛋白酶原和糜蛋白酶原。胰淀粉酶、胰脂肪酶分别分解淀粉和脂肪;胰蛋白酶原和糜蛋白酶原被激活后可分解蛋白质,由于胰液含有分解三大营养物质的酶,所以胰液是消化能力最强的消化液。胰腺的内分泌部能分泌胰岛素、胰高血糖素等,参与糖代谢。

(3) 功能调节:消化器官功能活动的调节包括神经调节和体液调节两种方式。神经调节主要由自主神经系统来完成。交感神经对胃肠道的运动和腺体分泌主要起抑制性作用,副交感神经对胃肠道的运动和腺体分泌主要起兴奋性作用。体液调节是通过胃肠道黏膜内散在的内分泌细胞,分泌多种胃肠激素(主要有胃泌素、促胰液素、胆囊收缩素和抑胃肽等)来调节胃肠运动和消化液的分泌。

5. 泌尿系统

(1) 泌尿系统的组成:泌尿系统由肾、输尿管、膀胱和尿道组成。

1) 肾:形似蚕豆,分为上、下两端,前、后两面,内、外侧两缘。位于腹腔后上部、脊柱两旁,前面被腹膜覆盖,属腹膜外位器官。肾门约平第1腰椎椎体平面。肾区体表投影位于竖脊肌外侧缘与第12肋之间的部位,右肾比左肾略低半个椎体。肾的内部结构在冠状切面上分肾实质和肾盏肾盂两部分。肾实质又分肾皮质和肾髓质,肾皮质位于肾的浅层,主要由肾小体和肾小管组成,伸入肾髓质的部分称肾柱(肾柱属于肾皮质结构)。肾髓质位于肾的深层,由15~20个肾锥体组成。肾小盏为包绕肾乳头的膜状管,由相邻的3~4个肾小盏汇合而成肾大盏。肾盂只有一个,由肾大盏汇合而成,呈漏斗状;出肾门后移行为输尿管。

肾的基本功能单位为肾单位。双侧肾脏共有170万~240万个肾单位,每个肾单位包括肾小体和肾小管两部分。肾小体包括肾小球和肾小囊两部分。肾小管分为近球小管、髓襻和远球小管三个部分。集合管不包括在肾单位内,每条集合管接受来自多条远球小管的液体,在尿液的浓缩过程中起着重要作用。

2) 输尿管:位于腹膜后方,起于肾盂,沿腰大肌前面下降,越过髂部血管进入盆腔,终于膀胱开口于膀胱内面的输尿管口,是一对细长管状器官,长25~30cm。

3) 膀胱:为储存尿液的肌性囊状器官。位于盆腔前部、耻骨联合后方,其大小、形状、位置、壁的厚薄等随尿的充盈程度及性别、年龄的变化而变化,空虚时不超过耻骨联合上缘,极度充盈时可高出耻骨联合上缘。在膀胱底的内面,两侧输尿管口和尿道内口之间的三角形区域称为膀胱三角,此区域缺乏黏膜下组织,平滑无皱襞,是结核和肿瘤的好发部位。

4) 尿道:女性尿道起自膀胱尿道内口,穿尿生殖膈,开口于阴道前庭的尿道外口,其相对于男性尿道的特点是短、宽、直,较易引起尿路的逆行感染。男性尿道起自膀胱尿道内口,穿前列腺,走行于阴茎的尿道海绵体内,开口于阴茎头的尿道外口,具有排尿和排精的作用。

(2) 泌尿系统的功能:泌尿系统最重要的器官是肾,它的主要功能是通过生成尿液,排泄体内多余的水分、代谢产物、进入体内的药物及毒物,兼有调节水、电解质平衡,酸碱平衡的功能和内分泌功能。尿液生成后,依次由输尿管、膀胱和尿道排出。

尿的生成包括肾小球的滤过、肾小管和集合管的重吸收、肾小管和集合管的分泌和排泄三个过程。

1) 肾小球的滤过:肾小球的结构类似于过滤器,血液流经肾小球时,血浆中除大分子蛋白质外,其余的水分、小分子溶质均可滤入肾小囊,形成原尿。正常人每天生成的原尿为180L。

2) 肾小管和集合管的重吸收:正常成人每天的排尿量只有约1.5L,与原尿生成量有极大的差别,而且其中的成分也很不相同,这是由肾小管和集合管的重吸收活动造成的。原尿流经肾小管时,其中某些成分被肾小管上皮细胞转运,重新进入血液的过程,称为重吸收。正常情况下,原尿流经肾小管和集合管时,葡萄糖、氨基酸几乎全部被重吸收,氯化钠和水大部分被重吸收,而尿素、尿酸、肌酐等代谢产物则不被重吸收。

各类利尿药就是通过影响肾小管和集合管对水、Na^+和Cl^-的重吸收,产生利尿作用的。

3) 肾小管和集合管的分泌:主要包括H^+、NH_3和K^+的分泌,对调节酸碱平衡和体内钾的代谢具有重要意义。

肾小管各段和集合管上皮细胞都有分泌 H^+ 的作用,它们在分泌 H^+ 的同时,与小管液中的 Na^+ 的重吸收形成关联,称为 H^+-Na^+ 交换。

远曲小管和集合管有分泌 NH_3 的作用,NH_3 与管腔内的 H^+ 结合生成 NH_4^+,随后以 NH_4Cl 的形式,随终尿排出体外。NH_3 的分泌与 H^+ 的分泌密切相关。

原尿中的 K^+ 绝大部分在近曲小管内重吸收。终尿中的 K^+ 是由远曲小管和集合管分泌的,K^+ 的分泌活动与 Na^+ 的主动重吸收有关,这种关系称为 K^+-Na^+ 交换。

远曲小管和集合管的 H^+-Na^+ 交换与 K^+-Na^+ 交换之间存在着竞争抑制现象,当 H^+-Na^+ 交换增强时,K^+-Na^+ 交换减弱;H^+-Na^+ 交换减弱时,K^+-Na^+ 交换增强。

(3) 肾脏泌尿功能的调节:主要包括对肾小球滤过作用的调节和对肾小管、集合管的重吸收和分泌的调节。

1) 肾小球滤过作用的调节:机体对肾小球滤过作用的调节主要是调节肾血流量。动脉血压稳定在 80~180mmHg 范围内时,肾可通过自身调节,保持肾血流量的相对稳定。肾血流量减少时,肾小球滤过压降低,原尿量将减少,从而使尿量减少。

2) 肾小管、集合管的重吸收和分泌的调节:①抗利尿激素(ADH)由下丘脑分泌,贮存于垂体后叶内,并由垂体后叶释放。其作用于肾远曲小管和集合管,使远曲小管和集合管对水的通透性增高,增加水的重吸收,使尿液浓缩,尿量减少。饮用大量清水后,可通过降低血浆晶体渗透压而使抗利尿激素分泌减少,引起尿量增多。②醛固酮由肾上腺皮质球状带分泌,其主要作用是促进肾远曲小管和集合管对 Na^+ 的主动重吸收和 K^+ 的排泄。利尿药螺内酯通过阻断醛固酮与其受体结合,抑制肾远曲小管和集合管对的主动重吸收,而产生利尿作用,因同时抑制 K^+ 的排泄,长期应用可引起高钾血症。

6. 神经系统

(1) 神经系统的结构:神经系统由中枢神经系统和周围神经系统两部分组成。中枢神经系统包括脑和脊髓,脑位于颅腔内,由端脑、间脑、中脑、脑桥、延髓和小脑等六个部分组成。脊髓位于椎管内,分 31 个节段。周围神经系统包括脑神经、脊神经和内脏神经。脑神经有 12 对,依次是嗅神经、视神经、动眼神经、滑车神经、三叉神经、展神经、面神经、前庭耳蜗神经、舌咽神经、迷走神经、副神经、舌下神经。脊神经有 31 对,颈神经 8 对、胸神经 12 对、腰神经 5 对、骶神经 5 对、尾神经 1 对。

(2) 神经系统的功能:神经系统是人体内主要的功能调节系统。神经系统的基本活动方式是反射。反射是神经系统对内、外环境的刺激作出的适应性反应。反射活动的结构基础是反射弧。反射弧由感受器、传入神经、神经中枢、传出神经和效应器五部分构成。反射活动分为非条件反射和条件反射,非条件反射是与生俱来的,比较固定。条件反射是后天获得的,容易发生改变。

7. 内分泌系统　内分泌系统由内分泌腺和散在分布于某些组织器官中的内分泌细胞组成。

(1) 内分泌腺:由内分泌细胞集中构成的独立器官,如垂体、甲状腺、肾上腺等。

1) 垂体:呈卵圆形,花生米样大小,位于颅中窝蝶鞍上方的垂体窝内,结构上分神经垂体、腺垂体,神经垂体与下丘脑在功能上紧密联系,主要起贮存、释放下丘脑分泌的血管升压素和缩宫素作用;腺垂体分泌生长激素、催乳素、黑色素细胞刺激素、促甲状腺素、促肾上腺皮质激素、促性腺激素。

2) 甲状腺:形似"H"形,分左、右两叶及中间的甲状腺峡部,位于颈前部,喉与气管上部的两侧,峡部多位于第2~4气管软骨环前面。功能是分泌甲状腺激素。

3)肾上腺:位于肾脏上端的内上方,左、右各一,左侧呈半月形,右侧呈三角形。结构分两部:肾上腺皮质(浅层),肾上腺髓质(深层)。功能:皮质分泌盐皮质激素、糖皮质激素、少量雄激素和雌激素;髓质分泌去甲肾上腺素、肾上腺素。

(2)内分泌激素:内分泌腺及散在分布内分泌细胞分泌的生物活性物质称为激素。其作用包括:①调节新陈代谢;调节水电解质平衡,维持内环境的相对稳。②促进各组织器官的正常生长、发育和功能活动。③参与应激反应。④调节生殖器官发育成熟和生殖活动。下面介绍主要的几种激素。

1)生长素:由腺垂体分泌,它的作用是促进机体的物质代谢和生长发育。幼年时缺乏生长素,会引起生长停滞,称侏儒症;如生长素分泌过多,则引起生长过度,称巨人症。成年人生长素分泌过多,会引起软骨成分较多的手足肢端短骨、面骨及其软组织过度生长,出现肢端肥大症。

2)促激素:人体的促激素有四种,分别是促甲状腺激素、促肾上腺皮质激素、卵泡刺激素和黄体生成素,均由腺垂体分泌。①促甲状腺激素能促进甲状腺增生和甲状腺激素的合成与分泌。②促肾上腺皮质激素主要作用是促进肾上腺皮质的生长发育,促进糖皮质激素的合成与分泌。③女性卵泡刺激素促进卵泡的生长发育,黄体生成素促进排卵和黄体的生成,卵泡刺激素和黄体生成素协同作用可使卵泡分泌雌激素,男性卵泡刺激素可促进睾丸的精子生成,黄体生成素可刺激睾丸间质细胞分泌雄激素。

3)缩宫素:由下丘脑视上核和室旁核分泌,运输到神经垂体释放。缩宫素可促进女性妊娠子宫收缩,对非孕子宫作用弱,主要用于引产和产后子宫乏力引起的出血,另外还能维持哺乳期乳腺泌乳。

4)甲状腺激素:由甲状腺滤泡上皮合成和分泌,在血中有两种存在形式:T_3(三碘甲状腺原氨酸)、T_4(甲状腺素)。甲状腺激素的主要作用是促进物质、能量代谢和促进生长发育。甲状腺激素可促进多种组织的能量代谢,增加组织的耗氧量和产热量,提高基础代谢率;生理剂量的甲状腺激素可使血糖升高、促进脂肪酸氧化、促进蛋白质合成;大剂量甲状腺激素可使蛋白质分解加速。甲状腺激素还可提高中枢神经系统和心血管系统兴奋性。甲状腺功能亢进时,甲状腺激素分泌过多,患者可表现注意力不集中、烦躁易怒、失眠多梦、手指震颤、心动过速、产热增多、消瘦乏力、血糖升高甚至出现糖尿。成人甲状腺激素分泌不足时,可表现为记忆力减退、反应迟钝、表情淡漠、嗜睡、肌肉萎缩无力、黏液性水肿;婴幼儿甲状腺激素分泌不足,可引起身材矮小,智力低下,称为呆小症。

5)肾上腺皮质激素:肾上腺皮质由外向内可分为球状带、束状带和网状带。

球状带主要分泌盐皮质激素,如醛固酮,其作用是促使肾远曲小管和集合管对钠的主动重吸收和钾的排泄。

束状带分泌糖皮质激素,具有升高血糖、促使蛋白质分解和脂肪重新分布的作用;对水盐代谢产生类似于醛固酮的保钠排钾作用;对血液系统可影响外周血血细胞数量和血蛋白的含量;对心血管系统可提高血管平滑肌对儿茶酚胺的敏感性,维持正常血压;提高中枢神经系统的兴奋性;促进胃酸、胃蛋白酶的分泌,抑制胃黏液分泌;应激反应时大量释放可提高机体对强烈伤害性刺激的耐受力,减弱刺激对机体的危害;大剂量药用糖皮质激素还具有抗炎、抗毒、抗过敏、抗休克等作用。

网状带分泌雄激素、少量雌激素和糖皮质激素。

6) 胰岛素:由散在分布于胰腺外分泌腺之间的胰岛 β 细胞分泌,主要功能是促进体内蛋白质和脂肪的合成,抑制其分解;减少体内糖的来源,增加糖的去路,降低血糖浓度。胰岛素相对或绝对不足可引起糖尿病。

8. 生殖系统　包括男性生殖系统和女性生殖系统。

(1) 男性生殖系统:由内生殖器和外生殖器两部分组成。

1) 内生殖器:包括睾丸、附睾、输精管、射精管和前列腺。

睾丸是男性生殖系统最主要的器官,它的主要功能是产生精子和分泌雄激素。雄激素的作用包括:①促进男性附属性器官的发育成熟,维持其正常活动。②维持男性副性征如生长胡须、喉结突出、嗓音低调、体格强壮等。③促进蛋白质合成,促进生长发育。④维持正常性欲。⑤刺激骨髓造血。

2) 外生殖器包括阴囊和阴茎。

(2) 女性生殖系统:由内生殖器和外生殖器两部分组成。

1) 内生殖器:包括卵巢、输卵管、子宫及阴道。

卵巢和子宫是女性生殖系统的主要器官。卵巢的主要功能是产生卵子,分泌雌激素和孕激素。

雌激素的主要生理作用有:促使子宫肌层增生变厚,提高子宫肌层对缩宫素的敏感性;促进子宫内膜增生,并使其中的血管及腺体增生;激发女性副性征如乳腺发育、皮下脂肪丰富、骨盆宽大和音调变高等;促使阴道上皮细胞的增生、角化,上皮细胞内糖原合成增多,糖原分解产生的乳酸可维持阴道的酸性环境,增强阴道抗菌能力。

孕激素的主要生理作用有:在雌激素作用的基础上进一步促进子宫内膜和其中的血管、腺体增生,并引起腺体分泌,为受精卵着床提供条件;使子宫和输卵管平滑活动减弱,有利着床和安胎;使宫颈腺分泌少而黏稠的黏液,阻止精子难以通过子宫颈管;促进乳腺腺泡的发育;促进机体产热增多,使基础体温升高。

子宫的主要功能是孕育胎儿、产生月经。

2) 外生殖器:包括阴阜、大阴唇、小阴唇、阴蒂和阴道前庭等。

9. 感觉器官　由感受器和附属器构成。感受器分一般感受器和特殊感受器两类。一般感受器结构简单,主要由感觉神经末梢形成,位于内脏、皮肤和血管等处。特殊感受器结构复杂,包括视觉、听觉、味觉和嗅觉等感受器。以下主要介绍视觉器官和位听器官。

(1) 视觉器官:又称眼,由眼球和眼副器两部分构成。眼球位于眼眶内,近似球形,后部经视神经与大脑相连。

眼的视觉功能包括眼球的折光成像、视网膜的感光及物像转化为视神经冲动等三个部分。

1) 眼球的折光成像:眼球的折光成像跟照相机的工作原理一样。眼球的角膜、房水、晶状体和玻璃体等四种结构共同构成眼球折光系统。来自外界环境的物体光线通过折光系统聚焦,形成倒立实像,投射到视网膜上。外界环境的物体距离眼球有远有近,因此需要对物体光线的成像进行调节,才能在视网膜上形成清晰的图像。当眼睛看远处物体时,远物发出的光线到达人眼时近似于平行光线,通过眼的折光系统,处于自然状态就可在视网膜上形成清晰的图像。当眼睛看近处物体时,由于进入眼的光线呈辐散状,经过眼的折光系统后将成像于视网膜的后方,视网膜上只形成一个模糊的图像,此时通过神经反射,使睫状肌收缩,睫状小带松弛,晶状体凸度增大;瞳孔括约肌收缩,瞳孔开大肌舒张,使瞳孔缩小;两侧眼球转向内侧,使近处物体成像于双眼视网膜对称点上,形成清晰的图像。

2）视网膜的感光:通过视网膜上的两种感光细胞来完成的。感光细胞包括视杆细胞和视锥细胞。视杆细胞主要感受弱光刺激,其内的感觉物质主要是视紫红质,视紫红质的合成要依赖维生素 A,如果维生素 A 缺乏,视紫红质的合成会减少,可引起夜盲症。视锥细胞主要感受强光刺激和辨别颜色。当视锥细胞中感受某种颜色的细胞缺乏或功能减弱时,会出现色盲或色弱。

3）物像转化为视神经冲动:视杆细胞和视锥细胞感受光线刺激后,将光信号转变为神经冲动传递给视神经,视神经再将冲动传递到视神经中枢,形成视觉。

(2）位听器官:又称耳。耳包括外耳、中耳和内耳三部分。耳的功能包括感受听觉和位置觉。

1）听觉的形成:声波经外耳道到达鼓膜,引起鼓膜发生振动,振动经听小骨传入内耳,引起内耳螺旋器的毛细胞发生电位变化,形成听觉冲动,听觉冲动再经蜗神经传入大脑皮质听觉区,形成听觉。

2）位置觉的形成:内耳的前庭和半规管是感受头部位置觉和运动觉的感觉器官。人体头部位置改变或人体作直线变速运动时,内耳半规管膜迷路中椭圆囊斑和球囊斑的细胞受到刺激并产生冲动,冲动经前庭神经传递到中枢,产生位置觉和变速觉,并引起姿势反射来维持身体平衡;人体在做旋转运动时,内耳膜半规管中壶腹嵴内的细胞受到刺激而产生神经冲动,经前庭神经传递到中枢,产生旋转觉,并引起姿势反射来维持身体平衡。

二、病原微生物基础

微生物是指通过肉眼不能直接看到,必须借助显微镜放大数百倍甚至数万倍才能观察到的微小生物。

(一）微生物的分类

根据进化水平、细胞结构不同,微生物分为非细胞微生物、原核微生物和真核微生物三大类群。

1. 非细胞微生物　本类微生物体型最小,没有细胞结构,无法独立存活,只能在活的易感细胞内存活和增殖,它们的主要代表是病毒。

2. 原核细胞型微生物　本类微生物只有原始的核,无核仁和核膜,细胞器也只有核糖体,它们的主要代表有细菌、支原体、衣原体、螺旋体等。

3. 真核细胞型微生物　本类微生物细胞核的进化程度高,有核膜、核仁和染色体,胞质内有多种细胞器,可进行有丝分裂,它们的主要代表是真菌。

(二）常见病原微生物

1. 细菌

(1）细菌的分类

1）根据形态分类:分球菌、杆菌和螺形菌。球菌根据菌体的排列方式又分为双球菌、链球菌和葡萄球菌等;杆菌又分单杆菌、芽孢杆菌和链杆菌等;螺形菌又分螺菌和弧菌等。

2）根据革兰染色分类:分革兰阳性菌和革兰阴性菌。菌体染成紫色的是革兰阳性菌,菌体染成红色的是革兰阴性菌。

3）根据抗酸染色分类:分抗酸性细菌和非抗酸性细菌。染成红色的是抗酸性细菌,染成蓝色的是非抗酸性细菌。

(2) 细菌的结构

1) 细菌的基本结构:细胞壁为菌体结构的最外层,为一层坚韧而富有弹性的膜状结构。其功能包括:维持细菌固有形态;支持细菌抵抗低渗外环境;参与物质交换;与细菌的致病性、抗原性、染色性及药物敏感性有关。革兰阳性菌细胞壁的主要成分包括肽聚糖和磷壁酸。其中肽聚糖含量最高,结构紧密,是构成革兰阳性菌细胞壁最主要的化学成分,β-内酰胺类抗生素的主要作用就是抑制细菌转肽酶,阻碍细菌合成肽聚糖而发挥抗菌作用的,因此,β-内酰胺类抗生素的主要敏感菌是革兰阳性菌。磷壁酸则是革兰阳性菌特有的化学成分,是其主要的表面抗原。革兰阴性菌细胞壁的肽聚糖含量少,结构较疏松,但在肽聚糖层的外围有一层特有的外膜,由脂蛋白层、脂质双分子层和脂多糖层构成,具有特殊的屏障作用,能抵御青霉素、溶菌酶的杀菌作用,因此大多数革兰阴性菌对青霉素不敏感。外膜中的脂多糖是革兰阴性菌的内毒素。

细胞膜是位于细菌细胞壁内侧的包围细胞质的一层富有弹性的生物膜,具有选择性渗透、物质转运、呼吸和合成多种菌体成分等多种功能。

细胞质为细菌细胞膜包裹起来的无色透明胶状物质。其基本成分是水、蛋白质、核酸、脂类及少量的糖和无机盐。其中含核糖体、质粒、胞质颗粒等多种亚细胞结构。核糖体是合成菌体蛋白的主要场所,是多种抗菌药物的作用部位。

核质即细菌的染色体,由一条双链 DNA 分子反复盘绕而成,无核膜包裹,无形地散布在细菌的细胞质中。它控制着细菌的生长、繁殖、遗传和变异等。

2) 细菌的特殊结构:荚膜是包绕在某些细菌细胞壁外的一层黏液性物质。荚膜通过其抗吞噬作用、抗损伤作用、黏附作用,构成细菌的致病力。

鞭毛是附着于某些菌体上细长、弯曲呈波浪状的丝状物。具有运动和致病功能。

菌毛是附着于某些菌体表面的比鞭毛更细、更短、更直、更硬的丝状物,化学成分是蛋白质。普通菌毛是细菌的黏附结构,与细菌的致病力有关;性菌毛可传递遗传物质,与细菌变异有关。

芽孢是某些细菌在一定条件下,其细胞质脱水浓缩,在菌体内形成的一个圆形或椭圆形、具有折光性的小体。芽孢保持着细菌全部的生命活性,具有超强抵抗力,能帮助细菌在极端环境下生存,灭菌的标准就是消灭芽孢。

(3) 细菌的致病力:细菌的致病作用与其毒力、侵入机体的数量、侵入途径及机体的免疫状态密切相关。细菌的毒力由侵袭力和毒素两方面构成。致病菌具有突破宿主防御功能,进入机体并在体内定居、繁殖和扩散的能力,称为侵袭力。细菌毒素分外毒素和内毒素两种。外毒素是某些细菌在生长繁殖过程中合成,并能释放到菌体外的毒性蛋白质,内毒素是菌体细胞壁外膜上的脂多糖。外毒素经甲醛处理后可制成类毒素,脱去毒性后仍保留其抗原性。内毒素不能制成类毒素。

2. 病毒

(1) 病毒的概念:是一类个体微小、结构简单,只含有一种类型核酸(RNA 或 DNA),必需在活细胞内寄生,以复制方式繁殖的非细胞型微生物。

(2) 病毒的基本结构:包括核心和衣壳。

1) 核心:位于病毒结构的中心部位,化学成分主要是核酸,核酸决定了病毒的基本特性和感染性,并确定了病毒的繁殖方式为复制。每种病毒只含一种核酸成分,要么是 DNA,要么是 RNA。

2）病毒的衣壳：位于病毒核心的外面，将核心包裹起来。衣壳的化学成分是蛋白质，其功能有：①保护病毒的核酸不受环境因素的影响。②具有免疫原性，能刺激机体产生相应的抗体或特异性免疫细胞。③在病毒增殖过程中参与病毒的吸附，具有致病性。

（3）病毒性疾病的防治：由病毒引起的疾病称为病毒性疾病。在传染性疾病中，病毒性疾病所占的比例达75%以上。目前常用的抗病毒药物主要是干扰素或干扰素诱生剂（如聚肌胞）、核苷类药物、中草药等，但均缺乏特效性。因此，控制病毒性疾病，重要的措施和手段是特异性预防。特异性预防措施包括：

1）人工自动免疫：通过疫苗（如麻疹疫苗和流感疫苗等）接种，刺激机体形成对病毒性疾病的特异性免疫，以此来预防病毒性疾病。

2）人工被动免疫：通过注射人免疫球蛋白、胎盘丙种球蛋白及各种病毒的免疫血清，用以紧急预防病毒性疾病。

3. 真菌　是一类真核细胞型微生物，广泛分布于自然界，种类繁多，多数对人体无害，仅少数对人体致病。

根据结构特点，真菌分单细胞真菌和多细胞真菌两大类。

（1）单细胞真菌：呈圆形或椭圆形，主要为酵母菌和类酵母菌，酵母菌只有少数能引起人的疾病，如白色假丝酵母菌（白色念珠菌）、新型隐球菌可引起鹅口疮、阴道炎或肺炎等深部真菌感染性疾病。

（2）多细胞真菌：又称为霉菌，由菌丝及生长于菌丝上的孢子组成，菌丝分枝可交织成团，形成菌丝体。霉菌通过孢子的发芽伸出芽管而繁殖。部分霉菌可引起浅部真菌感染性疾病，如各种皮肤癣病；少部分霉菌可产生毒性很强的真菌毒素，如黄曲霉毒素，可引起人体肝细胞坏死及肝硬化，甚至可引起恶性肿瘤。

三、免疫学基础

免疫是指机体的免疫系统识别和排除抗原性异物，维持自身生理平衡和稳定的功能。要发生免疫反应，必须有抗原与机体的免疫系统这两方面因素的相互作用。

（一）抗原

1. 抗原的概念　指能刺激机体免疫系统发生免疫应答，产生抗体或致敏淋巴细胞，并能与相应抗体或致敏淋巴细胞发生特异性结合反应的物质。

2. 抗原的基本特性

（1）异物性：抗原物质首先必须具备异物性，即在胚胎时期没有与免疫细胞接触过。

（2）特异性：抗原物质的特异性既表现在抗原刺激机体后，只能产生与之相对应的抗体或致敏淋巴细胞；又表现在发生免疫反应时，抗原只能和与之相对应的抗体或致敏淋巴细胞结合。不同抗原之间出现共同抗原，可引起交叉免疫反应。

（3）免疫原性：是指抗原能刺激机体免疫系统产生相应的抗体或致敏淋巴细胞的性能。

（4）免疫反应性：是指抗原与相应抗体或致敏淋巴细胞特异性结合，发生免疫反应的能力。

3. 抗原的基本类型

（1）完全抗原：是指既有免疫原性，又有免疫反应性的抗原。

（2）半抗原：半抗原单独存在时，仅有免疫反应性，没有免疫原性。其与蛋白质载体结合后才能获得免疫原性而成为完全抗原。

4. 医学上重要的抗原 主要有异种抗原、同种异型抗原、自身抗原、肿瘤抗原等,它们与疾病的发生、诊断及治疗密切相关。

(二) 免疫系统

免疫系统由免疫器官、免疫细胞和免疫分子三部分构成。

1. 免疫器官

(1) 中枢免疫器官:是免疫细胞发生、分化、发育和成熟的场所,包括骨髓和胸腺。

(2) 外周免疫器官:是免疫细胞定居和发生免疫应答的主要场所,包括淋巴结、脾和黏膜相关淋巴组织。

中枢免疫器官和外周免疫器官之间通过血液循环和淋巴循环相互联系。

2. 免疫细胞 是指所有参与免疫应答或与免疫应答有关的细胞及其前体细胞。免疫细胞主要包括T淋巴细胞(简称T细胞)、B淋巴细胞(简称B细胞)、吞噬细胞及抗原呈递细胞等。其中,最重要的免疫细胞是T淋巴细胞和B淋巴细胞,这两种细胞统称为免疫活性细胞。T细胞介导细胞免疫,B细胞介导体液免疫。

3. 免疫分子

(1) 免疫球蛋白:是指具有抗体活性或化学结构与抗体相似的球蛋白。

1) 免疫球蛋白的种类:IgG、IgM、IgA、IgD和IgE。主要介绍IgG、IgM和IgE。①IgG:能通过胎盘屏障,通过发挥中和作用、调理作用、抗体依赖的细胞介导的细胞毒性(ADCC)作用和激活补体,参与抗感染和Ⅱ、Ⅲ型超敏反应。②IgM:分子量最大,是机体接受抗原刺激后最早产生的抗体,主要作用是激活补体,是机体抗感染的先头部队。③IgE:主要由黏膜下淋巴组织中的浆细胞合成,与抗原结合后能激活肥大细胞和嗜碱粒细胞,参与Ⅰ型超敏反应。

2) 免疫球蛋白的功能:免疫球蛋白是体液免疫应答中最重要的免疫分子,它一方面能与相应抗原特异性结合,另一方面是结合抗原后能激发其他各种效应功能,包括激活补体、调理作用、中和作用、ADCC作用等。

抗体是人和脊椎动物接受抗原刺激后,B细胞增殖分化为浆细胞,由浆细胞产生的一类能与相应抗原特异性结合的球蛋白。所有抗体都是免疫球蛋白,而免疫球蛋白并非都是抗体。

(2) 补体系统:是存在于人和脊椎动物血清和组织液中的一组具有酶活性的球蛋白。补体系统包括固有成分、调控成分和补体受体。

补体系统具有溶解细菌、促进吞噬细胞对靶细胞的吞噬、促使肥大细胞和嗜碱粒细胞释放过敏介质及促使吞噬细胞向受伤组织和炎症部位集中等作用。

(三) 免疫应答

1. 免疫应答的概念 是指机体受抗原刺激后,免疫活性细胞识别抗原,自身发生活化、增殖和分化,并发挥特异性免疫效应的过程。这一过程主要发生在淋巴结、脾等外周免疫器官。

2. 免疫应答的类型 包括体液免疫和细胞免疫。

(1) 体液免疫应答

1) 概念:由B细胞介导,抗体参与的免疫应答,因抗体存在于血清等各种体液中,所以称体液免疫应答。

2) 规律:初次应答潜伏期长,产生的抗体效价低,体内维持时间短,参与的抗体主要是IgM,抗体与抗原的亲和力低;再次应答潜伏期短,抗体效价高,体内维持时间长,参与的抗体主要为IgG,抗体与抗原的亲和力高。

3) 功能:主要杀灭细胞外的病原体。

（2）细胞免疫应答

1）概念：由T细胞介导的特异性免疫应答。T细胞受抗原刺激后活化，增殖、分化形成效应T细胞，通过细胞毒性T淋巴细胞（CTL）直接杀伤靶细胞，或通过辅助性T细胞（Th细胞）释放淋巴因子，间接杀伤靶细胞。

2）功能：主要杀灭细胞内的病原微生物、寄生虫和肿瘤细胞。

免疫活性细胞接触抗原物质时所表现的特异性无应答状态，称免疫耐受。

（四）超敏反应

1. 概念　又称过敏反应或变态反应，是指机体对某些抗原初次应答后，再次接受相同抗原刺激时发生的一种以生理功能紊乱或组织细胞损伤为主的特异性免疫应答。引起超敏反应的抗原称为变应原或过敏原。人群中只有少数个体接触变应原后会发生超敏反应，容易发生超敏反应的人常有遗传倾向，被称为过敏体质者。

2. 类型　根据发生机制和临床特点不同，可分为四型，即Ⅰ、Ⅱ、Ⅲ、Ⅳ型。

（1）Ⅰ型超敏反应：又称速发型超敏反应。其特点有：发作快，消退也快；由结合于肥大细胞和嗜碱粒细胞膜上的IgE介导；以生理功能紊乱为主，通常不发生组织损伤；是否发病有明显的个体差异和遗传倾向。

临床常见的Ⅰ型超敏反应性疾病有过敏性休克、支气管哮喘、过敏性胃肠炎、皮肤荨麻疹、湿疹等。

（2）Ⅱ型超敏反应：又称细胞毒型或细胞溶解型超敏反应。其特点有：变应原是细胞本身的细胞膜抗原或被吸附到细胞膜上的抗原；参与介导的抗体有IgG、IgM和IgE；在补体、吞噬细胞、NK细胞的参与下，引起靶细胞溶解、破坏；主要表现为血细胞的溶解和破坏。

临床常见的Ⅱ型超敏反应性疾病有输血反应、新生儿溶血症、溶血性贫血、自身免疫性溶血性贫血等。

（3）Ⅲ型超敏反应：又称免疫复合物型超敏反应。其特点有：变应原是可溶性抗原；参与介导的抗体是IgG和IgM；有补体参与，反应可累及全身各器官、系统，危害严重；主要表现为血管及其周围的炎症和组织损伤。临床常见的Ⅲ型超敏反应性疾病有血清病、链球菌感染后肾小球肾炎、风湿病、类风湿性关节炎等。

（4）Ⅳ型超敏反应：又称迟发型超敏反应或细胞介导型超敏反应。其特点有：发作慢，消失也慢；由致敏T细胞引起，无补体和抗体的参与；主要表现为以淋巴细胞、单核吞噬细胞浸润为主的炎症反应。临床常见的Ⅳ型超敏反应性疾病有传染性超敏反应（如结核病）、各种细胞内寄生虫病、接触性皮炎、移植排斥反应等。

（五）免疫功能

免疫功能包括免疫防御、免疫稳定、免疫监视三个方面。

1. 免疫防御　是指机体识别和清除外来抗原（如病原微生物及其代谢产物）的功能，这种功能低下时，会引起免疫缺陷，导致机体反复感染；当其功能过于强烈或持续时间过长时，则会引起机体损伤而发生超敏反应。

2. 免疫稳定　是指机体清除体内衰老、死亡、损伤细胞的功能。当免疫稳定功能发生异常时，可能会针对自身组织发生自身免疫性疾病。

3. 免疫监视　是指机体识别、杀伤与清除体内突变细胞，防止其发展为肿瘤的功能。当免疫监视功能下降时，突变细胞可免受清除，引起恶性肿瘤。

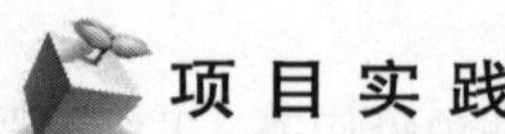

人体消化系统各器官识别

实践准备

1. 桌、椅、工作服、胸卡、文具。

2. 解剖实验模型。

实践步骤

1. 分组练习　2 名学生一组,1 名扮演实践指导教师、1 名扮演学员。

2. 着装　学员穿工作服、佩戴胸卡。

3. 指导教师随机指示任意五个消化器官,学员进行识别,准确描述器官名称及其主要功能(图 2-1)。

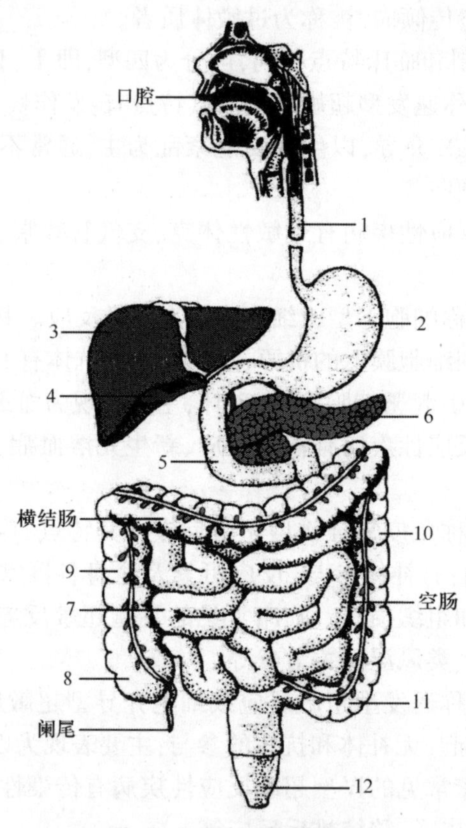

图 2-1　消化系统模式图

4. 清理现场

评分标准

序号	考核内容	考核要点	分值	配分	得分
1	仪表	着装整洁,佩戴胸卡	5	5	
2	消化系统器官识别	正确描述消化器官名称(描述正确一项 6 分)	30	30	
		正确描述消化器官主要功能(描述正确一项 10 分)	50	50	
3	礼仪	使用礼貌用语,语气亲切;语速语气适中,表达准确;离别时说"谢谢!"	5	5	
4	清理现场	物品归位	10	10	
		合计	100	100	

项目练习

一、判断题：关于下列说法，正确的打"√"，错误的打"×"。

1. 血小板是骨髓中巨核细胞的胞质部分脱落形成的小块，没有什么生理功能。　（　）
2. 引导血液从心脏出来的血管是动脉。　（　）
3. 肺静脉流的是静脉血，肺动脉流的是动脉血。　（　）
4. 体循环动脉流的是动脉血，体循环静脉流的是静脉血。　（　）
5. 动脉血氧含量低，呈暗红色；静脉血氧含量高，呈鲜红色。　（　）
6. 肺是外界空气和血液之间进行气体交换的场所。　（　）
7. 吸气中枢兴奋时，呼气中枢处于抑制状态；吸气中枢抑制时，呼气中枢处于兴奋状态。　（　）
8. 胃蛋白酶可对食物中的淀粉、脂肪和蛋白质进行化学消化。　（　）
9. 大肠没有重要的消化功能，主要是形成粪便并暂时储存。　（　）
10. 交感神经对胃肠道的运动和腺体分泌主要起兴奋性作用；副交感神经对胃肠道的运动和腺体分泌主要起抑制性作用。　（　）
11. 肾脏的主要功能是排泄功能。　（　）
12. 女性尿道相对于男性尿道有短、宽、直的特点，所以容易发生尿路感染。　（　）
13. 垂体可分泌血管升压素和缩宫素。　（　）
14. 呆小症的发生与生长激素分泌不足有关。　（　）
15. 外毒素是菌体细胞壁外膜上的脂多糖。　（　）
16. 自然界中的大多数微生物对人体是有害的。　（　）
17. 每种病毒只含一种核酸成分，要么是DNA，要么是RNA。　（　）
18. 决定病毒基本特性和感染性的成分是病毒的衣壳。　（　）
19. 目前控制病毒性疾病最主要的措施和手段仍然是特异性预防。　（　）
20. 半抗原只有免疫原性，没有免疫反应性。　（　）
21. 所有抗体都是免疫球蛋白，而免疫球蛋白并非都是抗体。　（　）
22. T细胞介导体液免疫，B细胞介导细胞免疫。　（　）
23. 体液免疫应答主要杀灭细胞外的病原体。　（　）

二、选择题：每小题有四个备选答案，请从中选择一个最佳答案。

1. 正常成人心率为
   A. 50～80次/分　B. 75次/分
   C. 60～100次/分　D. 60～80次/分
2. 影响心输出量的因素不包括
   A. 心肌收缩能力　B. 心脏负荷
   C. 心率　D. 脉率
3. 心率每分钟超过多少次时心输出量均会降低
   A. 120　B. 140
   C. 160　D. 180
4. 心率每分钟低于多少次时心输出量均会降低
   A. 20　B. 40
   C. 60　D. 80
5. 静脉输液过快、过多时，对心血管的影响是
   A. 动脉血压增高　B. 心脏前负荷加重
   C. 心脏后负荷加重　D. 心输出量增加
6. 营养物质和口服药物进行吸收的主要场所是
   A. 口腔　B. 胃
   C. 小肠　D. 大肠
7. 人体最大的消化腺是
   A. 肝脏　B. 胆囊
   C. 胰腺　D. 脾脏
8. 消化脂肪的主要物质是
   A. 消化酶　B. 胆盐
   C. 胆红素　D. 胆固醇
9. 消化能力最强的消化液是
   A. 唾液　B. 胃液
   C. 胰液　D. 胆汁
10. 内因子分泌减少时，可引起缺乏的维生素是
    A. 维生素B_1　B. 维生素B_2
    C. 维生素B_6　D. 维生素B_{12}
11. 正常人每天生成的原尿约为
    A. 1.5L　B. 2L
    C. 20L　D. 180L
12. 正常成人每天的排尿量约为
    A. 1.5L　B. 2L

C. 20L D. 180L

13. 饮用大量清水后尿量增多的主要原因是
A. ADH分泌增多 B. ADH分泌减少
C. 醛固酮分泌增多 D. 醛固酮分泌减少

14. 神经系统的基本活动方式是
A. 反应 B. 反馈
C. 反射 D. 反映

15. 分泌生长激素的器官是
A. 下丘脑 B. 垂体
C. 甲状腺 D. 肾上腺

16. 分泌缩宫素的器官是
A. 下丘脑 B. 垂体
C. 甲状腺 D. 肾上腺

17. 与侏儒症和肢端肥大症发病有关的激素是
A. 甲状腺激素 B. 生长激素
C. 糖皮质激素 D. 性激素

18. 与呆小症发病有关的激素是
A. 甲状腺激素 B. 生长激素
C. 糖皮质激素 D. 性激素

19. 与糖尿病发病有关的激素是
A. 醛固酮 B. 抗利尿激素
C. 糖皮质激素 D. 胰岛素

20. 药用糖皮质激素没有的作用是
A. 抗感染 B. 抗炎
C. 抗毒 D. 抗过敏

21. 体型最小,没有细胞结构,无法独立存活的微生物是
A. 病毒 B. 细菌
C. 真菌 D. 原虫

22. 构成革兰阳性菌细胞壁最主要的化学成分是
A. 蛋白质 B. 脂质
C. 肽聚糖 D. 磷壁酸

23. 革兰阴性菌的内毒素成分是
A. 蛋白质 B. 脂多糖
C. 肽聚糖 D. 磷壁酸

24. 能抵御青霉素的革兰阴性菌细胞成分是
A. 细胞壁 B. 外膜
C. 细胞膜 D. 细胞质

25. 灭菌的标准是消灭细菌的
A. 荚膜 B. 菌毛
C. 鞭毛 D. 芽孢

26. 外毒素是某些细菌在生长繁殖过程中合成,并能释放到菌体外的毒性
A. 蛋白质 B. 脂多糖
C. 肽聚糖 D. 磷壁酸

27. 机体接受抗原刺激后最早产生的抗体是
A. IgG B. IgM
C. IgA D. IgE

28. 参与Ⅰ型超敏反应的免疫球蛋白是
A. IgG B. IgM
C. IgA D. IgE

29. 参与Ⅱ、Ⅲ型超敏反应的免疫球蛋白是
A. IgG B. IgM
C. IgA D. IgE

30. 支气管哮喘属于
A. Ⅰ型超敏反应 B. Ⅱ型超敏反应
C. Ⅲ型超敏反应 D. Ⅳ型超敏反应

31. 风湿病属于
A. Ⅰ型超敏反应 B. Ⅱ型超敏反应
C. Ⅲ型超敏反应 D. Ⅳ型超敏反应

32. 接触性皮炎属于
A. Ⅰ型超敏反应 B. Ⅱ型超敏反应
C. Ⅲ型超敏反应 D. Ⅳ型超敏反应

33. 新生儿溶血症属于
A. Ⅰ型超敏反应 B. Ⅱ型超敏反应
C. Ⅲ型超敏反应 D. Ⅳ型超敏反应

34. 参与初次免疫应答的抗体主要是
A. IgG B. IgM
C. IgA D. IgE

35. 参与再次免疫应答的抗体主要是
A. IgG B. IgM
C. IgA D. IgE

项目二 常见疾病介绍

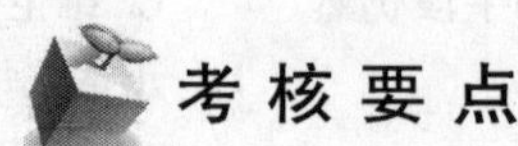

1. 常见病病因、临床表现。
2. 常见病治疗原则及健康指导。

项目知识

一、急性上呼吸道感染

急性上呼吸道感染简称上感,为外鼻孔至环状软骨下缘包括鼻腔、咽或喉部的急性感染,多发于冬春季节。主要经空气飞沫传播,亦可经污染的手和用具接触传播。

(一) 病因

1. 病毒感染 急性上感有70%~80%由病毒引起,包括鼻病毒、冠状病毒、腺病毒、流感和副流感病毒以及呼吸道合胞病毒、埃可病毒和柯萨奇病毒等。

2. 细菌感染 20%~30%的上感为细菌引起,可单纯发生或于病毒感染之后发生,以溶血性链球菌为多见,其次为流感嗜血杆菌、肺炎链球菌和葡萄球菌等,偶见革兰阴性杆菌。

(二) 临床表现

1. 普通感冒 又称急性鼻炎或上呼吸道卡他。一般经5~7天痊愈。

(1) 症状:主要表现为鼻部症状,如鼻塞、喷嚏、流清水样鼻涕,也可表现为咳嗽、咽干、咽痒或烧灼感。2~3天后鼻涕变稠,可伴咽痛、头痛、流泪、味觉迟钝、呼吸不畅、声嘶、听力减退等。严重者有发热、轻度畏寒和头痛等。

(2) 体征:鼻腔黏膜充血、水肿、有分泌物,咽部可轻度充血。

2. 急性病毒性咽炎和喉炎 由鼻病毒、腺病毒、流感病毒、副流感病毒以及肠病毒、呼吸道合胞病毒引起。

(1) 症状:急性病毒性咽炎表现为咽痒和灼热感,咽痛不明显。咳嗽少见。急性喉炎表现为明显声嘶、讲话困难、可有发热、咽痛或咳嗽,咳嗽时咽喉疼痛加重。

(2) 体征:喉部充血、水肿,颌下淋巴结轻度肿大和触痛。

3. 急性疱疹性咽峡炎 多由柯萨奇病毒A引起,病程约为一周。

(1) 症状:明显咽痛、发热。

(2) 体征:咽部充血,软腭、腭垂、咽及扁桃体表面有灰白色疱疹及浅表性溃疡,周围伴红晕。

4. 急性咽结膜炎 病原体多为腺病毒、柯萨奇病毒。

(1) 症状:发热、咽痛、畏光、流泪、咽及眼结膜明显充血。病程4~6天,多发于夏季,由游泳传播,儿童多见。

(2) 体征:眼结膜及咽部明显充血,扁桃体充血、肿大。

5. 急性咽扁桃体炎 多为溶血性链球菌感染,其次为流感嗜血杆菌、肺炎链球菌、葡萄球菌等。

(1) 症状:起病急,咽痛明显、伴发热、畏寒,体温可达39℃以上。

(2) 体征:咽部明显充血,扁桃体充血、肿大,表面有黄色脓性分泌物。常伴有颌下淋巴结肿大、压痛,肺部无异常体征。

(三) 治疗

目前尚无特效抗病毒药物,以对症处理为主,同时戒烟、注意休息、多饮水、保持室内空气流通和防治继发细菌感染。

1. 对症治疗 对有明显鼻部症状的患者,应给予口服伪麻黄碱治疗以减轻鼻部充血,亦可局部滴鼻应用。高热时适当加用解热镇痛类药物,如对乙酰氨基酚、布洛芬。

2. 抗菌药物治疗 普通感冒无须使用抗菌药物。有细菌感染证据,如白细胞升高、咽部脓苔、咳脓痰和流脓鼻涕等,可选青霉素、第一代头孢菌素、大环内酯类或氟喹诺酮类。

3. 抗病毒药物治疗　无发热,免疫功能正常,发病超过 2 天一般无须应用。对于免疫缺陷患者,早期常规使用抗病毒药及含抗病毒药的复方抗感冒药,可缩短病程。

4. 中药治疗　清热解毒和抗病毒作用的中药,有助于改善症状,缩短病程。

(四) 健康指导

1. 加强体育锻炼,坚持耐寒训练,增强体质。

2. 避免淋雨、受凉、过度劳累,注意个人口腔及手部卫生。

3. 急性上呼吸道感染恢复期如出现眼睑水肿、关节痛、心悸等症状时,及时就医。

4. 流行季节预防措施　减少公共场所活动,注意与患者隔离,防止交叉感染;室内用食醋 $5\sim10ml/m^2$ 加等量水稀释,加热熏蒸,每日一次,连用三日;注射流感疫苗或板蓝根、菊花等中药煎熬饮用。

二、肺炎球菌性肺炎

肺炎球菌性肺炎是由肺炎链球菌感染所引起的肺炎,约占社区获得性肺炎的半数。好发于冬季与初春,多见于健康的男性青壮年或老年与婴幼儿。发病前常有受凉、淋雨、疲劳、醉酒、病毒感染史,多有上呼吸道感染的前驱症状。自然病程 1 ~2 周。

(一) 病因

肺炎链球菌是寄居在口腔及鼻咽部的一种正常菌群。机体免疫功能低下时, 有毒力的肺炎链球菌入侵下呼吸道而致病。

(二) 临床表现

1. 症状　起病多急骤,高热、寒战,全身肌肉酸痛,体温通常在数小时内升至 39 ~40℃,可呈稽留热。咳嗽、咳痰,典型痰液呈铁锈色。可有患侧胸痛、恶心、呕吐、腹痛或腹泻。

2. 体征　急性病容,皮肤灼热、干燥,体温升高,脉搏增快,鼻翼扇动,口唇发绀;早期肺部无明显体征,实变期可出现肺部典型体征,如患侧呼吸运动及触觉语颤增强,肺部叩诊呈浊音或实音,可闻及湿啰音。严重时可有休克体征,如血压下降、脉搏细速、四肢厥冷等。

(三) 治疗

1. 抗菌药物治疗　一经诊断应给予抗菌药物治疗,首选青霉素 G。对青霉素过敏者,可用红霉素。

2. 支持及对症治疗

(1) 休息与营养:应卧床休息,给予高热量、高蛋白、高维生素、易消化的流质或半流质饮食;鼓励多饮水,每日 1 ~2L 为宜。

(2) 胸痛:剧烈胸痛者,可酌用少量镇痛药,如可待因。

(3) 发热:经抗菌药物治疗后,高热常在 24 小时内消退,或数日内逐渐下降。若体温降而复升或 3 天后仍不降者,应考虑肺炎链球菌的肺外感染。高热患者,应物理降温配合药物降温,一般不用阿司匹林,以免过度出汗、脱水。

(4) 缺氧:吸氧是纠正缺氧最有效的方法。禁用抑制呼吸的镇静药。

(四) 健康指导

适当锻炼,增强抗病能力;戒烟,避免受凉、淋雨、酗酒、过度劳累等诱因,尽早防治呼吸道感染。

三、慢性支气管炎

慢性支气管炎是气管、支气管黏膜及其周围组织的慢性非特异性炎症。以咳嗽、咳痰、或伴喘息为主要症状，每年发病持续3个月，连续2年及以上，排除有类似症状的心肺疾病，即可诊断。

（一）病因

1. 吸烟　是慢性支气管炎最重要的危险因素，吸烟者患病率比不吸烟者高2～8倍，烟龄越长，吸烟量越大，患病率越高。

2. 空气污染　空气中的粉尘、刺激性气体损伤呼吸道，降低呼吸道防御能力，为感染创造条件。

3. 感染　是慢性支气管炎起病、加重及复发的基本因素。病毒感染以流感病毒、鼻病毒、腺病毒和呼吸道合胞病毒较为常见；细菌感染常继发于病毒感染，常见病原菌为肺炎链球菌、流感嗜血杆菌、卡他莫拉菌和葡萄球菌等。

（二）临床表现

1. 症状　缓慢起病，病程长，以反复发作的慢性咳嗽、咳痰，或伴有喘息为主要特征。

（1）咳嗽：一般晨间咳嗽为主，睡眠时有阵咳或排痰。

（2）咳痰：多为白色泡沫状痰，偶尔痰中带血。清晨排痰较多，起床或体位变动可刺激排痰。

（3）喘息或气急：伴明显喘息者称为喘息型慢性支气管炎，部分可能合并支气管哮喘。伴肺气肿时可表现为劳动或活动后气急。

2. 体征　早期多无异常体征。急性发作期可在背部或双肺底听到干、湿啰音，咳嗽后可减少或消失。如合并哮喘可闻及广泛哮鸣音并伴呼气期延长。

（三）治疗

1. 急性加重期的治疗

（1）控制感染：抗菌药物治疗可选用氟喹诺酮类、大环类酯类、β-内酰胺类或磺胺类抗菌药口服，如左氧氟沙星、罗红霉素、阿莫西林、头孢呋辛、复方磺胺甲基异噁唑。

（2）镇咳祛痰：镇咳可用复方甘草合剂、右美沙芬、可待因、喷托维林，也可加用祛痰药如溴己新、氨溴索。

（3）平喘：伴喘息者可用解痉平喘药，如氨茶碱、沙丁氨醇、特布他林、克仑特罗。

（4）吸氧：持续低流量吸氧能改变慢性支气管炎的自然病程，改善生活质量，是纠正缺氧、缓解呼吸困难最有效的治疗方法。

2. 缓解期治疗

（1）戒烟，避免有害气体和其他有害颗粒的吸入。

（2）增强体质，预防上呼吸道感染。

（3）反复呼吸道感染者，可试用免疫调节剂或中医中药，如细菌溶解产物、卡介苗、多糖核酸、胸腺肽、胸腺素等。

（四）健康指导

1. 戒烟　能延缓病情进展，对于早期患者，戒烟可使病情逆转。

2. 注意保暖，防止受凉，潮湿寒冷季节不宜进行室外活动。

3. 家庭氧疗，每天不宜少于10～15小时，吸氧流量1～2L/min，浓度25%～29%。

4. 加强全身锻炼及呼吸功能训练,如慢跑、气功、腹式呼吸训练等。

四、支气管哮喘

支气管哮喘简称哮喘,是一种气道慢性炎症性疾病。一般认为儿童患病率高于青壮年,城市高于农村。约 40% 的患者有家族史。

(一) 病因

哮喘的病因还不十分清楚,与遗传因素和环境因素有关,过敏体质及外界环境的影响是发病的危险因素。

1. 遗传因素　亲代有哮喘病史,子代哮喘患病率增高,并且亲缘关系越近,患病率越高;患者病情越严重,其亲属患病率也越高。

2. 环境因素　对诱发支气管哮喘具有重要的作用。

(1) 吸入物:尘螨、花粉、真菌、动物毛皮屑、二氧化硫、氨气等。

(2) 感染:细菌、病毒、原虫、寄生虫等。

(3) 食物:鱼、虾、蟹、蛋类、牛奶等。

(4) 药物:普萘洛尔、阿司匹林等。

(5) 其他:气候变化、运动、妊娠等都可能是哮喘的诱发因素。

(二) 临床表现

1. 症状

(1) 呼吸困难:表现为发作性伴有哮鸣音的呼气性呼吸困难或发作性胸闷,常在夜间和(或)清晨发作、加剧。严重者被迫采取坐位或呈端坐呼吸。

(2) 咳嗽、咳痰:干咳或伴大量白色泡沫痰。咳嗽变异型哮喘患者,咳嗽可为唯一的症状。

2. 体征　缓解时可无异常体征。哮喘发作时,胸廓饱满,肺部叩诊呈过清音;典型体征是双肺闻及广泛的哮鸣音,呼气延长。可有心率增快、奇脉、大汗淋漓和发绀。

(三) 治疗

目前尚无特效的治疗方法,但长期规范化治疗可使哮喘症状能得到控制,减少复发乃至不发作。

1. 脱离环境因素　能找到引起哮喘发作的环境因素的患者,立即使患者脱离环境因素的接触是防治哮喘最有效的方法。

2. 药物治疗　治疗哮喘药物主要分为缓解发作的药物、控制或预防发作的药物。

(1) 缓解哮喘发作的药物:也称支气管舒张药,主要作用为舒张支气管。

1) β_2 受体激动药:是控制哮喘急性发作的首选药物。常用的短效 β_2 受体激动药有沙丁胺醇、特布他林和非诺特罗;长效 β_2 受体激动药有福莫特罗、沙美特罗及丙卡特罗,不主张长效 β_2 受体激动药单独使用,须与吸入激素联合应用。肾上腺素、麻黄碱和异丙肾上腺素,因其心血管不良反应多而已被高选择性的 β_2 受体激动药所代替。首选吸入给药,还可口服或静脉注射。

2) 抗胆碱药:如异丙托溴胺、噻托溴铵(泰乌托品)。

3) 茶碱类:氨茶碱和控(缓)释茶碱。

(2) 控制或预防哮喘发作的药物:此类药物主要治疗引起哮喘发作的气道炎症,亦称抗炎药。

1）糖皮质激素：控制哮喘发作最有效的药物。吸入治疗是目前推荐长期抗感染治疗哮喘的最常用方法，常用吸入药物有倍氯米松、布地奈德、氟替卡松、莫米松等。为减少吸入大剂量糖皮质激素的不良反应，可与长效 β_2 受体激动剂、控释茶碱或白三烯受体拮抗剂联合使用。口服剂：泼尼松（强的松）、泼尼松龙（强的松龙），用于吸入糖皮质激素无效或需要短期加强的患者。静脉用药：琥珀酸氢化可的松、甲泼尼龙、地塞米松。

2）白三烯调节剂：如孟鲁司特、扎鲁司特。

3）其他药物：酮替酚、阿司咪唑、曲尼斯特、氯雷他定对轻症哮喘和季节性哮喘有一定效果。

3. 急性发作期的治疗　治疗目的是尽快缓解气道阻塞，纠正低氧血症，恢复肺功能，预防进一步恶化或再次发作，防止并发症。一般根据病情的程度进行综合性治疗。

（1）轻度：每日定时吸入糖皮质激素，出现症状时吸入短效 β_2 受体激动药。效果不佳时可加用口服 β_2 受体激动药控释片或小量茶碱控释片，或加用抗胆碱药如异丙托溴胺气雾剂吸入。

（2）中度：吸入糖皮质激素；规则吸入 β_2 受体激动药或联合抗胆碱药吸入或口服长效 β_2 受体激动药。也可加用口服白三烯拮抗剂，若不能缓解，可持续雾化吸入 β_2 受体激动药（或联合用抗胆碱药吸入），或口服糖皮质激素。必要时可用氨茶碱静脉注射。

（3）重度至危重度：持续雾化吸入 β_2 受体激动药或合并抗胆碱药；或静脉滴注氨茶碱或沙丁胺醇。加用口服白三烯拮抗剂。静脉滴注糖皮质激素如琥珀酸氢化可的松或甲泼尼龙或地塞米松。待病情得到控制和缓解后（一般 3～5 天），改为口服给药。注意维持水、电解质平衡，纠正酸碱失衡，当 pH<7.20，且合并代谢性酸中毒时，应适当补碱；可给予氧疗，如病情恶化缺氧不能纠正时，进行无创通气或插管机械通气。若并发气胸，在胸腔闭式引流气体的同时下仍可进行机械通气。此外应预防下呼吸道感染等。

4. 对症及支持治疗　吸氧、纠正水、电解质及酸碱平衡紊乱。

（四）健康指导

1. 有效控制环境因素，避免接触过敏原，避免刺激性食物和饮酒。

2. 指导患者熟悉及观察药物疗效、不良反应。

3. 吸入剂使用时，喷药与缓慢深吸气同步，时间最好大于 5 秒；吸入药物后屏气 5～10 秒，使药物充分分布到下呼吸道，以达到良好的疗效；给药结束后，用清水漱口，去除口腔及咽部残留的药物。

五、肺　结　核

肺结核是结核分枝杆菌感染所致的一种呼吸道传染病。多见于中青年，15～59 岁年龄段的涂阳肺结核患者占全部涂片阳性患者的 61.6%。西部地区肺结核患病率明显地高于全国平均水平，而东部地区低于平均水平。

（一）病因

结核分枝杆菌感染。人肺结核的致病菌 90% 以上为人型结核分枝杆菌。

1. 结核分枝杆菌　抗酸染色呈红色，可抵抗盐酸乙醇的脱色作用，故称抗酸杆菌。其对干燥、冷、酸、碱等抵抗力强。在干燥的环境中可存活数月或数年；在室内阴暗潮湿处，结核分枝杆菌可存活数月；低温条件下仍能存活数年；用氢氧化钠或硫酸对痰液处理时，结核分枝杆菌仍能存活。煮沸 100℃ 5 分钟可杀灭结核分枝杆菌；70% 乙醇一般在 2 分钟内可杀灭结核分枝杆菌;结核分枝杆菌对紫外线比较敏感,太阳光直射下痰中结核分枝杆菌经2～7小时可被杀灭,10W紫外线灯距照射物0.5～1m,照射30分钟具有明显杀菌作用。

2. 结核病的传播

(1) 传染源:主要是痰菌阳性的结核病患者。

(2) 传播途径:飞沫传播是肺结核最重要的传播途径。也可经消化道和皮肤等其他途径传播。

(3) 易感人群:免疫力低下的人群,如婴幼儿、老年人、HIV感染者、慢性疾病及免疫抑制剂使用的患者等。

(二) 临床表现

1. 症状

(1) 呼吸系统症状

1) 咳嗽、咳痰:是肺结核最常见症状。咳嗽为干咳或伴少量黏液痰。有空洞形成时,痰量增多,若合并其他细菌感染,痰可呈脓性。

2) 咯血:1/3～1/2的患者有咯血。咯血量多少不定,多数患者为少量咯血,少数为大咯血。

3) 胸痛:结核累及胸膜时可表现胸痛,呼吸和咳嗽时加重。

4) 呼吸困难:见于严重肺结核患者。

(2) 全身症状

1) 发热:是最常见的全身症状,多表现为午后低热,即下午或傍晚体温开始升高,翌晨降至正常。

2) 其他:盗汗、乏力、食欲减退和体重减轻等;育龄女性患者可以有月经失调。

2. 体征　早期可无任何体征;体征与病变范围和性质有关。

(1) 渗出性病变或干酪样坏死:可有肺实变体征,如触觉语颤增强、叩诊浊音、听诊闻及支气管呼吸音和细湿啰音。

(2) 空洞性病变:较大空洞时,可以闻及支气管呼吸音。

(3) 纤维条索形成:气管向患侧移位,患侧胸廓塌陷,叩诊呈浊音,听诊呼吸音减弱并可闻及湿啰音;

(4) 结核性胸膜炎:可有胸腔积液体征,如气管向健侧移位,患侧胸廓饱满,触觉语颤减弱,叩诊呈实音,呼吸音消失。

(三) 治疗

科学合理地治愈肺结核患者是有效控制结核病在人群中传播的根本方法。

1. 治疗原则　早期、联合、适量、规律、全程。整个治疗方案分强化和巩固两个阶段。

(1) 早期:结核病患者一经发现立即给予化学治疗,促使病变吸收和减少传染性。

(2) 联合:即联合用药,系指同时采用多种抗结核药物治疗,可提高疗效,减少或防止耐药性的产生。

(3) 适量:严格按适当的药物剂量用药,药物剂量过低不能达到有效的血药浓度,影响疗效和易产生耐药性,剂量过大易发生药物毒副作用。

(4) 规律:严格遵照医嘱要求规律用药,不漏服,不随意停药,以避免耐药性的产生。

(5) 全程:保证完成规定的疗程,提高治愈率和减少复发率。

2. 常用抗结核病药(见抗结核药)

3. 治疗方案 严格执行统一标准方案确能达到预期效果。

(1) 初治涂阴肺结核治疗方案

1) 2HRZ/4HR:①强化期:异烟肼、利福平、吡嗪酰胺,每日一次,顿服,疗程2个月。②巩固期:异烟肼、利福平,每日一次,顿服,疗程4个月。

2) 2H3R3Z3/4H3R3:①强化期:异烟肼、利福平、吡嗪酰胺,隔日一次或每周3次,顿服,疗程2个月。②巩固期:异烟肼、利福平,隔日一次或每周3次,顿服,疗程4个月。

(2) 初治涂阳肺结核治疗方案(含初治涂阴有空洞形成或粟粒型肺结核)。

1) 2HRZE/4HR:①强化期:异烟肼、利福平、吡嗪酰胺和乙胺丁醇,每日一次,顿服,疗程2个月。②巩固期:异烟肼、利福平,每日一次,顿服,疗程4个月。

2) 2H3R3Z3E3/4H3R3:①强化期:异烟肼、利福平、吡嗪酰胺和乙胺丁醇,隔日一次或每周3次,顿服,疗程2个月。②巩固期:异烟肼、利福平,隔日一次或每周3次,顿服,疗程4个月。

(3) 复治涂阳肺结核治疗方案

1) 2HRZSE/4-6HRE:①强化期:异烟肼、利福平、吡嗪酰胺、链霉素和乙胺丁醇,每日一次,顿服,疗程2个月。②巩固期:异烟肼、利福平和乙胺丁醇,每日一次,顿服,疗程4~6个月。巩固期治疗4个月时,痰菌未转阴,可继续延长治疗期2个月。

2) 2H3R3Z3S3E3/6H3R3E3:①强化期:异烟肼、利福平、吡嗪酰胺、链霉素和乙胺丁醇,隔日一次或每周3次,顿服,疗程2个月。②巩固期:异烟肼、利福平和乙胺丁醇,隔日一次或每周3次,顿服,疗程6个月。

(四) 健康指导

1. 合理安排休息,避免劳累,病情严重时增加休息时间或卧床休息,恢复期适当增加户外活动。

2. 增强体质,提高抗病能力,如散步、做保健操。

3. 高热量、高蛋白、高维生素饮食,提高机体抗病能力及修复能力。

4. 消毒隔离,患者单居一室,室内保持通风,每日用紫外线照射消毒或0.1%过氧乙酸溶液消毒。

5. 注意个人卫生,严禁随地吐痰 痰液吐于纸巾上用火焚烧,接触痰液后用流水洗手;不与家人共同进餐,食具先煮沸5分钟后再洗涤;被褥及接触的物品经常在阳光下暴晒2小时以上。

6. 遵医嘱规律服药,坚持疗程,定期复查,预防不良反应的发生。

六、细菌性痢疾

细菌性痢疾简称菌痢,是志贺菌属(痢疾杆菌)引起的肠道传染病,可分为急性菌痢、慢性菌痢和中毒性菌痢。常年散发,夏秋多见,是我国的常见病、多发病。

(一) 病因

细菌性痢疾的病原体是志贺菌属(痢疾杆菌)。

1. 传染源 传染源包括菌痢患者和带菌者。

2. 传播途径 经消化道传播。痢疾杆菌随患者或带菌者的粪便排出,通过污染的手、食品、水源或生活接触,或苍蝇、蟑螂等间接方式传播,最终均经口入消化道引起感染。

3. 人群易感性　人群对痢疾杆菌普遍易感。学龄前儿童多见,与不良卫生习惯有关。感染后无持久免疫力,不同菌群间以及不同血清型痢疾杆菌之间无交叉免疫,故造成重复感染或再感染而反复多次发病。

(二)临床表现

潜伏期一般为1~3天,流行期为6~11月,发病高峰期在8月。

1. 急性菌痢　主要有全身中毒症状与消化道症状,可分为三型。

(1) 普通型:急性起病,全身中毒症状:畏寒、寒战、体温可达39℃、乏力。消化道症状:食欲减退、恶心、呕吐、腹痛、腹泻、里急后重。稀便转成脓血便,每日数十次,量少,失水不显著。一般病程10~14天。

(2) 轻型:症状不明显,可有低热、腹泻,糊状或水样便,混有少量黏液,无脓血。一般病程3~6天。

(3) 中毒型:多见于2~7岁儿童。起病急骤,高热达40℃以上,全身中毒症状严重,可有面色苍白、皮肤湿冷、血压下降,嗜睡、抽搐、昏迷等表现。消化道症状较轻,但24小时内可出现腹泻及黏液脓血便。

2. 慢性菌痢　急性菌痢病程迁延超过2个月病情未愈者。多见于急性菌痢治疗不当、营养不良、免疫功能低下或原有慢性消化道疾病者。包括慢性隐伏型、慢性迁延型和慢性型急性发作。

(1) 慢性隐匿型:1年内有急性菌痢病史,但无明显腹泻、腹痛症状,大便病原菌培养阳性。

(2) 慢性迁延型:有急性菌痢病史,主要表现为长期反复出现腹泻、腹痛,大便常有黏液及脓血,可伴乏力、营养不良及贫血等。为重要的传染源。

(3) 急性发作型:有急性菌痢病史,可因进食生冷食物、劳累或受凉等诱因引起急性发作,出现腹痛、腹泻及脓血便,但全身中毒症状多不明显。

(三)治疗

1. 急性菌痢

1) 一般治疗:饮食以少渣易消化流质及半流质饮食为宜;积极纠正水、电解质及酸碱平衡紊乱。

2) 抗感染治疗:可选用喹诺酮类、氨基糖苷类抗生素。

2. 慢性菌痢

(1) 一般治疗:饮食以少渣无刺激食物,适当锻炼,避免劳累及紧张。

(2) 抗感染治疗:结合细菌分离及细菌敏感试验选用抗菌药物。

(3) 药物保留灌肠:如0.5%卡那霉素或0.3%小檗碱,每次100~200ml,每晚1次,10~14日为一疗程。

(四)健康指导

1. 患者需进行消化道隔离至症状消失,粪便培养2次阴性。

2. 注意饮食、饮水及环境卫生。

3. 注意药物疗效及不良反应。

七、胃　炎

胃炎是指任何病因引起的胃黏膜炎症。胃炎是最常见的消化道疾病之一。按临床起病缓急和病程的长短，一般将胃炎分为急性胃炎和慢性胃炎。

(一) 急性胃炎

急性胃炎是由多种病因引起的急性胃黏膜炎症。主要包括急性幽门螺杆菌感染引起的急性胃炎，其他病原体感染及(或)其毒素对胃黏膜损害引起的急性胃炎和急性糜烂出血性胃炎。某些药物也易引起急性糜烂出血性胃炎，因此重点介绍急性糜烂出血性胃炎。

1. 病因

(1) 药物：常见的有非甾体抗炎药(NSAID)如阿司匹林、吲哚美辛等，某些抗肿瘤药、口服氯化钾或铁剂。

(2) 应激：严重创伤、大手术、大面积烧伤、颅内病变、败血症及其他严重脏器病变或多器官功能衰竭等均可引起胃黏膜糜烂、出血，严重者发生急性溃疡并大量出血，如烧伤所致者称 Curling 溃疡、中枢神经系统病变所致者称 Cushing 溃疡。

(3) 乙醇：高浓度乙醇溶液因可直接破坏胃黏膜屏障，而引起胃黏膜炎症。

2. 临床表现

(1) 症状：可无症状或有轻微上腹不适、隐痛。部分患者以出现突然呕血和(或)黑粪为表现的上消化道出血症状，呕吐物呈褐色或咖啡渣样。

(2) 体征：可有左上腹压痛。出血量较大时可有皮肤黏膜苍白、血压下降、脉搏细速等贫血及休克体征。

3. 治疗　积极去除病因，抑制胃酸分泌，保护胃黏膜，止血。

(1) 抑制胃酸分泌：质子泵抑制剂如奥美拉唑、兰索拉唑、泮托拉唑等；H_2 受体阻断药如西咪替丁、雷尼替丁、法莫替丁等。抑制胃酸分泌药还有利于促进病变愈合和助于止血。

(2) 保护胃黏膜：应用胃黏膜保护药如硫糖铝、胶体铋。

4. 健康指导　病情较轻时，可给予半流质饮食；有消化道出血的患者应暂禁食。避免使用损伤胃黏膜的药物、刺激性食物及饮料。

(二) 慢性胃炎

慢性胃炎是由各种病因引起的胃黏膜慢性炎症，包括非萎缩性胃炎、萎缩性胃炎和特殊类型胃炎三类。慢性萎缩性胃炎又分为多灶萎缩性胃炎和自身免疫性胃炎。

1. 病因

(1) 幽门螺杆菌感染：是慢性胃炎最主要病因。人是目前唯一被确认的幽门螺杆菌传染源。一般经口口或粪口途径传播。我国属幽门螺杆菌高感染率国家，感染率为40%~70%。

(2) 饮食：高盐饮食和缺乏新鲜蔬菜、水果与慢性胃炎的发生密切相关。

(3) 自身免疫：自身免疫性胃炎以富含壁细胞的胃体黏膜萎缩为主，患者血液中存在自身抗体如壁细胞抗体、内因子抗体。

(4) 其他因素：十二指肠液反流、酗酒、药物及某些刺激性食物等。

2. 临床表现

(1) 症状：多数患者无症状。症状多表现为消化不良，如上腹痛或不适、上腹胀、早饱、嗳气、恶心等。伴贫血者可有头晕、乏力、耳鸣等症状。

(2) 体征：可有上腹部压痛，自身免疫性胃炎患者可伴有皮肤黏膜苍白等贫血体征。

3. 治疗

(1) 根除幽门螺杆菌：目前采取铋剂和(或)质子泵抑制剂、抗生素联合治疗。杀灭幽门螺杆菌抗菌药如阿莫西林、甲硝唑、替硝唑、克拉霉素、四环素、呋喃唑酮、左氧氟沙星等。

(2) 对症治疗:以促进胃肠动力为主。促胃肠动力药如多潘立酮、莫沙必利、依托必利、甲氧氯普胺等。

4. 健康指导 避免服用损伤胃黏膜的药物,忌高盐饮食,忌生、冷、硬食物,刺激性食物及饮料,食用富含维生素 C 及纤维素的新鲜蔬菜、水果。

八、消化性溃疡

消化性溃疡主要指发生在胃和十二指肠的慢性溃疡,即胃溃疡(GU)和十二指肠溃疡(DU)。本病可发生于任何年龄,但中年最为常见,胃溃疡多见于中老年,十二指肠溃疡多见于青壮年;十二指肠溃疡较胃溃疡多见,为(2~3):1。

(一) 病因

1. 幽门螺杆菌 在十二指肠溃疡的检出率约 90%、胃溃疡为 70%~80%。

2. 非甾体抗炎药(NSAID) 通过削弱胃黏膜的防御和修复功能而导致消化性溃疡发病。长期服用非甾体抗炎药的患者 10%~25% 可发现消化性溃疡,有 1%~4% 患者发生出血、穿孔等溃疡并发症。

3. 胃酸和胃蛋白酶 消化性溃疡的最终形成是由于胃酸/胃蛋白酶对黏膜自身消化所致。其中,胃酸在溃疡形成过程中的决定性作用,是溃疡形成的直接原因。

4. 其他因素 吸烟、遗传、胃十二指肠运动异常;长期精神紧张、过劳,易使溃疡发作或加重。

(二) 临床表现

1. 症状 上腹痛是消化性溃疡的主要症状,多位于中上腹,可偏右或偏左,一般为轻至中度持续性灼痛,亦可为钝痛、胀痛、剧痛或饥饿样不适感。可伴有反酸、嗳气、上腹胀等症状。典型上腹痛具有慢性周期性节律性特点。

(1) 慢性过程:病史可达数年至数十年。

(2) 周期性:发作与缓解交替,发作期可为数周或数月,缓解期亦长短不一,短者数周、长者数年;发作常有季节性,多在秋冬或冬春发病,可因精神情绪不良或过劳而诱发。

(3) 节律性:表现为空腹痛即餐后 2~4 小时和(或)午夜痛,腹痛多为进食或服用抗酸药所缓解,典型节律性表现在十二指肠溃疡多见。

2. 体征 溃疡活动时上腹部可有局限性轻压痛,缓解期无明显体征。

(三) 治疗

治疗的目的是消除病因、缓解症状、促进溃疡愈合、防止复发和防治并发症。

1. 一般治疗 注意规律饮食,戒烟、酒。服用 NSAID 者应尽可能停用,避免过度劳累和精神紧张。

2. 根除幽门螺杆菌 见慢性胃炎治疗。

3. 抗溃疡治疗 根除幽门螺杆菌疗程结束后,继续给予一个常规疗程的质子泵抑制药或 H_2 受体阻断药。

4. 手术治疗 手术指征:大量出血经内科治疗无效;急性穿孔;瘢痕性幽门梗阻;胃溃疡癌变;严格内科治疗无效的顽固性溃疡。

(四) 健康指导

1. 养成良好生活习惯,注意饮食卫生,避免暴饮暴食及刺激性食物,少吃多餐;戒烟戒酒。

2. 保持乐观情绪，避免高度紧张。

3. 遵医嘱规律服药，避免使用易致消化道黏膜损伤的药物。

4. 上腹痛节律改变或突然腹痛加剧、呕血、黑便时，立即就医。

九、尿路感染

尿路感染是指各种病原微生物在尿路中生长、繁殖而引起的尿路感染性疾病。多见于育龄期妇女、老年人、免疫力低下及尿路畸形者。男女性尿路感染发病率之比约为1∶8。以下重点介绍膀胱炎、急性肾盂肾炎和慢性肾盂肾炎。

（一）病因

病原微生物是引起尿路感染的病因。

1. 常见致病菌

（1）革兰阴性杆菌：为尿路感染最常见致病菌，其中以大肠埃希菌最为常见，占全部尿路感染的80%～90%，其次为变形杆菌、克雷伯杆菌。

（2）革兰阳性球菌：主要是粪链球菌和凝固酶阴性的葡萄球菌，占全部尿路感染的5%～10%。

2. 感染途径

（1）上行感染：病原菌经由尿道上行至膀胱，甚至输尿管、肾盂引起的感染称为上行感染，约占尿路感染的95%。

（2）血行感染：病原菌通过血液循环到达肾脏和尿路其他部位引起的感染。

（3）直接感染：泌尿系统周围器官、组织发生感染时，病原菌偶可直接蔓延至泌尿系统。

（4）淋巴道感染：盆腔和下腹部的器官感染时，病原菌可从淋巴系统蔓延至泌尿系统导致感染。

（二）临床表现

1. 膀胱炎　占尿路感染的60%以上。

（1）症状：主要症状为尿频、尿急、尿痛即膀胱刺激征。部分患者有下腹部疼痛、排尿困难、血尿、腰痛、发热等症状。

（2）体征：无异常体征。

2. 急性肾盂肾炎

（1）症状：①全身中毒症状：发热、寒战、头痛、全身酸痛等。②泌尿系统症状：尿频、尿急、尿痛、排尿困难、下腹部疼痛、腰痛等。

（2）体征：除体温升高、心率增快和全身肌肉压痛外，一侧或两侧肋脊角或输尿管点压痛和（或）肾区叩击痛。

3. 慢性肾盂肾炎

（1）症状：间歇性尿频、排尿不适、腰部酸痛、夜尿增多、低比重尿、低热等。

（2）体征：一侧或两侧肋脊角或输尿管点压痛和（或）肾区叩击痛。

（三）治疗

1. 一般治疗　急性期注意休息，多饮水，勤排尿。膀胱刺激征和血尿明显者，口服碳酸氢钠片，以碱化尿液、缓解症状。

2. 抗感染治疗

（1）急性膀胱炎：磺胺类、喹诺酮类、半合成青霉素或头孢类等抗菌药，任选一种药物，连用3天。

(2) 急性肾盂肾炎:全身中毒症状较轻者,口服喹诺酮类、半合成青霉素类或头孢菌素类药物,疗程 10 ~14 天。全身中毒症状较重者,应静脉给药,可选用氨苄西林、头孢噻肟钠、头孢曲松钠或左氧氟沙星等。

(3) 慢性肾盂肾炎:治疗的关键是积极寻找并祛除易感因素。急性发作时治疗同急性肾盂肾炎。

(四) 健康指导

1. 坚持多饮水、勤排尿,是最有效的预防方法。
2. 注意会阴部清洁。
3. 尽量避免尿路器械的使用,必需应用时,严格无菌操作。
4. 如必须留置导尿管,前 3 天给予抗生素可延迟尿感的发生。
5. 与性生活有关的尿感,应于性交后立即排尿,并口服一次常用量抗生素。

十、心 绞 痛

冠状动脉粥样硬化性心脏病指冠状动脉粥样硬化使血管腔狭窄或阻塞,和(或)因冠状动脉功能性改变(痉挛)导致心肌缺血缺氧或坏死而引起的心脏病,简称冠心病。心绞痛是冠心病中常见的类型。

(一) 病因

凡能导致冠状动脉发生粥样硬化的因素均是引起心绞痛的危险因素,主要的危险因素有:

1. 血脂异常　脂质代谢异常是动脉粥样硬化最重要的危险因素。血浆总胆固醇、三酰甘油、低密度脂蛋白或极低密度脂蛋白增高。

2. 高血压　高血压患者患本病较血压正常者高 3 ~4 倍。

3. 糖尿病　糖尿病患者中不仅本病发病率较非糖尿病者高出数倍,且病变进展迅速。

4. 其他危险因素　肥胖、吸烟、遗传、A 型性格、静坐生活方式及不良饮食习惯等。

(二) 临床表现

1. 症状　心绞痛以发作性胸痛为主要临床表现,疼痛的特点为:

(1) 部位:主要在胸骨体中段或上段之后。可波及心前区,范围如手掌大小,界限不很清楚。常放射至左肩、左臂内侧达无名指和小指,或至颈、咽或下颌部。

(2) 性质:胸痛常为压迫、发闷或紧缩性,也可有烧灼感,但不像针刺或刀扎样锐性痛,偶伴濒死的恐惧感觉。发作时,患者往往被迫停止正在进行的活动,直至症状缓解。

(3) 诱因:多因体力活动或情绪激动所诱发,疼痛多发生于劳力或激动的当时,而不是在一天劳累之后。饱餐、寒冷、吸烟、心动过速、休克等亦可诱发。

(4) 持续时间:疼痛出现后常逐渐加重,持续 3 ~5 分钟,一般不超过 15 分钟。

(5) 发作频率:可数天或数星期发作一次,亦可一日内多次发作。

(6) 缓解方式:一般休息及舌下含服硝酸甘油即可缓解。

2. 体征　心绞痛发作时常见表情焦虑、皮肤冷或出汗;血压升高、心率增快,心尖部可闻及奔马律、收缩期杂音。

(三) 治疗

1. 发作时的治疗

(1) 休息:发作时立刻休息,一般患者在停止活动后症状即可消除。

（2）药物治疗：硝酸酯类：①硝酸甘油舌下含化。长时间反复应用可由于产生耐受性而效力减低，停用 10 小时以上，即可恢复有效。②硝酸异山梨酯舌下含化。

2. 缓解期的治疗

（1）β 受体阻断药：美托洛尔、阿替洛尔、比索洛尔、纳多洛尔、卡维地洛等。

（2）硝酸酯类：硝酸异山梨酯、5-单硝酸异山梨酯、2% 硝酸甘油油膏或橡皮膏贴片。

（3）钙通道拮抗药：维拉帕米、硝苯地平等。

（4）抗血小板药：阿司匹林。

3. 手术治疗　介入治疗、冠状动脉旁路移植术。

（四）健康指导

1. 合理膳食　低脂、低盐、低热量、低胆固醇、高纤维素饮食，戒烟酒。

2. 适量运动，保持平和心态。

3. 避免诱发心绞痛的因素；发作时立即休息，舌下含化硝酸甘油；缓解期坚持遵医嘱服药。

4. 外出时随身携带硝酸酯类制剂，以备急用。

5. 定期复查，若病情加重及时就医。

十一、高　血　压

高血压是指非同日三次测量血压收缩压≥140mmHg 和（或）舒张压≥90mmHg，包括原发性高血压和继发性高血压。原发性高血压是以血压升高为主要临床表现，伴或不伴有多种心血管危险因素的综合征；继发性高血压是指继发于某些明确疾病的血压升高，即血压升高是某一疾病的症状之一。原发性高血压占 95%，继发性高血压占 5%。以下重点介绍原发性高血压。

流行病学调查显示，我国原发性高血压发病率北方高于南方；沿海高于内地；城市高于农村；青年期男性略高于女性，中年后女性稍高于男性。

（一）病因

原发性高血压是多因素所致疾病，主要分为遗传因素与环境因素，以环境因素为主。

1. 遗传因素　高血压具有明显的家族聚集性，父母均有高血压，子女的发病概率高达 46%，约 60% 的患者有原发性高血压家族史。

2. 环境因素

（1）饮食：高盐、高蛋白、高动物脂肪饮食及饮酒均与原发性高血压发病率呈正相关。

（2）精神应激：脑力劳动者、精神紧张度高的职业从业者原发性高血压发病率增高。

3. 其他因素　肥胖、睡眠呼吸暂停低通气综合征等。

（二）临床表现及并发症

1. 症状　约 20% 患者无症状。一般常见症状有头晕、头痛、疲劳、心悸、视物模糊、鼻出血等，呈轻度持续性，多数症状可自行缓解，在紧张或劳累后加重。

2. 体征　除血压升高外，其他体征一般较少。心、肾、脑等重要器官受损时，可出现相应器官损害的体征。

3. 并发症　高血压危象、高血压脑病、脑出血、脑血栓形成、心力衰竭、慢性肾衰竭。

（1）高血压危象：在原发性高血压基础上，紧张、疲劳、寒冷、突然停服降压药等诱因致全身小动脉痉挛，血压急剧上升，影响重要脏器血液供应而产生危急症状。出现头痛、烦躁、眩晕、恶心、呕吐、心悸、气急及视物模糊等严重症状。

(2) 高血压脑病:重症高血压患者,脑组织血流灌注过多引起脑水肿。表现为颅内压升高的症状及体征,如剧烈头痛、呕吐、视物模糊、抽搐、意识障碍等。

(三) 治疗

原发性高血压治疗目前采取改善生活行为、药物治疗等综合治疗措施。

1. 改善生活行为

(1) 减少钠盐摄入:减少食盐,每人每日食盐量以不超过6g为宜。

(2) 减少脂肪摄入:少食动物脂肪,膳食中脂肪量应控制在总热量的25%以下。

(3) 减轻体重、增加运动:尽量将体重指数(BMI)控制在<25。体重指数=体重(Kg)/身高(m)的平方。选择慢跑或步行,一般每周3~5次,每次20~60分钟。

(4) 戒烟、限酒:每日摄入乙醇量不可超过50g。

2. 药物治疗

(1) 治疗对象:收缩压≥160mmHg和(或)舒张压≥100mmHg的患者;血压持续升高,改善生活行为后血压仍未获得有效控制患者;原发性高血压合并糖尿病或伴心、肾、脑损害和并发症患者。

(2) 血压控制目标值:一般主张血压控制目标值至少<140mmHg/90mmHg;糖尿病或慢性肾脏病合并高血压患者,血压控制目标值<130mmHg/80mmHg;老年人单纯收缩期高血压患者血压控制目标值,收缩压140mmHg~150mmHg,舒张压<90mmHg,但不低于65mmHg~70mmHg。

(3) 降压药物:①分类:常用降压药物主要有利尿药、β受体阻断药、钙通道拮抗药、血管紧张素转换酶抑制药和血管紧张素Ⅱ受体阻断药(详见抗高血压药)。②合理用药:从小剂量开始,逐步递增剂量。③治疗方案:两种降压药联合治疗方案:利尿药与β受体阻断药;利尿药与血管紧张素转换酶抑制药或血管紧张素Ⅱ受体阻断药;钙通道拮抗药与β受体阻断药;钙通道拮抗药与血管紧张素转换酶抑制药或血管紧张素Ⅱ受体阻断药。

(四) 健康指导

1. 合理膳食、适量运动(同改善生活行为)。

2. 遵医嘱服药,观察疗效及不良反应,不可随意增减药物剂量或停药。

3. 监测血压、定期复诊。

十二、糖　尿　病

糖尿病是胰岛素分泌和(或)作用缺陷所引起的一组以血糖水平增高为特征的代谢性疾病,包括1型糖尿病、2型糖尿病、其他特殊类型糖尿病及妊娠期糖尿病。估计我国现有糖尿病患者超过4000万,居世界第2位。以下重点介绍1型糖尿病和2型糖尿病。

(一) 病因

1. 1型糖尿病　遗传因素、环境因素及自身免疫共同作用引起胰岛细胞破坏,导致胰岛素分泌绝对不足所致。

2. 2型糖尿病　遗传因素、环境因素相互作用引起胰岛素抵抗为主,伴相对胰岛素缺乏或胰岛素分泌缺陷伴胰岛素抵抗所致。

(二) 临床表现及并发症

1. 症状　典型症状为“三多、一少”,即多尿、多饮、多食和体重减轻。可有视物模糊、皮肤瘙痒,尤其是外阴瘙痒等。

2. 临床特点

(1) 1 型糖尿病:多发生于儿童和青少年。起病较急,症状明显,多不伴肥胖;有自发急性酮症酸中毒倾向。需依赖外源性胰岛素治疗。

(2) 2 型糖尿病:占糖尿病患者的95%。多发生于中、老年人。起病缓慢,症状较轻或不明显,多伴肥胖;无自发急性酮症酸中毒倾向。一般不需依赖外源性胰岛素治疗。

3. 并发症

(1) 急性并发症

1) 急性酮症酸中毒:为最常见的糖尿病急症。常见诱因有感染、胰岛素治疗中断或不适当减量、饮食不当、应激如创伤、手术、妊娠和分娩等。表现:①早期:"三多、一少"症状加重。②酸中毒:失代偿后,病情迅速恶化,疲乏、食欲减退、恶心、呕吐,多尿、口干、头痛、嗜睡,呼吸深快,呼出气体有烂苹果味。③后期:严重脱水,尿量减少、眼眶下陷、皮肤黏膜干燥,血压下降、心率加快,四肢厥冷。④晚期不同程度意识障碍,反射迟钝、消失,昏迷。少数患者表现为腹痛,酷似急腹症。

2) 高血糖高渗状态:常见诱因:①应激:如急性感染、外伤、手术、脑血管意外等。②药物:糖皮质激素、免疫抑制剂、利尿药、甘露醇等。③其他:水摄入不足,透析治疗,静脉高营养疗法等。表现:反应迟钝、烦躁或淡漠、嗜睡,逐渐陷入昏迷、抽搐,晚期尿少甚至无尿。

(2) 慢性并发症

1) 大血管病变:主要累及心、脑、肾及肢体动脉,引起冠心病、脑血管病、肾动脉硬化、肢体动脉硬化等,是 2 型糖尿病的主要死因。

2) 微血管病变:是糖尿病的特异性并发症,主要累及肾、视网膜、心肌组织中管腔直径在 100μm 以下的毛细血管,引起糖尿病肾病和糖尿病性视网膜病变等。①糖尿病肾病:随着病情的进展逐渐出现蛋白尿、水肿、高血压、肾功能减退,晚期致尿毒症,是 2 型糖尿病的主要死因。②糖尿病性视网膜病变:微血管瘤、小出血点、渗出,新生血管形成,玻璃体积血;纤维血管增殖,玻璃体机化,视网膜脱离、失明。

3) 神经系统病变:周围神经病变最为常见。肢体感觉、运动神经损害相继发生,出现对称性感觉、运动障碍,一般上肢较下肢重。

4) 眼部并发症:除糖尿病性视网膜病变外,尚可出现青光眼、白内障、屈光改变等并发症。

5) 糖尿病足:足部溃疡、感染、深层组织破坏。表现为足部畸形,皮肤干燥和发凉,足部溃疡、坏疽。

(3) 感染:主要表现为化脓性皮肤感染、泌尿生殖道感染,如疖、痈、真菌性阴道炎、肾盂肾炎和膀胱炎等。

(三) 治疗

1. 治疗对象　糖尿病患者,即糖尿病症状加任意时间血浆葡萄糖≥11.1mmol/L(200mg/dl)或空腹血糖≥7.0mmol/L(126mg/dl)或 75g 葡萄糖耐量试验中 2 小时血糖≥11.1mmol/L(200mg/dl)者。

2. 治疗措施

(1) 合理膳食

1) 每日总热量:①理想体重(kg)=身高(cm)-105。②不同状态每千克理想体重给予热量:休息状态 25 ~ 30kcal;轻体力劳动 30 ~ 35kcal;中度体力劳动 35 ~ 40kcal;重体力劳动 40kcal 以上。

每日总热量=理想体重(kg)×不同状态每千克理想体重给予热量(kcal)

2) 热量分配:①糖类:占饮食总热量 50% ~ 60%,按每克 4kcal 计算。糖类(g)=(每日总热量×50% ~ 60%)/4。提倡用粗制米、面和一定量杂粮,忌食用葡萄糖、蔗糖、蜜糖及其制品。②蛋白质:一般不超过总热量的 15%,按每克 4 kcal 计算。蛋白质(g)=(每日总热量×15%)/4。成人每日每千克理想体重 0.8 ~ 1.2g,儿童、孕妇、乳母、营养不良或伴有消耗性疾病者增至 1.5 ~ 2.0g,伴有糖尿病肾病而肾功能正常者应限制至 0.8g,血尿素氮升高者应限制在 0.6g。蛋白质应至少有 1/3 来自动物蛋白质。③脂肪:约占饮食总热量 30%,按每克 9kcal 计算。脂肪(g)=(每日总热量×30%)/9。饱和脂肪、多价不饱和脂肪与单价不饱和脂肪的比例应为 1∶1∶1。

3) 富含纤维素饮食:每日饮食中纤维素含量不宜少于 40g,提倡食用绿叶蔬菜、豆类、块根类、粗谷物、含糖成分低的水果等。

(2) 适量运动:循序渐进和长期坚持有规律的适量运动,宜在餐后进行,运动量不宜过大,持续时间不宜过长。

(3) 口服药物治疗

1) 促胰岛素分泌剂:①磺脲类:甲苯磺丁脲、氯磺丙脲、格列本脲、格列吡嗪、格列齐特、格列喹酮和格列苯脲等。②格列奈类:瑞格列奈、那格列奈。

2) 双胍类:二甲双胍、苯乙双胍。

3) α-葡萄糖苷酶抑制剂:阿卡波糖、伏格列波糖等。

4) 胰岛素增敏剂:噻唑烷二酮类即格列酮类,如罗格列酮、吡格列酮等。

(4) 胰岛素治疗

1) 适应证:①1 型糖尿病。②2 型糖尿病 β 细胞功能明显减退者。③各种严重的糖尿病急性或慢性并发症。④糖尿病合并妊娠和分娩。⑤糖尿病合并症需手术。

2) 胰岛素及其类似物制剂:①胰岛素制剂:速(短)效胰岛素:普通(正规)胰岛素,是唯一可经静脉注射的胰岛素;中效胰岛素:低精蛋白胰岛素(中性精蛋白胰岛素)和慢胰岛素锌混悬液;长(慢)效胰岛素:精蛋白锌胰岛素注射液(鱼精蛋白锌胰岛素)和特慢胰岛素锌混悬液。②胰岛素类似物:速效胰岛素类似物:赖脯胰岛素、门冬胰岛素;长效胰岛素类似物:胰岛素 Detemir、甘精胰岛素。

目前,已有胰岛素吸入剂上市。

3) 给药途径及方法:①给药途径:主要是皮下注射。腹壁注射吸收最快,其次分别为上臂、大腿和臀部。②给药方法:普通注射器注射、胰岛素"笔"型注射器注射、持续皮下胰岛素输注(胰岛素泵)、人工胰。

(5) 急性并发症治疗原则:补液、胰岛素治疗、纠正电解质及酸碱平衡失调。

(四) 健康指导

1. 糖尿病属终身性疾病,必须坚持终身治疗。

2. 避免诱发病情加重的因素,如过度劳累、精神紧张、情绪不稳定、外伤、饮食控制不当、降血糖药使用不当等。

3. 严格遵医嘱用药　注射胰岛素者,严格无菌操作,防止感染。

4. 自我监测血糖,定期复诊,尽早发现、治疗并发症。

十三、皮 肤 病

(一) 接触性皮炎

接触性皮炎是皮肤或黏膜接触某些外源性物质后,在接触部位发生的炎症反应。

1. 病因

(1) 原发性刺激:接触物对皮肤产生直接刺激作用,任何人接触后均可发生反应,如接触强酸、强碱所致的皮炎。

(2) 变态反应:仅少数过敏体质者接触后发病。首次接触时并不引起皮炎,一般经4~20天潜伏期,再次接触同类物质后,可于几小时至1~2天内在接触部位或邻近部位发生皮炎。常见引起接触性皮炎的物质有毛类、皮革、生漆、芒果、化妆品、农药、化工原料等。

2. 临床表现　可有痒和烧灼或腹痛感,少数严重者可有畏寒发热、头痛等全身症状。接触部位可有红斑或密集小丘疹,较重者可出现大片水肿性红斑、水疱甚至表皮坏死。患者高度敏感时,可致全身泛发皮疹。

3. 治疗

(1) 外用药:以消炎、止痒、预防感染为主。无渗出时可用炉甘石洗剂,渗出较多时,用复方醋酸铝溶液湿敷,继发感染者则用1∶8000高锰酸钾溶液湿敷。

(2) 全身用药:一般可用抗组胺药。严重时可短期用糖皮质激素类药。

4. 健康指导　避免再次接触致敏物质或刺激物,避免搔抓、肥皂及热水烫洗。

(二) 湿疹

湿疹是一种具有多形性皮疹及渗出倾向,伴剧烈瘙痒、易反复发作的皮肤炎症。常发生在头、面、手、足等处。可分为急性湿疹、亚急性湿疹及慢性湿疹。

1. 病因　过敏体质是本病的主要因素。其诱因较多,如劳累、内分泌及胃肠功能障碍,感染、日光、化妆品、肥皂、鱼虾等诱发或加重。

2. 临床表现

(1) 急性湿疹:起病急,皮疹呈对称性、多形性,伴瘙痒。起初为红斑水肿,随后出现密集粟粒大小丘疹、丘疱疹或水疱,破溃后见点状糜烂、渗出、结痂,易融合成片,中心重,向四周扩散,边界不清。

(2) 亚急性湿疹:瘙痒剧烈,皮疹以小丘疹、鳞屑和结痂为主。

(3) 慢性湿疹:皮肤粗糙、抓痕、结痂、肥厚,有色素沉着,外周可有丘疹、丘疱疹。

3. 治疗

(1) 外用药:同湿疹。

(2) 全身用药:抗组胺药及镇静药。急性湿疹可注射钙剂。

4. 健康指导　保持皮肤清洁;避免各种刺激如抓、擦、肥皂擦洗;避免易致过敏及刺激性食物。

(三) 足癣、手癣和甲癣

手癣、足癣和甲癣是皮肤癣菌侵犯掌、跖、指(趾)间皮肤和指(趾)甲引起的浅部真菌感染性疾病,以足癣最为常见。可接触传染,手癣、甲癣多由足癣蔓延而来。

1. 病因　致病菌以毛癣菌属和表皮癣菌属多见。主要菌种有红色毛癣菌、石膏毛癣菌、玫瑰毛癣菌、絮状表皮癣菌。

2. 临床表现

(1) 足癣:多见于成年人。夏季加重,冬季减轻,长期迁延。依其皮损点可分为水疱型、擦烂型、鳞屑角化型。

1) 水疱型:趾间、足跖及其侧缘反复出现深在性水疱,可成群发生或疏散分布,疱壁厚,不易破裂,伴瘙痒,数日后疱液干涸、脱屑、瘙痒缓解。

2) 擦烂型:常见于3~4 或4~5 趾间,角质层浸渍、发白、松离、剥脱,剥脱后露出鲜红色的糜烂面或蜂窝状基底,渗出增多,伴异臭味,瘙痒剧烈。易继发感染如蜂窝组织炎。

3) 鳞屑角化型:多见于足跟、足底及其侧缘,角质层增厚、粗糙、脱屑、干裂、无汗,状如树皮。夏季可间断发生水疱,伴瘙痒;冬季发生皲裂,伴疼痛。

(2) 手癣:多见于一侧掌心或二、三指尖端,多呈鳞屑角化表现,早期可无水疱或出现数目多少不一的小水疱,疱液干涸后脱屑,范围逐步扩大,反复脱屑处的皮肤出现皮纹变宽加深,失去正常光泽与弹性,粗糙增厚,触之粗涩。

(3) 甲癣:起病缓慢,单个或多个指(趾)甲受累。依其真菌侵入部位不同,可分为浅表性白色甲癣和甲下型甲癣。

1) 浅表性白色甲癣:真菌从甲面侵入,形成不规则白色浑浊区,逐渐扩大,甲面变软,继而甲板变形、增厚、变脆。

2) 甲下型甲癣:真菌从甲板前缘或侧缘侵入,沿甲板扩展,形成松脆角蛋白碎屑,堆积于甲下,指(趾)甲增厚、变形,甲板与甲床分离,甲前缘虫蚀状改变,最终甲板全部破坏。

3. 治疗

(1) 足癣、手癣治疗

1) 水疱型:10%~30% 冰醋酸溶液或复方雷锁辛搽剂外涂。

2) 擦烂型:先用枯凡粉或脚癣粉。渗出明显时,可用3% 硼酸溶液或 1/8000 高锰酸钾溶液湿敷,皮损干燥脱屑后,改用益康唑或克霉唑霜或 10% 十一烯酸软膏及其他抗真菌酊剂外擦。

3) 鳞屑角化型:选用抗真菌软膏或霜剂,如复方水杨酸苯甲酸软膏等,用塑料薄膜包扎,加强药物渗透,使角质剥脱,再用30% 冰醋酸溶液或上述抗真菌软膏、霜剂或酊剂外搽。

(2) 甲癣治疗

1) 手术刀刮除病甲松脆角质,然后外搽 30% 冰醋酸溶液或 3%~5% 碘酊,直至新甲生成为止。

2) 手术拔出病甲,抗真菌软膏或霜剂治疗,直至新甲生成为止。

3) 病情严重者可酌情考虑口服酮康唑、伊曲康唑等。

4. 健康指导

(1) 注意个人、家庭及集体卫生。

(2) 勿与他人共用鞋、袜、浴巾、洗脚盆。

(3) 保持足部干燥,必要时可加用足光粉。

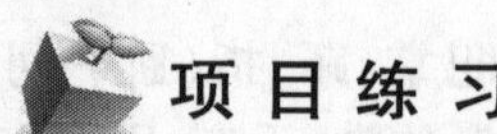

项目练习

一、判断题:关于下列说法,正确的打"√",错误的打"×"。

1. 急性上呼吸道感染多由细菌感染所致。 ( )

2. 复方抗感冒药中伪麻黄碱主要作用是减轻鼻部充血。 ( )

3. 普通感冒需使用抗菌药物。 ( )

4. 肺炎链球菌是寄居在口腔及鼻咽部的一种正常菌群。 ( )
5. 肺炎球菌肺炎患者出现高热时常口服阿司匹林降低体温。 ( )
6. 慢性支气管炎患者应持续吸入高浓度氧,以改善生活质量。 ( )
7. 40% 的支气管哮喘患者有家族史。 ( )
8. 支气管哮喘患者吸入给药结束后,应用清水漱口,去除口腔及咽部残留的药物。 ( )
9. 吸入剂使用时,吸入药物后屏气 5~10 秒,使药物充分分布到下呼吸道,以达到良好的疗效。 ( )
10. 人肺结核的致病菌 90% 以上为牛型结核分枝杆菌。 ( )
11. 肺结核多见于老年人。 ( )
12. 煮沸 100℃ 5 分钟可杀死结核分枝杆菌。 ( )
13. 70% 乙醇不可能杀灭结核分枝杆菌。 ( )
14. 结核病治疗方案 2HRZ/4HR 中 2 代表是强化期为两个月。 ( )
15. 结核病治疗中,异烟肼、利福平必须贯穿整个疗程。 ( )
16. 细菌性痢疾的传染源仅仅是菌痢患者。 ( )
17. 细菌性痢疾潜伏期一般为 1~3 天。 ( )
18. 中毒型细菌性痢疾多见于成年人。 ( )
19. 细菌性痢疾患者不需进行消化道隔离。 ( )
20. 烧伤所致急性糜烂出血性胃炎称为 Curling 溃疡。 ( )
21. 胃溃疡较十二指肠溃疡多见。 ( )
22. 胃蛋白酶在溃疡形成过程中起决定性作用。 ( )
23. 尿路感染患者女性较男性多。 ( )
24. 尿路感染最有效的预防方法是多饮水、勤排尿。 ( )
25. 心绞痛发作时间常超过 30 分钟。 ( )
26. 心绞痛主要临床表现为发作性胸痛。 ( )
27. 原发性高血压治疗目前采取改善生活行为、药物治疗等综合治疗措施。 ( )
28. 原发性高血压必须快速用药物使血压降至正常。 ( )
29. 2 型糖尿病 β 细胞功能明显减退者不必使用胰岛素。 ( )
30. 糖尿病属终身性疾病,必须坚持终身治疗。 ( )

二、选择题:每小题有四个备选答案,请从中选择一个最佳答案。

1. 急性上呼吸道感染主要传播途径是
A. 空气飞沫 B. 接触传播
C. 血液传播 D. 消化道传播
2. 引起急性上呼吸道感染常见的细菌是
A. 肺炎链球菌 B. 葡萄球菌
C. 溶血性链球菌 D. 流感嗜血杆菌
3. 普通感冒是指
A. 急性病毒性咽炎 B. 急性鼻炎
C. 急性咽结膜炎 D. 急性咽扁桃体炎
4. 肺炎球菌肺炎病原体是
A. 肺炎链球菌 B. 溶血性链球菌
C. 草绿色链球菌 D. 粪链球菌
5. 肺炎球菌肺炎患者典型痰液呈
A. 铁锈色 B. 粉红色
C. 砖红色 D. 黄色
6. 下列哪项不是肺炎球菌肺炎患者肺部典型体征
A. 语颤增强
B. 肺部叩诊呈浊音或实音
C. 肺部闻及湿啰音
D. 呼吸运动减弱
7. 肺炎球菌肺炎首选
A. 青霉素 B. 庆大霉素
C. 四环素 D. 阿莫西林
8. 纠正肺炎球菌肺炎患者缺氧最有效的方法是
A. 尼可刹米静脉推注 B. 洛贝林静脉推注
C. 二甲弗林静脉推注 D. 吸氧
9. 慢性支气管炎最重要的危险因素是
A. 吸烟 B. 空气污染
C. 感染 D. 遗传
10. 慢性支气管炎起病、加重及复发的基本因素是
A. 吸烟 B. 空气污染
C. 感染 D. 遗传
11. 下列哪项不是慢性支气管炎的主要症状
A. 咳嗽 B. 喘息
C. 低热 D. 咳痰
12. 慢性支气管炎痰液常为
A. 铁锈色痰 B. 粉红色泡沫状痰
C. 砖红色胶冻样痰 D. 白色泡沫状痰
13. 能诱发支气管哮喘的药物是
A. 普萘洛尔 B. 肾上腺素
C. 沙丁氨醇 D. 特布他林
14. 支气管哮喘典型体征是

A. 双肺闻及广泛的哮鸣音,呼气延长

B. 心率增快

C. 发绀

D. 奇脉

15. 控制哮喘急性发作首选

A. β_2 受体激动药　　B. 抗胆碱药

C. 茶碱类　　D. 白三烯调节剂

16. 属于白三烯调节剂的平喘药是

A. 泼尼松　　B. 孟鲁司特

C. 酮替酚　　D. 沙丁胺醇

17. 控制哮喘发作最有效药物是

A. 糖皮质激素　　B. 抗胆碱药

C. 茶碱类　　D. 白三烯调节剂

18. 目前推荐长期抗感染治疗哮喘的最常用方法是

A. 口服给药　　B. 静脉注射

C. 静脉滴注　　D. 吸入给药

19. 肺结核最主要的传播途径是

A. 飞沫传播　　B. 血液传播

C. 消化道传播　　D. 皮肤接触传播

20. 肺结核最常见的症状是

A. 咯血　　B. 咳嗽、咳痰

C. 胸痛　　D. 呼吸困难

21. 肺结核患者最常见的全身症状是

A. 盗汗　　B. 乏力

C. 发热　　D. 体重减轻

22. 肺结核治疗原则不包括

A. 早期　　B. 联合

C. 足量　　D. 规律

23. 细菌性痢疾的病原菌是

A. 志贺菌属　　B. 沙门菌属

C. 奈瑟菌属　　D. 梳状菌属

24. 细菌性痢疾好发季节是

A. 春季　　B. 冬季

C. 冬春季　　D. 夏秋季

25. 细菌性痢疾属于

A. 肠道传染病　　B. 呼吸道传染病

C. 性传播疾病　　D. 血液传染病

26. 慢性菌痢是指急性菌痢病程迁延超过(　　)病情未愈者

A. 1 个月　　B. 2 个月

C. 3 个月　　D. 4 个月

27. 慢性胃炎最主要病因是

A. 幽门螺杆菌感染　　B. 饮食

C. 自身免疫　　D. 药物

28. 慢性胃炎临床表现多为

A. 呕血　　B. 黑便

C. 消化不良　　D. 剧烈腹痛

29. 消化性溃疡的主要症状是

A. 呕血　　B. 黑便

C. 消化不良　　D. 上腹痛

30. 消化性溃疡发生急性穿孔时,首选治疗措施是

A. 手术治疗　　B. 口服镇痛药

C. 静脉滴注抗生素　　D. 口服奥美拉唑

31. 尿路感染最常见致病菌是

A. 变形杆菌　　B. 克雷伯杆菌

C. 大肠埃希菌　　D. 粪链球菌

32. 尿路感染最常见的感染途径是

A. 血行感染　　B. 上行感染

C. 直接感染　　D. 淋巴道感染

33. 膀胱炎主要症状是

A. 尿频、尿急、尿痛　　B. 排尿困难

C. 血尿　　D. 发热

34. 冠心病中常见的类型是

A. 心绞痛型　　B. 心肌梗死型

C. 猝死型　　D. 心肌缺血型

35. 动脉粥样硬化最重要的危险因素是

A. 高血压　　B. 糖尿病

C. 脂质代谢异常　　D. 吸烟

36. 糖尿病典型症状不包括

A. 多尿　　B. 多饮

C. 多食　　D. 体重增加

37. 最常见的糖尿病急症是

A. 高血糖高渗状态　　B. 糖尿病肾病

C. 急性酮症酸中毒　　D. 感染

38. 湿疹病因主要是

A. 过敏　　B. 劳累

C. 内分泌紊乱　　D. 胃肠功能障碍

39. 湿疹好发部位不包括

A. 头　　B. 面

C. 手足　　D. 躯干

40. 水疱型手癣宜选用下列哪种药物治疗

A. 冰醋酸溶液　　B. 硼酸溶液

C. 碘酊　　D. 酒精

第三章　药学知识

购销员是从事药品导购、销售、验收、保管、养护及咨询服务的人员。购销员从事的每一项活动都与药品密切相关,同时也直接关系到药品经营企业的经济效益。如在药品导购、咨询服务、销售中,购销员若能准确介绍药品,取得顾客信任,这是药品成交的关键;在药品验收中,要能保证入库药品的质量,防止不合格药品入库;在药品保管、养护中,要能科学、正确、合理地贮藏药品,保证药品质量完好,减少损耗等,以上这些服务都需要具有一定的药学知识。因此,购销员学习相关的药学知识是十分必要的。

第一节　药物基础知识

项目一　药物的分类及剂型特点

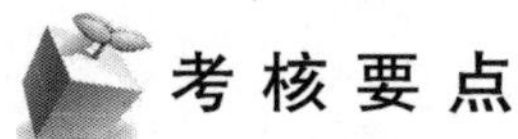

1. 药物的分类。

2. 药物的剂型类别及特点。

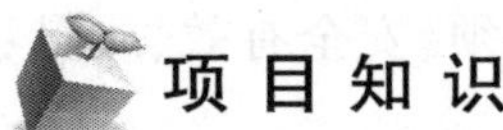

(一)药物的分类

1. 按药物来源分类

(1) 植物药:是指植物或其提取物制成的药物,如小檗碱、长春碱、洋地黄等。

(2) 动物药:系指动物的整体或部分、动物的分泌物及排泄物经加工后供药用者,如全蝎、鹿茸、麝香、牛黄等。

(3) 矿物药:是直接利用矿物或将其加工后供药用者,如炉甘石、芒硝等。

(4) 化学合成或半合成药:系指用化学合成的方法制成的药物,如阿司匹林、苯海拉明、地西泮等。

(5) 生物制品:系根据免疫学原理,利用微生物、微生物或动物的毒素、人或动物的血液及组织制成的制品,如菌苗、疫苗、人血免疫球蛋白等。

2. 按药物剂型分类

(1) 注射剂:如庆大霉素注射剂、青霉素粉针剂等。

(2) 口服制剂:如片剂、胶囊剂、丸剂、糖浆剂、合剂等。

(3) 外用制剂:如软膏剂、栓剂、酊剂、搽剂、滴眼剂等。

(4) 气雾剂:如外用喷雾剂、口腔喷雾剂等。

(5) 新剂型:如缓释制剂、控释制剂、经皮给药制剂等。

3. 按商业习惯分类

(1) 片剂:如单压片、多层片等。

(2) 针剂:如注射剂、注射用粉针剂等。

(3) 水剂:如合剂、糖浆剂等。

(4) 粉剂:如散剂、颗粒剂等。

4. 按药理作用分

(1) 抗微生物药:如青霉素、诺氟沙星等。

(2) 消化系统药:如西咪替丁、乳酶生等。

(3) 呼吸系统药:如氨茶碱、沙丁胺醇等。

(4) 心血管系统药:如利多卡因、普萘洛尔等。

(5) 泌尿系统药:如呋塞米、氢氯噻嗪等。

(6) 外周神经系统药:如阿托品、肾上腺素、普鲁卡因等。

(7) 中枢神经系统药:如地西泮、氯丙嗪等。

(8) 内分泌系统药:如可的松、甲状腺激素等。

(9) 血液系统药:如肝素、维生素 K 等。

(10) 抗寄生虫病药:如阿苯哒唑、左旋咪唑等。

(11) 抗肿瘤药:如白消胺、甲氨蝶呤等。

(12) 免疫功能调节药:如干扰素、卡介苗等。

5. 按管理要求分

(1) 非处方药:如感康等。

(2) 处方药:如青霉素 G 钠注射剂等。

(3) 国家基本药物:临床应用的各类药品中经过科学评价而遴选出的在同类药品中具有代表性的药品。其特点是临床必须、安全有效、质量稳定、价格合理、使用方便、中西药并重。

(4) 基本医疗保险药物:列入国家基本医疗保险用的药品,分甲、乙两类,为临床必须、安全有效、价格合理、使用方便、市场能保证供应的药品。

(二) 药物的剂型及特点

1. 片剂　是指药物与适宜的辅料均匀混合,通过制剂技术压制而成的圆片或异形片的固体制剂。主要以口服普通片和包衣片为主,另有分散片、咀嚼片、泡腾片、含片、舌下片、控释片、缓释片、阴道片、多层片、植入片、纸型片等。

其优点:①剂量准确,应用方便。②质量稳定,携带、运输和贮藏方便。③机械化生产、自动化程度高,产量大,成本低。④品种丰富,能满足预防、治疗用药的不同需求。

缺点:①婴幼儿和昏迷患者不易吞服。②因片剂需加入若干种辅料并且经过压缩而成,故易出现崩解度和溶出度不合格问题。③含挥发性成分的片剂久贮后含量下降等。

2. 胶囊剂　是指将药物填装于空胶囊或密封于软质囊材中而制成的制剂,可分为硬胶囊、软胶囊、肠溶胶囊、控释胶囊等类型。

其优点有:①与片剂相比,药物释放快,主药较易吸收。②胶囊可掩盖药物的不良气味,便于吞服。③胶囊壳可保护药物免受湿气、空气中氧、光线的作用,可提高药物的稳定性。④胶囊壳可染有各种颜色,便于识别。

缺点:①胶囊在胃中溶化释药时因局部药物浓度过高而刺激胃黏膜,可造成黏膜损伤。②胶囊不适合于儿童和有消化性溃疡的患者服用。

3. 注射剂　又称针剂,系指专供用注射器注入体内的一类制剂,包括药物的无菌或灭菌溶液、混悬液、乳浊液和临用前配制成溶液或混悬液的无菌粉末。

其优点:①注射剂因药液直接注入组织或血管,所以吸收快、作用迅速,剂量准确,疗效可靠,尤适用于急症和危重患者。②因为药物不经过消化道吸收,所以不受消化液和食物的影响,适宜于不宜口服的药物和不能口服药物的患者。③能使药物发挥局部定位作用,如局麻作用、局部封闭、关节腔注射、造影剂局部造影等。

缺点:①使用不方便,注射疼痛。②给药方法和制造工艺复杂,成本较高。③药品稳定性差,不宜久贮,药品变质或使用不当时危害较大。④储存、运输过程中易发生破碎损失。

4. 糖浆剂　是指含有药物、药材提取物或芳香物质的口服浓蔗糖水溶液。其在应用方面有独特的优点:味甜、芳香可口,能掩盖药物的苦味、咸味及其他不适臭味,使药物易于服用,尤其适合于儿童患者。

5. 软膏剂　是指药物与软膏基质混合制成的一种容易涂布于皮肤、黏膜或创面的具有适当稠度的外用半固体制剂。一般可发挥保护、润滑皮肤的作用,同时因加入药物的不同而发挥局部消炎、杀菌、防腐、收敛、止痒以及促进肉芽生长等治疗作用。软膏剂分为皮肤用软膏和黏膜用软膏。

(1) 皮肤用软膏:一般不太软,易于均匀涂布和洗涤,如鱼石脂软膏等。

(2) 黏膜用软膏

1) 眼用软膏:是指供眼用的灭菌软膏,如阿昔洛韦眼膏等。

2) 鼻用软膏:如薄荷脑软膏、色甘酸钠鼻用软膏等。

3) 直肠用软膏:如痔疮膏等。

4) 阴道用软膏:如克林霉素乳膏、克霉唑软膏等。

6. 栓剂　是由药物和适宜基质制成供腔道给药的固体剂型。其形状和重量因施用腔道的不同而有所不同,分为直肠栓、阴道栓、尿道栓;因作用方法的不同分为普通栓和缓释栓。栓剂在常温下通常为固体,引入腔道后,在体温条件下能迅速熔化或软化,逐渐释放药物而产生药效。

栓剂用于局部治疗时,能起润滑、收敛、抗菌消炎、杀虫、止痒、麻醉等作用。栓剂吸收后也可产生全身作用,且与口服给药比较具有以下优点:①直肠吸收比口服吸收快而规律,作用时间长。②可避免药物对胃黏膜产生刺激。③无首关消除。④适用于不能吞服药物的患者。缺点:使用不方便,成本较高,易受温度、湿度的影响而变质。

7. 酊剂　系指药物用规定浓度的乙醇浸出或溶解而制成的澄清液体制剂,也可用流浸膏稀释制成,如阿片酊、颠茄酊、碘酊等。酊剂的含乙醇量多在40%~90%,含乙醇量的高低主要根据药物中所含有效成分的溶解性质而定。

8. 散剂　是指药物与适宜的辅料经粉碎、均匀混合制成的干燥粉末状制剂,分为口服散剂和外用散剂。

(1) 口服散剂:一般溶于或分散于水或其他液体中服用,也可以直接用水送服,如蒙脱石散。

(2) 局部用散剂:可供皮肤、口腔、咽喉、腔道等处应用,主要具有消炎、保护、收敛等作用。

9. 颗粒剂　是指药物与适宜的辅料制成具有一定粒度的干燥颗粒状制剂。颗粒剂可分为可溶颗粒剂、混悬颗粒剂、泡腾颗粒剂、肠溶颗粒剂、缓释颗粒剂和控释颗粒剂等,供口服用。与散剂比,颗粒剂的特点有:①飞散性、附着性、聚集性、吸湿性等均较小。②服用方便,适当加入芳香剂、矫味剂、着色剂等,可制成色、香、味俱全的药物。

10. 油剂　系指药物的油状液体制剂,绝大多数供外用。油剂具有刺激性小、作用缓和的特点,对皮肤黏膜有保护作用。常用于鼻腔或皮肤的炎症或烧伤、烫伤。油剂主要包括以下两种。

(1) 用植物油作稀释剂或溶剂制成的油状制剂:如维生素 AD 滴剂、鱼肝油等。常用的植物油有花生油、麻油、茶油、蓖麻油等。

(2) 含有挥发油的油状液体制剂:如祛风油、四季油等。常用的挥发油有薄荷油、樟脑油、松节油等。

11. 气雾剂　系指药物与抛射剂共同封装于具有特制阀门系统的耐压密封容器内,使用时借助抛射剂的压力定量或非定量地将药物以细雾状、半固体或泡沫喷出的制剂。

气雾剂主要经呼吸道、腔道、皮肤等局部发挥治疗作用,也可经肺、鼻腔、黏膜、皮肤吸收发挥全身治疗作用。其优点是具有速效和定位作用;缺点是效期短,需耐压容器而成本高。

12. 贴剂　系指通过粘贴在皮肤上,药物可产生全身或局部作用的一种薄片状制剂。该制剂有背衬层、有(或无)控释膜的药物贮存、粘贴层及临用前须除去的保护层。贴剂可用于完整皮肤表面,也可用于有疾病或不完整的皮肤表面。其中用于完整皮肤表面,能将药物输送透过皮肤进入血液循环的贴剂称为透皮贴剂。

13. 滴丸剂　系指固体或液体药物与适宜的基质加热熔融混匀后,滴入不相混溶的冷凝液中,收缩冷凝而制成的球状制剂。滴丸剂主要供口服,也可供局部如耳、鼻、直肠、阴道等使用。其特点是药效迅速、生物利用度高、便于服用和运输、药物稳定性好、生产成本低,根据需要可制成内服、外用、缓释、控释或局部治疗等多种类型的滴丸剂。

14. 膜剂　系指药物与适宜的成膜材料经加工制成的膜状制剂。膜剂有外科和皮肤用药膜、眼用药膜、口服药膜、阴道用药膜及植入膜等,供口服或黏膜用。其优点为无粉末飞扬、成膜材料用量小、含量准确、稳定性好、吸收快、疗效好,也可控速释药;缺点是载药量少,只适用于剂量小的药物。

15. 植入剂　系指药物与辅料制成的供植入体内的无菌固体制剂。植入剂一般采用特制的注射器植入,也可以用手术切开植入,在体内持续释放药物,维持时间长,但使用不方便,给药时有创伤。

16. 溶液剂　一般是指化学药物内服和外用的澄明溶液,以分子或离子状态分散,溶剂大多为水,少数为醇或油,如硝酸甘油溶液等。可供内服、外用或环境卫生用。大多数药物制成溶液剂后稳定性较差,易氧化、水解、霉变、沉淀等,因此对其包装材料的要求比固体制剂严格。

17. 混悬剂　是指难溶性固体药物,以 0.5 ~ 50μm 大小微粒分散在溶剂中所制成的非均相分散系的液体药剂。混悬剂在口服、外用、注射、滴眼、气雾及控释等制剂中均有应用。

18. 乳剂　系指两种不相混溶的液体,经过乳化构成不均匀的分散系,其中一种液体以小液滴分散在另一液体中。乳剂有水包油型和油包水型两种,可供内服、外用、注射等。

19. 合剂　系指含有一种或一种以上的可溶性药物或不溶性固体药物的澄明液或混悬液。合剂中的药物可以是化学药物,也可以是中药材提取物。合剂主要以水为溶剂,有时为了溶解药物也可以加少量乙醇。

20. 滴眼剂　系指将药物制成供滴眼用的澄明溶液或混悬液。通常以水为溶剂。一般作为消炎杀菌、收敛、散瞳、缩瞳、降低眼压及局部麻醉用,也有用作润滑或代替泪液,如氯霉素滴眼剂等。

21. 滴鼻剂 是专供滴入鼻腔内使用的液体药剂,可发挥局部治疗和全身性治疗作用。

22. 滴耳剂 是指将药物制成供滴入耳腔内的外用液体药剂。滴耳剂一般具有消炎、止痒、收敛、润滑等作用,如复方新霉素滴耳剂等。

项目二 药物的作用

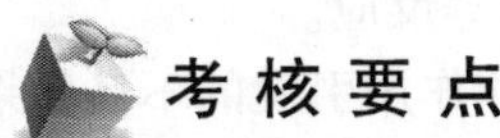

考核要点

1. 药物基本作用的含义及药物作用的主要类型。
2. 药物的不良反应类型。

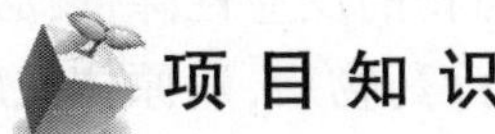

项目知识

(一) 药物的基本作用

药物的基本作用是指药物对机体原有功能活动的影响,包括兴奋作用和抑制作用。凡能使机体原有功能活动增强的作用称为兴奋作用,如肾上腺素升高血压、呋塞米增加尿量等均属兴奋作用。凡能使机体原有功能活动减弱的作用称为抑制作用,如吗啡镇痛、阿托品使腺体分泌减少等作用均属抑制作用。

(二) 药物作用的主要类型

1. 局部作用和吸收作用 局部作用是指未被吸收的药物在用药部位呈现的作用,如碘酊用于皮肤的消毒作用,而药物从给药部位进入血液循环后,分布到机体组织器官呈现的作用称吸收作用,如阿司匹林的解热镇痛作用。

2. 选择作用和普遍细胞作用 许多药物在某一剂量时仅对机体的某一组织或器官产生明显的作用,而其他组织或器官作用轻微或几乎不产生作用,这种现象称为药物的选择作用。药物的选择作用代表了药物的主要防治作用,是选择用药的主要依据。如强心苷可选择性地加强心肌收缩力,而对平滑肌和骨骼肌无作用,主要用于治疗慢性心功能不全。与选择作用相反,药物无选择地影响机体各组织和器官,能对许多组织产生损伤性毒性,称为普遍细胞作用,如抗癌药的细胞毒作用。

3. 防治作用和不良反应

(1) 防治作用:包括预防作用和治疗作用。提前用药以防止疾病或症状发生的作用,称防治作用。治疗作用包括对因治疗和对症治疗两个方面。①对因治疗:是指针对疾病产生的原因进行的治疗,如用抗生素杀灭体内致病菌。②对症治疗:是指针对缓解疾病进行的治疗,如银翘片的解热镇痛作用。

(2) 不良反应:凡与用药目的无关,并给患者带来不适或痛苦的反应称为药物的不良反应。主要有以下几种类型。

1) 副作用:系指药物在治疗剂量时与治疗作用同时出现而与用药目的无关的作用。属于药物所固有的效应,在治疗中是经常出现的,会给患者带来痛苦,一般比较轻微。一个成熟药品的副作用应是已知的,因此有些副作用是可以设法减轻或消除的。如麻黄碱平喘时可引起失眠,同服镇静催眠药可预防。

2) 毒性反应:系指用药剂量过大、用药时间过长或机体对药物的敏感性过高所引起的对机体的严重损害,如久用链霉素引起耳聋。毒性反应分为急性毒性反应和慢性毒性反应。

“三致”反应有致畸、致癌、致基因突变,属于慢性毒性反应。

3）变态反应:系指机体受药物刺激后所产生的异常免疫反应,可引起生理功能障碍或组织损伤。与药用剂量无关,不易预知,仅见于少数过敏体质的患者。不同的药物所致变态反应可有相同的症状。

4）后遗效应:系指体内血药浓度已经降低到有效血药浓度以下残存的药物效应,如服用地西泮催眠次日出现的困倦、乏力等反应。

5）继发反应:系指由药物的治疗作用引发的不良后果,如使用抗生素引起“二重感染”。

6）撤药反应:即长期用药时突然停药可引起原病情加重,如长期使用普萘洛尔治疗高血压时,突然停药可引起血压反跳性升高而带来危险。

7）耐受性:连续用药后机体对药物的反应性降低,必须增加药物剂量才能产生原有的药理作用,称为耐受性。长期应用化疗药物后,病原体或肿瘤细胞对药物的敏感性降低,称为耐药性或抗药性。

8）成瘾性:又称生理依赖性,是指反复用药患者对药物产生适应状态,一旦停药就会出现戒断症状,表现为烦躁不安、流泪、出汗、疼痛、恶心、呕吐、惊厥等,甚至危及生命。易产生成瘾性的药物有吗啡、哌替啶等。

项目三　药物的体内过程

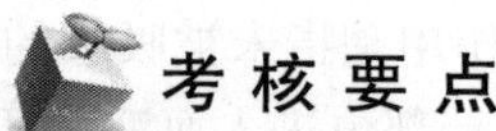

考核要点

1. 影响药物吸收、分布、代谢、排泄的主要因素。

2. 首关消除、药酶诱导剂和抑制剂、肝肠循环、血浆半衰期、生物利用度的概念及意义。

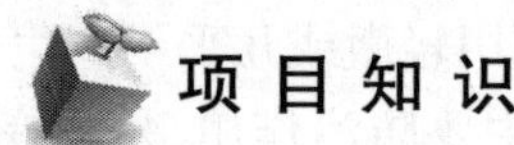

项目知识

(一) 吸收

药物从给药部位进入血液循环的过程称为吸收。药物吸收的快慢和多少,直接影响药物呈现作用的快慢和强弱。吸收快而完全的药物显效快、作用强,反之则显效慢、作用弱。

1. 吸收部位及特点

(1) 消化道的吸收

1）口服给药:这是最常用的给药方法。由于胃的吸收面积小,排空较快,胃液的 pH 较低,仅有少量弱酸性药物可被吸收。小肠吸收面积大,血液丰富,肠内 pH 偏中性,因此,绝大多数药物均易被吸收。由胃肠道吸收的药物,经门静脉进入肝脏,有些药物首次通过肝脏即被转化灭活,使进入体循环的药量减少,药效降低,这种现象称为首关消除。首关消除较多的药物不宜口服,如硝酸甘油口服后首关消除率达 90%,可选择舌下给药。

2）舌下给药:舌下黏膜血液丰富,因此舌下给药吸收迅速,给药方便,可避免首关消除。但舌下吸收面积小,舌下给药仅适用于脂溶性高、用量小的药物。

3）直肠给药:直肠给药起效快,可避免首关消除,但吸收面积小,吸收量少,仅用于不能口服给药的患者。

(2) 皮下或肌肉组织的吸收:皮下或肌内注射后,药物通过毛细血管进入血液循环,其吸收速度主要与局部组织血流量及药物制剂有关。肌肉组织血流量比皮下组织丰富,故肌内注射比皮下注射吸收快；水溶液吸收较快，而油剂、混悬剂吸收较慢。

(3) 皮肤黏膜和呼吸道的吸收：完整的皮肤吸收能力很差，只有脂溶性很高的药物可经皮肤吸收，如硝酸甘油等。黏膜的吸收能力较皮肤强，如安乃近滴鼻用于小儿高热等。肺泡表面积较大，且血流丰富，气体、挥发性液体和气雾剂均可通过肺泡壁而迅速吸收。

2. 影响药物吸收的因素

(1) 药物的理化性质：一般来说药物分子小、脂溶性高、溶解度大、解离度小者易被吸收，反之则难以吸收。

(2) 药物的剂型：口服给药时，液体制剂较固体制剂吸收快。注射给药时，水溶液比混悬液、油制剂吸收快。

(3) 吸收的环境：口服给药时，胃的排空、肠蠕动的快慢、胃肠溶液的 pH、胃肠内容物的多少及性质都可影响药物的吸收。注射给药时，注射部位的血流量也影响药物的吸收。

(二) 分布

药物被吸收后，随血液到达各组织器官的过程称为分布。药物在体内的分布不均匀，有些组织器官分布浓度较高，有些组织器官分布浓度较低，所以药物对各组织器官的作用强度不同。影响药物分布的因素主要有以下几个方面。

1. 药物的理化性质　脂溶性药物或水溶性小分子药物易透过毛细血管壁，由血液分布到组织；水溶性大分子药物或离子型药物难以透出血管壁进入组织，如甘露醇由于分子大，不易透出血管壁，故静脉给药后，可提高血浆渗透压，使组织脱水。

2. 药物与血浆蛋白的结合率　多数药物进入血液循环后能不同程度地与血浆蛋白结合。结合型药物分子量大，难以进入组织发挥药理作用，也不能被代谢和排泄；而游离型药物可分布到组织或作用部位产生药理效应，故血浆蛋白结合率高的药物在体内消除较慢，作用维持时间长。

3. 药物与组织的亲和力　有些药物与某组织细胞有特殊的亲和力，使药物在其中的浓度较高，从而表现出药物作用的选择性。如碘在甲状腺中的浓度比血浆中的浓度高25倍。

4. 血-脑屏障和胎盘屏障　血-脑屏障是指血浆与脑细胞或脑脊液间由特殊细胞构成的屏障。这是大脑自我保护的生理屏障，有利于维持中枢神经系统内环境的相对稳定。仅脂溶性高、分子量较小及少数水溶性药物可以穿透。婴幼儿血-脑屏障发育不完善，中枢神经系统易受某些药物的影响，故用药应谨慎。胎盘屏障其通透性与生物膜相似，几乎所有能通过生物膜的药物都能通过胎盘屏障，因此，妊娠期间用药也应谨慎，禁用对胎儿发育有影响的药物。

(三) 代谢

药物在体内发生的化学变化称为生物转化或代谢。大多数药物经代谢后失去活性成为代谢产物排出体外，也有一些药物在体内几乎不被代谢，以原形药物排出体外。

药物在体内进行代谢有赖于酶的催化。肝脏微粒体的细胞色素 p-450 酶系统是促进药物代谢的主要酶系，故又称肝药酶，因此，药物在体内的代谢主要是在肝脏中进行。部分药物也可在其他组织被有关的酶催化而分解。

肝药酶的活力和含量个体差异较大，且受某些药物的影响。能使肝药酶活力增强或合成增加的药物称为药酶诱导剂，它可加速药物自身和其他药物的代谢，这是药物产生耐受性的原因之一，如苯妥英钠、利福平等；能使肝药酶活力减弱或合成减少的药物称为药酶抑制剂，如氯霉素等，与苯妥英钠合用时，后者血药浓度升高，药效增强，甚至出现毒性，故联合用药时应多加注意。

（四）排泄

排泄是指药物的原形或其代谢产物排出体外的过程。肾是药物排泄的主要器官，也有极少部分药物经肝、肺、肠、乳腺、唾液腺等排泄。

1. 肾排泄　大多数药物及其代谢产物通过肾小球的滤过排泄，少数药物是经肾小管的分泌排泄。影响药物从肾排泄的因素主要有以下几个方面。

（1）药物的理化性质：脂溶性高、非解离型药物重吸收多，排泄慢，而水溶性药物则排泄快。

（2）尿液的 pH：尿液呈酸性时，弱碱性药物解离多，重吸收少，排泄快，而尿液呈碱性时，弱酸性药物解离多，重吸收少，排泄快。临床上利用改变尿液 pH 的方法加速药物的排泄以治疗药物中毒。

2. 胆汁排泄　某些药物随胆汁进入肠道，由粪便排出。随胆汁排泄的抗菌药，如多西环素，因在胆汁中的浓度较高，有利于治疗胆道感染。有的药物随胆汁排入小肠，在肠道内又被重新吸收入血，形成肝肠循环，使药物作用时间延长。

3. 乳汁排泄　某些药物可通过乳汁排泄。乳汁偏酸性，故一些弱碱性药物如吗啡、阿托品等易自乳汁排出。哺乳期妇女应避免使用易通过乳汁排除的药物，以免对乳儿产生毒性。

（五）药物体内过程的主要参数

1. 生物利用度　是指药物活性成分从制剂释放吸收进入血液循环的程度。生物利用度易受药物制剂、食物、生理等多方面因素的影响。研究表明，同一药物不同剂型、同一药物不同生产工厂或不同批号，其生物利用度有差异。生物利用度是评价药物制剂质量及药物安全性、有效性的重要指标。

2. 半衰期（$t_{1/2}$）　系指血浆药物浓度下降一半所需要的时间，是表述药物在体内消除快慢的重要参数。按一级动力学消除的药物，其半衰期是恒定的，与给药剂量无关；按零级动力学消除的药物，其半衰期与给药剂量成正比，给药剂量越大，半衰期越长，药物容易在体内蓄积而引起中毒。

半衰期的意义：①有助于设计最佳给药间隔。②预计停药后药物从体内基本消除的时间，即 5 个 $t_{1/2}$。③预计连续给药后达到稳态血药浓度的时间，即 4 ~5 个 $t_{1/2}$。

项目四　影响药物作用的因素

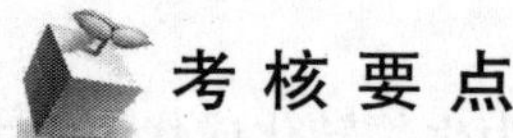

考核要点

1. 治疗量、常用量和极量的概念。
2. 老年人和儿童用药剂量计算方法。
3. 给药剂量、途径、时间、次数、药物的相互作用及药物剂型对药物作用的影响。

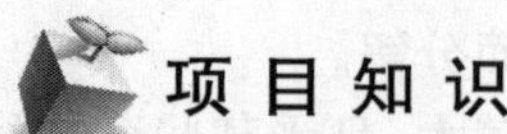

项目知识

（一）药物因素

1. 剂型　同一药物由于剂型不同，采用的给药途径不同，引起的药物效应也会不同。口服时液体制剂比固体制剂吸收快，不同剂型的固体制剂，其吸收也有差异，如胶囊剂的吸收比片剂、丸剂快；肌内注射时水溶液吸收较混悬剂、油剂快。

2. 剂量　是指每次用药的分量。在一定范围内，剂量越大，血药浓度越高，作用则越强，但超过一定范围，则会引起中毒，甚至死亡。

(1) 最小有效量：指开始出现药效的剂量。

(2) 最大治疗量：是指出现最大治疗作用，但尚未引起毒性反应的量，又称极量，是安全用药的极限。

(3) 治疗量和常用量：治疗量是指最小有效量与极量之间的剂量。为使药物疗效可靠安全，常采用比最小有效量大，比极量小的量，即常用量。

(4) 最小中毒量：指能引起中毒症状的最小剂量。

(二) 机体因素

1. 年龄与体重　通常所说的常用量是指 18 岁 ~60 岁的成年人的药物剂量。儿童和老年人由于体重和生理特点与成年人不同，对药物的反应也不同。

老年人的生理功能和代偿能力在逐渐减退，对药物的代谢和排泄功能降低，因此老年人用药剂量要适当减少，一般为成年人的 3/4。

儿童用药除考虑体重外，还应考虑儿童处于生长时期，尤其是婴幼儿的肝肾功能尚未发育完全，对药物的代谢和排泄能力较弱。儿童对某些药物特别敏感，易引起药物中毒。儿童用药剂量一般是根据体重或年龄计算。

(1) 根据体重计算：这是最常用的方法。

儿童剂量=儿童剂量/千克×儿童体重(千克)

注：公式中儿童各年龄体重可按下列公式计算：

1 ~6 个月　体重(千克)= 出生时体重(千克)+月龄×0.6

7 ~12 个月　体重(千克)= 6 个月时体重(千克)+月龄×0.25

1 周岁后的平均体重(千克)= 年龄×2+8

(2) 根据年龄计算：儿童用药剂量按成年人剂量换算(表 3-1)，较为方便，但不准确。

表 3-1　儿童用药剂量按年龄计算表

年龄	剂量	年龄	剂量
初生 ~1 个月	成人剂量的 1/18 ~1/14	4 ~6 岁	成人剂量的 1/3 ~2/5
1 ~6 个月	成人剂量的 1/14 ~1/7	6 ~9 岁	成人剂量的 2/5 ~1/2
6 个月 ~1 岁	成人剂量的 1/7 ~1/5	9 ~14 岁	成人剂量的 1/2 ~2/3
1 ~2 岁	成人剂量的 1/5 ~1/4	14 ~18 岁	成人剂量的 2/3 ~全量
2 ~4 岁	成人剂量的 1/4 ~1/3		

注：本表仅供参考，使用时可根据患者体质、病情及药物性质等因素酌情决定。

2. 性别　通常性别对药物的反应无明显差异，但女性在月经期、妊娠期、哺乳期等特殊生理时期用药应慎重。例如，在月经期和妊娠期禁用剧泻药和抗凝血药，妊娠早期禁用激素类等有致畸作用的药物。

3. 个体差异　一般在年龄、体重、性别等都相同的情况下，大多数人对药物的反应基本相同，但也有个别人对药物的反应与众不同。个体差异表现如下。

(1) 高敏性：指少数人对某些药物特别敏感，使用较小剂量就能产生较强的药理作用甚至产生毒性反应。

(2) 耐受性：见本项目二　药物的作用。

(3) 特异质反应:指少数人由于遗传缺陷,体内缺乏某一种酶,导致对药物的生物转化异常,用药后产生特殊反应。如葡萄糖-6-磷酸脱氢酶缺乏者,使用磺胺类和伯氨喹等药物易发生溶血现象。

4. 病理状态　能使药物的反应性或药物在体内的代谢发生改变,从而影响药物的作用。如肝肾功能不全时,药物在体内的代谢和排泄速度减慢,因而作用加强,持续时间延长。

5. 精神状态　一般情况下,乐观的情绪对疾病的痊愈可产生有利的影响,而焦虑、悲观的消极情绪,可使病情加重,药物也难以发挥应有的治疗作用。

(三) 给药方法因素

1. 给药途径　给药途径不同,药物出现作用的快慢和强弱不同(见药物的体内过程)。有些药物给药途径不同,可产生不同的作用,如硫酸镁口服可产生导泻、利胆作用,注射给药有降压和抗惊厥作用。

2. 给药时间和次数　给药时间有时会影响药物的疗效。在一般情况下,饭前服药吸收好,且发挥作用快;饭后服药吸收差,显效慢。刺激性的药物宜饭后服用;催眠药应在睡前服用;驱虫药宜空腹服用。

给药次数应根据患者的病情的需要、药物的半衰期综合考虑而定。

3. 反复用药　有些药物反复连续用药会产生耐受性或耐药性。少数药物连续应用一段时间后,患者会对药物产生依赖性,如吗啡等。

(四) 药物的相互作用

药物的相互作用是指两种或多种药物同时或先后使用时,由于药物之间的相互影响或干扰,使药物的药理效应或毒性反应发生变化。

1. 药物在体外的相互作用　在配制药物时,特别是配制液体药物过程中,药物之间、药物与辅料、溶媒之间发生理化反应,使药效降低或产生有害物质,称为配伍禁忌。

2. 药物在体内的相互作用　按照发生的原理,可分为药物体内过程的相互作用和药效方面的相互作用。药物体内过程的相互作用是指一种药物的吸收、分布、代谢、排泄等被其他药物所改变;药效学方面的相互作用主要是指一种药物改变另一种药物的作用。

项目五　处方基本知识

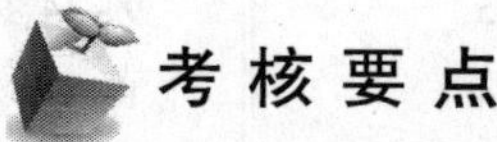

考核要点

1. 处方的基本结构及书写要求、处方用语及处方权限。
2. 能准确无误地解读处方。

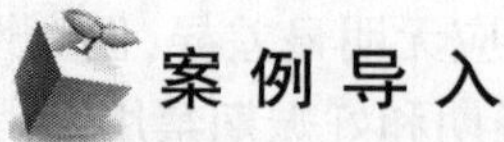

案例导入

某药店工作人员收到一位牙痛患者的处方:

Rp.

布洛芬缓释胶囊　0.3g×10

Sig. 0.3g　b.i.d.　p.o.

问题:

1. 请说出处方中药物的剂型、规格和数量。

2. 请向患者准确说明该药的用法。

3. 请分析该处方的书写是否符合处方书写要求。

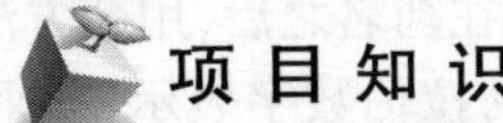

项目知识

处方是执业医师或执业助理医师根据患者的病情开写给药房要求配方和发药的书面文件,也是患者取药的凭证。处方具有法律上、技术上、经济上的意义。处方分为普通处方(白色)、急诊处方(淡黄色)、儿科处方(淡绿色)、麻醉药品和第一类精神药品处方(淡红色)。

1. 处方结构

(1) 处方前记:包括医疗机构名称、患者姓名、性别、年龄、门诊号或住院病历号、科别、开写处方的日期等。

(2) 处方正文:主要包括处方头 Rp 或 R(请取)、药品名称、规格及数量、Sig(用法)等。

(3) 处方后记:包括医生签字、调剂人员签字、核对发药人签字、药价等。

处方示例:

××××××医院
处方笺

科别
门诊号
住院号

姓名　　性别　　年龄　　日期　　住址

Rp。

①林可霉素注射剂　0.6g×6
Sig.　0.6g　t.i.d.　i.m.
②复方乙酰水杨酸片　10片
Sig.　2片　t.i.d.　p.c.

医师______

药价______　调剂______　核对______　发药______　其他______

2. 处方制度

(1) 处方权:经注册的执业医师或执业助理医师在执业地点取得相应的开写处方权利。

(2) 处方效期:处方只限当日有效,特殊情况下需要延长有效期的,由开具处方的医师在“诊断”栏注明有效期限,但有效期最长不得超过3天。急诊处方只限当日有效,过期需经医师更改日期并签字方能生效。

(3) 处方限量:处方一般不得超过7日用量,急诊处方一般不得超过3日用量,对于某些慢性病、老年病或特殊情况,处方用量可适当延长,但医师必须注明理由。麻醉药品、一类精神药品注射剂,每张处方为一日常用量;控缓释制剂,每张处方不得超过7日常用量;其他剂型,每张处方不得超过3日常用量。第二类精神药品一般每张处方不得超过7日常用量。

处方中的用量常采用药典规定的常用量,特殊情况要超剂量使用时,应当注明原因并再次签名。

(4) 处方保管:药店在销售处方药时,一般药物的处方必须保存两年备查,特殊药物处方另有规定。

3. 处方书写的基本要求

(1) 处方必须在专用处方笺上用钢笔或水性笔书写,也可以用打字机打印,要求字迹清晰,内容完整,剂量准确。如有修改,医师必须在修改处签字并注明修改日期。

(2) 处方中药品名称应以《中华人民共和国药典》规定的通用名(中文或英文)书写。每一药品占一行,制剂规格和数量写在药名之后,用药方法写在药名下面。

(3) 处方中的药物剂量一律用阿拉伯数字表示,并采用药典规定的法定计量单位。除"克"外其他单位不能省略。

(4) 每张处方只限一名患者用药,且每张处方不得超过5种药品。

(5) 急诊处方应在处方笺左上角写"急"或"cito!"字样,以便优先发药。

(6) 开具处方后的空白处画一斜线以示处方完毕。

4. 处方用语 处方中用法常用拉丁文缩写词表示(表3-2)。

表3-2 处方常用拉丁文缩写词

缩写词	中文意义	缩写词	中文意义	缩写词	中文意义
q. d.	每日1次	Tab.	片剂	s. o. s.	必要时
b. i. d.	每日2次	Caps.	胶囊剂	stat!	立即
t. i. d.	每日3次	Mist.	合剂	cito!	急速地
q. i. d.	每日4次	Syr.	糖浆剂	lent!	慢慢地
q. h.	每小时	Supp.	栓剂	co.	复方的
q. n.	每晚	IU	国际单位	Rp.	请取
q. m.	每晨	Pil.	丸剂	sig.	用法
q. 6h.	每6小时1次	AST.	皮试后	U	单位
q. 2d.	每二日1次	aa	各	ml	毫升
p. o.	口服	ad.	加至	Amp.	安瓿剂
i. h.	皮下注射	a. m.	上午	In. hal.	吸入剂
i. m.	肌内注射	p. m.	下午	Ocul.	眼膏剂
i. v.	静脉注射	a. c.	饭前	Aq.	水剂
i. v. gtt.	静脉滴注	p. c.	饭后	Inj.	注射剂
i. d.	皮内注射	h. s.	睡前	Ung.	软膏
pr. dos.	顿服,一次量	p. r. n.	必要时(可重复)	us. ext.	外用
mg.	毫克				

项目六 处方药与非处方药基本知识

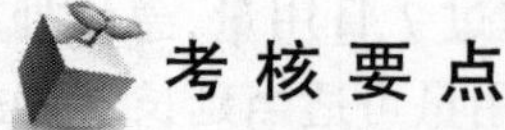

考核要点

1. 处方药和非处方药的概念,非处方药的分类及专用标识。
2. 处方药和非处方药分类管理办法。

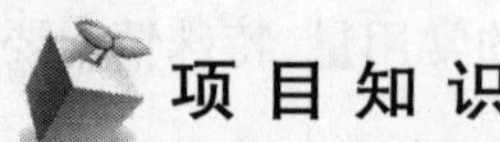

项目知识

为保障人民用药安全有效、使用方便,根据《中共中央、国务院关于卫生改革与发展的决定》制定《处方药与非处方药分类管理办法》。根据药品品种、规格、适应证、剂量及给药途径不同,对药品分别按处方药与非处方药进行管理。

(一) 处方药

处方药(POM) 是指必须凭执业医师或执业助理医师处方才可调配、购买和使用的药品，具体包括：①麻醉药品、精神药品、放射性药品、医疗用毒性药品。②终止妊娠药品。③药品类易制毒化学品、疫苗。④蛋白同化剂、肽类激素及其他按兴奋剂管理的药品。⑤注射剂型。⑥精神障碍治疗药(抗精神病、抗焦虑、抗躁狂、抗抑郁药)。⑦抗病毒药(逆转录酶抑制剂和蛋白酶抑制剂)；⑧肿瘤治疗药；⑨未列入非处方药目录的抗菌药和激素；⑩含麻醉药品的处方口服液；⑪国家食品药品监督管理局(SFDA)公布的其他必须凭处方销售的药品。

处方药目前没有专用标识，有些处方药在包装、标签和说明书上醒目地印有警示语："请仔细阅读说明书并在医师指导下使用!"

(二) 非处方药

1. 概念　非处方药(OTC)是指经过国家药品监督管理部门按应用安全、质量稳定、疗效确切、使用方便原则遴选认定，不经执业医师处方即可自选、自行判断、购买和使用的药品。

2. 分类　根据药品的安全性将非处方药分为甲、乙两类，甲类非处方药的安全性低于乙类。每类又可分为化学药、中成药。

3. 非处方药的专用标识　非处方药的包装上必须印有非处方药专用标识，其图案为椭圆形背景下 3 个英文字母"OTC"，甲类非处方药为红底白字的图案，乙类非处方药为绿底白字的图案(图 3-1)。单色印刷时，非处方药专用标识下方必须标示"甲类"或"乙类"字样。

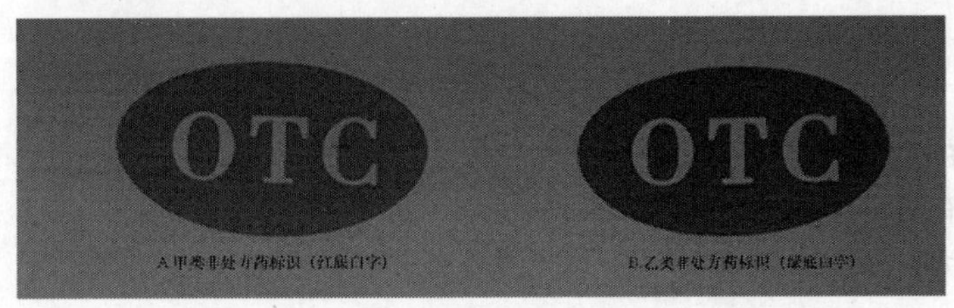

图 3-1　甲类非处方药和乙类非处方药标识

(三) 处方药与非处方药分类管理办法(试行)

《处方药与非处方药分类管理办法》(试行)于 1999 年 6 月 11 日国家药品监督管理局局务会议审议通过，自 2000 年 1 月 1 日起施行。

第一条　为保障人民用药安全有效、使用方便，根据《中共中央、国务院关于卫生改革与发展的决定》，制定处方药与非处方药分类管理办法。

第二条　根据药品品种、规格、适应证、剂量及给药途径不同，对药品分别按处方药与非处方药进行管理。处方药必须凭执业医师或执业助理医师处方才可调配、购买和使用；非处方药不需要凭执业医师或执业助理医师处方即可自行判断、购买和使用。

第三条　国家药品监督管理局负责处方药与非处方药分类管理办法的制定。各级药品监督管理部门负责辖区内处方药与非处方药分类管理的组织实施和监督管理。

第四条　国家药品监督管理局负责非处方药目录的遴选、审批、发布和调整工作。

第五条　处方药、非处方药生产企业必须具有《药品生产企业许可证》，其生产品种必须取得药品批准文号。

第六条　非处方药标签和说明书除符合规定外，用语应当科学、易懂，便于消费者自行判断、选择和使用。非处方药的标签和说明书必须经国家药品监督管理局批准。

第七条　非处方药的包装必须印有国家指定的非处方药专有标识，必须符合质量要求，方便储存、运输和使用。每个销售基本单元包装必须附有标签和说明书。

第八条　根据药品的安全性，非处方药分为甲、乙两类。经营处方药、非处方药的批发企业和经营处方药、甲类非处方药的零售企业必须具有《药品经营企业许可证》。经省级药品监督管理部门或其授权的药品监督管理部门批准的其他商业企业可以零售乙类非处方药。

第九条　零售乙类非处方药的商业企业必须配备专职的具有高中以上文化程度，经专业培训后，由省级药品监督管理部门或其授权的药品监督管理部门考核合格并取得上岗证的人员。

第十条　医疗机构根据医疗需要可以决定或推荐使用非处方药。

第十一条　消费者有权自主选购非处方药，并须按非处方药标签和说明书所示内容使用。

第十二条　处方药只准在专业性医药报刊进行广告宣传，非处方药经审批可以在大众传播媒介进行广告宣传。

第十三条　处方药与非处方药分类管理有关审批、流通、广告等具体办法另行制定。

第十四条　本办法由国家药品监督管理局负责解释。

第十五条　本办法自2000年1月1日起施行。

项目七　药品包装和说明书

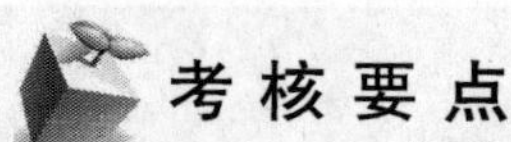

考核要点

1. 药品包装的分类和作用。
2. 识别药品包装上的标识。
3. 药品标签和说明书的内容。

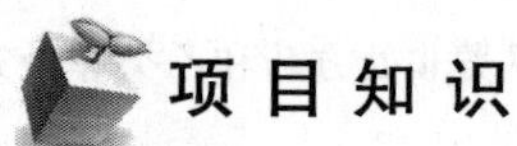

项目知识

(一) 药品包装

药品包装是指用适当的材料或容器、利用包装技术对药物制剂的半成品或成品进行分(灌)、封、装、贴签等操作，为药品提供品质保证、鉴定商标与说明的一种加工过程的总称。随着科学技术的发展，新包装材料的不断开发和利用，药品包装已不仅是单纯地作为盛装药品的附属工序和辅助项目，也是临床方便使用的重要形式。

1. 药品包装的作用　药品包装的作用有：①保护药品，提高药品稳定性，延缓药品变质。②便于贮存、装卸、运输、销售。③美化和宣传商品、促进销售。④方便消费者携带和使用。

2. 药品包装的分类　分为内包装和外包装。

(1) 内包装：是直接接触药品的包装材料或容器，均应无毒、洁净，与药品不发生化学反应，不影响药品的质量，如玻璃瓶、塑料瓶、铝塑、纸盒等。此外，还包括帽盖、瓶内填充物、塞子、标签等。

(2) 外包装：是直接可进行装、发、贮、运的内包装外面的包装物。如纸箱、木箱、塑料桶、金属桶等，应便于药品的运输、装卸和贮存，也便于识别和计量。

3. 药品包装要求

(1) 药品包装应与药品的使用方法和使用要求配合，与用药疗程和用药剂量配合，且应能防止药品在待用过程中污染、减效、变质。

（2）药品包装应符合贮运要求，方便搬运，能耐受运输过程中的撞击震动，且应便于药品的分发和账务统计。

4. 药品包装上的标识

（1）指示性、警告性标识：根据药品的特点，对于易碎、易燃、有毒、防潮、防颠倒等在包装上用醒目的图形或文字，标明“小心轻放”、“请勿受潮”、“此面向上”、“有毒气体”等（图3-2）。

易碎品，小心轻放

请勿受潮

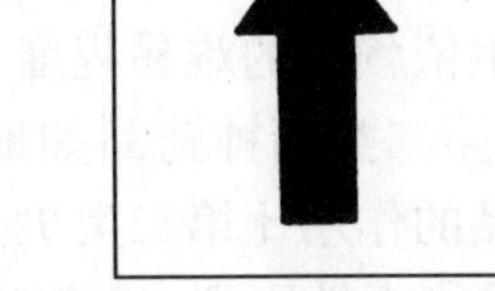

此面向上

图3-2 指示性、警告性标识

（2）药品标签：是指药品包装上印有或贴有的内容，分为内标签和外标签。标签上必须注明药品的品名、规格、生产企业、批准文号、产品批号、主要成分、适应证、用法、用量、禁忌、不良反应和注意事项。药品的标签应以药品说明书为依据，其内容不得超出说明书的范围。

（3）药品名称：包括通用名、商品名、化学名、汉语拼音名、英文名。

1）通用名：药品的通用名指中国药品通用名称，由药典委员会按照《药品通用名称命名原则》组织制定并报卫生部备案的药品的法定名称，是同一种成分或相同配方组成的药品在中国境内的通用名称，具有强制性和约束性。常用在教科书、期刊、药物手册中。凡上市流通的药品的标签、说明书或包装以及医师开具的处方必须要用通用名称，如“阿苯哒唑”。

2）商品名：是药品生产企业自己确定，经药品监督管理部门核准的产品名称，具有专有性质，不得仿用，如阿苯哒唑的商品名为“肠虫清”。在一个通用名下，由于生产企业的不同，可有多个商品名称。如通用名叫“复方氨酚烷胺胶囊（或片）”的，有很多企业在生产。不同的企业给自己生产的“复方氨酚烷胺胶囊（或片）”又取了一个商品名区别于其他企业的产品。所以就有了商品名“盖克”、“快克”、“快康”、“泰克”、“感王”、“感康”、“感邦”等。商品名不得与通用名同行书写，字体颜色不得比通用名更突出，字体不得大于通用名所用字体的二分之一。

3）化学名：根据药物的化学结构，按照一定的命名原则制定的名称。如阿苯哒唑的化学名为：[5-（丙硫基）-1H-苯并咪唑-2-基]氨基甲酸甲酯。

（4）药品批号、有效期和失效期

1）药品批号：系药厂按照各批药品生产的日期而编排的号码。一般采用8位数字表示，前4位表示年，第5、6位表示月份，末2位表示日期。如某药品的批号为20130626，该药的生产日期为2013年6月26日。

2）有效期：是指在一定贮存条件下能够保持药品质量的期限。如某药品标明有效期为2013年10月，即表示该药可以使用至2013年10月31日。有的药品只标明有效期为2年，则可根据该药品的批号推算出其有效期限，如某药品的批号为20131208，则该药可用至2015年12月7日。

3）失效期：是指药品在规定的贮存条件下其质量开始下降，达不到原质量标准要求的时间期限。如某药品注明失效期为 2014 年 9 月,即表示该药只能用到 2014 年 8 月 31 日,9 月 1 日起开始失效。

(5) 处方药与非处方药:其标识等内容见本章项目一。

(6) 特殊管理的药品:《药品管理法》第三十五条规定对麻醉药品、精神药品、医疗用毒性药品、放射性药品实行特殊管理。

1) 麻醉药品:是指连续使用后,易产生生理依赖性的药物,如阿片、吗啡、哌替啶、芬太尼、可卡因等。

2) 精神药品:是指直接作用于中枢神经系统,能使其兴奋或抑制,连续使用能产生依赖性的药品。根据使人体产生依赖性的难易程度,分为两类。第一类精神药品如氯胺酮、三唑仑、司可巴比妥、哌甲酯等;第二类精神药品如地西泮、艾司唑仑、苯巴比妥、去甲伪麻黄碱、咖啡因等。第一类精神药品的作用比第二类更强,更易产生依赖性。

3) 医疗用毒性药品:是指毒性剧烈,治疗剂量与中毒剂量相近,使用不当会致人中毒或死亡的药品。分为两类:①毒性中药,如砒霜、雄黄、生马钱子、洋金花、生南星等。②毒性西药,如阿托品、洋地黄毒苷等。毒性药品每次处方剂量不得超过 2 日极量。

4) 放射性药品:是指用于临床诊断或治疗的放射性核素制剂或者其标记药物。例如,碘[^{131}I]化钠口服溶液、氙[^{133}Xe]注射液、铬[^{51}Cr]酸钠注射液等。

特殊管理的药品,其包装容器必须印有专用标识(图 3-3)。

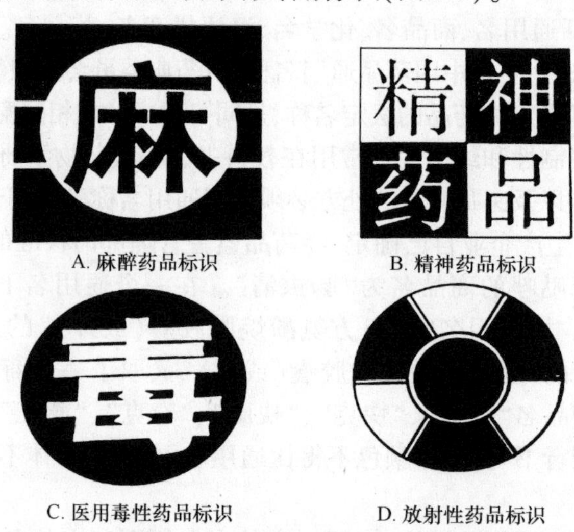

A. 麻醉药品标识　　B. 精神药品标识

C. 医用毒性药品标识　　D. 放射性药品标识

图 3-3　特殊管理的药品专用标识

(7) 药品商标:是指能够将某生产者、经营者的商品或服务与其他生产者、经营者的商品或服务区别开来的可视性标记。商标的构成要素可以是文字、图形、字母、数字、三维标志或颜色组合,也可以是上述这些要素的组合(图 3-4)。药品商标是企业和企业产品的信誉、质量、安全、有效的代名词。

(8) 药品批准文号:是药品生产合法性的标志。《药品管理法》规定,生产药品须经国务院药品生产部门批准,并发给药品批准文号。

药品批准文号的格式为:国药准(试)字+1 位汉语拼音字母+8 位阿拉伯数字。其中"准"字代表国家批准正式生产的药品,"试"字代表国家批准试生产的药品;国药准(试)字后的 1 位汉语拼音字母代表药品类别,分别以 H 代表化学药品,S 代表生物制品,J 代表进口

图 3-4　药品的商标

分装药品，T 代表体外化学诊断试剂，F 代表药用辅料，B 代表保健药品，Z 代表中药；汉语拼音字母后的 8 位阿拉伯数字中的第 1、2 位代表批准文号的来源，其中 10 代表原卫生部批准的药品，19、20 代表 2002 年 1 月 1 日以前国家食品药品监督管理局批准的药品，其他使用各省行政区划代码前两位的（如各省、自治区、直辖市的数字代码分别是 11-北京市，12-天津市，13-河北省，14-山西省，15-内蒙古自治区），为原各省级卫生行政部门批准的药品。第 3、4 位为换发批准文号之年公元年号的后两位数字，但来源于卫生部和国家药品监督管理局的批准文号仍使用原文号年号的后两位数字。数字第 5 至 8 位为顺序号，如国药准字 Z20025430（图 3-4）。

（9）药品贮藏：2005 年版《中华人民共和国药典》，有关药品贮藏术语的含义，即：遮光，系指用不透光的容器包装，如棕色容器或黑纸包裹的无色透明、半透明容器；密闭，系指将容器密闭，以防尘土及异物进入；密封，系指将容器密封，以防止风化、吸潮、挥发或异物进入；阴凉处，系指不超过 20℃；凉暗处，系指不超过 20℃并避光；冷处，系指 2～10℃；常温，系指 10～30℃，凡贮藏项下未规定贮藏温度的系指常温。除另有规定外，生物制品应在 2～10℃避光贮藏。干燥处，系指贮藏和保管药品的处所的相对湿度应在 45%～75%。

（二）药品说明书

药品说明书应当包含药品安全性、有效性的重要科学数据、结论和信息，用以指导安全、合理使用药品。其内容主要有药品名称、主要成分或成分、性状、药理毒理、药代动力学、适应证或功能主治、不良反应、禁忌证、注意事项、药物相互作用、用法、用量、规格、贮藏、包装、有效期、生产企业、批准文号、传真号码、网址等。

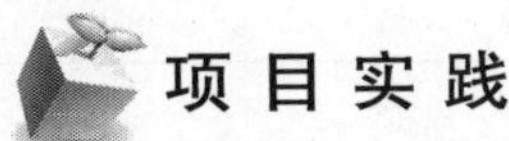

项目实践

药品包装标识的识别

实践准备

1. 工作服、胸卡、文具。
2. 模拟药房、药品内包装（若干）、盛药白瓷盘。

3. 空白表格(若干),表格格式见下表。

实践步骤

1. 分组上岗　着装上岗,2 名学生一组,其中 1 人操作,另外 1 人参与并评判操作的正确性。

2. 随机抽取药品内包装盒 5 种(包括处方药和非处方药),根据提供的资料填写表格。

药品通用名	药品商品名	规格	数量	批号	生产企业	失效期	批准文号	商标	非处方药类别或处方药警告语

3. 请解释下列药品包装中的贮藏条件。(任选 3 题,每题 10 分)

(1) 凉暗处:

(2) 避光,密闭,干燥处:

(3) 常温密封:

(4) 阴凉处:

(5) 冷处:

4. 清理现场

注意事项

1. "数量"一栏填写一个内包装所包装药品的片数、粒数或支数等。

2. 填写"药品商标"可用文字、图形、字母、数字、三维标志或以上几个要素的组合等进行描述。

评分标准

序号	考核内容	考核要点	分值	配分	得分
1	仪表	着装整洁,佩戴胸卡	5	5	
2	药品包装标识	填写正确药品通用名	80	5	
		填写正确药品商品名		5	
		填写正确规格		5	
		填写正确数量		5	
		填写正确批号		5	
		正确填写生产企业		5	
		正确填写失效期		5	
		正确填写批准文号		5	
		正确描述商标		5	
		填写正确非处方药类别		5	
		正确解释贮藏条件		30	

续表

序号	考核内容	考核要点	分值	配分	得分
3	礼仪	使用礼貌用语，语气亲切；语速语气适中，表达准确；离别时说“谢谢！”	5	5	
4	清理现场	物品归位	10	10	
	合计		100	100	

项目八　药品质量标准

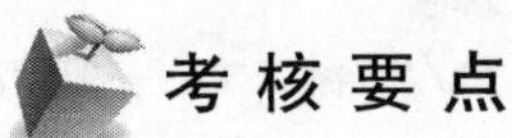

考核要点

1. 药品质量标准的概念及国家药品标准的主要类型。
2. 药品质量标准的主要内容。

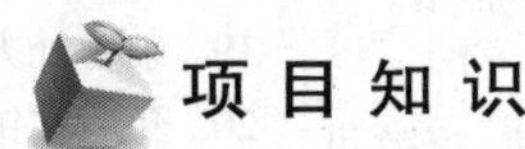

项目知识

（一）药品质量标准的概念

为了保证药品的质量，国家对药品有强制性的执行标准，即药品质量标准。药品质量标准是国家对药品质量、规格及检验方法所做的技术规定，是药品生产、经营、使用、检验和监督管理部门共同遵循的法定依据。符合质量标准的药品才是合格的药品。

（二）国家药品质量标准

1.《中华人民共和国药典》　简称《中国药典》，其英文缩写为 Ch. P，是由国家食品药品监督管理局药典委员会编制，经国务院批准后，国家食品药品监督管理局颁布执行，是我国记载药品质量标准的国家法典，具有全国性的法律约束力。《中国药典》中收载的是防病治病必须、疗效确切、不良反应小、被广泛应用、质量稳定、工艺成熟并能批量生产、有合理的质量控制手段的药品。

新中国成立以来，我国已经出版了九版药典（1953 年版、1963 年版、1977 年版、1985 年版、1990 年版、1995 年版、2000 年版、2005 年版、2010 年版）。目前版本为《中国药典》（2010 年版），本版药典共分为一部、二部和三部。药典一部收载药材及饮片、成方制剂和单味制剂、植物油脂和提取物等；药典二部分为两部分，第一部分收载化学药品、抗生素、生化药品、放射性药品，第二部分收载药用辅料；药典三部收载生物制品。

2.《中华人民共和国食品药品监督管理局药品标准》　简称《部颁药品标准》，由国家食品药品监督管理局药典委员会编制，国家食品药品监督管理局颁布执行。列入《部颁药品标准》的品种是：①卫生部批准的新药。②地方药品标准中疗效较好、医疗常用、生产地区较多、需要统一标准的品种。③上版《中国药典》收载而新版药典未列入的，疗效肯定的药品。

另外，国家药品标准还有“注册标准”、“试行标准”、“医疗机构制剂标准”、“中药炮制规范”等。

（三）药品质量标准的主要内容

1. 药品名称　包括中文名称、汉语拼音名称、英文名称。药品标准中药品的中文名称即药品通用名称，也为药品的法定名称。

2. 性状　性状项下记述了药品的外观、臭味、一般的稳定性情况及物理常数等。

3. 鉴别　是指用规定的试验方法来辨别药物的真伪。

4. 检查　检查项下的内容主要包括有效性、均一性、安全性及纯度要求。

5. 含量测定　是指用规定的方法测定药物中有效成分的含量。

6. 类别　是指按药品的主要作用、用途或学科划分的类型,如安乃近片的类别为“解热镇痛抗炎药”。

7. 贮藏　主要是规定药品的贮藏条件。

项目练习

一、判断题:关于下列说法正确的打“√”,错误的打“×”。

1. 鹿茸、麝香、牛黄等属于生物制品。　(　　)
2. 片剂的缺点是易出现崩解度和溶出度不合格。　(　　)
3. 注射剂和片剂比较,其优点是作用迅速、疗效可靠、使用方便。　(　　)
4. 栓剂直肠吸收比口服吸收快而规律,作用时间长,无首关消除。　(　　)
5. 阿托品使腺体分泌减少的作用属于抑制作用。　(　　)
6. 不良反应属于药物固有的效应,一般比较轻,不会给患者带来痛苦。　(　　)
7. 变态反应与药物的剂量大小无关,且不易预知。　(　　)
8. 舌下给药可避免首关消除。　(　　)
9. 凡存在首关消除的药物均不应口服给药。　(　　)
10. 口服给药时,液体制剂较固体制剂吸收快。注射给药时,水溶液比混悬液、油制剂吸收快。　(　　)
11. 药物与血浆蛋白结合率越高,则药物的作用维持时间长。　(　　)
12. 婴幼儿血-脑屏障发育不完善,中枢神经系统易受某些药物的影响,故用药应谨慎。　(　　)
13. 肝药酶诱导剂可使药效增强。　(　　)
14. 弱酸性的药物中毒可通过酸化尿液来促进药物经肾排泄。　(　　)
15. 通常所说的常用量是指 18 岁以上成年人的药物剂量。　(　　)
16. 老年人的生理功能和代偿能力在逐渐减退,对药物的代谢和排泄功能降低,其用药剂量要适当减少,一般为成年人的 3/4。　(　　)
17. 一般情况下,饭后服药不影响药物的吸收。　(　　)
18. 过期处方不需开方医师重新签名就可予以调配。　(　　)
19. 急诊处方只限当日有效。　(　　)
20. 药店在销售处方药时,一般药物的处方必须保存两年备查。　(　　)
21. 医生开具的处方可以使用药品商品名称。　(　　)
22. 非处方药每个销售基本单元包装可以不附有药品标签和说明书。　(　　)

二、选择题:每小题有四个备选答案,请从中选择一个最佳答案。

1. 下列哪项不是气雾剂的特点
   A. 具有速效和定位的作用
   B. 避免首关消除
   C. 需耐压容器而成本高
   D. 药物密封于容器内,稳定性好,效期长
2. 属于固体制剂的是
   A. 栓剂　B. 合剂
   C. 滴鼻剂　D. 溶液剂
3. 碘酊用于皮肤消毒的作用属于
   A. 吸收作用　B. 局部作用
   C. 选择作用　D. 不良反应
4. 药物的不良反应是指
   A. 用量过大引起的反应
   B. 长期用药引起的反应
   C. 治疗量时产生与治疗目的无关的作用
   D. 用药后产生的免疫反应
5. 反复用药后患者对药物敏感性降低称
   A. 耐受性　B. 耐药性
   C. 依赖性　D. 成瘾性
6. 有首关消除的给药途径是
   A. 舌下含化　B. 肌内注射
   C. 口服　D. 皮下注射

7. 下列叙述正确的是
A. 脂溶性高、分子小、解离度小的药物易吸收
B. 脂溶性高、分子小、解离度大的药物易吸收
C. 水溶性高、分子小、解离度大的药物易吸收
D. 水溶性高、分子大、解离度小的药物易吸收

8. (　　)是肝药酶抑制剂
A. 苯巴比妥　　B. 氯霉素
C. 华法林　　D. 苯妥英钠

9. 药物生物转化和排泄的速度决定了药物
A. 不良反应的多少
B. 最大效应的高低
C. 作用持续时间的长短
D. 起效的快慢

10. 九岁小儿静脉注射毒毛花苷K,剂量为0.01mg/(kg. 次),每次应给药物
A. 0.1mg　　B. 0.15mg
C. 0.2mg　　D. 0.25mg

11. 小儿需按千克体重计算用药量,一患儿3岁,计算其体重是
A. 10kg　　B. 12kg
C. 14kg　　D. 16kg

12. 药效学方面的相互作用主要是一种药物改变另一种药物的
A. 吸收　　B. 分布
C. 排泄　　D. 作用

13. 药物血浆半衰期对临床用药的参考价值是
A. 决定用药剂量　　B. 决定给药间隔
C. 决定选用药物剂型　　D. 决定给药途径

14. 药物的生物利用度取决于
A. 药物代谢的方式　　B. 药物转运的方式
C. 药物的排泄过程　　D. 药物的吸收过程

15. 对胃刺激大的药物服药时间应在
A. 饭前　　B. 饭后
C. 两餐之间　　D. 空腹

16. 处方书写中可省略不写的单位是
A. 克　　B. 毫克
C. 微克　　D. 升

17. 淡绿色的处方属于
A. 麻醉药品处方　　B. 急诊处方
C. 儿科处方　　D. 普通处方

18. 白色的处方属于
A. 麻醉药品处方　　B. 急诊处方
C. 儿科处方　　D. 普通处方

19. 处方基本结构不包括
A. 处方前记　　B. 处方正文
C. 处方后记　　D. 处方类别

20. 处方Rp表示
A. 用法　　B. 用量
C. 请取　　D. 药价

21. 处方正文不包括
A. 药名　　B. 用法
C. 用量　　D. 药价

22. 处方中药品名称必须是
A. 商品名　　B. 通用名
C. 别名　　D. 化学名

23. 处方中药品使用方法不包括
A. 每次剂量　　B. 每日次数
C. 给药途径　　D. 每日剂量

24. 急诊处方限(　　)日常用量
A. 3　　B. 4
C. 5　　D. 6

25. 麻醉药品、第一类精神药品注射剂,每张处方为(　　)日常用量
A. 1　　B. 2
C. 3　　D. 4

26. 第二类精神药品的处方限量是(　　)日常用量
A. 2　　B. 3
C. 7　　D. 4

27. 药店在销售处方药时,处方必须保存(　　)年备查
A. 1　　B. 2
C. 3　　D. 4

28. 每日3次的外文缩写是
A. b. i. d.　　B. q. d.
C. t. i. d.　　D. q. i. d.

29. 静脉滴注的外文缩写是
A. i. m.　　B. i. h.
C. i. v.　　D. i. v. gtt.

30. 胶囊剂的外文缩写是
A. Tab.　　B. Caps.
C. pil.　　D. Supp.

31. 一失眠的患者,需要每晚睡前口服地西泮5mg,标明用法应写
A. 5mg q. d.　　B. 5mg q. n
C. 5mg a. m　　D. 5mg p. c.

32. 可以在经批准的普通商业企业零售的药品是
A. 处方药　　B. 非处方药
C. 乙类非处方药　　D. 甲类非处方药

33. 关于处方药的说法不正确的是
A. 必须取得批准文号才能生产
B. 只准在专业性医药报刊进行广告宣传
C. 可以在大众传播媒介进行广告宣传
D. 必须具有《药品经营企业许可证》才能批发经营

34. 关于药品包装叙述正确的是
A. 非处方药的标签必须印有规定的标志
B. 处方药的标签必须印有规定的标志
C. 中药饮片的包装标签上必须印有注册商标
D. 药品标签或者说明书上必须注明药品的商品名

35. 下列说法正确的是
A. 商品名与通用名可同行书写,但之间应有一定空隙
B. 商品名与通用名应用同样字号并列标示
C. 一个通用名下,由于生产厂家的不同,可有多个商品名称
D. 药品的标签、说明书或包装以及医师开具的处方可以使用药品商品名

36. 药品生产批号是用于识别药品批次的
A. 一组数字
B. 一组字母
C. 一组数字或字母加数字
D. 一组数字或字母加汉字

37. 药品的失效期是指
A. 可以使用到所标明的月份的最后一天
B. 可以使用到标明成分的前一个月的最后一天
C. 可以使用到标明开始失效的月份的第一天
D. 所标明的月份的前一天

38. 某药品包装标示"有效期至 2013. 10",其有效的终止日期是
A. 2013 年 10 月 31 日　B. 2013 年 9 月 30 日
C. 2013 年 10 月 1 日　D. 2013 年 11 月 1 日

39. 某药品包装标识为"有效期至 2013. 10",其失效期是
A. 2013 年 10 月 31 日　B. 2013 年 9 月 30 日
C. 2013 年 10 月 1 日　D. 2013 年 11 月 1 日

40. 某药品包装标识为"失效期为 2013. 10",该药品下列哪个日期起失效
A. 2013 年 10 月 31 日　B. 2013 年 9 月 30 日
C. 2013 年 10 月 1 日　D. 2013 年 11 月 1 日

41. 某药品批准文号为:国药准字 H20045684,该药品属于
A. 化学药品　B. 保健药品
C. 体外化学诊断试剂　D. 生物制品

42. 某药品批准文号为:国药准字 H20045684,后四位数字代表
A. 原卫生部批准的药品
B. 省卫生厅批准的药品
C. 年号
D. 顺序号

43. 属于特殊管理的药品是
A. 麻醉药品、精神药品、毒性药品、戒毒药品
B. 麻醉药品、精神药品、毒性药品、放射性药品
C. 麻醉药品、放射性药品、毒性药品、戒毒药品
D. 麻醉药品、精神药品、放射性药品、戒毒药品

44. 药品说明书的内容不包括
A. 药品名称
B. 药品名称的汉语拼音
C. 包装材料
D. 药理作用

45.《中国药典》是我国药品法定的质量标准,现行《药典》版
A. 2000、二部　B. 2004、三部
C. 2005、三部　D. 2010、三部

46. 下列哪项不是药品质量标准的内容
A. 鉴别　B. 检查
C. 含量测定　D. 生产企业

第二节　常用药物介绍

项目一　抗　生　素

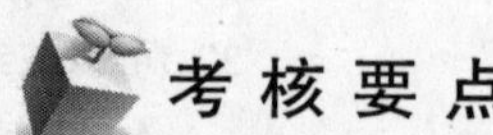

考核要点

1. 常用抗生素的药理作用、用途、不良反应及用药注意事项。

2. 具有指导患者正确使用抗生素的能力。

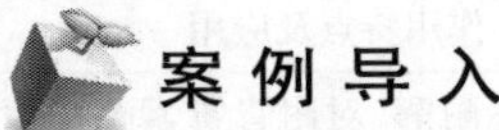

案例导入

患者,女性,28岁,孕35周。4天前受凉后出现发热,咽痛,自测体温达39.5℃,在家自行口服板蓝根、对乙酰氨基酚、阿莫西林及克拉霉素治疗。但体温反复,并出现吞咽困难、呼吸急促等症状。自觉症状严重遂来医院检查。入院查体:体温40.1℃,脉搏112次/分,呼吸29次/分,血压100/70mmHg。急性病容,面颊赤红。咽部检查见:咽腔充血,双侧扁桃体Ⅱ°肿大,表面见脓性分泌物。颈部、下颌角淋巴结肿大。诊断:急性扁桃体炎。

治疗方案:①对症治疗。②抗感染:拟用青霉素治疗。

问题:

1. 青霉素、阿莫西林、克拉霉素分别属于哪一类药物?它们各有什么药理作用?
2. 医师用青霉素的依据是什么?应用时要注意些什么?
3. 患者自用阿莫西林和克拉霉素正确吗?为什么?

项目知识

抗生素是指某些微生物在新陈代谢过程中产生的,能抑制或杀灭其他生活细胞的一类化学物质,主要用于细菌感染性疾病的治疗。可分为:β-内酰胺类、大环内酯类、四环素类、氨基糖苷类、氯霉素类等。

一、β-内酰胺类抗生素

β-内酰胺类抗生素系指化学结构中含有β-内酰胺环结构的一类抗生素。临床最为常用的主要是青霉素类、头孢菌素类(先锋霉素类)。

(一)青霉素类

1. 天然青霉素

青霉素G

青霉素G常用其钠盐或钾盐,其晶粉在室温中稳定,但水溶液极不稳定,室温放置24小时大部分失效,且可生成具有抗原性的降解产物,因此青霉素应即配即用,用前并讯问过敏史和做皮试。酸、碱、醇、酶、重金属及氧化剂均可破坏青霉素,应避免配伍使用。

【药理作用与临床应用】 青霉素G通过抑制敏感菌细胞壁黏肽合成,造成细胞壁缺损,导致细菌死亡。抗菌活性强,抗菌谱窄。主要对革兰阳性(G^+)球菌:链球菌、葡萄球菌;革兰阳性杆菌:白喉杆菌、炭疽杆菌、破伤风杆菌、乳酸杆菌等;革兰阴性(G^-)球菌:脑膜炎奈瑟菌、淋病奈瑟菌;螺旋体:梅毒螺旋体、钩端螺旋体、回归热螺旋体;放线菌有杀菌作用。

青霉素G为敏感菌引起的感染的首选药。

【不良反应及用药注意】 青霉素G毒性很低。主要不良反应为过敏反应,表现为药疹、血清病反应、溶血性贫血、粒细胞减少,严重者出现过敏性休克,可致死。此外,还可出现肌内注射疼痛、赫氏反应、大剂量静脉应用可发生青霉素脑病。

【药物相互作用】 青霉素G与大环内酯类、四环素类、林可霉素类、氯霉素合用疗效降低;与氨基糖苷类药物合用产生协同作用,但有配伍禁忌。

2. 半合成青霉素 其作用特点比较见表3-3。

表 3-3 半合成青霉素作用特点比较

分类	药物	作用特点及应用	不良反应	注意事项
耐酸青霉素	青霉素 V	耐酸、可口服;不耐酶,对耐青霉素金葡菌无效。抗菌谱同青霉素,抗菌活性弱。用于敏感菌引起的轻度感染	过敏反应	同青霉素
耐酸耐酶青霉素	苯唑西林钠 氯唑西林钠 氟氯西林钠	耐酸、可口服;耐酶,对耐青霉素金葡菌有效。抗菌谱同青霉素,抗菌活性稍弱。主要用于耐青霉素金葡菌引起的感染	过敏反应	同青霉素
广谱青霉素	氨苄西林钠 阿莫西林钠	耐酸、可口服;不耐酶,对耐青霉素金葡菌无效,抗菌谱较青霉素扩大,对某些革兰阴性杆菌有较强作用。主要用于敏感菌所致的呼吸、泌尿、消化系统等部位的感染	胃肠道反应:恶心、呕吐、腹泻等;过敏反应	同青霉素
抗铜绿假单胞菌青霉素	哌拉西林钠 替卡西林钠	不耐酸、不耐酶,对耐青霉素金葡菌无效。抗菌谱广,对革兰阴性杆菌尤其是铜绿假单胞菌有较强作用。主要用于铜绿假单胞菌所致的感染	过敏反应	肾功能不全患者应用本品可致出血,其他同青霉素

(二) 头孢菌素类

头孢菌素类抗生素与青霉素抗菌作用机制相似,但相比具有抗菌谱较广、耐青霉素酶、疗效高、过敏反应少等优点。与青霉素之间存在部分交叉过敏反应。头孢菌素类抗生素按其发展的顺序及特点不同分为四代(表 3-4)。

二、大环内酯类抗生素

大环内酯类抗生素系指化学结构中含有大环内酯环结构的抗生素,属快效抑菌药。抗菌谱窄,主要对革兰阳性菌,包括耐青霉素金葡菌有较强的抗菌作用;对奈瑟菌、流感嗜血杆菌、百日咳杆菌、布氏杆菌也有作用;对军团菌、肺炎支原体、衣原体、立克次体及某些螺旋体抗菌活性强。临床常用药物见表 3-5。

三、氨基糖苷类抗生素

氨基糖苷类是由 2 ~ 3 个氨基糖分子与苷元连接而成的苷类抗生素。因结构上的共性而具有一些共同特点:①均抑制细菌蛋白质合成,为速效静止期杀菌药,对革兰阴性杆菌有杀灭作用,对某些革兰阳性球菌也有效。②口服难吸收,可用于肠道感染,全身感染多采用注射给药。③均可引起不同程度的耳毒性、肾毒性、神经肌肉阻滞及过敏反应,本类药物禁止合用。④细菌对本类药物均有交叉耐药性或部分交叉耐药性。常用药物作用特点见表 3-6。

四、四环素类抗生素

四环素类抗生素是一类广谱抗生素,对大多数 G^+菌及 G^-菌、支原体、衣原体、螺旋体、放线菌、阿米巴原虫均有抑制作用,属快效抑菌剂。本类药物可分为天然品和半合成品。天然品有金霉素、土霉素、四环素等,因抗菌活性弱,易产生耐药性以及不良反应多而严重,现目前已很少用。以半合成品多西环素、米诺环素较为常用。

多西环素

又名强力霉素。

【药理作用与临床应用】 本药低浓度时抑菌,高浓度可杀菌。主要用于敏感菌引起的呼吸系统、泌尿系统、胆道感染以及立克次体病、支原体肺炎、回归热等,对肾功能不良患者的肾外感染也可使用。

表 3-4 头孢菌素类药物特点比较

分类	常用药物	抗菌作用	临床应用	不良反应	注意事项
第一代	头孢氨苄 头孢唑啉 头孢拉定	①抗菌谱广，对革兰阳性菌抗菌作用较二、三代强，对革兰阴性菌抗菌作用较二、三代弱，对铜绿假单胞菌、厌氧菌无效。②对青霉素酶稳定，对革兰阴性菌产生的β-内酰胺酶稳定性差	主要用于耐青霉素金葡菌感染，口服制剂主要用于轻、中度感染	①过敏反应。②胃肠道反应。③有一定肾毒性	①用药前应询问过敏史并做皮试，过敏者禁用。②肝肾功能不良者慎用。③不宜与有肾毒性药物合用
第二代	头孢克洛 头孢呋辛	①对革兰阳性菌抗菌作用比第一代稍弱，对革兰阴性菌抗菌作用比第一代强。②对铜绿假单胞菌无效、对厌氧菌有一定作用。③对革兰阴性菌β-内酰胺酶稳定性比第一代强	主要用于治疗敏感菌所致肺炎、胆道感染、菌血症、尿路感染等	①肾毒性比第一代头孢低。②其他同第一代	①用药前应询问过敏史并做皮试，过敏者禁用。②肝肾功能不良者应减量。③不宜与有肾毒性药物合用
第三代	头孢噻肟 头孢曲松 头孢拉定 头孢哌酮	①抗菌谱扩大，对革兰阳性菌抗菌作用不如一、二代，对革兰阴性菌抗菌作用比第一、二代强，对铜绿假单胞菌、厌氧菌有不同程度抗菌作用。②对大部分β-内酰胺酶稳定。③组织穿透能力强，分布广	主要用于治疗全身严重感染	①过敏反应。②对肾基本无毒性。③长期应用可引起二重感染和凝血功能障碍	①用药前应询问过敏史并做皮试，过敏者禁用。②肝功能不全患者慎用或禁用。③用药期间禁止饮酒和含乙醇的饮料
第四代	头孢吡肟 头孢匹罗	①抗菌谱比第三代更广，对革兰阳性菌、革兰阴性菌、厌氧菌有不同程度抗菌作用。②对β-内酰胺酶更稳定。③组织穿透能力强，分布广	主要用于治疗全身严重感染	①过敏反应。②对肾无毒性。③长期应用可引起二重感染和凝血功能障碍	该类药物属于“特殊使用”类别管理使用药物

表 3-5 临床常用大环内酯类抗生素

药物	特点	临床应用	不良反应	注意事项
红霉素	对革兰阳性菌、军团菌、肺炎支原体、衣原体、立克次体及某些螺旋体抗菌活性强	主要用于对青霉素过敏及耐青霉素金葡菌所致的感染。军团菌病、支原体、衣原体呼吸道感染,空肠弯曲菌肠炎首选	胃肠道反应,肝损害,血栓性静脉炎,耳毒性,心脏毒性	对本品过敏者禁用;红霉素酯化物易发生肝损害,尤其是孕妇;大剂量(4g)易致耳毒性;静脉滴注速度过快易发生心律失常,应缓慢滴注。不能用氯化钠稀释
罗红霉素	与红霉素相似	敏感菌所致的呼吸道、皮肤软组织感染	胃肠道反应轻,余同红霉素	同红霉素
阿奇霉素	抗菌谱较红霉素广,对流感杆菌、厌氧菌、淋球菌作用较红霉素强	主要用于敏感菌引起的呼吸道、皮肤软组织感染;支原体、衣原体所致的性传播疾病	胃肠反应及其他不良反应较红霉素轻	同红霉素
克拉霉素	抗菌谱与红霉素相似,但对鸟型分枝杆菌、麻风杆菌、弓形虫有较强作用	同红霉素	胃肠道反应较少	同红霉素

表 3-6 常用氨基糖苷类药物

药物	抗菌特点及应用	不良反应	注意事项
链霉素	对多种 G^- 杆菌有强大杀灭作用;对某些 G^+ 球菌有效。首选用于鼠疫和兔热病;治疗结核病;与青霉素合用治疗链球菌性心内膜炎	耳毒性:眩晕、平衡失调,耳鸣、听力减退或耳聋;肾毒性:蛋白尿、血尿、少尿甚至肾衰竭;神经、肌肉麻痹;过敏反应	重症肌无力、肾功能不良、哺乳期妇女慎用;对本药过敏者及孕妇禁用。静脉滴注应缓慢;禁止与有耳毒性、肾毒性药物合用
庆大霉素	对 G^- 杆菌有强大杀灭作用,对铜绿假单胞菌作用明显;对部分 G^+ 球菌作用较强。主要用于 G^- 杆菌所致重症感染	耳毒性、肾毒性、过敏反应	肾功能不良、哺乳期妇女慎用;对本药过敏者及孕妇禁用。静脉滴注应缓慢;疗程不宜超过 7 ~ 10 天
妥布霉素	对铜绿假单胞菌作用较庆大霉素强 2 ~ 4 倍,对庆大霉素耐药菌有效。用于铜绿假单胞菌引起的各种感染	耳毒性、肾毒性	同庆大霉素
阿米卡星	抗菌谱最广,作用强;对耐其他氨基糖苷类药的细菌有效。主要用于耐庆大霉素及其他氨基糖苷类的 G^- 杆菌所致的各种严重感染	耳毒性、肾毒性	同庆大霉素
奈替米星	对 G^- 杆菌作用同庆大霉素;对葡萄球菌和其他革兰阳性菌作用优于其他氨基糖苷抗生素。用于敏感菌引起的严重感染	耳毒性、肾毒性为本类药最轻者	同庆大霉素
大观霉素	主要对淋病奈瑟菌有很强的抗菌作用	同庆大霉素	同庆大霉素

【不良反应及用药注意】 不良反应为本类药中最轻者。

(1) 胃肠道反应:口服引起上腹不适、恶心、呕吐、食欲不振等。

(2) 二重感染:白色念珠菌感染表现为鹅口疮、肠炎,葡萄球菌引起的假膜性肠炎最严重。

(3) 对骨骼和牙齿生长发育的影响:四环素类药物能与新形成的骨、牙中所沉积的钙结合，婴幼儿使用可致牙釉质发育不全并出现黄色沉积，出现四环素牙。孕妇、哺乳期妇女、8岁以下儿童禁用。

(4) 肝毒性：大剂量静脉给药或长期口服可出现胆汁淤积，转氨酶升高，甚至肝细胞坏死。肝功能不良者禁用。

(5) 过敏反应：多为斑丘疹和多形红斑，光敏性皮炎；少数可出现血管神经性水肿、过敏性紫癜，偶发过敏性休克。对本药或四环素类药过敏者禁用。用药期间避免日晒。

【药物相互作用】　本药与地高辛合用可增加地高辛的吸收，易致地高辛中毒；与强效利尿药如呋塞米合用肾毒性增强；与巴比妥类、苯妥因钠、卡马西平合用，血药浓度降低。

米诺环素

米诺环素抗菌作用为四环素类中最强，穿透能力强。临床用于呼吸道、胃肠道、尿路、骨髓炎及五官科感染等。此外对痤疮、酒糟鼻有一定疗效。不良反应与多西环素相似。

五、林可霉素类抗生素

林可霉素类有林可霉素（洁霉素）和克林霉素（氯洁霉素），两者具有相同的抗菌谱，主要对 G^+菌有抑制作用，克林霉素抗菌活性更强。

林可霉素

【药理作用与临床应用】　本药抗菌机制与大环内酯类相似。抗菌谱窄，主要对 G^+菌及多种厌氧菌（梭状芽孢杆菌除外）有强大抗菌作用。穿透能力强。主要用于 G^+菌所致的呼吸道、软组织、骨关节和骨组织、胆道感染；厌氧菌引起的腹腔或盆腔感染；金葡菌所致的急慢性骨髓炎治疗首选。

【不良反应及用药注意】

(1) 胃肠道反应：常见恶心、呕吐、腹痛、腹泻等；严重者有腹绞痛、腹部压痛、严重腹泻（水样或脓血样），伴发热、异常口渴和疲乏（假膜性肠炎）。腹泻、肠炎和假膜性肠炎可发生在用药初期，也可发生在停药后数周。

(2) 血液系统：偶可发生白细胞减少、中性粒细胞减少、嗜酸粒细胞增多和血小板减少等；罕见再生障碍性贫血。

(3) 过敏反应：可见皮疹、瘙痒等。偶见荨麻疹、血管神经性水肿和血清病反应等。罕见剥脱性皮炎、大疱性皮炎、多形性红斑。

(4) 肝、肾功能异常：血清转氨酶升高、黄疸等。

(5) 孕妇、哺乳期妇女、新生儿、念珠菌感染者禁用。

项目二　合成抗菌药

考核要点

1. 喹诺酮类药的药理作用、用途、不良反应及用药注意事项。
2. 磺胺类药及甲氧苄啶的药理作用、用途、不良反应及用药注意事项。
3. 其他合成抗菌药的特点、用途、不良反应及用药注意事项。
4. 具有指导患者正确使用合成抗菌药的能力。

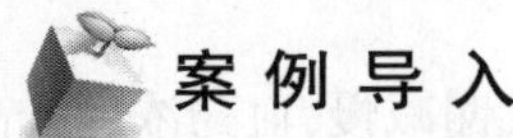

案例导入

患者，男性，72岁，发热、咳嗽5天。患者5天前洗澡受凉后出现寒战，体温高达40℃，伴咳嗽、咳痰,痰量不多,为白色黏痰。体检:体温39.5℃,左上肺叩诊浊音,语颤增强,可闻及湿啰音。血常规:血红蛋白130g/L,白细胞11.7×10^9/L,分叶中性粒细胞0.79,嗜酸粒细胞0.01,淋巴细胞0.20,血小板21×10^9/L。

诊断:左上肺炎(肺炎球菌可能性大)

治疗:①抗感染:乳酸左氧氟沙星注射液0.2g,静脉滴注。②对症支持治疗:解热,化痰止咳,补液。

问题:

1. 左氧氟沙星是哪一类抗菌药?与其同类的常用药物还有哪些?
2. 这类药物有何作用及临床用途?
3. 这类药物有哪些不良反应?哪些人群不宜应用?
4. 给该患者用左氧氟沙星合理吗?如不合理,可以换用哪些药物?

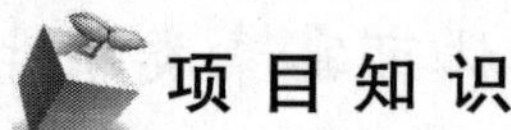

项目知识

合成抗菌药是一类对病原菌有抑制或杀灭作用,用于防治感染性疾病的化学合成药物。目前常用的有氟喹诺酮类、磺胺类和甲氧苄啶、硝基咪唑类等。

(一)氟喹诺酮类

氟喹诺酮类药物口服吸收迅速而完全,穿透力强、体内分布广,在各种组织体液中浓度高。目前临床最常用的有诺氟沙星、氧氟沙星、环丙沙星、左氧氟沙星等。

【药理作用与临床应用】 氟喹诺酮类药物抗菌活性强。抗菌谱广,对革兰阳性菌包括产酶金葡菌;革兰阴性菌包括铜绿假单孢菌有强大的杀菌作用;某些品种对支原体、衣原体、厌氧菌及结核杆菌也有作用。

临床广泛应用于敏感菌引起的呼吸道、尿路、胆道、消化道、骨和关节、皮肤软组织等各种感染。

【不良反应及用药注意】

(1)胃肠道反应:最常见有恶心、呕吐、腹泻、味觉改变等,发生率为3%~17%。

(2)中枢神经系统反应:常见症状有焦虑、坐立不安、神经过分紧张、失眠、欣快、噩梦、幻觉、精神失常及癫痫。另外,还可能表现为神志不清、震颤或抑郁,发生率0.9%~11%。

(3)过敏反应:皮肤瘙痒、药疹、红斑多见,严重者可出现剥脱性皮炎;少数发生过敏性休克,可诱发光敏反应。过敏者禁用。

(4)肾毒性:肾功能损害少见,一旦发生就很严重,主要表现为过敏间质性肾炎、过敏性肾小管性肾炎、肾小管坏死及坏死性血管炎,老年人易发生。也有结晶形成的报道。

(5)肝毒性:可诱发轻度可逆性转氨酶升高,其发生率为1%~3%,严重者可并发肝性脑病致死。老年人、肝、肾功能不良者慎用。

(6)抑制骨和软骨组织发育可发生肌腱炎及肌腱断裂;横纹肌溶解症,出现肌痛、肿胀、肌无力等。孕妇、哺乳期妇女、小儿禁用。

【药物相互作用】

(1)氟喹诺酮类抗菌药可螯合钙、镁、铁、锌等二价和三价金属离子,应避免与含这些离子的食物、药物同服。

(2)与氨茶碱合用可使氨茶碱代谢减慢,血药浓度升高,易发生中毒;与抗酸药合用可减少本类药的吸收;与碱性药合用可降低本类药在尿中的溶解度,导致结晶尿和肾毒性增强。

(二) 磺胺类药物和甲氧苄啶

磺胺类药物是最早治疗全身感染的抗菌药,为细菌二氢叶酸合成酶抑制剂;甲氧苄啶又称磺胺增效剂,为细菌二氢叶酸还原酶抑制剂。两者合用起协同作用,可使抗菌活性提高数十倍。目前最常用的是磺胺甲噁唑(SMZ)和甲氧苄啶(TMP)组成的复方制剂,也称复方新诺明。

复方新诺明

【药理作用与临床应用】 抗菌谱广,抗菌作用强,甚至具有杀菌作用,对大多数G^+菌和G^-菌,包括不产酶的葡萄球菌、化脓性链球菌、肺炎球菌、大肠埃希菌、克雷伯菌属、沙门菌属、变形杆菌属、淋球菌、脑膜炎球菌、流感嗜血杆菌等具有良好的抗菌活性。此外对霍乱弧菌、沙眼衣原体、卡氏肺囊虫亦具有较强抗菌作用。

主要用于敏感菌引起的肠道、尿路感染,急慢性中耳炎,卡氏肺囊虫病等。

【不良反应及用药注意】

(1) 肾损害:磺胺药在尿中溶解度低,尤其是在酸性尿液中溶解度更低,容易形成结晶,堵塞肾小管,出现结晶尿、血尿、少尿甚至肾衰竭。服药期间多饮水、同服碳酸氢钠片可防止尿结晶的形成。老年人、肝肾功能不良者慎用。

(2) 过敏反应:常见发热、药疹、多形红斑、严重者可出现剥脱性皮炎,偶见过敏性休克。对磺胺药过敏者禁用。

(3) 血液和造血系统反应:可引起溶血性贫血,粒细胞减少、血小板减少甚至再生障碍性贫血。

(4) 核黄疸:与胆红素竞争血浆蛋白,使游离胆红素增多而进入中枢神经系统导致核黄疸,主要发生在新生儿。孕妇、哺乳期妇女、两岁以下婴幼儿禁用。

【药物相互作用】 不宜与口服降血糖药合用,易引起低血糖;与免疫抑制剂合用,可使骨髓抑制加重,应避免合用;用药期间不宜饮酒,可增加乙醇的神经毒性。

(三) 硝基咪唑类

硝基咪唑类药物常用的有甲硝唑、替硝唑、奥硝唑。

甲 硝 唑

又名灭滴灵。

【药理作用与临床应用】

(1) 抗厌氧菌作用:甲硝唑对各种厌氧菌均有强大的杀灭作用,是治疗各种厌氧菌感染性疾病的常用药。

(2) 抗阿米巴原虫作用:甲硝唑对肠内、外阿米巴滋养体均有很强的杀灭作用,是治疗阿米巴病的首选药。

(3) 抗滴虫作用:甲硝唑对阴道滴虫有强大的杀灭作用。阴道滴虫病首选。

(4) 抗贾第鞭毛虫作用:甲硝唑是目前治疗贾第鞭毛虫病最有效的药物。

【不良反应及用药注意】 不良反应较轻,常见有头痛、恶心、口干、口腔金属味、食欲不振、腹痛,皮疹、白细胞暂时减少。极少数患者可出现神经系统反应,如肢体麻木、感觉异常、共济失调和惊厥等,一旦发生应立即停药。有致畸作用。对本品过敏者、孕妇、哺乳期妇女、中枢神经系统疾病患者、血液病患者禁用。用药期间禁止饮酒及使用含醇的饮料。

【药物相互作用】 本品能加强华法林和其他口服抗凝药的作用,引起凝血酶原时间延长;苯妥英钠、苯巴比妥等肝药酶诱导剂可加速本品排泄,使血药浓度下降,而苯妥英钠的排泄减慢。

(四) 硝基呋喃类

硝基呋喃类为广谱杀菌药,对大肠埃希菌、肠球菌、葡萄球菌、淋病奈瑟菌、志贺菌、沙门菌等有良好的抗菌作用。耐药菌株形成缓慢,与其他抗菌药无交叉耐药现象。常用药物有呋喃妥因、呋喃唑酮。

呋喃妥因

又名呋喃坦啶。

口服吸收快,体内消除也快,血药浓度低,但尿中可达有效治疗浓度。主要用于敏感菌引起的泌尿系统感染。常见不良反应有胃肠道反应,偶见皮疹、药热等过敏反应,大剂量可致周围神经炎,葡萄糖-6-磷酸脱氢酶缺乏者用后可产生溶血。

呋喃唑酮

又名痢特灵。

口服不易吸收,肠道内药物浓度高。主要用于细菌性痢疾、肠炎的治疗,也常与甲硝唑、铋制剂等联合应用根除幽门螺杆菌,治疗消化性溃疡。不良反应与呋喃妥因相似。

项目三 抗结核病药

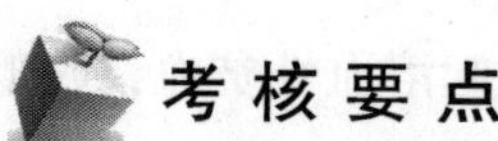

考核要点

1. 异烟肼的药理作用、用途、不良反应及用药注意事项。
2. 利福平、乙胺丁醇、吡嗪酰胺的特点、用途、不良反应及用药注意事项。
3. 能指导患者正确使用抗结核药。

案例导入

患者,男性,30岁,教师。1个月前因受凉后出现低热,下午明显,体温最高不超过38℃。咳嗽,咳少量白色黏痰,无咯血和胸痛。自认为感冒,服用多种感冒药、止咳药和抗生素(具体不详),无明显好转。因工作忙未到医院检查,渐感乏力,有时夜间盗汗,病后饮食和睡眠差。查体:右上肺叩诊稍浊,语颤稍增强,可闻及少量湿啰音,余阴性。经胸片及实验室检查诊断:右上肺继发型肺结核。

问题:

1. 该患者抗结核治疗应首选哪些药物?
2. 如果医师给该患者开写处方的药物是异烟肼、利福平、乙胺丁醇、吡嗪酰胺,请为患者介绍以上药物有哪些不良反应?
3. 该患者用药期间应注意哪些问题?

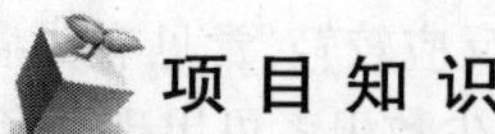

项目知识

抗结核病药分为两类:异烟肼、利福平、乙胺丁醇、吡嗪酰胺、链霉素等疗效好、不良反应少、患者易耐受,称为一线抗结核病药。其他抗结核作用弱、疗效差或毒性大、患者不易耐受的药物称为二线抗结核病药,如对氨基水杨酸钠、卡那霉素、丙硫异烟胺等。

异烟肼

【药理作用与临床应用】 异烟肼对结核分枝杆菌具有高度选择性杀灭作用,对其他病原体无效。穿透力强,可渗入关节腔,胸、腹水以及纤维化或干酪化的结核病灶中,也可透过血-脑屏障、巨细胞,是防治各种结核病的首选药。单用易产生耐药。

【不良反应及用药注意】

(1) 神经系统反应:头晕、头痛、兴奋、失眠、四肢麻木、肌肉震颤等,与异烟肼引起维生素 B_6 缺乏有关,可补充维生素 B_6 治疗。

(2) 肝毒性:转氨酶升高和黄疸,严重者出现肝细胞坏死,尤其多见于嗜酒者及合用利福平时;偶见过敏反应,粒细胞减少、血小板减少及溶血性贫血。

有癫痫及精神病史者、孕妇慎用,对本药过敏者禁用。用药期间应戒酒、定期检查肝功能及血象。

【药物相互作用】 异烟肼为肝药酶抑制剂,可减慢香豆素类药、苯妥英钠、卡马西平、丙戊酸钠、茶碱等药物的代谢速度,合用时应注意调整这些药物剂量。

利 福 平

【药理作用与临床应用】 利福平抗菌谱广,抗菌活性强。对结核分枝杆菌、麻风分枝杆菌及非典型分枝杆菌均有强大抗菌作用;对大多数 G^+ 菌和 G^- 菌有抗菌作用,特别是对耐药金葡菌和脑膜炎球菌具有显著抗菌作用;对沙眼衣原体和一些病毒有抑制作用。利福平是治疗结核病的主要药物之一,单用易产生耐药,常与异烟肼、乙胺丁醇、吡嗪酰胺合用治疗各型结核病。亦用于治疗耐药金葡菌和其他敏感菌引起的感染。

【不良反应及用药注意】

(1) 肝毒性:利福平可引起肝损害,出现转氨酶升高、肝肿大和黄疸,嗜酒者使用利福平时,较易引起严重肝损害。用药期间应定期检查肝功能。

(2) 消化道反应:恶心、呕吐、腹痛、腹泻。

(3) 过敏反应:皮疹、药热、白细胞减少等,过敏者禁用。

(4) 其他:流感样综合征。致畸,孕妇禁用。

乙胺丁醇

乙胺丁醇对细胞内、外的繁殖期结核分枝杆菌有较强的抑制作用,对其他细菌无作用。特点是产生耐药性较慢,与其他抗结核病药之间无交叉耐药性。常与异烟肼、利福平等合用,治疗各种结核病。主要不良反应是球后视神经炎,表现为弱视、黄绿色盲和视野缩小。

吡嗪酰胺

吡嗪酰胺在酸性环境中抗结核分枝杆菌活性较强,主要杀灭巨噬细胞和单核细胞内的菌群。单用易产生耐药,与其他抗结核病药之间无交叉耐药性。与异烟肼、利福平合用有显著协同作用。常与异烟肼、利福平、乙胺丁醇等联合用于各种结核病治疗。主要不良反应是肝损害。

项目四 抗真菌药

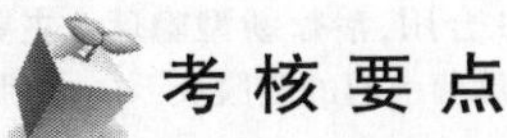

1. 常用抗真菌药的药理作用、用途、不良反应及用药注意事项。
2. 能指导患者正确使用抗真菌药。

案例导入

患者,女性,76岁,4个月前无明显诱因出现发热、体温39℃,咳嗽、咳少量稀薄白痰,诊断为气管炎。先后应用各种抗菌药物治疗,效果不佳。近1周患者出现吸气性呼吸困难。一天前开始出现呼吸困难明显加重,伴发绀。转入我院。经急诊处理后行CT检查,支纤镜检查并病原学检查,诊断为气管炎曲霉菌炎。遂予患者伏立康唑抗真菌治疗。

问题:

1. 伏立康唑是什么药?
2. 常用的抗真菌药有哪些?
3. 如果该患者还患有甲癣,请给患者介绍几种外用药,并说明不良反应和用药注意事项。

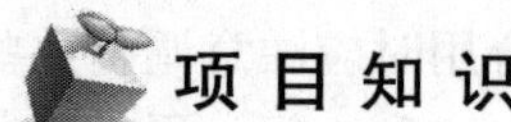

项目知识

抗真菌药是指具有抑制或杀灭真菌的药物,用于治疗真菌感染性疾病。真菌感染分为表浅真菌感染和深部真菌感染。表浅真菌感染(癣)通常由各种癣菌引起,主要侵犯皮肤、毛发、指(趾)甲等,发病率高。深部真菌感染通常由假丝酵母菌、新型隐球菌、曲霉菌、球孢子菌、荚膜组织胞浆菌等引起。主要侵犯内脏器官和深部组织,发病率低但病死率高。近年来,深部真菌感染发生率急剧上升,这与长期不合理使用广谱抗菌药、免疫抑制剂、糖皮质激素等有关。常用抗真菌药见表3-7。

表3-7 常用抗真菌药

药物及分类	药理作用	临床应用	不良反应	注意事项
多烯类				
两性霉素B	广谱抗深部真菌药	首选用于治疗由敏感菌引起的内脏或全身感染,也可用于治疗局部真菌感染	毒性大,最常见为高热、寒战、呼吸困难、肾损害	静脉给药,用药时应注意心电图、肝肾功能及血象变化
咪唑类	广谱抗真菌药	外用治疗皮肤癣菌或假丝酵母菌引起的皮肤黏膜感染	皮肤烧灼感、皮疹,瘙痒	避免接触眼睛和其他黏膜如口腔、鼻黏膜,过敏者禁用
克霉唑				
咪康唑				
酮康唑				
三唑类				
氟康唑 伊曲康唑	广谱抗真菌药	氟康唑是多种真菌性脑膜炎的首选药,也用于假丝酵母菌病的治疗	不良反应最少,可见轻度消化系统反应	
		伊曲康唑用于非脑膜炎性组织胞浆菌病;局部假丝酵母菌病以及多种癣病	不良反应少,可见胃肠道反应,偶见肝毒性	
伏立康唑		伏立康唑用于侵袭性曲霉菌、足放线菌属及镰刀菌属感染的治疗	可引起可逆性视觉干扰(光幻觉)	
丙烯胺类 特比奈芬	对表浅真菌高度有效,对酵母菌作用弱	口服或外用治疗大部分癣病	不良反应轻微,主要为消化道反应,偶见过敏反应和暂时肝损害	过敏者禁用
氟胞嘧啶	主要对新型隐球菌、假丝酵母菌、着色真菌有效	与两性霉素B合用,治疗新型隐球菌、假丝酵母菌引起的脑膜炎	主要为骨髓抑制、白细胞和血小板减少,小肠结肠炎,肝功能异常	哺乳期妇女、肝功能不良患者慎用,孕妇禁用

项目五 抗病毒药

考核要点

1. 利巴韦林的药理作用、用途、不良反应及用药注意事项。
2. 其他抗病毒药的作用特点及用药注意事项。
3. 指导患者正确使用抗病毒药。

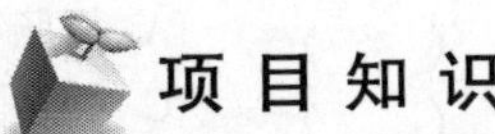

项目知识

病毒感染对人类的威胁较大。目前临床常用的抗病毒药疗效多不理想,且毒性大。对病毒感染的治疗主要依赖于免疫学方法,如疫苗、干扰素等。抗病毒药主要是通过抑制病毒的复制产生抗病毒作用。常用抗病毒药物见表3-8。

表3-8 常用抗病毒药物

药物	药理作用	临床应用	不良反应	注意事项
抗流感病毒药 金刚烷胺 金刚乙胺	抑制病毒在宿主细胞内脱壳	主要用于甲型流感的预防口服用于治疗A型和B型流感病毒引起的流感	厌食、恶心、头痛、眩晕、失眠、共济失调等	孕妇、哺乳期妇女禁用
奥司他韦 扎那米韦	抑制病毒神经氨酸酶,抑制病毒释放,减少病毒传播		恶心、呕吐、腹泻,咳嗽、哮喘、肺功能下降	
抗疱疹病毒药 阿昔洛韦 更昔洛韦	抑制DNA多聚酶,阻断DNA合成	主要用于疱疹病毒感染。阿昔洛韦是治疗单纯疱疹病毒(HSV)感染的首选药;更昔洛韦仅用于危及生命的感染	头晕、呕吐、头痛,月经紊乱等;更昔洛韦还可致癌	静脉滴注时应防止外漏,缓慢滴注
抗乙肝、艾滋病毒药 齐多夫定 拉米夫定 替比夫定 阿德福韦酯	抑制反转录酶,也抑制宿主细胞及病毒DNA多聚酶	齐多夫定常与拉米夫定合用治疗免疫缺陷病毒(HIV)感染;拉米夫定、替比夫定用于HIV和乙肝病毒(HBV)感染,阿德福韦酯用于HBV感染	齐多夫定常见头痛、恶心、呕吐、肌痛、骨髓抑制。拉米夫定常见贫血、恶心、呕吐、腹痛和腹泻;少见中性粒细胞减少 阿德福韦酯有剂量依赖性、肾毒性	用药期间应注意血象,肝肾功能不良者慎用
广谱抗病毒药 利巴韦林	对甲型和乙型流感病毒、副流感病毒、副黏病毒和HIV-1等均有抑制作用	用于各种敏感病毒感染	头痛、腹泻,长期应用可致白细胞减少	过敏者及孕妇禁用
干扰素	有广谱抗病毒作用,并具有抗肿瘤作用和免疫调节作用	主要用于治疗慢性乙、丙、丁型病毒性肝炎,亦可用于尖锐湿疣、生殖器疱疹及HIV患者的卡波济肉瘤	流感样综合征、骨髓暂时抑制、低血压	口服无效,须注射给药。严重肝肾功能不良、骨髓抑制患者,孕妇及哺乳期妇女慎用。过敏者禁用

项目练习

一、判断题：关于下列说法，正确的打"√"，错误的打"×"。

1. 青霉素具有抗病毒作用，可用于治疗流感。（ ）
2. 青霉素与四环素合用可使其抗菌效力降低。（ ）
3. 对青霉素过敏者可以使用头孢菌素。（ ）
4. 阿奇霉素对支原体没有作用。（ ）
5. 庆大霉素可与链霉素合用。（ ）
6. 8岁以下儿童禁用四环素类药物。（ ）
7. 诺氟沙星可用于治疗小儿细菌性肠炎。（ ）
8. 异烟肼是治疗各型结核的首选药。（ ）
9. 咪康唑（达克宁）是广谱抗真菌药，可用于深部和浅部真菌感染。（ ）
10. 利巴韦林毒性小，孕妇可以使用。（ ）

二、选择题：每小题有四个备选答案，请从中选择一个最佳答案。

1. 耐青霉素金葡菌引起的感染应选
   A. 青霉素G　B. 苯唑西林
   C. 阿莫西林　D. 氨苄西林
2. 下列何药不属于青霉素类
   A. 青霉素G　B. 氨苄西林
   C. 阿莫西林　D. 头孢氨苄
3. 下列何药治疗金葡菌引起的骨髓炎效果最好
   A. 头孢菌素　B. 螺旋霉素
   C. 克林霉素　D. 罗红霉素
4. 氨基苷类抗生素不包括
   A. 链霉素　B. 克林霉素
   C. 庆大霉素　D. 阿米卡星
5. 钙制剂影响下列哪种药物肠道吸收最显著
   A. 红霉素　B. 四环素
   C. SMZ　D. 青霉素
6. 哪项不属于四环素类的不良反应
   A. 胃肠道反应　B. 二重感染
   C. 抑制骨牙生长　D. 耳毒性
7. 小儿禁用的药物是
   A. 青霉素　B. 头孢菌素
   C. 氧氟沙星　D. 庆大霉素
8. 呋喃唑酮痢特灵主要用于治疗
   A. 胃肠道感染　B. 呼吸道感染
   C. 泌尿系感染　D. 胆道感染
9. 用药期间必须禁酒的药物是
   A. 甲硝唑　B. 阿莫西林
   C. 克林霉素　D. 复方新诺明
10. 下列哪项不是异烟肼的不良反应
    A. 周围神经炎　B. 中枢兴奋症状
    C. 肝脏损害　D. 肾脏损害
11. 具有抗结核及广谱抗菌作用的药物是
    A. 异烟肼　B. 利福平
    C. 吡嗪酰胺　D. 乙胺丁醇
12. 甲硝唑不宜用于治疗
    A. 阴道滴虫　B. 阿米巴病
    C. 厌氧菌感染　D. 需氧菌感染

项目六　传出神经系统药

考核要点

1. 常用传出神经系统药物的药理作用、用途、不良反应及用药注意事项。
2. 能指导患者正确使用传出神经系统药物。

案例导入

患者，女性，56岁，无明显诱因右上腹部胀痛不适。自服消炎利胆片无效。随后疼痛逐渐加重，并向右肩背部放射，伴恶心。入院检查：体温37℃，心率80次/分，呼吸20次/分，血压100/75mmHg。巩膜无黄染。腹平坦，右上腹压痛，肌紧张。诊断：慢性胆囊炎急性发作。

治疗：止痛：阿托品片0.6mg，t.i.d；罗通定片60mg，b.i.d。抗感染：乳酸左氧氟沙星注射液0.2g静脉滴注。

问题:

1. 为什么阿托品可以治疗该患者的疼痛?同类药物中还有哪些药物可以用于该患者止痛?

2. 该患者服用阿托品后可能会出现哪些不良反应?

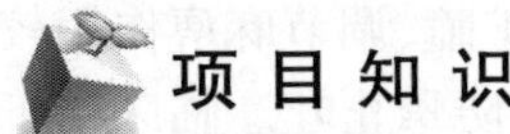

项目知识

(一)拟胆碱药

毛果芸香碱

又名匹鲁卡品。

【药理作用与临床应用】 主要有缩瞳、降低眼压、调节痉挛(导致近视),使腺体(汗腺、唾液腺最明显)分泌增加的作用;也有收缩胃肠平滑肌、支气管平滑肌,扩张血管、抑制心脏的作用,但较弱。临床用于治疗青光眼、虹膜炎(与扩瞳药交替使用可防止虹膜与晶状体粘连)、阿托品类药物中毒的解救。

【不良反应及用药注意】 吸收过量可出现流涎、多汗、腹痛、腹泻、支气管痉挛等,可用阿托品对抗。滴眼时应压迫内眦,以免药液经鼻泪管流入鼻腔而吸收引起全身不良反应。

新斯的明

【药理作用与临床应用】 收缩骨骼肌的作用最强,对胃肠平滑肌和膀胱平滑肌也有较强的兴奋作用。主要用于治疗重症肌无力,也常用于治疗手术后腹胀气和尿潴留。

【不良反应及用药注意】 可见恶心、呕吐、腹痛、腹泻、心动过缓、呼吸困难、肌肉震颤等。过量可导致肌无力症状,严重者可引起呼吸肌麻痹。支气管哮喘、机械性肠梗阻及尿路梗阻患者禁用。

毒扁豆碱

对眼的作用类似于毛果芸香碱,作用较强而持久。但选择性低,毒性大。故仅局部滴眼治疗青光眼。不良反应及用药注意与毛果芸香碱相同。

(二)抗胆碱药

阿托品

【药理作用与临床应用】

(1)松弛平滑肌:作用强度依次为:胃肠道平滑肌>膀胱平滑肌>胆管、输尿管>支气管平滑肌>子宫平滑肌。用于缓解各种内脏绞痛,如胃肠绞痛、膀胱刺激症状等,对胆绞痛和肾绞痛常配伍哌替啶等以增强疗效。

(2)抑制腺体分泌:作用强度依次为:汗腺、唾液腺>呼吸道腺体>胃腺。用于麻醉前给药,也可用于治疗严重盗汗、流涎症。

(3)对眼的作用:与毛果芸香碱相反,有散瞳、升高眼压、调节麻痹(导致远视)作用。用于虹膜睫状体炎、验光配镜。

(4)兴奋心脏:使心率加快、传导加速。用于治疗窦性心动过缓、房室传导阻滞等缓慢型心律失常。

(5)扩张血管:大剂量可扩张外周及内脏血管,改善微循环。用于抗感染性休克。

(6)解救有机磷农药中毒:是有机磷农药中毒的特效解毒药。

【不良反应及用药注意】 常见口干、皮肤干燥、视近物模糊、畏光、面部发红、心悸、排尿困难、便秘和体温升高等。停药后可逐渐自行消失。过量中毒时,除上述症状加重外,可引起中枢先兴奋后抑制,出现昏迷及呼吸麻痹。中毒时引起的外周症状可用毛果芸香碱或新斯的明等治疗,中枢兴奋症状可用地西泮等治疗。

老年人、妊娠期、哺乳期妇女等慎用,青光眼、前列腺肥大者禁用。

东莨菪碱

与阿托品比较,抑制腺体分泌、扩瞳、调节麻痹作用较强,而对心血管和内脏平滑肌的作用较弱。中枢作用表现为镇静催眠、防晕止吐。临床用于麻醉前给药、抗晕动病和震颤麻痹症。不良反应及禁忌证同阿托品。

山莨菪碱

人工合成品又名654-2。

作用与阿托品相似,其特点是选择性高,解除内脏及血管平滑肌痉挛的作用较强,不良反应少。临床主要用于胃肠绞痛及感染性休克。不良反应及禁忌证与阿托品相似。

后马托品

其扩瞳和调节麻痹作用较阿托品弱,持续时间短,视力恢复较快。适用于眼底检查和验光。

溴丙胺太林

溴丙胺太林又名普鲁本辛。

其特点是解除胃肠平滑肌痉挛作用强而持久,并能抑制胃酸分泌。主要用于消化性溃疡、胃肠绞痛及妊娠呕吐。不良反应与阿托品相似。

(三)拟肾上腺素药

肾上腺素

【药理作用与临床应用】 本品具有兴奋心脏、收缩血管、升高血压及松弛支气管平滑肌的作用。其作用快、作用强、维持时间短,口服无效。临床首选用于抢救心搏骤停、过敏性休克,控制支气管哮喘急性发作、与局麻药配伍及外用于局部止血。

【不良反应及用药注意】 治疗量可引起心悸、烦躁、皮肤苍白和头痛等。剂量过大或静脉注射速度过快,可致血压升高,心律失常甚至心室纤颤。

高血压、器质性心脏病、糖尿病和甲状腺功能亢进患者禁用。

麻黄素

作用与肾上腺素相似,但作用缓慢、弱而持久。性质稳定,可口服。临床主要用于:①防治局麻药引起的低血压。②缓解鼻黏膜肿胀引起的鼻塞,减轻荨麻疹和血管神经性水肿的皮肤黏膜症状。③预防支气管哮喘发作及轻症治疗。

中枢兴奋可引起不安、失眠、头痛、震颤等。晚间服用宜加镇静催眠药防止失眠。短期内反复使用易产生快速耐受性。禁忌证同肾上腺素。

多巴胺

【药理作用与临床应用】 其药理作用与肾上腺素相似:①兴奋心脏,可使心肌收缩力增强、心输出量增加。②扩张内脏血管,改善微循环。③扩张肾血管,增加肾血流量、改善肾功能。临床主要用于抗休克、与利尿药合用于治疗急性肾衰竭。

【不良反应及用药注意】 偶见恶心、呕吐。剂量过大或滴速过快,可出现呼吸困难、心动过速、心律失常及肾功能下降,故静滴时酌情调整滴速。

去甲肾上腺素

口服无效。由于收缩注射部位的血管可导致局部缺血,不宜皮下注射和肌内注射,主要采取静脉滴注给药。

【药理作用与临床应用】 本品具有兴奋心脏、收缩血管,升高血压的作用。临床用于:①抗休克:仅用于早期神经性休克以及嗜铬细胞瘤切除术后或药物中毒引起的低血压。②稀释后口服可治疗上消化道出血。

【不良反应及用药注意】

(1) 局部组织缺血坏死:静脉滴注时药物浓度过高、时间过长或药液外漏,可因剧烈收缩局部血管,引起组织缺血性坏死。如发现药液外漏或注射部位发白,应更换注射部位,局部热敷,用普鲁卡因或酚妥拉明作局部浸润注射。

(2) 急性肾衰竭:用药剂量过大或时间过久,可因肾血管剧烈收缩,肾血流量严重减少,导致少尿、尿闭,发生急性肾衰竭。用药期间应保持尿量25ml/小时以上。

禁用于动脉粥样硬化、高血压、器质性心脏病及少尿、无尿、严重循环障碍等患者。

间 羟 胺

其作用与去甲肾上腺素相似,但收缩血管的作用比去甲肾上腺素弱、缓慢而较持久,因此较少引起少尿、尿闭,并可肌内注射给药。对心率的影响不明显,很少引起心律失常。临床上作为去甲肾上腺素的代用品,用于各种休克早期及其他低血压状态。

短期内反复应用,会产生快速耐受性。禁忌证同去甲肾上腺素。

异丙肾上腺素

【药理作用与临床应用】 本品具有兴奋心脏、扩张血管、降低血压及松弛支气管平滑肌的作用。可用于抢救心搏骤停、抗休克、控制支气管哮喘急性发作和抗缓慢型心律失常。

【不良反应及用药注意】 常见的不良反应有心悸、头痛和皮肤潮红。长期反复应用易产生耐受性。大剂量气雾治疗支气管哮喘时,可使已处于缺氧状态患者的心肌耗氧量增加,易致心律失常。禁用于冠心病、心肌炎和甲状腺功能亢进等患者。

(四) 抗肾上腺素药

常用药物有酚妥拉明、普萘洛尔(心血管系统药介绍)等。

酚 妥 拉 明

本品具有扩张血管、兴奋心脏的作用。临床用于治疗外周血管痉挛性疾病、抗休克、顽固性心力衰竭、嗜铬细胞瘤的诊断和该病骤发的高血压危象及手术前的治疗。

主要不良反应有恶心、呕吐、腹泻、腹痛及胃酸分泌增多、心动过速及直立性低血压。溃疡病、冠心病患者禁用。

项目练习

一、判断题:关于下列说法正确的打"√",错误的打"×"。

1. 毛果芸香碱滴眼时压迫内眦的目的是为了延长药物的作用时间。 ( )
2. 阿托品是常用的解痉药,对平滑肌及骨骼肌痉挛皆适用。 ( )
3. 东莨菪碱和山莨菪碱是常用的晕车药,均有防晕止吐作用。 ( )
4. 山莨菪碱又名654-2。 ( )
5. 后马托品的扩瞳和调节麻痹作用较阿托品弱,持续时间短,视力恢复较快。常代替阿托品用于眼底检查和验光。 ( )
6. 麻黄碱收缩血管的作用慢而持久,滴鼻可缓解鼻黏膜肿胀引起的鼻塞。 ( )

二、选择题:每小题有四个备选答案,请从中选择一个最佳答案。

1. 治疗重症肌无力应选用
   A. 新斯的明 B. 阿托品
   C. 毛果芸香碱 D. 毒扁豆碱
2. 新斯的明禁用于
   A. 尿潴留 B. 重症肌无力
   C. 腹胀 D. 尿路梗阻

3. 毒扁豆碱可用于治疗
A. 重症肌无力　B. 阿托品中毒
C. 术后尿潴留　D. 青光眼
4. 具有防晕止吐作用的抗胆碱药是
A. 阿托品　B. 山莨菪碱
C. 东莨菪碱　D. 后马托品
5. 阿托品治疗胃肠绞痛时一般不会出现
A. 皮肤干燥　B. 视物模糊
C. 心脏抑制　D. 口干、心悸
6. 阿托品禁用于
A. 麻醉前给药　B. 胃肠绞痛
C. 心动过缓　D. 青光眼
7. 山莨菪碱主要用于
A. 扩瞳　B. 麻醉前给药
C. 内脏绞痛　D. 晕动病
8. 抢救心搏骤停的首选药是
A. 麻黄碱　B. 肾上腺素
C. 多巴胺　D. 间羟胺
9. 临床上能取代去甲肾上腺素用于休克早期低血压的药物是
A. 麻黄碱　B. 肾上腺素
C. 多巴胺　D. 间羟胺
10. 常用于治疗鼻黏膜充血肿胀的药物是
A. 肾上腺素　B. 麻黄碱
C. 间羟胺　D. 异丙肾上腺素
11. 若静滴去甲肾上腺素不慎漏出血管外,应立即采取的措施中哪项有错
A. 更换注射部位　B. 对原部位进行热敷
C. 局部使用酚妥拉明　D. 局部使用间羟胺
12. 下列哪个药物无防治支气管哮喘的作用
A. 肾上腺素　B. 麻黄碱
C. 异丙肾上腺素　D. 多巴胺
13. 下列哪个药物可治疗外周血管痉挛性疾病
A. 肾上腺素　B. 麻黄碱
C. 异丙肾上腺素　D. 酚妥拉明

项目七　镇静催眠药

考核要点

1. 地西泮的药理作用、用途、不良反应及用药注意事项。
2. 其他苯二氮䓬类药物的作用特点及应用。
3. 能指导患者正确使用镇静催眠药。

案例导入

患者,女性,40岁,2年前出现失眠,经常服用地西泮,一般每晚1~2片(2.5mg/片),后增加到每晚服用3~5片方能入睡,近半年来,白天出现烦躁、全身不适,恶心、呕吐等现象,上午和下午加服地西泮2片后,上述症状明显减轻,目前每日地西泮用量8~10片。

问题:

1. 该患者出现上述现象的原因是什么?
2. 使用镇静催眠药要注意些什么?

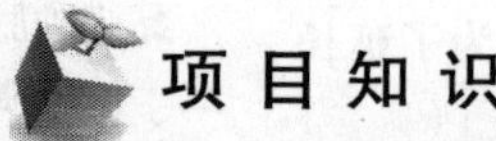

项目知识

镇静催眠药是一类对中枢神经系统功能产生抑制作用,达到缓解过度兴奋,引起睡眠的药物。小剂量时呈现镇静作用,较大剂量时呈现催眠作用。本类药物包括苯二氮䓬类、巴比妥类和其他类。其中苯二氮䓬类具有较好的抗焦虑、镇静催眠作用,安全范围大,临床最为常用。其常用药物有地西泮、氟西泮、氯氮䓬、硝西泮、奥沙西泮、三唑仑等。

地　西　泮

又名安定,苯甲二氮䓬。

【药理作用与临床应用】 本品具有抗焦虑、镇静催眠、抗惊厥、抗癫痫及中枢性肌肉松弛作用。

临床用于治疗:①焦虑症。②失眠症、麻醉前给药及心脏电复律和内镜检查前给药。③抗惊厥、抗癫痫(癫痫大发作、小发作均有效,静脉注射是治疗癫痫持续状态的首选药)。④脑血管意外或脊髓损伤引起的中枢性肌强直以及腰肌劳损所致的肌肉痉挛。

【不良反应及用药注意】常见嗜睡、头晕、乏力、记忆力下降。大剂量偶见共济失调。过量可致昏迷和呼吸抑制。极少数人可出现皮疹、白细胞减少等。长期应用可产生耐受性和成瘾性。老年人和儿童应慎用,青光眼、重症肌无力、孕妇、哺乳期妇女禁用。其他常用苯二氮䓬类药物作用比较(表3-9)。

表3-9 常用苯二氮䓬类药物作用比较

药物	作用和临床应用	不良反应和用药注意事项
长效类		
氟西泮	具有较好催眠作用,用于各种失眠症	同地西泮
氯氮䓬	具有抗焦虑、镇静、肌肉松弛等作用,用于神经官能症和失眠	同地西泮
中效类		
硝西泮	催眠、抗癫痫作用强,用于各种失眠和癫痫	嗜睡、头晕、偶见共济失调等,服药期间禁酒,重症肌无力患者禁用
奥沙西泮	与地西泮作用相似但较弱,用于抗焦虑、失眠及癫痫	偶见恶心、头昏,肝肾功能不全者禁用
短效类		
三唑仑	起效快,镇静、催眠、肌松作用强,用于焦虑、失眠及神经紧张等	嗜睡、头晕、乏力等,孕妇和哺乳期妇女慎用,急性闭角型青光眼、重症肌无力患者禁用
阿普唑仑	镇静、催眠和抗焦虑作用比地西泮强,用于焦虑、抑郁、恐惧、顽固性失眠及癫痫大发作和小发作	嗜睡、头痛、无力、心悸、恶心等,孕妇、哺乳期妇女禁用

项目练习

一、判断题:关于下列说法,正确的打"√",错误的打"×"。

1. 地西泮可用于治疗焦虑症。 ( )
2. 对失眠症患者可长期使用三唑仑,以改善患者的睡眠状态。 ( )

二、选择题:每小题有四个备选答案,请从中选择一个最佳答案。

1. 地西泮的药理作用不包括
   A. 抗焦虑　B. 抗惊厥
   C. 镇静催眠　D. 抗晕动
2. 临床常用于癫痫持续状态的首选药物
   A. 卡马西平　B. 苯巴比妥
   C. 地西泮　D. 苯妥英钠
3. 地西泮临床不用于
   A. 焦虑症　B. 抗抑郁
   C. 小儿高热惊厥　D. 麻醉前给药
4. 地西泮的不良反应不包括
   A. 头晕　B. 嗜睡
   C. 共济失调　D. 口干

项目八 抗癫痫药

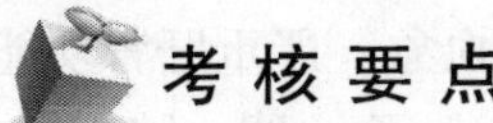

考核要点

1. 苯妥英钠的药理作用、用途、不良反应及用药注意事项。

2. 其他抗癫痫药的作用特点、用途及不良反应。

3. 能指导患者正确使用抗癫痫药。

案例导入

患者,男性,32 岁,患癫痫大发作 10 年,长期服用卡马西平,疗效显著。3 天前因工作忙而漏服药物,半小时前突然意识丧失、跌倒在地、口吐白沫、四肢抽搐、呼吸暂停。同事立即将其调整为平卧位,头偏左侧,约 5 分钟症状缓解,呼吸平稳,并转入熟睡。

问题:

1. 该患者突然出现癫痫大发作可能的原因是什么?

2. 使用抗癫痫药时要注意些什么?

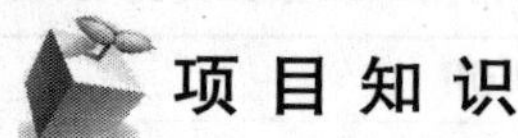

项目知识

(一) 常用抗癫痫药

苯妥英钠

又名大仑丁。

【药理作用与临床应用】

(1) 抗癫痫作用:作用较强,为大发作首选药,对精神运动性发作、局限性发作也有较好疗效,但对小发作无效甚至加重。无嗜睡作用,安全范围大。

(2) 抗外周神经痛:使三叉神经痛、坐骨神经痛及舌咽神经痛的疼痛减轻,发作次数减少。

(3) 抗心律失常:作为治疗强心苷中毒所致室性心律失常的首选药。

【不良反应及用药注意】

(1) 局部刺激性:口服可出现恶心、呕吐、腹痛等消化道反应。静脉注射可引发静脉炎。

(2) 齿龈增生:多见于儿童和青年,发生率约 20%。保持口腔卫生可减轻此增生,停药 3~6 个月可消失。

(3) 神经系统的反应:用量过大可致共济失调、精神错乱或昏睡、昏迷等。

(4) 血液系统的反应:长期应用可致巨幼红细胞性贫血,可用四氢叶酸钙防治,应指导患者定期检查血象。

(5) 其他:偶见男性乳房增大、女性多毛、过敏反应等。妊娠早期用药可致畸胎。

【药物相互作用】 磺胺类、苯二氮䓬类、阿司匹林和双香豆素类抗凝血药等可与苯妥英钠竞争血浆蛋白,使游离型药物浓度增加;药酶诱导剂苯巴比妥和卡马西平等可加速苯妥英钠的代谢,降低其血药浓度;药酶抑制剂氯霉素、异烟肼则可提高苯妥英钠血药浓度。苯妥英钠为药酶诱导剂,能加速糖皮质激素、避孕药、卡马西平等药物的代谢。

苯巴比妥

抗癫痫作用快,疗效好、毒性低。临床上主要用于治疗癫痫大发作和癫痫持续状态,对精神运动性发作和局限性发作也有效,对小发作效果差。因其中枢抑制作用明显,均不作为首选药。

主要不良反应有嗜睡、眩晕、共济失调和眼球震颤,偶见粒细胞减少、血小板减少、巨幼红细胞性贫血,用药期间应定期检查血象。严重肝肾功能不全者禁用。

乙琥胺

对小发作疗效较好,为小发作首选药。对其他癫痫类型无效。主要不良反应有恶心、呕吐、眩晕、嗜睡等，长期用药偶见粒细胞减少、骨髓抑制等，应注意检查血象。

卡马西平

对各型癫痫均有效，尤其以精神运动性发作疗效最好，为首选药；对大发作和局限性发作也有效；对小发作的疗效差。抗三叉神经痛和舌咽神经痛的疗效优于苯妥英钠。此外，还有抗躁狂症、抗抑郁症的作用，可用于治疗躁狂症和抑郁症。

常见不良反应有眩晕、视物模糊、恶心、呕吐、嗜睡，部分患者可出现共济失调、手指震颤等反应，偶见皮疹、白细胞和血小板减少等。停药后多可恢复。

丙戊酸钠

具有广谱抗癫痫作用，对各型癫痫都有效，对大发作疗效不如苯妥英钠和苯巴比妥，对小发作疗效优于乙琥胺。但因其肝脏毒性明显，不作首选。也可用于精神运动性发作和局限性发作。

不良反应主要有恶心、呕吐、食欲减退、乏力、嗜睡、共济失调等。少数患者可发生肝损害。有致畸作用，孕妇禁用。

（二）抗癫痫药用药原则

1. 正确选择药物　根据癫痫类型选择药物，以首选药物为主，一般主张单一用药。

2. 剂量个体化　不同患者对抗癫痫药物反应的个体差异较大，因此用药剂量应个体化，即从小剂量开始，逐渐增加到控制发作而不良反应很轻为宜，一般每隔一周调整一次剂量。

3. 规律用药　坚持长期按时定量服用，在治疗过程中不宜随便更换药物，必要时需采用过渡用药的方法，即在原药基础上加用新药，待其发挥疗效后再逐渐撤掉原药。停药应遵循逐渐减量的原则，一般应在完全控制发作 2～4 年后，根据患者情况逐渐减量，脑电图正常或发作波消失方可考虑停药，一般需要半年甚至 1 年的时间才能完全停用。换药或突然停药，会使癫痫发作加剧甚至诱发癫痫持续状态。

4. 防治不良反应　本类药物不良反应较多，应采取措施加以有效防治。

项目练习

一、判断题：关于下列说法正确的打“√”，错误的打“×”。

1. 苯妥英钠抗癫痫疗效好，是各型癫痫的首选药。（　）
2. 不同患者对抗癫痫药物反应的个体差异较大，因此用药剂量应个体化。（　）
3. 长期应用抗癫痫药应定期检查血象及肝肾功能。（　）

二、选择题：每小题有四个备选答案，请从中选择一个最佳答案。

1. 关于苯妥英钠，下列哪项描述是错误的
   A. 为癫痫大发作首选药
   B. 对癫痫小发作有效
   C. 具有肝药酶诱导作用
   D. 对舌咽神经痛有疗效
2. 下列哪项不属于苯妥因钠的不良反应
   A. 牙龈增生
   B. 胃肠道刺激反应
   C. 妊娠早期用药可致畸胎
   D. 室性心律失常
3. 治疗癫痫小发作应首选
   A. 乙琥胺　B. 苯巴比妥
   C. 卡马西平　D. 丙戊酸钠
4. 卡马西平的作用不包括
   A. 抗癫痫　B. 抗惊厥
   C. 抗躁狂　D. 抗三叉神经痛
5. 对癫痫大发作、小发作、精神运动性发作均有效的药物是
   A. 苯妥英钠　B. 丙戊酸钠
   C. 氯丙嗪　D. 乙琥胺

项目九 抗精神失常药

考核要点

1. 氯丙嗪的药理作用、用途、不良反应及用药注意事项。
2. 其他抗精神病药的特点及应用。
3. 碳酸锂、阿米替林的作用及应用。
4. 能指导患者正确使用抗精神病药。

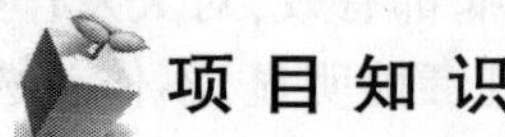

项目知识

(一) 抗精神病药

抗精神病药主要用于治疗精神分裂症及其他精神失常的躁狂症状。临床常用药物有氯丙嗪、氟奋乃静、三氟拉嗪、氟哌啶醇、舒必利、氯氮平、利培酮等。

氯 丙 嗪

又名冬眠灵。

【药理作用与临床应用】

(1) 镇静、安定和抗精神病作用:主要用于治疗急、慢性精神分裂症,也可用于躁狂症及其他精神病伴有兴奋、紧张及妄想的患者。

(2) 镇吐作用:镇吐作用强,可用于尿毒症、胃肠炎、放射病及药物引起的呕吐,还可治疗顽固性呃逆,但对晕动病所致的呕吐无效。

(3) 对体温调节功能的影响:能使体温随环境温度的变化而升降。临床常用氯丙嗪、异丙嗪、哌替啶组成冬眠合剂,用于严重感染、中毒性休克、高热惊厥、甲状腺危象、妊娠毒血症及低温麻醉等。

【不良反应及用药注意】 ①常见嗜睡、淡漠、无力等、视物模糊、口干、无汗、便秘、眼压升高、鼻塞、血压下降、直立性低血压及反射性心动过速。②锥体外系的反应:长期大剂量使用可出现帕金森综合征、静坐不能、急性肌张力障碍及迟发性运动障碍。③长期用药还会引起内分泌系统紊乱,出现乳腺增大、泌乳、闭经、抑制儿童生长等。④过量可致急性中毒,表现为昏睡、血压下降甚至休克,应立即给予救治。严重肝功能损害者、有癫痫史者及昏迷患者禁用。

舒 必 利

本品除了抗精神病作用外,还有一定抗抑郁作用。常用于紧张性精神分裂症;可改善患者与周围的接触,减轻幻觉和妄想;对情绪低落、抑郁等症状的患者可使情绪活跃;也可用于长期用其他药治疗无效的精神分裂症患者;对顽固性恶心、呕吐有效。锥体外系反应较轻。

(二) 抗躁狂症药

常用药物为碳酸锂,抗精神病药氯丙嗪、抗癫痫药卡马西平等也有一定的抗躁狂作用。

碳 酸 锂

本品治疗量对正常活动几无影响,但对躁狂症和精神分裂症的躁狂症状有显著的疗效,使言语、行为恢复正常,长期用药还可防止继发抑郁症。临床主要用于躁狂症,对精神分裂症的兴奋躁狂也有效,与抗精神病药合用疗效较好。

不良反应多,安全范围窄。用药早期可见恶心、呕吐、腹泻、乏力、口干、多尿、肢体震颤等反应,继续用药1~2周内逐渐减轻或消失;中毒时可出现意识障碍、昏迷、肌张力增高、反射亢进、共济失调等中枢神经系统症状,应立即停药,可静脉注射0.9%氯化钠注射液加速锂的排泄。

(三)抗抑郁症药

常用药物有阿米替林、丙米嗪、多塞平、地昔帕明、氟西丁等。

阿米替林

本品抗抑郁作用较强,但出现较慢,一般连用2~3周才显效。患者用药治疗后出现精神振奋、思维改善、活动增加,并且食欲和睡眠好转。临床用于各种抑郁症治疗,对内源性、反应性、更年期抑郁症疗效较好,但对精神分裂症伴发的抑郁症疗效较差。也可用于小儿遗尿症。

不良反应少,主要有口干、嗜睡、便秘、视物模糊、排尿困难等,偶有心律失常、运动失调等表现。青光眼、前列腺肥大者禁用。

氟西丁

对抑郁症的疗效与阿米替林相当,同时还有抗焦虑作用。常用于各种抑郁症、焦虑症、强迫症及神经性厌食症。本品不良反应轻,偶见恶心、呕吐、头痛、失眠、易激动、乏力、震颤及惊厥等。孕妇、哺乳期妇女及对本药过敏者禁用。

项目练习

一、判断题:关于下列说法,正确的打"√",错误的打"×"。

1. 氯丙嗪有降温作用,常用于治疗感冒发热。( )
2. 氟西丁是抗抑郁药。( )

二、选择题:每小题下面有四个备选答案,请从中选择一个最佳答案。

1. 下列哪个不是抗精神病药
   A. 三氟拉嗪 B. 氟哌啶醇
   C. 地西泮 D. 舒必利
2. 氯丙嗪不具有下列哪个药理作用
   A. 镇静 B. 抗精神病
   C. 降温 D. 抗抑郁
3. 氯丙嗪对下列何种疾病无效
   A. 精神病 B. 顽固性呃逆
   C. 胃肠炎呕吐 D. 晕动病呕吐
4. 不属于氯丙嗪的不良反应是
   A. 口干 B. 心动过速
   C. 成瘾性 D. 低血压
5. 氯丙嗪的禁忌证是
   A. 溃疡病 B. 癫痫
   C. 肾功能不全 D. 痛风
6. 下列何药可治疗躁狂症
   A. 多塞平 B. 碳酸锂
   C. 阿米替林 D. 丙咪嗪

项目十 抗帕金森病药

考核要点

1. 左旋多巴的药理作用、用途、不良反应及用药注意事项。
2. 其他常用抗帕金森病药物的特点及应用。
3. 能指导患者合理使用抗帕金森病药。

案例导入

患者,男性,50岁,肢体震颤6年,伴行动迟缓2年。查体:面具脸,慌张步态,静止性震颤,四肢肌张力齿轮样增高,躯干肌张力增高。诊断:帕金森病。医嘱:复方卡比多巴片剂(每片含左旋多巴0.25g,卡比多巴25mg),1片/次,t.i.d。

问题：

1. 常用抗帕金森病药物有哪些?
2. 请说出左旋多巴与卡比多巴合用的原因。
3. 使用左旋多巴时要注意些什么?
4. 如何指导患者正确使用抗帕金森病药?

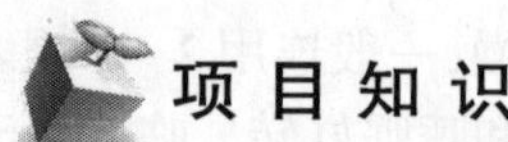

项目知识

左旋多巴

口服左旋多巴后,仅有1%进入脑内被多巴脱羧酶转变成多巴胺发挥作用。而大部分在外周被多巴脱羧酶转变成多巴胺,这不仅降低了左旋多巴的疗效,还增大了其不良反应。因此应同时与外周多巴脱羧酶抑制剂(如卡比多巴)合用,以增强疗效,减少不良反应。

【药理作用与临床应用】 左旋多巴进入中枢转变为多巴胺,补充纹状体多巴胺的不足,使纹状体中多巴胺与乙酰胆碱的比例失衡得以改善,从而发挥抗帕金森病的作用。其特点为:①显效慢,服药2~3周开始起效,1~6个月后的疗效最佳。②对轻症及年轻患者的疗效较好,而对重症及年长患者的效果较差。③对抗精神病药引起的帕金森病无效。

【不良反应及用药注意】

(1) 胃肠道反应:约80%的患者治疗初期有恶心、呕吐、食欲减退等,多巴胺受体阻断药多潘立酮可对抗。偶见溃疡、出血或穿孔。

(2) 心血管反应:约30%的患者治疗初期出现轻度直立性低血压,亦可引起心律失常、心动过速,少数出现头晕。

(3) 神经系统反应:①不自主异常运动:为长期用药所引起的不随意运动,多见于面部肌群,如口-舌-颊抽搐、皱眉和头颈扭动等。也可累积肢体或躯体肌群引起摇摆运动,偶见喘息样呼吸或过度呼吸。②开-关现象:即患者突然多动不安(开),而后又出现全身性或肌肉强直性运动不能(关),严重影响患者正常活动。疗程长者发生率高,应适当减少用量。

(4) 精神障碍:可见失眠、焦虑、噩梦、狂躁、幻觉、妄想或抑郁等,一旦出现需减量或停药。可用氯氮平治疗。

【药物相互作用】 ①维生素B_6是多巴脱羧酶的辅酶,可加速左旋多巴在外周转变为多巴胺,降低左旋多巴的疗效。②利血平可以耗竭黑质纹状体的多巴胺,从而降低左旋多巴的疗效。③抗精神病药可以阻断中枢多巴胺受体,降低左旋多巴的疗效。

卡比多巴

本品是较强的多巴脱羧酶抑制剂,不能通过血脑屏障。与左旋多巴合用时,仅能抑制外周的左旋多巴的脱羧反应,减少外周的多巴胺的生成,使血中更多的左旋多巴进入中枢,故可使左旋多巴的用量减少,同时还可明显减轻左旋多巴的不良反应。卡比多巴单独应用基本无效,临床上将其与左旋多巴配伍制成复方制剂,作为治疗帕金森病的首选药。

金刚烷胺

主要是通过促进纹状体中多巴胺能神经元释放多巴胺,产生抗帕金森病的作用。其特点为起效快而维持时间短,与左旋多巴合用有协同作用。

不良反应较轻,偶见失眠、眩晕和昏睡。长期应用可出现下肢网状青斑。

溴隐停

本药通过激动纹状体中的多巴胺受体发挥治疗帕金森病的作用。可单独应用于帕金森病轻症患者,对改善运动不能及肌强直效果好。现多与左旋多巴合用,可以协同增强疗效,减少左旋多巴的用量,减轻症状波动及“开-关”现象。

不良反应较多,可见厌食、恶心、呕吐、便秘、直立性低血压、运动障碍(类似左旋多巴)和精神症状等,停药后可消失。

苯　海　索

又名安坦。

本品通过抑制纹状体中乙酰胆碱的作用,恢复纹状体中多巴胺与乙酰胆碱之间的平衡。主要用于抗精神病药引起的锥体外系反应(迟发性动障碍除外)及以震颤为主的帕金森病。不良反应与阿托品相似,但较轻。

项目练习

一、判断题:关于下列说法正确的打“√”,错误的打“×”。

1. 维生素 B_6 可加速左旋多巴在外周转变为多巴胺,降低左旋多巴的疗效。　(　　)
2. 苯海索通过激动纹状体中的多巴胺受体发挥治疗帕金森病的作用。　(　　)

二、选择题:每小题有四个备选答案,请从中选择一个最佳答案。

1. 关于卡比多巴叙述,下列哪项是错误的
   A. 不易通过血脑屏障
   B. 可提高左旋多巴的疗效
   C. 减轻左旋多巴的外周副作用
   D. 单用也有抗帕金森病的作用
2. 左旋多巴不良反应较多的原因是
   A. 在脑内转变为去甲肾上腺素
   B. 在外周组织转变为多巴胺
   C. 在脑内形成大量多巴胺
   D. 激动多巴胺受体
3. 卡比多巴与左旋多巴合用的理由
   A. 提高脑内多巴胺的浓度,增强左旋多巴的疗效
   B. 减慢左旋多巴的排泄,增强左旋多巴的疗效
   C. 卡比多巴直接激动多巴胺受体,增强左旋多巴的疗效
   D. 卡比多巴阻断胆碱受体,增强左旋多巴的疗效
4. 既有抗病毒作用又有抗帕金森病作用的药物是
   A. 卡比多巴　　B. 金刚烷胺
   C. 溴隐停　　D. 苯海索

项目十一　镇痛药

考核要点

1. 吗啡、哌替啶的药理作用、用途、不良反应及用药注意事项。
2. 美沙酮、芬太尼、喷他佐新、罗通定的作用特点及应用。
3. 能指导患者正确使用镇痛药。

项目知识

镇痛药是主要作用于中枢神经系统,选择性减轻或缓解疼痛而不影响其他感觉的一类药物。本类药物镇痛作用强,但有些镇痛药反复使用易产生成瘾性,故又称为成瘾性镇痛药或麻醉性镇痛药,应严格控制使用。

吗　　啡

【药理作用与临床应用】

(1) 中枢神经系统:①镇痛、镇静:对各种疼痛均有效,对持续性慢性钝痛的作用强于

间断性锐痛。此外,还具有明显的镇静作用。②抑制呼吸:使呼吸频率减慢。呼吸抑制是吗啡急性中毒致死的主要原因。③镇咳:其作用强大。④其他:可有恶心、呕吐、缩瞳作用。

(2) 兴奋平滑肌:①能提高胃肠道平滑肌和括约肌张力,使肠蠕动减慢,可引起便秘。②收缩胆道括约肌,阻止胆道排空。③提高膀胱括约肌张力,导致排尿困难。④对抗缩宫素对子宫的兴奋作用而延长产程。⑤较大剂量收缩支气管平滑肌,诱发或加重哮喘。

(3) 扩张血管:扩张外周血管,引起直立性低血压;脑血管扩张,引起颅内压升高。

临床主要用于各种剧痛(如严重创伤、烧伤、晚期癌症等)及内脏绞痛、心源性哮喘的辅助治疗。

【不良反应及用药注意】 出现恶心、呕吐、眩晕、便秘、排尿困难、直立性低血压、嗜睡等。反复用药可产生成瘾性。大剂量用药致急性中毒,可因呼吸麻痹而死亡。

孕妇、哺乳期妇女、新生儿和婴儿、原因不明的疼痛、支气管哮喘,颅内高压或颅脑损伤、前列腺肥大及严重肝功能不全患者禁用。

【药物相互作用】 本品与吩噻嗪类、镇静催眠药、抗组胺药等合用可加剧及延长吗啡的中枢抑制作用;可增强香豆素类药物的抗凝血作用;有报道称与西咪替丁合用,可能引起呼吸暂停、精神错乱、肌肉抽搐等。

哌 替 啶

作用与吗啡相似,镇痛作用为吗啡的1/10,镇静、呼吸抑制及扩血管作用与吗啡相当,不引起便秘和尿潴留,不延长产程。大剂量可引起支气管平滑肌收缩。成瘾性较吗啡轻。临床替代吗啡用于各种剧痛、内脏绞痛,也用于分娩止痛(产前2~4小时不用)、心源性哮喘、麻醉前给药和人工冬眠。

不良反应有头晕、头痛、出汗、口干、恶心、呕吐、直立性低血压等。反复使用可成瘾。过量可致瞳孔散大、惊厥、心动过速,幻觉、血压下降、呼吸抑制、昏迷等。其他用药注意及禁忌证同吗啡。

芬 太 尼

为一强效镇痛药。其镇痛作用比吗啡强100倍,显效快,维持时间短。用于各种剧痛;与全麻药或局麻药合用,可减少麻醉药的用量;与氟哌利多合用有安定镇痛作用,用于外科某些小手术的麻醉如烧伤换药、内镜检查等。

美 沙 酮

镇痛作用强度与吗啡相当,持续时间较长。镇静作用较弱,耐受性与成瘾性发生较慢。临床可替代吗啡用于各种剧痛,也可作为吗啡、海洛因等成瘾后的脱毒替代治疗药。

喷他佐辛

又名镇痛新。

镇痛强度约为吗啡1/3,呼吸抑制和对平滑肌的作用比吗啡弱。大剂量可引起血压升高、心率加快。不易产生药物依赖性,已列入非麻醉药品。主要用于各种慢性疼痛。

罗 通 定

延胡索乙素是罂粟科植物延胡索中提取的生物碱,有效部分为左旋体,即罗通定。其镇痛作用弱于哌替啶,但强于解热镇痛药,对慢性持续性钝痛效果较好。可用于各种慢性钝痛,如胃肠及肝胆系统疼痛、一般性头痛、痛经及分娩止痛等。

本药安全性高,久用不成瘾。偶见眩晕、乏力、恶心等。

项目练习

一、判断题：关于下列说法，正确的打"√"，错误的打"×"。

1. 吗啡镇痛作用强大，可用于各种疼痛。（ ）
2. 罗通定无成瘾性，可用于各种慢性疼痛。（ ）

二、选择题：每小题下面有四个备选答案，请从中选择一个最佳答案。

1. 吗啡不宜单独用于胆绞痛的原因是
   A. 易成瘾　B. 易引起便秘
   C. 使胆道括约肌收缩　D. 抑制呼吸
2. 哌替啶不具有下列哪项作用
   A. 抑制呼吸　B. 镇痛、镇静
   C. 扩张血管　D. 镇咳
3. 心源性哮喘宜选用
   A. 肾上腺素　B. 麻黄碱
   C. 异丙肾上腺素　D. 哌替啶
4. 胆绞痛患者最好选用哪种方案治疗
   A. 阿托品　B. 哌替啶
   C. 哌替啶+阿托品　D. 阿司匹林+阿托品
5. 下列镇痛药中，无成瘾性的是
   A. 吗啡　B. 哌替啶
   C. 罗通定　D. 芬太尼

项目十二　解热镇痛抗炎药

考核要点

1. 阿司匹林的药理作用、用途、不良反应及用药注意事项。
2. 其他解热镇痛抗炎药的特点及其应用。
3. 能指导患者正确使用解热镇痛抗炎药。

案例导入

患者，男性，20岁，2天前受凉，出现头痛、咽痛，发热，体温39℃。检查：扁桃体Ⅱ肿大，咽部充血；白细胞12.5×10^9/L，中性粒细胞0.82。诊断为急性化脓性扁桃体炎。

治疗方案：①抗感染：青霉素静脉滴注。②对症治疗：对乙酰氨基酚片口服。

问题：

1. 该方案中使用对乙酰氨基酚的目的是什么？
2. 是否可以选择其他解热镇痛药？

项目知识

解热镇痛抗炎药是一类具有解热、镇痛、绝大多数还具有抗炎、抗风湿作用的药物。为区别糖皮质激素（甾体激素）的抗炎作用，故也称为非甾体激素类抗炎药。常用药物有阿司匹林、对乙酰氨基酚、保太松、吲哚美辛、布洛芬、吡罗昔康、塞来昔布等。

（一）常用解热、镇痛、抗炎药

阿司匹林

又名乙酰水杨酸。

【药理作用与临床应用】

（1）解热、镇痛：本药常用剂量（0.5g）就有较强解热、镇痛作用。常与其他药物配伍成复方制剂用于感冒发热、头痛、牙痛、肌肉痛、关节痛、月经痛等。

（2）抗炎、抗风湿：使用较大剂量（3～5g/日）有明显的抗炎和抗风湿作用，能改善风湿病患者的红、肿、热、痛症状,是急性风湿性和类风湿关节炎的首选药物之一。急性风湿热患者服药后1~2天关节肿痛即可缓解,体温下降,红细胞沉降率减慢。因控制急性风湿热疗效确切,也用于该病的鉴别诊断。

(3) 抗血栓:小剂量(75mg~150mg/日)可抑制血小板聚集,防止血栓形成。可用于防治血栓栓塞性疾病,如缺血性心脏病、脑血栓等。

(4) 治疗胆道蛔虫病:口服大剂量阿司匹林可使蛔虫退出胆道,缓解胆绞痛症状。

【不良反应及用药注意】

(1) 胃肠道反应:最常见,主要表现为上腹部不适、恶心、呕吐。较大剂量或长期服用可引起胃溃疡和无痛性胃出血,有胃溃疡者服用本药可诱发或加重。饭后服药或同服抗酸药等均可减轻。胃溃疡患者应慎用或禁用。

(2) 长期服用可抑制凝血酶原合成,造成出血。可用维生素K防治。

(3) 过敏反应:偶可出现皮疹、血管神经性水肿、荨麻疹和过敏性休克,还可发生阿司匹林哮喘。哮喘、鼻息肉及慢性荨麻疹患者禁用。

(4) 水杨酸反应:大剂量(>5g/日)时可致中毒,表现为头痛、眩晕、恶心、呕吐、耳鸣、听力减退甚至精神错乱、呼吸加快等。一旦发生应立即停药,并静脉滴注碳酸氢钠加速水杨酸的排泄。

(5) 瑞夷综合征:病毒感染伴有发热的儿童或青少年服用本药后,表现为严重肝损害合并脑病,严重者可致死。病毒感染时应慎用。

【药物相互作用】 本品与香豆素类抗凝药、磺酰脲类降糖药、苯巴比妥、苯妥英钠等合用,因从血浆蛋白结合部位置换出后者,使这些药物的作用和毒性增强,应予注意。

对乙酰氨基酚

又名扑热息痛。

解热和镇痛作用与阿司匹林相似,几无抗炎抗风湿作用。常与其他药配伍成复方制剂,主要用于感冒发热、头痛、牙痛、肌肉痛、关节痛、月经痛等。治疗量不良反应少,对胃刺激性小,偶见皮疹、药热等过敏反应。

吲 哚 美 辛

又名消炎痛。

解热镇痛和抗炎抗风湿作用比阿斯匹林强,对炎性疼痛效果好。因不良反应多,故一般不作解热镇痛药用,仅用于对其他药物不能耐受或疗效不显著的风湿性关节炎、类风湿关节炎、强直性脊柱炎、骨关节炎等。也可用于急性痛风及癌症所致的发热疼痛。

常见有胃肠道反应,如恶心、呕吐、腹泻,诱发或加重溃疡,甚至胃穿孔。中枢神经系统的反应可出现头痛、眩晕、精神障碍等,发生率较高。对造血系统可引起粒细胞、血小板减少,偶可发生再生障碍性贫血。过敏反应常见皮疹,严重者出现哮喘,与乙酰水杨酸有交叉过敏现象。溃疡病、精神病、癫痫、哮喘患者,孕妇,哺乳妇,儿童禁用。

保 泰 松

抗炎抗风湿作用强而持久,而解热镇痛作用弱,主要用于风湿性、类风湿关节炎和强直性脊柱炎。另能促进尿酸排出,可用于急性痛风的治疗。不良反应多而严重,可有胃肠道反应、水钠潴留,偶见过敏反应、肝肾损害、甲状腺肿大等,故不作抗风湿首选药。

布 洛 芬

具有较强的解热镇痛抗炎抗风湿作用,其强度与阿斯匹林相同。主要用于风湿及类风湿关节炎，也可用于一般性解热、镇痛。主要特点是胃肠道反应少，患者易耐受。少数患者出现过敏、血小板减少和视物模糊，一旦出现视力障碍应立即停药。

吡罗昔康

又名炎痛喜康。

是新型的解热镇痛抗炎药，具有很强的镇痛、抗炎和抗痛风作用。对风湿性、类风湿关节炎的疗效与阿司匹林、吲哚美辛相同。不良反应较小，但长期用药也可引起消化道溃疡、出血。

（二）常用解热镇痛药的复方制剂

解热镇痛药常制成复方制剂使用，以提高疗效。常用的解热镇痛药的复方制剂中，主要成分是解热镇痛药如对乙酰氨基酚、阿司匹林等。为改善各种感冒症状，也经常配伍其他药物。主要有①麻黄碱：其作用是收缩毛细血管，消除鼻塞、流涕等症状。②氯苯拉敏、苯海拉明：抗过敏，对抗感冒时的过敏症状。③咖啡因：收缩脑血管，减轻头痛。④右美沙芬：镇咳。⑤金刚烷胺：抗病毒。另外，维生素C以及某些中药如金银花、连翘等也经常出现在感冒药配方中。

项目练习

一、判断题：关于下列说法正确的打"√"，错误的打"×"。

1. 解热镇痛药对牙痛、头痛、内脏平滑肌绞痛等都有镇痛作用。（　　）
2. 布洛芬的主要优点是胃肠道反应比阿司匹林轻。（　　）
3. 阿司匹林、布洛芬、对乙酰氨基酚均有明显的解热镇痛抗风湿作用。（　　）

二、选择题：每小题有四个备选答案，请从中选择一个最佳答案。

1. 阿司匹林不适用于
   A. 缓解胃肠绞痛　B. 缓解关节疼痛
   C. 预防术后血栓形成　D. 感冒发热
2. 阿司匹林的用途不包括
   A. 发热、头痛　B. 类风湿性关节炎
   C. 防治血栓形成　D. 胃溃疡
3. 下列哪项不属于阿司匹林的不良反应
   A. 胃肠反应　B. 过敏反应
   C. 凝血障碍　D. 水钠潴留
4. 下列哪项不属于慎用或禁用阿司匹林的情况
   A. 溃疡病　B. 严重肝损害
   C. 维生素K缺乏　D. 心肌梗死
5. 下列药物无抗炎作用的是
   A. 阿司匹林　B. 对乙酰氨基酚
   C. 保泰松　D. 布洛芬
6. 下列药物中胃肠反应较轻的是
   A. 保泰松　B. 阿司匹林
   C. 对乙酰氨基酚　D. 吲哚美辛
7. 溃疡病患者宜选用的退热药是
   A. 对乙酰氨基酚　B. 乙酰水杨酸
   C. 吲哚美辛　D. 保泰松
8. 咖啡因常与解热镇痛药配伍，其目的是
   A. 扩张血管　B. 兴奋中枢
   C. 抗过敏　D. 收缩脑血管

项目十三　泌尿系统药

考核要点

1. 利尿药物的分类。
2. 呋塞米、氢氯噻嗪、螺内酯的药理作用、用途、不良反应及用药注意事项。
3. 常用脱水药的作用特点和用药注意。
4. 常用前列腺疾病治疗药物的药理作用和用药注意。

案例导入

患者,女性,58 岁,因水肿 1 月入院。查体:血压 150/105mmHg,颜面、双下肢水肿,呈凹陷性。诊断为慢性肾小球肾炎。口服硝苯地平缓释片 40mg/日,肌内注射呋塞米注射液 60mg/日,连续治疗一周后,患者出现恶心、肌无力及心律失常等低血钾症状。停用呋塞米 3 日,并补钾,病情好转。

问题:

1. 常用利尿药物有哪几类?各类有何代表药物?
2. 该患者的治疗方案存在什么问题?各类利尿药应用时应注意什么?

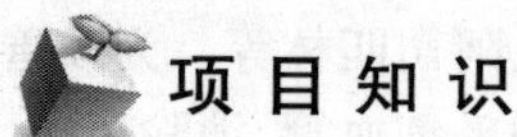

项目知识

一、利　尿　药

利尿药是一类作用于肾脏的不同部位,增加水和电解质的排出,使尿量增加的药物。常用于治疗水肿性疾病和某些非水肿性疾病。因作用部位和作用强度不同,常分为三类。

(一) 高效能利尿药

高效能利尿药利尿作用迅速而强大,主要作用于髓襻升支粗段,是排钾利尿药。常用药物为呋塞米。布美他尼作用强而持久,耳毒性最小;依他尼酸易发生耳毒性。

呋　塞　米

又名速尿。

【药理作用与临床应用】　作用于髓襻升支粗段,使 Na^+ 排出量增加 15%~25%,同时排出含大量 Na^+、Cl^-、K^+、Mg^{2+}、Ca^{2+} 及 HCO_3^- 等近于等渗的尿液。

主要用于治疗心、肝、肾等病变引起的严重水肿,急性肺水肿;高钙血症、高钾血症;预防急性肾衰竭;加速毒物排出等。

【不良反应及用药注意】

(1) 水和电解质紊乱:因强大利尿作用,可引起低血容量、低血钾、低血钠、低血镁、低氯性碱中毒等。其中以低血钾最为常见,故应及时补充钾盐或加服留钾利尿药。

(2) 耳毒性:长期大量静脉注射可引起眩晕、耳鸣、听力减退或永久性耳聋。肾功能不全或同时合用有耳毒性的药物如氨基苷类抗生素时较易发生。

(3) 胃肠道反应:常见恶心、呕吐,停药后消失;重者可引起胃肠出血。宜饭后服用。

(4) 竞争性抑制尿酸的分泌和排泄,长期应用可引起高尿酸血症。

(5) 严重肝、肾功能不全,痛风、糖尿病患者及小儿慎用,孕妇禁用。

【药物相互作用】　与氨基糖苷类、头孢菌素类抗生素、非甾体类解热镇痛药、抗组胺药合用,可能增加耳毒性或肾毒性。

(二) 中效能利尿药

利尿作用中等,主要作用于远曲小管起始部,并有轻度抑制碳酸酐酶的作用而利尿,是排钾利尿药。常用药物为氢氯噻嗪、氯噻酮、美托拉宗等。

氢氯噻嗪

【药理作用与临床应用】　有利尿、抗利尿和降压作用。用于治疗心、肝、肾性水肿;也常用于治疗高血压和尿崩症。

【不良反应及用药注意】

(1) 电解质紊乱:以低血钾较常见,与强心苷合用时尤其应注意补钾或与留钾利尿药合用。

(2) 代谢障碍:长期大量应用可引起高血糖、高脂血症、高尿酸血症及血氨升高。

(3) 过敏反应:可见过敏性皮炎、血小板及粒细胞减少等。

严重肝、肾功能不全,痛风,糖尿病,高钙血症患者慎用;孕妇,哺乳期妇女慎用。

【药物相互作用】　与吲哚美辛合用,可能降低利尿作用;与洋地黄毒苷等强心苷类药物合用,易诱发强心苷中毒。

(三) 低效能利尿药

主要作用于远曲小管和集合管而产生利尿作用,是留钾利尿药。利尿作用弱,常与其他利尿药合用。常用药物为螺内酯、氨苯蝶啶、阿米洛利等。

螺　内　酯

又名安体舒通。

【药理作用与临床应用】　螺内酯利尿作用弱、缓慢而持久,通过拮抗醛固酮,抑制 Na^+-K^+交换,表现出排钠留钾利尿作用。

主要用于有醛固酮增高倾向的顽固性水肿,如充血性心力衰竭、肝硬化腹水、肾病综合征等。

【不良反应及用药注意】　可有头痛、嗜睡、精神错乱、男性乳腺发育、女性多毛等。久用易致高血钾症,故肾功能不全、高血钾者禁用。

【药物相互作用】　与地高辛合用,可延长其半衰期,增加毒性;合用 ACEI 类药物,易致高血钾症发生。

二、脱　水　药

脱水药是指静脉给药后能迅速提高血浆渗透压,使组织细胞脱水的药物,又称渗透性利尿药。常用药物有甘露醇、山梨醇、葡萄糖。

甘　露　醇

临床应用 20% 的高渗水溶液。

【药理作用与临床应用】

(1) 脱水:甘露醇静注后,由于不易透过血管壁,能迅速提高血浆渗透压,使组织间液的水分向血浆转移而产生脱水作用,降低颅内压和眼压的作用尤其明显。由于不进入组织,不引起反跳现象,临床上是治疗脑水肿、降低颅内压的首选药;青光眼急性发作和手术前也可应用。

(2) 利尿:一方面甘露醇由于脱水作用,血容量增加,肾小球的滤过率增加;另一方面,甘露醇经肾小球滤过进入肾小管后不被重吸收,使肾小管腔渗透压升高,阻止水和电解质的重吸收,从而产生渗透性利尿作用。可用于预防急性肾衰竭。

【不良反应和用药注意】　少见,注射过快可引起头痛、头晕和视物模糊。心功能不全、活动性颅内出血及尿闭者禁用。

山　梨　醇

山梨醇是甘露醇的同分异构体,常用其 25% 的水溶液。其作用、用途与甘露醇相同,进入体内后大部分在肝脏转化为糖原,故疗效不及甘露醇。

葡　萄　糖

50% 的高渗葡萄糖液静脉给药能产生脱水和渗透性利尿作用,但因部分葡萄糖能入血管扩散到组织中,且易被代谢,故作用不持久,单独用于脑水肿时可有“反跳现象”。临床一般与甘露醇合用治疗脑水肿。

三、前列腺增生治疗药

前列腺增生病常用特拉唑嗪、黄酮哌酯等药物治疗,对症状轻、前列腺腺体增生较小者效果好。

特拉唑嗪

【药理作用与临床应用】 本品可以降低膀胱出口部位平滑肌张力,解除前列腺增生时引起的排尿困难,亦可降低周围血管的阻力,使血压下降。

主要用于治疗轻、中度前列腺增生引起的排尿困难,及轻、中度高血压。

【不良反应及用药注意】 头痛、头晕、乏力等轻微不良反应,可在服药 2 周后自行消除。初始剂量不超过 1mg,睡前服用,可减少心悸、直立性低血压的发生。

黄酮哌酯

【药理作用与临床应用】 可直接解除泌尿生殖系统平滑肌的痉挛,使肌肉松弛,消除尿频、尿急、尿失禁及尿道膀胱平滑肌痉挛引起的下腹部疼痛。

用于膀胱炎、前列腺炎、尿道炎等引起的尿急、下腹部疼痛等。

【不良反应及用药注意】 较少,可能发生恶心、呕吐、腹胀等消化道症状。少数患者有口干、眼压升高、心率加快等不良反应。青光眼、白内障患者禁用。

项目练习

一、判断题:关于下列说法,正确的打“√”,错误的打“×”。

1. 所有利尿药均能使尿中的 Na^+、K^+、Ca^+ 排出增加。( )
2. 呋塞米与甘露醇均能用来治疗脑水肿。( )
3. 所有利尿药均可增加尿量,因而都可用于防治肾衰竭。( )
4. 氢氯噻嗪和螺内酯联用,既可提高疗效,又能互相纠正不良反应。( )
5. 甘露醇有利尿作用,临床上可用于各种慢性水肿。( )

二、选择题:每小题有四个备选答案,请从中选择一个最佳答案。

1. 易引起低血钾的利尿药是
   A. 山梨醇　B. 阿米洛利
   C. 氢氯噻嗪　D. 螺内脂
2. 急性肺水肿宜首选的利尿药是
   A. 氢氯噻嗪　B. 呋塞米
   C. 螺内酯　D. 氨苯蝶啶
3. 高效能利尿药不宜与下列何类药物合用
   A. 脱水药　B. 强心苷
   C. 低效能利尿药　D. 氨基苷类抗生素
4. 常用于治疗高血压的利尿药是
   A. 呋塞米　B. 依他尼酸
   C. 氢氯噻嗪　D. 螺内酯
5. 通过拮抗醛固酮而发挥利尿作用的利尿药是
   A. 呋塞米　B. 氨苯蝶啶
   C. 氢氯噻嗪　D. 螺内酯
6. 下列哪一组药物应用时能相互纠正血钾异常的不良反应
   A. 呋塞米+氢氯噻嗪　B. 呋塞米+葡萄糖
   C. 氢氯噻嗪+甘露醇　D. 氨苯蝶啶+氢氯噻嗪

项目十四　抗高血压药

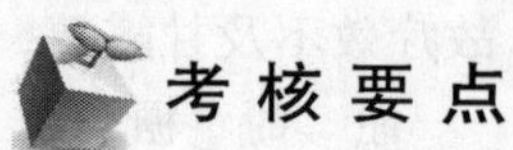

考核要点

1. 常用抗高血压药的种类。

2. 氢氯噻嗪、硝苯地平、卡托普利和肾上腺素受体阻断药的药理作用、用途、不良反应及用药注意事项。

3. 其他抗高血压药的作用特点。

4. 指导高血压患者合理用药。

案例导入

患者,女性,58岁。高血压病史3年。此前一直服用硝苯地平控制血压,近日发现踝部有轻度水肿,连续三日测量血压为150/100mmHg,到药店咨询可否换用其他高血压药物。

问题:

1. 常用抗高血压药物有哪几类?硝苯地平属于哪类抗高血压药物?

2. 针对患者情况,你将为患者推荐哪些药物?使用这些药物应注意哪些问题?

项目知识

目前我国临床常用的一线抗高血压药是利尿药、肾上腺素受体阻断药、钙通道拮抗药、血管紧张素转化酶抑制药和血管紧张素受体阻断药。中枢性降压药和血管扩张药在联合用药和复方制剂中仍常用。

(一) 利尿药

中效利尿药噻嗪类有基础降压药之称,其中以氢氯噻嗪最为常用。

【药理作用与临床应用】　噻嗪类利尿药通过排钠利尿而降压。其降压作用温和、持久,长期用药无明显耐受性。

噻嗪类利尿药可单独或与其他抗高血压药联合应用治疗各类高血压。对老年人高血压、单纯性收缩期高血压和高血压合并心功能不全者降压效果较好。

【不良反应与用药注意】　长期大剂量应用常致低钾、高糖、高脂、高尿酸血症。还可升高血浆肾素,不利于降压。与β受体阻断药、血管紧张素转化酶抑制药合用可避免或减少不良反应。

(二) 钙通道拮抗药

钙通道拮抗药能选择性地阻断Ca^{2+}通道,抑制Ca^{2+}内流,使细胞内Ca^{2+}减少,导致血管平滑肌松弛,外周血管阻力降低,血压下降。常用药物有硝苯地平、非洛地平、氨氯地平、尼莫地平等。

硝苯地平

又名心痛定。

【药理作用与临床应用】　硝苯地平降压作用快而强,对各型高血压有降压作用,但对正常血压影响不明显。

临床用于治疗各型高血压,尤其适用于伴有心绞痛、肾功能不全、支气管哮喘的高血压患者。可单用或与利尿药、β受体阻断药合用。硝苯地平还有抗心绞痛作用。

【不良反应与用药注意】　常见头痛、眩晕、颜面潮红、心悸、踝部水肿等。降压时能反射性引起心率加快,心输出量增加,血浆肾素活性增高,与β受体阻断药合用可避免。

(三) 肾素-血管紧张素-醛固酮系统抑制药

肾素-血管紧张素-醛固酮系统(RAAS),在血压调节及高血压发病中都有重要影响,且与并发症也有密切关系。作用于RAAS的抗高血压药有血管紧张素转化酶抑制药(ACEI)

和血管紧张素受体(AT_1)阻断药。

1. 血管紧张素转化酶抑制药(ACEI) 此类药物通过抑制血管紧张素转化酶而产生降压作用,目前临床上常用的有卡托普利、依那普利、雷米普利等。

卡 托 普 利

又名巯甲丙脯酸。

【药理作用与临床应用】 本品主要是通过抑制血管紧张素转化酶的活性,减少血管紧张素Ⅱ(AngⅡ)的生成,降低血压和防止心肌和血管壁增厚。另外,降血压作用也与减慢缓激肽降解,使血管舒张有关。同时由于醛固酮分泌减少,有排钠保钾的作用。

临床适用于各型高血压,特别是对正常肾素或高肾素型高血压更佳。ACEI 降压时不伴反射性心率加快,对心肌与肾脏具有保护作用,还可增加胰岛素抵抗患者对胰岛素的敏感性,因而也很适用于伴有慢性心功能不全、糖尿病、肾功能不良的高血压患者。

【不良反应及用药注意】 主要不良反应有血管神经性水肿、刺激性干咳、高血钾等症。久用可因血锌降低而引起皮疹、味觉和嗅觉缺损、脱发等。与氢氯噻嗪合用可增强降压疗效,减少高血钾症的发生。老年人对其降压作用敏感,应加强观察。孕妇、哺乳期妇女慎用。

2. 血管紧张素Ⅱ受体阻断药 此类药物可选择性阻断血管紧张素Ⅱ受体,发挥降压作用。常用药物有氯沙坦、伊白沙坦、缬沙坦等。

氯 沙 坦

【药理作用与临床应用】 该药选择性地阻断 AT_1 受体,拮抗 AngⅡ的作用而降低血压。降压效应与 ACEI 相似,也能保护心血管与肾脏,不良反应较 ACEI 少,不引起刺激性干咳的现象,可用于各型高血压。

【不良反应及用药注意】 不良反应主要有眩晕、高血钾等症。孕妇和哺乳期妇女禁用。

(四)肾上腺素受体阻断药

1. β 受体阻断药 本类药物通过阻断 β 受体使心肌收缩力增强、心率减慢,心排血量降低而产生降压作用。常用药物有普萘洛尔、美托洛尔、阿替洛尔等。

普 萘 洛 尔

又名心得安。

【药理作用与临床应用】 本品可单独应用,也常与其他降压药合用治疗高血压。对年轻高血压患者、心输出量及肾素活性偏高者疗效较好。对心肌梗死患者、高血压伴心绞痛患者疗效尤佳。

【不良反应及用药注意】 一般不良反应为眩晕、疲倦、嗜睡、胃肠紊乱等,严重时可出现严重心动过缓、房室传导阻滞、诱发急性心力衰竭、支气管哮喘或四肢厥冷。与利尿药合用可增强降压作用。长期用药后突然停药有反跳现象,可诱发或加重病情。哮喘、过敏性鼻炎、窦性心动过缓、重度房室传导阻滞、心源性休克、低血压患者,已洋地黄化而心脏高度扩大者禁用。

2. α 受体阻断药

哌 唑 嗪

【药理作用与临床应用】 本品能舒张静脉及小动脉,降低外周阻力,发挥中等偏强的降压作用。降压时不影响心率及肾素分泌,对肾血流量及肾小球滤过率均无明显影响,长期用药还可降低血脂。

适用于各型高血压,单用治疗轻、中度高血压,重度高血压合用利尿药和 β 受体阻断药可增强疗效。

【不良反应及用药注意】 首次给药可致严重的直立性低血压、晕厥、心悸等症,称“首剂现象”。首次用药时如注意不与利尿药合用,剂量减半或临睡前服用均可避免。

(五)中枢性降压药

中枢性降压药有可乐定、甲基多巴等,分别作用于中枢 α_2 受体和咪唑啉受体产生镇静和降压作用。

可 乐 定

【药理作用与临床应用】 可乐定降压作用中等偏强。本品通过激动中枢咪唑啉受体,降低外周交感神经活性致血压下降,降压时伴有心率减慢及心输出量减少。对肾血流量和肾小球滤过率无显著影响。此外,还具有镇静及抑制胃肠道分泌和运动的作用。

临床适用于中度高血压,常在其他药无效时应用。适用于肾性高血压及患有消化性溃疡的高血压患者。

【不良反应及用药注意】 常见嗜睡、焦虑、口干、便秘、性欲减退等。

(六)去甲肾上腺素能神经末梢阻滞药

利 血 平

【药理作用与临床应用】 能抑制去甲肾上腺素能神经末梢递质的合成、贮存和再摄取,使囊泡内递质耗竭而产生降压作用,作用轻微、缓慢而持久。

【不良反应与用药注意】 不良反应较多,已被其他抗高血压药所取代,仅在复方制剂中使用。对萝芙木制剂过敏者,妊娠和哺乳期妇女,有精神抑郁史、急性消化性溃疡病、溃疡性结肠炎者禁用。

(七)直接扩张血管药

本类药的共同特点是直接松弛血管平滑肌,降低外周血管阻力,产生降压作用,用于治疗重度高血压。常用药物有肼屈嗪、硝普钠等。

肼 屈 嗪

【药理作用与临床应用】 作用快而强。降压时可反射性引起交感神经兴奋,致心率增快、肾素分泌增加、水钠潴留,使降压效果减弱,并可能诱发心绞痛,因此一般不宜单用。常与利尿药和 β 受体阻断药等合用于治疗重度高血压,以提高疗效、减少不良反应。

【不良反应及用药注意】 其不良反应有头痛、鼻出血、心悸、腹泻、精神恍惚、肌肉痉挛等。较严重时表现为心肌缺血和心力衰竭。高剂量使用时可引起全身性红斑性狼疮样综合征。

项目练习

一、判断题:关于下列说法正确的打“√”,错误的打“×”。

1. 高血压患者应用降压药物控制血压后,应立即停用降压药物。 ( )
2. 高血压患者使用卡托普利降血压出现刺激性干咳时可换用氯沙坦。 ( )

二、选择题:每小题有四个备选答案,请从中选择一个最佳答案。

1. 有基础降压药之称的药物是
   A. 硝苯地平 B. 卡托普利
   C. 肼屈嗪 D. 氢氯噻嗪
2. 通过排钠利尿产生降压作用的药物是
   A. 氢氯噻嗪 B. 可乐定
   C. 利血平 D. 尼莫地平
3. 下列哪项不是氢氯噻嗪的作用
   A. 排水、排钠,血容量减少而降压
   B. 降低肾素活性而降压
   C. 有利尿作用
   D. 有抗利尿作用
4. 为 Ca^{2+} 通道阻滞药的降压药是

A. 利血平　　B. 氢氯噻嗪
C. 普萘洛尔　　D. 硝苯地平

5. 卡托普利尤其适用于
A. 伴有冠心病的高血压
B. 高肾素型高血压
C. 伴有脑血管疾病的高血压
D. 伴有消化性溃疡的高血压

6. 关于卡托普利的叙述,错误的是
A. 适用于各型高血压
B. 长期使用能逆转心血管重构
C. 易引起反射性心率加快
D. 对糖尿病、肾病高血压患者尤其适用

7. 为避免出现"首剂现象",哌唑嗪首次用药时,于何时给药较好
A. 睡前　　B. 上午
C. 下午　　D. 饭前

8. 哌唑嗪口服易出现"首剂现象",其表现之一是
A. 直立性低血压　　B. 尿量增加
C. 口干　　D. 鼻塞

9. 精神抑郁症患者禁用的药物是
A. 普萘洛尔　　B. 可乐定
C. 卡托普利　　D. 利血平

10. 硝普钠主要用于治疗
A. 轻、中度高血压　　B. 高血压危象
C. 各型高血压　　D. 肾性高血压

11. 某60岁男性患者,患高血压病多年,近日并发心绞痛,血压160/110mmHg,使用降血压药宜选用
A. 利血平　　B. 肼屈嗪
C. 可乐定　　D. 硝苯地平

项目十五　抗心绞痛药

考核要点

1. 硝酸甘油、普萘洛尔、维拉帕米的应用及用药注意事项。
2. 能指导心绞痛患者合理用药。

案例导入

患者,男性,58岁。反复发作胸闷气短。近日因家事导致情绪激动,出现胸闷、胸痛就诊。查体:血压140/98mmHg,心率100次/分,心电图有缺血表现。医生诊断为心绞痛。医嘱舌下含服硝酸甘油1片后病情好转。

问题:

1. 治疗心绞痛的药物有哪些?
2. 使用硝酸甘油时应注意什么?

项目知识

心绞痛常分为稳定型、不稳定型、变异型心绞痛三种类型。常用的抗心绞痛药是通过降低心肌耗氧量,增加心肌供血供氧量,恢复氧的供需平衡而发挥治疗作用的。影响心肌耗氧的主要因素有:心肌收缩力强弱、心率快慢、心室容积大小。

(一) 硝酸酯类

常用硝酸酯类药物有:硝酸甘油,硝酸异山梨酯(消心痛)等。

硝酸甘油

【药理作用与临床应用】

(1) 扩张心外血管:硝酸甘油扩张静脉系统,使回心血量减少,心肌室壁肌张力降低,而降低前负荷;扩张动脉系统而降低后负荷,心脏耗氧量减少。

(2) 扩张冠状动脉:硝酸甘油能明显扩张冠脉较大的输送血管及侧支血管,促进血液从

输送血管经侧支血管流向缺血区，而改善缺血区的血流供应。

硝酸甘油对各型心绞痛均有效，稳定型心绞痛可作首选。对急性心肌梗死不仅能减少耗氧量，尚有抗血小板聚集和黏附作用，使梗死面积缩小。

【不良反应及用药注意】 易出现面色潮红、搏动性头痛、直立性低血压和眼内压升高等症状。剂量过大可反射性增加心率，增强心肌收缩性，反可使耗氧量增加而加重心绞痛发作。超剂量时还会引起高铁血红蛋白症。连续用药后，可出现耐受性。对硝酸酯类过敏、严重贫血、颅内压增高、青光眼及妊娠妇女禁用。

（二）β 受体阻断药

常用于抗心绞痛药有普萘洛尔、美托洛尔、阿替洛尔等。

普萘洛尔

【药理作用与临床应用】 普萘洛尔等β受体阻断药通过阻断β受体，主要使心肌收缩力减弱，心率减慢，明显降低心肌耗氧量而缓解心绞痛。

可用于治疗稳定型和不稳定型心绞痛，特别适用于伴有心率快和高血压的心绞痛患者。不宜用于变异型心绞痛。

【不良反应及用药注意】 见抗高血压药。因抑制心肌收缩力而有增大心室容积的倾向，可相对增加心肌耗氧量；同时，由于阻断β_2受体，有使冠脉收缩的可能而影响心肌供血、供氧，不利于发挥抗心绞痛作用，故临床常将本类药物与硝酸酯类合用。

（三）钙通道拮抗药

常用于抗心绞痛的钙通道拮抗药有硝苯地平（心痛定）、维拉帕米、地尔硫䓬等。

【药理作用与临床应用】

1. 扩张外周动脉，减轻心脏负荷，降低心脏耗氧量。其中，维拉帕米、地尔硫䓬还能通过降低心肌收缩力、减慢心率而降低心肌耗氧量。

2. 舒张冠状血管，增加冠状动脉血流量而改善缺血区的供血供氧，且对缺血心肌细胞具保护作用。

钙拮抗剂是治疗变异型心绞痛的首选药物，也可用于治疗稳定型和不稳定型心绞痛。

【不良反应及用药注意】 见抗高血压药。β受体阻断药与维拉帕米合用时应注意对心脏的抑制和致血压下降的作用。

项目练习

一、判断题：关于下列说法正确的打“√”，错误的打“×”。

1. 心绞痛发作时，应立即口服硝酸甘油缓解。 （ ）

2. 治疗心绞痛的基本原理是增加心肌的供氧和减少耗氧。 （ ）

二、选择题：每小题有四个备选答案，请从中选择一个最佳答案。

1. 连续用药易产生耐受性的药物是
   A. 硝苯地平 B. 硝酸甘油
   C. 硝酸异山梨醇 D. 普萘洛尔

2. 下列哪项不是硝酸甘油的不良反应
   A. 面颈部潮红 B. 血管搏动性头痛
   C. 反射性心率加快 D. 全身水肿

3. 心绞痛发作时首选哪种药物舌下含服
   A. 硝酸甘油 B. 硝苯地平
   C. 普萘洛尔 D. 维拉帕米

4. 下列何药不是抗心绞痛药
   A. 硝酸甘油 B. 硝苯地平
   C. 普萘洛尔 D. 肾上腺素

项目十六　抗心律失常药

考核要点

1. 美托洛尔、利多卡因、胺碘酮、维拉帕米的应用和用药注意事项。
2. 能指导心律失常患者合理用药。

案例导入

患者，女性，46岁。因心悸、呼吸困难入院。查体：心率150次/分，心电图QRS波群宽大畸形，QRS时限>0.12秒，诊断为室性心律失常。医嘱：利多卡因50mg静脉注射，病情好转。

问题：

1. 常用抗心律失常药有哪些？
2. 使用利多卡因时应注意什么？

项目知识

抗心律失常药的种类很多，多数药物主要是通过影响心脏的自律性、不应期和传导功能而发挥抗心律失常作用，常用药物有美托洛尔、利多卡因、胺碘酮、维拉帕米、地尔硫䓬等。

普萘洛尔

【药理作用与临床应用】　普萘洛尔通过降低窦房结、房室结和浦氏纤维的自律性，减慢窦性频率。在运动和精神紧张引起心率加快时作用更为明显。还可减慢房室结和浦氏纤维传导和延长其有效不应期。

临床上主要用于室上性快速型心律失常。为窦性心动过速首选药，尤其是因交感功能亢进（如甲状腺功能亢进、运动、情绪激动、嗜铬细胞瘤等）诱发的心律失常疗效最好。

【不良反应及用药注意】　见抗高血压药。

美托洛尔

【药理作用临床应用】　为选择性β受体阻断药，通过降低心肌自律性，延缓心内传导，并延长房室结不应期而产生抗心律失常作用。临床主要用于治疗高血压及冠心病，尤其是伴有心动过速者。

【不良反应和用药注意】　一般不良反应有焦虑、便秘、性功能下降、精神压抑等。严重窦性心动过缓、低血压、心力衰竭者禁用。

利多卡因

【药理作用与临床应用】　本药选择性作用于浦氏纤维，降低自律性，提高心室纤颤阈值。相对延长浦氏纤维的有效不应期。对缺血心肌组织，有明显减慢传导的作用；对因受损而部分除极的心肌组织，利多卡因可恢复其正常传导速度。

首选用于室性心律失常，包括急性心肌梗死、心脏手术、心导管术以及强心苷中毒等所致的室性心律失常。对急性心肌梗死并发的室性心律失常目前仍为首选药，早期使用可预防心室纤颤的发生，也可用于电击复律后预防心室纤颤。

【不良反应及用药注意】　静注过快或过量，可出现心率减慢、血压下降、传导阻滞等心血管反应。低血钾时利多卡因疗效较差，应注意先补钾。

胺 碘 酮

【药理作用与临床应用】 主要通过对心肌细胞膜 K^+ 通道的阻滞作用，延长心肌细胞 APD 和 ERP 产生抗心律失常作用。

用于多种室上性和室性心律失常。对心房扑动、心房颤动和阵发性室上性心动过速疗效好；对其他抗心律失常药治疗无效的顽固性心律失常有治疗价值。

【不良反应及用药注意】 常见心动过缓，剂量过大可致心力衰竭。长期应用可见角膜微粒沉积。用药期间减少日光照射，可避免过敏性皮炎的发生。

维拉帕米、地尔硫草

【药理作用与临床应用】 两药均属于钙通道拮抗药，通过阻滞心肌细胞膜钙通道，抑制 Ca^{2+} 内流，使窦房结和房室结的自律性降低，传导速度减慢，不应期延长。对心房肌、心室肌和浦氏纤维影响较小。

临床主要用于治疗室上性心律失常。目前为治疗阵发性室上性心动过速的首选药，对房性早搏有一定疗效。

【不良反应及用药注意】 用药期间注意监测患者心率，静脉给药速度应缓慢，并采用心电图监护。

【药物相互作用】 与 β 受体阻断药、奎尼丁或普鲁卡因胺合用，可增强维拉帕米抑制房室结和减弱心肌收缩力作用，容易诱发心脏毒性反应。与强心苷合用可加重抑制房室传导作用，并可降低地高辛的清除率，易致中毒。

项目练习

一、判断题：关于下列说法正确的打"√"，错误的打"×"。

1. 美托洛尔为选择性 β 受体阻断药。（ ）
2. 维拉帕米与强心苷合用治疗房室传导阻滞效果好。（ ）

二、选择题：每小题有四个备选答案，请从中选择一个最佳答案。

1. 窦性心动过速首选药为
   A. 利多卡因 B. 维拉帕米
   C. 普萘洛尔 D. 胺碘酮
2. 急性心肌梗死引起室性心动过速的首选药是
   A. 利多卡因 B. 维拉帕米
   C. 普萘洛尔 D. 胺碘酮
3. 电击复律后预防心室颤动常选用
   A. 美托诺尔 B. 利多卡因
   C. 维拉帕米 D. 胺碘酮
4. 利多卡因静脉注射过快可以出现
   A. 窦性心动过速 B. 血压降低
   C. 胃肠反应 D. 白细胞减少
5. 可导致利多卡因作用减弱的因素是
   A. 低血钠 B. 低血钙
   C. 低血钾 D. 低血糖
6. 主要通过延长动作电位时程抗心律失常的药是
   A. 美托诺尔 B. 利多卡因
   C. 硝苯地平 D. 胺碘酮
7. 维拉帕米是
   A. 阻钠内流药 B. 促钾外流药
   C. 钙通道拮抗药 D. 延长动作电位时程药

项目十七 抗慢性心功能不全药

考核要点

1. 强心苷的药理作用、用途、不良反应及用药注意事项。
2. 其他抗慢性心功能不全药作用特点。

3. 能指导慢性心功能不全患者合理用药。

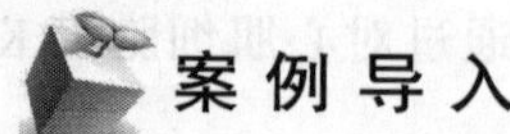

案例导入

患者，女性，70岁，慢性心功能不全病史3年。因感冒，出现呼吸困难、咳嗽，平卧时加重。查体：血压140/95mmHg，心率110次/分，呼吸30次/分，两肺有湿啰音。诊断：慢性心功能不全急性发作。医嘱：地高辛每日口服0.25mg。3天后患者自觉好转。

问题：

1. 慢性心功能不全可选用哪些药物治疗？
2. 地高辛的用药注意有哪些？

项目知识

慢性心功能不全又称为充血性心力衰竭(CHF)，是多种病因所致的超负荷心肌病。目前其药物治疗已经从使用传统的强心苷类、扩血管药、利尿药，发展为使用ACEI、AngⅡ受体拮抗剂、β受体阻断剂进行综合治疗。

(一) 强心苷类

强心苷是一类有增强心肌收缩力作用的苷类化合物。目前临床常用的强心苷类药有慢效类洋地黄毒苷、中效类地高辛、速效类毛花苷丙和毒毛花苷K。

【药理作用与临床应用】 强心苷通过抑制心肌细胞上Na^+-K^+-ATP酶，对心脏产生增强心肌收缩力(正性肌力)，减慢心率(负性频率)，减慢传导(负性传导)作用。

主要用于治疗由高血压病、心瓣膜病、先天性心脏病等引起的低输出量型慢性心功能不全，及心房扑动、心房颤动、阵发性室上性心动过速等心律失常。

【不良反应及用药注意】

(1) 说胃肠反应：是强心苷不良反应的早期症状，表现为厌食、恶心、呕吐和腹泻等症。

(2) 神经系统反应：有头痛、头晕、疲倦和失眠等，有时还可出现视觉障碍(如视物模糊、复视)及色视障碍(如黄视症、绿视症)。

(3) 心脏反应

1) 过速性心律失常：室性早搏出现最早、最多，可发展为二联律或三联律。必要时补钾，选用苯妥英钠、利多卡因治疗。

2) 缓慢型心律失常：表现为房室传导阻滞、窦性心动过缓，严重时可发生窦性停搏。选用阿托品治疗。

强心苷是一类治疗指数较低的药物，应注意剂量个体化，避免过量中毒。临床实践证明，对慢性心功能不全的轻症病例，可采用中效类药物地高辛逐日恒量给药法，既能达到治疗目的，又能明显减少毒性反应。病情较重的病例还需选用速效类药物治疗。

【药物相互作用】 与利尿药、肾上腺皮质激素合用，易致低血钾症，诱发快速性心律失常；与钙剂合用，可增加强心苷心脏毒性。

(二) 非强心苷类

氨力农、米力农

【药理作用和临床应用】 二药兼有正性肌力和扩张血管作用。严重充血性心力衰竭患者使用后，心肌收缩力加强，周围血管扩张，外周阻力降低，心泵功能改善，心肌耗氧量减少，心脏工作率提高。对心率和血压无明显影响。

仅限于严重心力衰竭的短期应用。

【不良反应及用药注意】 长期应用引起的不良反应较严重。应用氨力农者可发生血小板减少,停药可恢复。米力农过量可产生低血压和心动过速。

多巴酚丁胺

多巴酚丁胺为多巴胺的衍生物。心功能不全患者使用多巴酚丁胺后,使心肌收缩力加强,心输出量增加,心脏泵血功能改善,但并不相应增加心肌耗氧量,较少引起心律失常,故适用于心功能不全的紧急处理。

血管扩张药

【药理作用与临床应用】 血管扩张药通过扩张动、静脉血管,减轻心脏前、后负荷,改善心脏泵血功能,降低心肌耗氧量,对难治性充血性心力衰竭产生治疗效应。其中,ACEI 除具有扩张血管作用外,还可以防止和逆转心肌肥厚、重构及成纤维化,降低 CHF 的死亡率。常用的扩血管药如下。

(1) 主要扩张小动脉药:如肼屈嗪、硝苯地平。通过扩张小动脉,降低外周血管阻力,减轻后负荷,改善左室功能,增加心输出量。

(2) 主要扩张小静脉药:如硝酸甘油、硝酸异山梨醇酯。通过扩张小静脉,减少回心血量,减轻心脏前负荷,使肺循环淤血症状减轻,心肌耗氧量减少,心输出量增加。

(3) 扩张小动脉和小静脉药:如卡托普利、硝普钠、哌唑嗪等。通过扩张小动脉和小静脉,减轻心脏前、后负荷,较全面地改善心功能不全的血流动力学。

血管扩张药主要适用于对强心苷和利尿药治疗无效的严重慢性心功能不全,在常规治疗的基础上加用血管扩张药以提高疗效。急性心肌梗死或高血压危象并发急性左心衰竭时,血管扩张药是第一线药物。

【不良反应及用药注意】 最主要的不良反应是低血压。长期应用血管扩张药可产生耐受性、体液潴留、心动过速等。用药应从小剂量开始逐渐增量,同时避免突然停药,以免引起反跳现象。

项目练习

一、判断题:关于下列说法正确的打"√",错误的打"×"。

1. 强心苷和肾上腺素都可增强心肌收缩力,因此都可用于治疗充血性心力衰竭。 ( )
2. 为了减少强心苷的毒性反应,强心苷类药物均可采用逐日恒量给药。 ( )

二、选择题:每小题有四个备选答案,请从中选择一个最佳答案。

1. 强心苷不宜用于下列何症
   A. 慢性心功能不全　B. 室性心动过速
   C. 心房颤动　D. 心房扑动
2. 下列何项易诱发强心苷中毒引起快速型心律失常
   A. 低血钾　B. 高血钾
   C. 低血钠　D. 低血钙
3. 应用强心苷过程中应适当补充
   A. 钾盐　B. 钠盐
   C. 钙剂　D. 镁盐
4. 强心苷中毒引起心动过缓时,应选用治疗
   A. 肾上腺素　B. 阿托品
   C. 麻黄碱　D. 普萘洛尔
5. 强心苷和中效利尿药合用时应注意补充
   A. 钙盐　B. 钾盐
   C. 镁盐　D. 钠盐

项目十八　降血脂药

考核要点

1. 洛伐他汀、考来烯胺、吉非贝齐的药理作用、用途及用药注意事项。
2. 能指导高脂血症患者合理使用降血脂药。

案例导入

患者,男性,50岁。体检时血脂指标为总胆固醇5.1mmol/L,血浆三酰甘油2.2mmol/L,医生诊断为高脂血症,建议服用考来烯胺治疗,每次口服4~5g,3次/天。

问题:

1. 治疗高脂血症的药物有哪些?它们的作用特点如何?
2. 该患者选用考来烯胺治疗合理吗?给药期间的用药注意有哪些?

项目知识

高脂血症早期治疗主要是采用饮食疗法,限制脂肪和胆固醇含量高的食物的摄入量,同时戒烟限酒,增加运动,控制体重。对饮食疗法控制无效或高脂血症较严重者,则应根据高脂血症的分型选择药物治疗。常用药物有洛伐他汀、辛伐他汀、考来烯胺、考来替泊、吉非贝齐、非洛贝特和烟酸等。

洛伐他汀

【药理作用与临床应用】　能抑制细胞内胆固醇合成,导致肝脏低密度脂蛋白受体增多,从而引起胆固醇从血浆中的清除加快,降低血浆胆固醇和低密度脂蛋白水平。

临床用于Ⅱa和Ⅱb型高脂蛋白血症,也用于遗传性家族性高脂血症引起的混合型高胆固醇血症和高三酰甘油血症。

【不良反应及用药注意】　部分患者可发生肝功能异常,胃肠道反应和过敏反应;偶可出现无症状性血清氨基转移酶及肌酸磷酸激酶升高。较为罕见的是引起横纹肌溶解症,出现肌肉疼痛、乏力、发热、肌红蛋白尿等,严重者甚至可导致急性肾衰竭。

孕妇、哺乳期妇女及对本类药物过敏者禁用。

【药物相互作用】　与吉非贝齐、烟酸等合用时,可使肌病的发生率增加,合用时应减少本药剂量。

考来烯胺

【药理作用与临床应用】　本药口服不吸收,在肠道与胆固醇降解后形成的胆汁酸螯合,使胆汁酸重吸收入肝的量减少,间接导致胆固醇向胆汁酸转化,使血中和肝中胆固醇减少。

主要用于胆固醇和低密度脂蛋白升高为主的高脂血症。

【不良反应及用药注意】　常见的不良反应有腹胀、便秘和轻度恶心。大量长期服药可影响脂溶性维生素、镁、铁、锌和叶酸的吸收,需适当补充。

【药物相互作用】　在肠内能干扰强心苷、香豆素类抗凝药物、维生素C、铁剂及噻嗪类利尿药等多种药物吸收,须合用时,应在服本类药后4小时或前1小时服用。

吉非贝齐

【作用和临床应用】　口服后既可减少极低密度脂蛋白、三酰甘油的合成,又能激活脂蛋白酯酶而加速其血中清除,明显降低血浆三酰甘油、极低密度脂蛋白、血浆胆固醇,升高高密度脂蛋白水平。

临床上主要用于以三酰甘油、极低密度脂蛋白升高为主的原发性和继发性高脂血症,及糖尿病引起的高脂血症。

【不良反应及用药注意】 可致腹痛、腹泻、恶心等胃肠反应,少数患者出现过敏反应。肝或肾功能不良者、孕妇、哺乳妇女和胆石症者禁用。

烟 酸

【药理作用与临床应用】 本类药可抑制脂肪分解,使肝脏低密度脂蛋白和极低密度脂蛋白合成减少,使高密度脂蛋白合成增加,进而降低血浆三酰甘油,长期用药也能降低胆固醇。

临床为广谱调血脂药,可用于除Ⅰ型外的各型高脂血症的治疗。与苯氧酸类、胆酸结合树脂合用可提高疗效。

【不良反应及用药注意】 最常见的有皮肤潮红、瘙痒;其次是胃肠刺激症状,如恶心、胃部不适、食欲不振、腹泻并使溃疡病加重等。大剂量烟酸可减少尿酸排泄,诱发痛风性关节炎;降低糖耐量,加重糖尿病和导致肝功能异常。溃疡病、高血糖、高尿酸血症及肝功能不全者禁用。

项目练习

一、判断题:关于下列说法正确的打"√",错误的打"×"。

1. 吉非贝齐可在肠道与胆汁酸形成络合物,产生降低胆固醇作用。 ( )
2. 烟酸为广谱调血脂药,可用于各种高脂血症的治疗。 ( )

二、选择题:每小题有四个备选答案,请从中选择一个最佳答案。

1. 间接导致胆固醇向胆汁酸转化的药物是
   A. 考来烯胺 B. 烟酸
   C. 洛伐他汀 D. 吉非贝齐
2. 降低胆固醇和低密度脂蛋白最明显的药物是
   A. 烟酸 B. 氯丙丁酯
   C. 考来烯胺 D. 洛伐他丁

项目十九 血液系统药

考核要点

1. 抗贫血药的用途。铁制剂的不良反应及用药注意事项。
2. 肝素、香豆素、维生素K、氨甲苯酸的应用及用药注意事项。
3. 能指导患者合理应用抗贫血药、抗血栓药和止血药。

一、抗贫血药

案例导入

案例一 患者,女性,18岁。近一年以来出现面色苍白、头晕、乏力、气短就诊。体查:患者面色萎黄,唇、甲色淡。实验室检查:血红蛋白96g/L,红细胞呈小细胞低色素性,血清铁<10.210mol/L,人血白蛋白60.1g/L。诊断为缺铁性贫血。

问题:

1. 你将为该患者推荐什么药物治疗?

2. 使用该药物时应注意哪些问题?

案例二 患者,男性,66岁,肝硬化病史10余年,因近1周来全身出现散在出血点并伴有牙龈出血来院就诊,门诊以维生素K缺乏收入院。医嘱给予护肝药、维生素K等药物治疗。

问题:

1. 患者出血为什么选用维生素K治疗?
2. 使用维生素K时要注意什么?

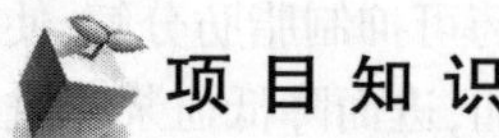

贫血是指循环血液中的红细胞数和(或)血红蛋白的量低于正常值。根据病因和发病机制不同可分为缺铁性贫血、巨幼细胞性贫血和再生障碍性贫血等。贫血的治疗应掌握缺什么补什么的原则,同时应注意根除病因。

铁制剂

常用铁制剂有硫酸亚铁、富马酸亚铁、枸橼酸铁铵、右旋糖酐铁。

影响铁吸收的因素很多,应用时应予注意。胃酸、维生素C、果糖、半胱氨酸等有助于Fe^{3+}还原成Fe^{2+},促进铁的吸收。胃酸缺乏或服用抗酸药不利于Fe^{2+}的形成;高钙、高磷酸盐食物(牛奶)、含鞣酸的茶等可使铁沉淀;四环素类可与铁形成络合物,妨碍铁吸收。

【药理作用与临床应用】 铁是红细胞中血红蛋白的组成元素。缺铁时,红细胞合成血红蛋白量减少,携氧能力下降,造成缺铁性贫血。

临床用于需要量增加(如儿童生长发育期、妊娠期及哺乳期妇女),慢性失血(如月经过多、痔疮出血等),吸收障碍(如胃酸缺乏)等因素引起的缺铁性贫血,对寄生虫病及其他慢性疾病所引起的贫血补充铁剂的同时需对因治疗。

【不良反应及用药注意】 主要是胃肠道反应,可见恶心、呕吐、上腹疼痛、便秘、黑便。严重肝损害者禁用。肝炎、溃疡病者慎用。

叶酸

【药理作用与临床应用】 叶酸被机体吸收后在二氢叶酸还原酶作用下可还原为具有活性的四氢叶酸,进而参与体内核酸和蛋白质的合成。叶酸缺乏可引起巨幼细胞性贫血、舌炎、腹泻等症。

临床主要用于营养性巨幼细胞性贫血的治疗。对药物引起的巨幼细胞性贫血,需用亚叶酸钙治疗。

另外,妊娠期使用叶酸可预防新生儿脑神经管病变、兔唇,还能增强免疫功能。

【不良反应及用药注意】 不良反应较少,罕见过敏反应。

维生素B_{12}

【药理作用与临床应用】 维生素B_{12}促进叶酸循环利用,同时参与神经髓鞘脂质的合成,维持有髓神经纤维功能的完整。缺乏时,表现为巨幼红细胞性贫血和神经损害。

本药主要用于恶性贫血、巨幼细胞性贫血的治疗,也用于神经炎、神经萎缩症、肝病等的辅助治疗。

【不良反应及用药注意】 肌内注射偶可引起皮疹、瘙痒、腹泻及哮喘,但发生率低,极个别有过敏性休克。

二、止 血 药

止血药是一类加速血液凝固,使出血停止的药物。主要用于治疗凝血因子缺乏、纤溶过程亢进等原因所引起的出血。常用药物有维生素 K、氨甲苯酸、酚磺乙胺、垂体后叶素等。

维 生 素 K

【药理作用与临床应用】 维生素 K 通过促进凝血因子Ⅱ、Ⅶ、Ⅸ及Ⅹ的合成使血液凝固。缺乏时上述凝血因子合成障碍,从而干扰凝血过程,常发生皮下、牙龈及胃肠道出血等。

主要用于治疗维生素 K 缺乏引起的出血:阻塞性黄疸、胆瘘、慢性腹泻所致的出血,新生儿出血;香豆素类、广谱抗生素、水杨酸类药物等所致的出血。

【不良反应及用药注意】 主要有胃肠道反应,静脉注射过快可引起潮红、胸痛、呼吸困难、虚脱。维生素 K_3、维生素 K_4 大剂量应用时可引起新生儿、早产儿急性溶血性贫血。

氨 甲 苯 酸

又名止血芳酸。

氨甲苯酸通过抑制纤溶酶原的激活因子,使纤溶酶原不能激活,从而抑制纤维蛋白的溶解,产生止血作用。临床用于纤溶过程亢进所致的出血,如肝、肺、前列腺、甲状腺、肾上腺等手术或创伤所致的出血;纤溶药物(链激酶等)过量所致的出血。

过量可致血栓形成。有血栓形成倾向或有血栓病史者禁用。本类药还有氨甲环酸,作用及临床应用同氨甲苯酸。

酚 磺 乙 胺

又名止血敏。

本药通过收缩血管,降低毛细血管通透性,促进血小板生成增多,也能增强血小板聚集性和黏附性,促进血小板释放凝血活性物质,缩短凝血时间,达到止血作用。用于防治各种手术前后的出血,也可用于血小板功能不良、血管脆性增加而引起的出血。不良反应有恶心、头痛、皮疹、暂时性低血压等。

垂体后叶素

垂体后叶素包括加压素和缩宫素。加压素可直接作用于血管平滑肌,使小动脉、小静脉及毛细血管收缩。对内脏血管收缩作用较强,尤其是对肺、肠系膜小动脉的收缩作用更强,可使血小板易于在血管破裂处凝集形成血栓而达到止血的目的。临床用于治疗肺咯血和肝门静脉高压引起的上消化道出血。

静脉注射过速可见面色苍白、心悸、胸闷、恶心、腹痛等,故应缓慢静脉注射。禁用于冠心病、动脉硬化、高血压、心力衰竭及肺源性心脏病患者。本药有快速耐受性。

三、抗 血 栓 药

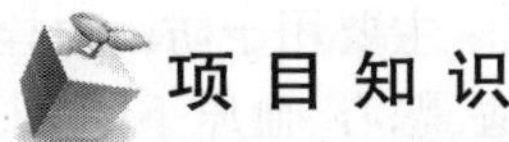

项目知识

(一) 抗凝血药

常用抗凝血药有肝素、香豆素类、枸橼酸钠。

肝　素

【药理作用与临床应用】 肝素体内、外都有抗凝血作用,主要通过激活抗凝血酶Ⅲ,使凝血因子Ⅸ、Ⅹ、Ⅺ和Ⅻ失活而产生抗凝血作用。另外肝素还有抑制血小板聚集的作用。

临床主要用于防治各种血栓栓塞性疾病、弥散性血管内凝血(DIC)和体外抗凝。

【不良反应及用药注意】 过量时易引起自发性出血,表现为各种黏膜出血、关节腔积血和伤口出血等,轻者停药即可,重者需用鱼精蛋白拮抗。少数患者可见血小板减少症。肾功能不全、出血倾向、消化性溃疡、严重高血压、孕妇及产妇禁用。

香豆素类

常用药物有香豆素、华法林和醋硝香豆素等,其药理作用相同,口服有效,又称口服抗凝血药。

【药理作用与临床应用】 香豆素类是维生素 K 拮抗剂,从而使依赖维生素 K 的凝血因子Ⅱ、Ⅶ、Ⅸ、Ⅹ的合成受阻,产生抗凝血作用,对已经合成的凝血因子无影响。因此,需在体内才具有抗凝作用,体外无抗凝作用。

临床主要用于防治各种血栓栓塞性疾病,如肺栓塞、脑栓塞、静脉栓塞等。

【不良反应及用药注意】 过量易发生出血,可用维生素 K 对抗。肾功能不全、出血倾向、消化性溃疡、严重高血压、孕妇及产妇禁用。

【药物相互作用】

(1) 广谱抗生素抑制肠道细菌,使体内维生素 K 含量降低,可使本类药物作用加强。

(2) 阿司匹林等抗血小板药可与本类药物发生协同作用。

(3) 水合氯醛、羟基保泰松、甲苯磺丁脲、奎尼丁等可因置换血浆蛋白,水杨酸盐、丙咪嗪、甲硝唑、西咪替丁等因抑制肝药酶均使本类药物作用加强。

(4) 巴比妥类、苯妥英钠因诱导肝药酶,口服避孕药因增加凝血作用可使本类药物作用减弱。

枸橼酸钠

本品的枸橼酸根离子与血中钙离子生成难解离的可溶性络合物枸橼酸钙,使血中钙离子减少,凝血过程受到抑制,从而阻止血液凝固。主要用于保存血液,为体外抗凝药物。

当输血速度太快或输血量过大时,因枸橼酸盐不能及时氧化,可引起血钙过低,导致手足抽搐、心功能不全、血压降低等,新生儿及幼儿容易发生,必要时可静脉注射适量葡萄糖酸钙等钙剂对抗。

(二) 抗血小板药

常用抗血小板药有阿司匹林、双嘧达莫、依前列醇等。

阿司匹林

阿斯匹林为解热镇痛抗炎药,小剂量抑制前列腺素合成酶,使 TXA_2 合成减少,抑制血小板聚集,防止血栓形成。主要用于防治血栓栓塞性疾病。

双嘧达莫

又名潘生丁。

抑制血小板聚集,防止血栓形成。主要用于防治血栓栓塞性疾病。常与阿司匹林合用,效果较好。主要不良反应有上腹不适、恶心、血压下降、头晕、头痛、潮红、晕厥。

(三) 溶栓药

常用纤维蛋白溶解药有链激酶和尿激酶。

链激酶

【药理作用与临床应用】 通过与内源性纤溶酶原结合,促进纤溶酶原转变为纤溶酶,水解血栓中的纤维蛋白,使血栓溶解。但对形成时间久且发生机化的血栓难以发挥作用。

主要用于治疗血栓栓塞性疾病。需早期用药，不超过6小时者效果最佳。

【不良反应及用药注意】 过量导致自发性出血，可用氨甲苯酸治疗。还可见发热、皮疹、畏寒、过敏性休克等过敏反应。出血倾向、溃疡、严重高血压及产妇禁用。

尿激酶

从尿中分离得到的一种蛋白水解酶，无抗原性。能直接激活纤溶酶原转变为纤溶酶，使已形成的纤维蛋白溶解。临床应用、不良反应及用药注意同链激酶，主要用于链激酶无效或过敏患者。

项目练习

一、判断题：关于下列说法正确的打"√"，错误的打"×"。

1. 铁剂不宜与抗酸药同服，因不利于Fe^{2+}形成而妨碍铁的吸收。 （ ）
2. 服用阿司匹林引起的出血可用维生素K治疗。 （ ）
3. 链激酶对形成已久的血栓仍具有溶栓作用。 （ ）

二、选择题：每小题有四个备选答案，请从中选择一个最佳答案。

1. 妨碍铁吸收的因素是
   A. 胃酸　B. 维生素C
   C. 茶水　D. 果糖
2. 妊娠期使用叶酸可预防新生儿脑神经管病变、兔唇的药物是
   A. 叶酸　B. 维生素K
   C. 铁剂　D. 维生素B_{12}
3. 下列哪项不是肝素的禁忌证
   A. 肾功能不全　B. 溃疡病
   C. 心肌梗死　D. 严重高血压
4. 维生素K不能用于治疗
   A. 使用广谱抗生素所致的出血
   B. 新生儿出血
   C. 香豆素类药物过量所致的出血
   D. 外伤出血
5. 治疗急性肺栓塞时，宜选用的药物是
   A. 阿司匹林　B. 链激酶
   C. 华法林　D. 肝素
6. 治疗肺咯血和肝门静脉高压引起的上消化道出血首选
   A. 维生素K　B. 酚磺乙胺
   C. 垂体后叶素　D. 氨甲环酸
7. 主要用于保存血液的药物是
   A. 肝素　B. 华法林
   C. 阿司匹林　D. 枸橼酸钠

项目二十 消化系统药

考核要点

1. 抗消化性溃疡药的分类及各药物作用特点和用药注意事项。
2. 乳酶生、多潘立酮、硫酸镁的应用及用药注意事项。
3. 肝胆疾病用药的作用特点和用药注意事项。
4. 能指导患者合理使用消化系统药。

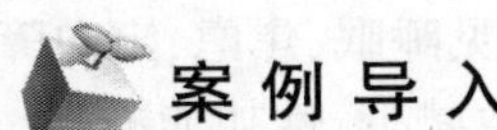

案例导入

患者，男性，40岁。反复上腹痛1年，饥饿时加重，进餐后疼痛缓解，并伴有上腹饱胀、嗳气、反酸，偶有恶心及上腹部烧灼感。3天前因过度疲劳，出现上腹疼痛加重，并伴有黑便，入院治疗。诊断：十二指肠球部溃疡并出血。

问题:

1. 治疗消化性溃疡的药物有哪几类?各类有何代表药物?

2. 该患者可选用哪些药物治疗?说明用药理由及用药注意。

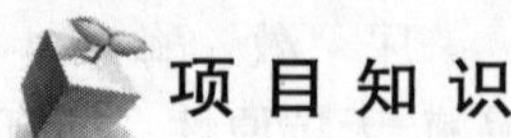

项目知识

一、抗消化性溃疡药

抗消化性溃疡药主要有抗酸药、胃酸分泌抑制药、胃黏膜保护药。

(一)抗酸药

常用抗酸药物有氢氧化铝、三硅酸镁、铝碳酸镁、碳酸钙、氧化镁等。

氢氧化铝

【药理作用与临床应用】 氢氧化铝的抗酸作用缓慢而持久,不仅可以中和胃酸,还可形成凝胶保护溃疡面。中和胃酸产生氯化铝在溃疡面沉淀蛋白有收敛、止血作用。

主要用于胃酸过多症、胃及十二指肠溃疡、反流性食管炎等。

【不良反应及用药注意】 可致便秘。长期服用可妨碍膳食内磷酸盐的吸收,老年人有导致骨质疏松症的可能。

【药物相互作用】 本药可与四环素类形成络合物而影响其吸收,故不宜使用。可干扰地高辛、华法林、奎宁、奎尼丁、氯丙嗪、普萘洛尔、吲哚美辛、异烟肼及巴比妥类的吸收或消除,影响上述药物的疗效,应尽量避免同时使用。

三硅酸镁

三硅酸镁抗酸作用缓慢、弱而持久,中和胃酸产生二氧化硅和氯化镁,前者与水形成胶状物,覆盖在溃疡面起保护作用,生成的氯化镁可引起轻泻。

本药较少单用,常与碳酸钙、氢氧化铝合用治疗胃酸过多症、胃及十二指肠溃疡等。不宜与四环素合用。

(二)胃酸分泌抑制药

1. H_2受体阻断药 阻断胃壁细胞上的H_2受体,抑制基础胃酸、夜间胃酸和各种刺激引起的胃酸分泌。胃蛋白酶的分泌也减少,对胃黏膜有保护作用。临床常用药物有西咪替丁、雷尼替丁、法莫替丁等。

西咪替丁

又名甲氰咪胍。

【药理作用与临床应用】 西咪替丁抑制胃酸分泌作用较强,用药后能缓解症状,促进溃疡面愈合。对十二指肠溃疡疗效较好,对胃溃疡疗效稍差。停药后复发率较高,延长用药可减少复发。

【不良反应及用药注意】 一般表现为头痛、头晕、乏力、腹泻、便秘、肌肉痛、皮疹、皮肤干燥、脱发等。中枢神经系统反应可见睡眠、焦虑、定向障碍、幻觉。对内分泌系统有抗雄激素作用,并促催乳素分泌,出现精子数减少、性功能减退、男性乳腺发育、女性溢乳等。偶见心动过缓、肝肾功能损伤、白细胞减少等。孕妇慎用。

【药物相互作用】 本药是肝药酶抑制剂,能降低苯二氮䓬类、华法林、苯妥英钠、普萘洛尔、茶碱类、奎尼丁等药物在体内的转化,使上述药物血药浓度升高。与四环素、酮康唑、阿司匹林同服,可使上述药物吸收减少。

雷尼替丁

雷尼替丁抑制胃酸分泌作用是西咪替丁4～8倍，对肝药酶的抑制作用较西咪替丁弱，治疗量不改变血中催乳素、雄激素的浓度。

常见不良反应有头痛、头晕、幻觉、躁狂等，静脉注射可致心动过缓，偶见白细胞、血小板减少、血转氨酶升高、男性乳房发育等，停药后恢复。

法莫替丁

作用于西咪替丁相似，当抑制胃酸分泌的作用强，为西咪替丁的40～50倍，口服可用于胃、十二指肠溃疡、反流性食管炎；静脉给药可用于治疗卓-艾综合征和上消化道出血。

不良反应与西咪替丁相似，但无抗雄激素作用，也不影响血中催乳素的浓度。

2. 质子泵抑制药　本类药物能选择性抑制胃壁细胞，不可逆地抑制质子泵的活性，使胃壁细胞分泌的H^+减少，从而抑制胃酸形成，减少胃酸分泌。常用药物有奥美拉唑、兰索拉唑、潘多拉唑、雷贝拉唑等。

奥美拉唑

又名洛赛克。

【药理作用与临床应用】　奥美拉唑对正常人、溃疡病者的基础胃酸分泌及各种形式的应激性胃酸分泌均有抑制作用，其作用强而持久。本品还对幽门螺杆菌有抑制作用，增加胃黏膜的血流量，有利于溃疡的治疗。对十二指肠溃疡的治愈率高于H_2受体阻断药，且复发率低。

主要用于消化性溃疡、反流性食管炎、上消化道出血等的治疗。

【不良反应及用药注意】　主要有恶心、腹胀、腹泻等胃肠道症状和头痛、头晕、嗜睡等神经系统的症状。此外可见口干、肌肉关节疼痛。偶有皮疹、外周神经炎、白细胞减少、溶血性贫血、血清转氨酶升高和胆红素增高等。孕妇、哺乳期妇女慎用；对本品过敏者、严重肝功能不全者及婴幼儿禁用。

【药物相互作用】　奥美拉唑能抑制肝药酶，可使地西泮、苯妥英钠、华法林代谢减慢，合用时应注意调整这些药物的剂量。

（三）胃黏膜保护药

胃黏膜保护药主要是通过增强胃黏膜屏障功能，促进黏膜修复发挥抗溃疡病作用。常用药物有枸橼酸铋钾、硫糖铝、胶体果胶铋、米索前列醇等。

枸橼酸铋钾

【药理作用与临床应用】　本药在胃液中形成不溶性氧化胶体铋，覆盖在溃疡面表面起到黏膜保护作用。同时还促进前列腺素、黏液、HCO_3释放，改善胃黏膜血流量和抗幽门螺杆菌作用，也能与胃蛋白酶结合而使其失活。

主要用于治疗胃、十二指肠溃疡、幽门螺杆菌感染的慢性胃炎等。

【不良反应及用药注意】　服药期间舌、粪可被染黑，偶见恶心、皮疹、轻微头痛。肾功能不良者及孕妇禁用。

硫糖铝

硫糖铝在胃中酸性环境下聚合成胶体，能在溃疡和炎症处形成一层保护膜，促进溃疡的愈合；还可吸附胃蛋白酶和胆汁酸，并抑制其活性；在溃疡区沉积，诱导表皮生长因子，促进内源性前列腺素E的合成，加速组织修复。主要用于胃、十二指肠溃疡、慢性糜烂性胃炎、反流性食管炎、上消化道出血等。

长期用药可致便秘,偶有恶心、胃部不适、腹泻、皮疹、瘙痒及头晕。不宜与抗酸药、胃酸分泌抑制药同时使用。

二、助消化药、胃肠动力药、泻药和止泻药及肝胆疾病用药

(一) 助消化药

乳 酶 生

又名表飞鸣。

为活性乳酸杆菌制剂,在肠内分解糖产生乳酸,提高肠内酸度,抑制腐败菌繁殖,防止蛋白质发酵、产气。用于消化不良、肠胀气及小儿饮食不当所致的腹泻疗效较好。不宜与抗菌药、抗酸药及活性炭同时服用。

胃蛋白酶

胃蛋白酶是胃壁细胞分泌的一种消化酶。在酸性环境中作用增强,常与盐酸同服。用于胃蛋白酶分泌不足所致的消化不良。不宜与碱性药物配伍。

胰 酶

胰酶是胰腺分泌的消化酶,能消化蛋白质、淀粉和脂肪。在中性或弱碱性环境中活性最强,故多制成肠溶片。用于各种消化不良、食欲不振等,尤其适用于肝、胆、胰腺疾病所致的消化功能减退。忌与酸性药物配伍。

(二) 胃肠动力药

甲氧氯普胺

又名胃复安。

可阻断外周和中枢的多巴胺受体,促进胃肠运动,加速胃的排空。主要用于胃肠功能失调所致的呕吐,对放化疗、手术后及药物引起的呕吐也有效。

偶见嗜睡、便秘、腹泻、皮疹、男性乳房发育,长期可致锥体外系不良反应。

多潘立酮

又名吗丁啉。

【药理作用与临床应用】 多潘立酮选择性阻断外周(胃肠)多巴胺受体,加速胃排空与协调胃肠运动,防止食物反流。不易透过血-脑屏障,无嗜睡和锥体外系反应。

主要用于胃排空延缓、反流性食道炎、胆汁反流性胃炎,也用于偏头痛、颅外伤、放射性治疗或化疗所引起的恶心、呕吐。

【不良反应及用药注意】 偶见腹痛、腹泻、皮疹。婴幼儿及孕妇慎用。

(三) 泻药

泻药可分为容积性泻药、刺激性泻药、润滑性泻药。

硫 酸 镁

又名泻盐。

【药理作用与临床应用】 硫酸镁给药途径不同,呈现的作用不同,用于不同的疾病。

(1) 外用:具有消炎止痛作用,用于局部肿胀。

(2) 口服:硫酸镁具有导泻、利胆作用,主要用于加速毒物排泄、清洁肠道及胆囊炎、胆结石辅助治疗等。

(3) 静脉给药:具有抗惊厥和降压作用,主要用于妊娠高血压综合征。

【不良反应及用药注意】 口服给药,可致严重腹泻,引起水、电解质紊乱。静脉注射过快、过量可致血压剧降、呼吸抑制等中毒症状,甚至死亡。因而用药过程中,出现膝腱反射明显减弱或消失,或呼吸次数每分钟少于14~16次,应及时停药,同时静脉给予钙剂解救。肾功能不全者应禁用。

酚 酞

又名果导。

为刺激性泻药,通过刺激结肠,引起推进性蠕动加快而产生温和的导泻作用。服药后6~8小时排出软便,适用于习惯性便秘。约15%被吸收后,部分由胆汁排出,因有肚肠循环,故一次服药作用可维持3~4天;部分由尿液排出,尿液呈碱性时显红色。不良反应较少,但有皮疹、过敏性肠炎等。幼儿及孕妇慎用。

液状石蜡

为矿物油,口服后肠道不吸收,通过润滑肠壁并软化粪便而促进排便。适用于老人和儿童便秘。久用妨碍钙、磷吸收。

甘 油

甘油能润滑并刺激肠壁,软化大便,促进排出。常用其栓剂,起效快。主要用于老人和儿童便秘。

(四) 止泻药

止泻药主要通过抑制肠道蠕动、减少毒性物质对肠的刺激而达到止泻作用。单用于各种功能性腹泻,对感染性腹泻在对因治疗的同时,适当加用止泻药,可防止机体脱水。常用药物有地芬诺酯、鞣酸蛋白、药用炭、巾帼须眉蒙脱石等。

地芬诺酯

地芬诺酯为哌替啶衍生物,通过提高肠道平滑肌张力,抑制蠕动,增加水的吸收而达到止泻作用。久用可产生依赖性,大剂量易致呼吸抑制和昏迷。洛哌丁胺作用与地芬诺酯类似。

鞣酸蛋白

鞣酸蛋白使黏膜表面蛋白质凝固、沉淀,减轻毒性物质对肠的刺激,减少炎性渗出,发挥收敛止泻作用。用于肠炎、一般性腹泻。

药 用 炭

药用炭能吸附肠道中的气体、细菌毒素和毒物等,减轻对肠壁的刺激性而止泻。用于腹泻、胃肠胀气等。不宜与抗生素、乳酶生、维生素、激素、胰酶等同服。

(五) 利胆药

利胆药是一类能促进胆汁分泌和胆囊排空的药物。主要用于胆结石和胆囊炎等。常用药有熊去氧胆酸、苯丙醇、去氢胆酸、桂美酸、茴三硫等。

熊去氧胆酸

本品能抑制胆固醇合成酶,减少胆固醇的生成,使胆石逐渐溶解,但速度较慢。主要用于胆固醇结石或以胆固醇为主的混合型胆石症患者。不良反应主要为腹泻,孕妇及严重肝病患者禁用。

苯 丙 醇

本品具有促进胆汁分泌、排出小结石,但无溶石作用。主要用于胆石症、胆囊炎等。主要不良反应为恶心、呕吐、腹泻等。阻塞性黄疸禁用。

项目练习

一、判断题:关于下列说法正确的打"√",错误的打"×"。

1. 西咪替丁是胃酸分泌抑制药,可用于治疗消化性溃疡病。 ( )
2. 枸橼酸铋钾的主要不良反应是腹泻。 ( )
3. 果导部分由尿液排出,尿液呈碱性时显红色。 ( )
4. 乳酶生与呋喃唑酮(痢特灵)合用于治疗小儿饮食不当引起的腹泻效果好。 ( )

二、选择题:每小题有四个备选答案,请从中选择一个最佳答案。

1. 下列哪个不是治疗消化性溃疡药
   A. 氢氧化铝　　B. 西咪替丁
   C. 奥美拉唑　　D. 乳酶生
2. 下列哪个药物不能和四环素合用
   A. 氢氧化铝　　B. 西咪替丁
   C. 奥美拉唑　　D. 地芬诺酯
3. 属于质子泵抑制剂的是
   A. 复方氢氧化铝　　B. 雷尼替丁
   C. 奥美拉唑　　D. 枸橼酸铋钾
4. 属于胃肠黏膜保护药的是
   A. 复方氢氧化铝　　B. 雷尼替丁
   C. 奥美拉唑　　D. 枸橼酸铋钾
5. 下列哪个是胃肠动力药
   A. 乳酶生　　B. 多潘立酮
   C. 药用炭　　D. 地芬诺酯
6. 久用可产生依赖性的止泻药是
   A. 地芬诺酯　　B. 药用炭
   C. 蒙脱石　　D. 鞣酸蛋白
7. 下列具有利胆,又有导泻作用的药物是
   A. 熊去氧胆酸　　B. 鹅去氧胆酸
   C. 桂美酸　　D. 硫酸镁

项目二十一　呼吸系统药

考核要点

1. 糖皮质激素类、茶碱类、β受体激动药的作用、特点、不良反应及用药注意事项。
2. 镇咳药和祛痰药的作用特点及用药注意事项。
3. 指导患者合理应用呼吸系统药。

案例导入

男性,80岁,慢性咳嗽、咳痰20余年。1周前患者着凉后再次出现咳嗽、咳痰,喘息重,口服抗生素及氨茶碱片后缓解不明显,门诊以慢性支气管炎(喘息型)收入院。

问题:

1. 平喘药物有哪几类?各类有何代表药物?
2. 该患者可用何药治疗?说明用药理由及用药注意事项。

呼吸系统疾病常见症状有咳嗽、咳痰、喘息,常用对症治疗药物有镇咳药、祛痰药、平喘药。

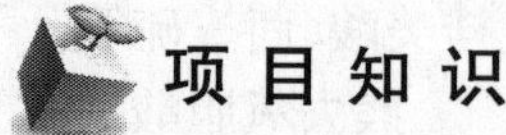

项目知识

一、平　喘　药

平喘药根据作用机制的不同,可分为三大类:抗炎性平喘药、支气管扩张药、抗过敏性平喘药。

(一)抗炎性平喘药

常用药物为糖皮质激素类,主要通过抗炎、抗免疫而平喘。可以全身给药,也可以吸入用药。全身用药常用氢化可的松等,作用强,效果好,但不良反应多而且重。临床仅用于严

重哮喘发作和哮喘持续状态。

吸入用药不良反应轻，常用药有倍氯米松、布地奈德、氟替卡松等。长期吸入可以有效控制各种类型慢性哮喘的症状，能使哮喘的缓解期大大延长，甚至终身不发。

(二) 支气管扩张药

支气管扩张药有茶碱类、β受体激动药、M受体阻断药等。

1. 茶碱类　常用药有氨茶碱和胆茶碱等。

氨 茶 碱

【药理作用与临床应用】　氨茶碱对支气管平滑肌具有较强的松弛作用，尤其对痉挛状态的平滑肌作用突出，可使哮喘症状迅速缓解，并兴奋心脏，加强心肌收缩力，增加心输出量。此外还有利尿、舒张胆道平滑肌、扩张外周血管作用。

主要用于治疗支气管哮喘、喘息型支气管炎。也用于急性心功能不全、心源性哮喘和胆绞痛的辅助治疗。

【不良反应及用药注意】　一般以恶心、呕吐、易激动、失眠等多见。用量过大或静脉注射过快时可出现发热、惊厥、心律失常，甚至引起呼吸、心跳停止致死。儿童慎用。急性心肌梗死、低血压、休克禁用。

【药物相互作用】　静脉注射不能与维生素C、氯丙嗪、胰岛素、去甲肾上腺素及四环素类等药物混合应用，易析出结晶。

2. β受体激动药　常用药物有非选择性β受体激动药和选择性β受体激动药两种。非选择性β受体激动药主要有肾上腺素、异丙肾上腺素、麻黄碱，不良反应较大。目前临床常用选择性β_2受体激动药沙丁胺醇、特布他林、克仑特罗、福莫特罗等，具有疗效高、毒性小、维持时间较长的优点。

沙 丁 胺 醇

又名舒喘灵。

【药理作用与临床应用】　本品松弛支气管平滑肌，作用强而持久；对心脏的兴奋作用弱，不良反应较轻。主要用于支气管哮喘、喘息性支气管炎。

【不良反应和用药注意】　常见恶心、多汗、头痛、头晕、肌肉和手指震颤、心悸等。剂量较大可致目眩、失眠、口干、高血压、心律失常等。高血压、糖尿病、甲状腺功能亢进、心功能不全禁用。

3. M受体阻断药　常用药物为异丙托溴铵。

异丙托溴铵

本品能松弛支气管平滑肌，主要用于不能耐受β_2受体激动药的患者，尤其适用于老年性哮喘。不良反应主有口干、发声困难、焦虑、心动过速、心悸、排尿困难和视物模糊。

(三) 抗过敏性平喘药

常用药物有色甘酸钠和酮替芬等。

色甘酸钠和酮替芬

色甘酸钠主要通过稳定肥大细胞膜，减少过敏介质的释放发挥作用。酮替芬通过抑制过敏介质的释放和阻断H_1受体而产生作用。两药起效慢，主要用于预防哮喘的发作，对已发作的哮喘无效。

二、镇 咳 药

咳嗽是呼吸系统常见症状，是机体的一种保护性反射，有利于促进痰液和异物的排出，保持呼吸道的清洁和通畅。一般咳嗽不需要用镇咳药,严重咳嗽在对症治疗的基础上,适当应用镇咳药可减轻患者的痛苦。镇咳药分为中枢性镇咳药和外周性镇咳药。

(一) 中枢性镇咳药

主要抑制咳嗽中枢而镇咳。常用药物有可待因、右美沙芬、喷托维林等。

可　待　因

可待因作用与吗啡相似,主要有镇痛和镇咳作用,但较吗啡弱。对呼吸的抑制小,成瘾性和耐受性较吗啡轻,常代替吗啡用于各种原因引起的剧烈无痰性干咳,也用于轻、中度疼痛。不良反应有恶心、呕吐、便秘及眩晕,久用可产生依赖性和耐受性。

右美沙芬

右美沙芬镇咳作用与可卡因相似,起效快,无镇痛作用和依赖性。主要用于无痰干咳。不良反应少,偶见头晕、口干、便秘、恶心等。

喷托维林

喷托维林又名咳必清,兼有中枢性和外周性镇咳作用,并有阿托品样和局麻作用。可用于各种原因引起的干咳。不良反应有头晕、口干、恶心、便秘等。

(二) 外周性镇咳药

外周性镇咳药通过抑制咳嗽反射弧中的感受器、传入神经、传出神经产生镇咳作用。常用药物有苯丙哌林、苯佐那酯、那可丁。主要用于无痰干咳。

三、祛　痰　药

祛痰药是指能使痰液变稀或黏滞性下降而易于排出的药物,可分为刺激性祛痰药和黏痰溶解药。

刺激性祛痰药

1. 常用药物有氯化铵、桉叶油、安息香酊等。

氯　化　铵

口服后刺激胃黏膜,引起恶心,反射性使呼吸道腺体分泌增加,痰液稀释,有利于痰液的排出。氯化铵吸收后还有酸化血液和尿液的作用。常与其他药物配伍成复方制剂,用于急、慢性支气管炎痰多黏稠不易咳出的患者,也可用于代谢性酸中毒及酸化书法液。

主要不良反应有恶心、呕吐,溃疡患者慎用。

桉叶油、安息香酊吸入后刺激呼吸道,使呼吸道腺体分泌增加,痰液稀释,易于咳出。可引起疼痛、流泪、流涕、咳嗽等刺激症状。

2. 黏痰溶解药　常用药物有乙酰半胱氨酸、羧甲司坦、溴己新等。

本类药可裂解黏痰中的黏多糖和黏蛋白,降低痰液的黏滞度,使之易于排出。主要用于痰液黏稠不易排出者。

项目练习

一、判断题:关于下列说法正确的打"√",错误的打"×"。

1. 无论是支气管哮喘者,还是心源性哮喘都可选用氨茶碱治疗。　(　)
2. 对胸膜炎干咳伴胸痛者久用可待因最为适宜。　(　)

二、选择题:每小题有四个备选答案,请从中选择一个最佳答案。

1. 能选择性的兴奋 β_2 受体的平喘药是
A. 酮替芬　B. 氢化可的松
C. 氨茶碱　D. 沙丁胺醇
2. 既有平喘又有强心利尿作用的药物是

A. 氨茶碱　　B. 色甘酸钠
C. 异丙肾上腺素　　D. 沙丁胺醇

3. 支气管哮喘与心源性哮喘一时难以鉴别时，可选用的药物是
A. 呋塞米　　B. 哌替啶
C. 氨茶碱　　D. 毛花苷丙

4. 长期吸入可以有效控制各种类型慢性哮喘症状的药物是
A. 色甘酸钠　　B. 沙丁胺醇
C. 麻黄碱　　D. 倍氯米松

5. 主要用于预防哮喘的发作，对已发作的哮喘无效
A. 色甘酸钠　　B. 沙丁胺醇
C. 麻黄碱　　D. 倍氯米松

6. 有成瘾性的镇咳药是
A. 咳必清　　B. 氯化铵
C. 可待因　　D. 右美沙芬

7. 既有镇咳作用，又有酸化血液和尿液的药物是
A. 咳必清　　B. 氯化铵
C. 可待因　　D. 右美沙芬

项目二十二　抗过敏药

考核要点

1. H_1 受体阻断药的药理作用、用途、不良反应及用药注意事项。
2. 指导患者合理使用抗过敏药。

案例导入

某男，40 岁，汽车驾驶员。3 天前不明原因出现全身弥散性红色皮疹，查体：无发热，心肺无异常，血嗜酸粒细胞增多。诊断：荨麻疹。

问题：

1. 抗过敏药有哪几类？各药物作用特点如何？
2. 你将为该患者推荐哪些治疗药物？并说明用药理由及用药注意。

项目知识

常用抗过敏药物有抗组胺药、过敏反应介质阻释剂、钙剂和糖皮质激素等。

（一）抗组胺药

抗过敏药主要为 H_1 受体阻断药。第一代 H_1 受体阻断药为苯海拉明、茶苯海明、异丙嗪、氯苯那敏；第二代抗组胺药为阿司咪唑、特非拉定、西替利嗪、氯雷他定、左卡巴斯汀等；第三代抗组胺药有非索非那定、左西替利嗪等。

【药理作用与临床应用】　本类药通过阻断 H_1 受体而产生抗过敏作用，主要用于皮肤黏膜的过敏性疾病，如荨麻疹、血管神经性水肿、过敏性鼻炎等。另外，苯海拉明、异丙嗪有镇静催眠、防晕止吐和抗胆碱样作用，可用于失眠症、放射病及晕动病性呕吐的治疗。

【不良反应和用药注意】　常见不良反应有嗜睡、乏力、反应迟钝、口干、视物模糊、便秘、尿潴留等。从事开车、操作精密仪器、前列腺肥大、青光眼患者不宜使用苯海拉明、茶苯海拉明、异丙嗪、氯苯那敏等。第二代抗组胺药的中枢抑制作用轻微，但有心脏毒性。

（二）过敏反应介质阻释剂

常用药物有酮替芬、色甘酸钠等。

通过稳定肥大细胞膜，抑制过敏介质释放而产生抗过敏作用，但起效慢，主要用于预防过敏反应，如过敏性鼻炎、溃疡性结肠炎，也用于防治哮喘等。

(三) 钙剂

常用药物有葡萄糖酸钙、氯化钙等。

静脉注射钙剂能增加毛细血管致密度,降低其通透性,使渗出减少而产生抗过敏作用。可用于治疗麻疹、血管神经性水肿、湿疹、接触性皮炎、血清病等。

项目练习

一、判断题:关于下列说法正确的打"√",错误的打"×"。

1. 抗组胺药、糖皮质激素、钙盐均能用于治疗皮肤过敏性疾病。 ( )
2. 当发生荨麻症、湿疹等皮肤过敏性疾病时,可口服钙剂予以治疗。 ( )

二、选择题:每小题有四个备选答案,请从中选择一个最佳答案。

1. H_1 受体阻断药的主要临床应用是

A. 皮肤黏膜过敏性疾病 B. 人工冬眠
C. 镇静催眠 D. 溃疡病

2. 无抗晕动病作用的药物是

A. 苯海拉明 B. 异丙嗪
C. 东莨菪碱 D. 氯苯那敏

3. 无抗过敏作用的药物是

A. 氢化可的松 B. 异丙嗪
C. 东莨菪碱 D. 氯化钙

项目二十三 糖皮质激素类药

考核要点

1. 糖皮质激素类药物的分类、药理作用、用途、不良反应及用药注意事项。
2. 糖皮质激素类药物的用法。
3. 能指导患者合理使用糖皮质激素类药物。

案例导入

患者,男性,50 岁,肾病综合征,医嘱泼尼松治疗,每日 3 次,每次 20mg。近来患者见症状缓解,便自行停药。2 日前因食欲不振、关节痛就医。诊断为肾上腺皮质功能减退症。

问题:

1. 该患者用药过程存在什么问题?
2. 常用糖皮质激素类药物有哪些?并说明该类药物的药理作用及用药注意事项。

项目知识

糖皮质激素类药常用药物可分为三大类:长效类有地塞米松、倍他米松;中效类有泼尼松、泼尼松龙、甲泼尼龙、曲安西龙等;短效类有可的松、氢化可的松。

【药理作用与临床应用】

(1) 对代谢的影响:升高血糖,抑制蛋白质合成,使脂肪重新分布;引起水肿、高血压、低血钾、低血钙等。

(2) 抗炎:对各种原因引起的炎症都有强大的抗炎作用。

(3) 抗免疫:对免疫过程的多个环节都具有明显的抑制作用。

(4) 抗毒:提高机体对细菌内毒素的耐受力,减轻内毒素对机体的损害。

(5) 抗休克:与其抗炎、抗毒和抗免疫综合作用有关,并通过稳定溶酶体膜,降低血管对缩血管活性物质的敏感性，改善微循环，参与抗休克。

(6) 血液与造血系统的作用：可使红细胞、血红蛋白及血小板等增多，致酸性粒细胞和淋巴细胞减少。

(7) 对中枢神经系统的作用：能提高中枢神经系统的兴奋性。

主要用于急、慢性肾上腺皮质功能减退症（包括肾上腺危象）、严重感染、炎症、自身免疫性疾病和过敏性疾病、抗休克、血液病、接触性皮炎、湿疹等。

【不良反应及用药注意】

(1) 类肾上腺皮质功能亢进综合征：长期大量用药，患者可出现高血糖、肌肉萎缩、皮肤变薄、骨质疏松、水肿、低血钾、高血压、痤疮、多毛、满月脸和向心性肥胖等症状；儿童往往伴有生长迟缓。可给予低盐、低糖、高钙、高蛋白饮食，必要时采取降压药、降糖药、补钾等对症治疗。

(2) 诱发或加重感染：诱发或加重胃、十二指肠溃疡，甚至造成消化道出血或穿孔。诱发高血糖、高血脂、高血压、动脉粥样硬化；诱发骨折、骨质疏松、肌肉萎缩、伤口愈合迟缓；诱发精神失常和癫痫；引起畸胎。

(3) 停药反应：长期用药中，如减量过快或突然停药可致。

1) 可引起肾上腺皮质功能减退症，表现为食欲不振、恶心、体重减轻、肌肉无力、肌肉或关节痛、低血压、低血糖、低热或颅内压升高等现象。特别是当遇到感染、创伤、手术等严重应激情况时，可发生肾上腺危象，需及时抢救。

2) 可导致反跳现象，使原病复发或恶化。

有严重的精神病和癫痫患者，活动性消化性溃疡病，新近胃肠吻合术，骨折，创伤修复期，角膜溃疡，肾上腺皮质功能亢进症，严重高血压、糖尿病患者，孕妇，抗菌药物不能控制的感染如水痘、麻疹、真菌感染患者等均不宜使用该药物。

【用法】

(1) 大剂量突击疗法：用于严重中毒性感染及各种休克。

(2) 一般剂量长程疗法：用于结缔组织病、肾病综合征、顽固性支气管哮喘、中心性视网膜炎、各种恶性淋巴瘤、淋巴细胞性白血病等。

(3) 小剂量替代疗法：用于垂体前叶功能减退，肾上腺皮质功能减退症及肾上腺皮质次全切除术后。

(4) 隔日疗法：对某些慢性病采用隔日一次给药法，即将 1 日或 2 日的总量隔日早晨一次给予，称隔日疗法。糖皮质激素的分泌具有昼夜节律性，即上午 8 ~ 10 时为分泌高潮，随后逐渐下降，午夜 12 时为分泌低潮期。临床用药配合这种生理的节律性进行，可减少不良反应的发生。

项目练习

一、判断题：关于下列说法正确的打"√"，错误的打"×"。

1. 长期使用糖皮质激素的患者应给予低盐、低糖、高钙、高蛋白饮食。 ( )
2. 糖皮质激素的抗毒作用是由于对细菌的内毒素有破坏作用。 ( )
3. 糖皮质激素适用于严重哮喘伴有重度高血压的患者。 ( )
4. 水痘患儿不可用糖皮质激素。 ( )

二、选择题：每小题有四个备选答案，请从中选择一个最佳答案。

1. 糖皮质激素无哪种作用

A. 抗炎　　B. 抗菌

C. 抗免疫　　D. 抗毒

2. 糖皮质激素的停药反应是

A. 类肾上腺皮质功能亢进综合征

B. 肾上腺皮质功能减退症

C. 诱发溃疡

D. 加重感染

3. 禁用糖皮质激素类药物的疾病是

A. 中毒性菌痢　　B. 感染性休克

C. 活动性消化性溃疡病　　D. 重症伤寒

4. 长效糖皮质激素是

A. 可的松　　B. 地塞米松

C. 泼尼松　　D. 曲安西龙

5. 糖皮质激素不能治疗

A. 过敏性疾病　　B. 自身免疫性疾病

C. 感染中毒性休克　　D. 老年骨质疏松症

6. 泼尼松隔日一次疗法的给药时间最好在隔日

A. 上午 8 点　　B. 中午 12 点

C. 下午 4 点　　D. 晚上 8 点

项目二十四　降血糖药

考核要点

1. 胰岛素的药理作用、用途、不良反应及用药注意事项。

2. 口服降血糖药的作用特点和用药注意事项。

3. 指导糖尿病患者合理使用降血糖药。

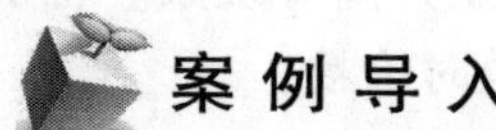

案例导入

患者,男性,60 岁,因多饮、多食、多尿、体重减轻就诊。实验室检查:空腹血糖 13.5mmol/L。医生诊断为:2 型糖尿病。医嘱:口服二甲双胍治疗。

问题:

1. 降血糖药有哪几类?各有何作用特点?

2. 为该患者选择二甲双胍是否合理?为什么?

项目知识

糖尿病分为 1 型糖尿病和 2 型糖尿病。治疗时须采取综合治疗,在控制饮食和合理运动的基础上,根据病情选用胰岛素或口服降血糖药等治疗。

(一) 胰岛素

目前临床常用的胰岛素分为四大类:超短效类有门冬胰岛素和赖脯胰岛素;短效类有正规胰岛素;中效类低精蛋白锌胰岛素等;长效类有精蛋白锌胰岛素等。胰岛素口服易被消化酶破坏而失效,因此必须注射给药。常采用皮下注射。

【药理作用与临床应用】　本品通过对糖、脂肪、蛋白质代谢的影响而产生降血糖作用。另外,还能促进钾离子转运等。

对各型糖尿病均有疗效。临床主要用于 1 型糖尿病、经饮食或口服降糖药未能控制的 2 型糖尿病及糖尿病合并并发症患者等。与葡萄糖合用可纠正细胞内缺钾,用于防治心肌梗死引起的心律失常。

【不良反应及用药注意】　常见低血糖,多发生于用药过量,或注射后未按时进餐,体力活动增加及洗热水澡时。表现为饥饿感、出汗、苍白、心悸、震颤、头痛及精神异常等症;严重者可出现昏迷、惊厥、休克,甚至死亡。应告知患者症状及一般防治方法。发生时可饮用糖水缓解,严重时宜静脉注射50%葡萄糖。另外还可能出现胰岛素抵抗、局部脂肪萎缩及过敏反应等。

(二) 口服降糖药

目前常用口服降血压糖药主要有磺酰脲类、双胍类、α-葡萄糖苷酶抑制剂、促胰岛素分泌剂、胰岛素增敏剂等。

1. 磺酰脲类　目前常用药可分为两代。一代有甲苯磺丁脲、氯磺丙脲、醋磺己脲等;二代有格列本脲(优降糖)、格列吡嗪、格列喹酮、格列奇特等。第二代较第一代降血糖作用强,且不良反应少,故临床较常用。

【药理作用与临床应用】　磺酰脲类药物可作用于胰岛β细胞,刺激胰岛素分泌;还可减少肝脏对胰岛素的清除,增加体内胰岛素水平而降低血糖。临床主要用于治疗2型糖尿病。氯磺丙脲还可用于治疗尿崩症。

【不良反应及用药注意】　主要为胃肠不适、过敏反应、眩晕、嗜睡及持久性低血糖。

【药物相互作用】　磺酰脲类与血浆蛋白结合率高,与磺胺类、香豆素类、吲哚美辛等有竞争抑制作用。

2. 双胍类　常用药物有二甲双胍和苯乙双胍(降糖灵)。

主要通过促进外周组织摄取葡萄糖、抑制葡萄糖异生、降低肝糖原输出、延迟葡萄糖在肠道吸收而达到降低血糖的作用。主要用于2型糖尿病,尤其是肥胖单用饮食控制无效者。不良反应主要有胃肠道反应和乳酸血症。

3. 促胰岛素分泌剂　主要有瑞格列奈和那格列奈等。

通过促进胰腺β细胞分泌胰岛素而产生降血糖作用。主要用于2型糖尿病患者。不良反应有低血糖、头痛、腹泻等。

4. α-葡萄糖苷酶抑制剂　目前用于临床的有米格列醇、阿卡波糖、伏格列波糖等。

本类药物竞争性抑制小肠α-葡萄糖苷酶,延缓淀粉、蔗糖及麦芽糖在小肠分解为葡萄糖,降低餐后血糖。主要用于其他口服降血糖药疗效不佳的2型糖尿病。不良反应主要有腹气胀、腹泻等。

5. 胰岛素增敏剂　常用药物有罗格列酮、吡格列酮、曲格列酮、环格列酮、恩格列酮等。

本类药物通过提高靶组织对胰岛素的敏感性,提高利用胰岛素的能力,改善糖代谢及脂质代谢,有效降低空腹及餐后血糖。主要用于治疗2型糖尿病。单独使用不引起低血糖,常与其他类口服降血糖药合用,产生明显的协同作用。不良反应有嗜睡、头痛及胃肠道反应等。

项目练习

一、判断题:关于下列说法正确的打"√",错误的打"×"。

1. 胰岛素口服无效,必须注射给药。　(　)
2. 格列本脲和苯乙双胍均为口服降血糖药。　(　)

二、选择题:每小题有四个备选答案,请从中选择一个最佳答案。

1. 对各型糖尿病都有效的药物是
A. 胰岛素　B. 二甲双胍
C. 甲苯磺丁脲　D. 阿卡波糖
2. 注射胰岛素发生严重低血糖时宜静脉注射哪种治疗
A. 5%葡萄糖溶液　B. 10%葡萄糖溶液
C. 50%葡萄糖溶液　D. 0.9%的氯化钠溶液
3. 糖尿病合并并发症患者必须使用下列哪项治疗
A. 胰岛素　B. 二甲双胍
C. 甲苯磺丁脲　D. 阿卡波糖
4. 易引起严重低血糖不良反应的口服降血糖药是
A. 双胍类

B. 磺酰脲类

C. α-葡萄糖苷酶抑制剂

D. 胰岛素增敏剂

5. 易引起乳酸血症的口服降血糖药是

A. 双胍类

B. 磺酰脲类

C. α-葡萄糖苷酶抑制剂

D. 胰岛素增敏剂

项目二十五　避　孕　药

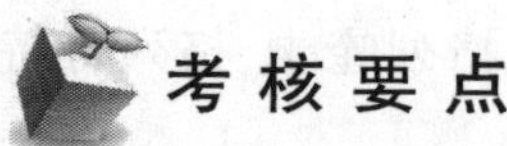

考核要点

1. 常用避孕药的种类、作用特点及用药注意事项。
2. 指导使用避孕药。

项目知识

常用避孕药有主要抑制排卵药、干扰孕卵着床药、输卵管和输精管黏堵剂和抗早孕药等。

(一) 主要抑制排卵药

本类药物为雌激素和孕激素类药物组成的复方制剂,通过抑制排卵、干扰孕卵着床和使宫颈黏液黏稠度增加而影响精子运行,产生避孕作用。本类药物应用不受月经周期的限制,排卵前、排卵期和排卵后服用,均可影响受精卵着床。按规定服药,避孕效果可达 99% 以上,停药后生殖能力很快恢复。

可有恶心、呕吐、乳房胀痛等类早孕反应,坚持用药 2 ~ 3 个月后症状减轻或消失;少数用药者发生子宫不规则出血,可加服炔雌醇;连续闭经 2 个月,应予停药。可诱发血栓栓塞性疾病,应予注意。可有血压升高,哺乳期妇女用药可使乳汁分泌减少。充血性心力衰竭者、糖尿病需用胰岛素者、高血压者、子宫肌瘤者慎用。急慢性肝炎、肾炎、乳房肿块者禁用。

(二) 干扰孕卵着床药

本类药物为大剂量孕激素,也称探亲避孕药。常用药有甲地孕酮(探亲避孕 1 号片)和炔诺孕酮(探亲避孕片)。

能抑制子宫内膜发育和分泌功能,干扰孕卵着床而避孕。主要特点是在使用时间上灵活方便,不受月经周期的限制,无论在排卵前、排卵期和排卵后服用都有效。夫妻探亲同居当晚或房事后服用,避孕工具失败或没有采取措施者,均可口服本类药物作为避孕的应急措施。

(三) 输卵管和输精管黏堵剂

复方苯酚糊又称注射用绝育剂,注入宫腔后导致组织纤维化,使输卵管或输精管闭塞。方法简便,可替代手术结扎绝育。

(四) 抗早孕药

米非司酮

【药理作用与临床应用】

(1) 干扰孕卵着床:可抑制子宫内膜的正常转化,产生干扰孕卵着床作用。

(2) 抗早孕:破坏子宫蜕膜,使子宫收缩活动增强,子宫颈软化与扩张,具有抗早孕作用。

(3) 终止早孕:与前列腺素衍生物(如米索前列醇等)合用,可促进子宫平滑肌收缩、软化且扩张宫颈而诱发流产,是安全、高效、简便、无创伤的非手术终止早孕的方法。

(4) 还可用于房事后紧急避孕、子宫内膜异位症、诱导分娩等。

【不良反应及用药注意】 常在用药后引起下一次月经期延长，无须特殊处理。用药前后避免使用阿司匹林类解热镇痛药。

项目练习

一、判断题：关于下列说法正确的打"√"，错误的打"×"。

1. 避孕药均由雄激素和孕激素组成。 ( )
2. 单用米非司酮可终止早孕。 ( )

二、选择题：每小题有四个备选答案，请从中选择一个最佳答案。

1. 探亲避孕1号片是

A. 主要抑制排卵药
B. 干扰孕卵着床药
C. 输卵管和输精管黏堵剂
D. 抗早孕药

2. 服用短效避孕药期间出现阴道不规则流血，正确处理应选择

A. 停药 B. 用止血药
C. 减少避孕药量 D. 加服炔雌醇

项目二十六 抗甲状腺激素药

考核要点

1. 硫脲类药物的药理作用、用途、不良反应及用药注意事项。
2. 普萘洛尔治疗甲亢的药理作用及应用。
3. 能指导甲亢患者合理用药。

案例导入

患者，女性，30，出现怕热、多汗、心悸、手抖、乏力等症状2年，查体：甲状腺双侧二度肿大，眼球轻度突出，双手震颤，诊断为甲状腺功能亢进症。医嘱：口服丙硫氧嘧啶片剂治疗。两周后症状减轻。

问题：

1. 丙硫氧嘧啶治疗甲状腺功能亢进症的依据是什么？为什么用药两周后症状才减轻？
2. 使用丙硫氧嘧啶时应注意什么？

项目知识

目前治疗甲亢的药物有：硫脲类、碘化物、放射性碘和β受体阻断药。

硫脲类

本类药物常用的有甲硫氧嘧啶、丙硫氧嘧啶、卡比马唑（甲亢平）和甲巯咪唑（他巴唑）等。

【药理作用与临床应用】 本类药物通过抑制甲状腺激素的合成，产生抗甲状腺激素的作用。对已合成的甲状腺激素无拮抗作用，故起效慢。用药后2～3周症状开始减轻，1～2个月基础代谢率恢复正常。

临床主要用于甲亢的内科治疗、甲状腺手术的术前准备及甲状腺危象。

【不良反应及用药注意】 常见瘙痒、皮疹、发热等过敏反应症状。最严重的不良反应是粒细胞缺乏症，若用药后出现咽痛或发热，应立即检查血象，停药后可恢复。结节性甲状腺肿及甲状腺癌的患者禁用，孕妇和哺乳期妇女禁用。

碘及碘化物

常用药物有碘化钾、复方碘溶液等。

【药理作用与临床应用】

(1) 小剂量碘作为合成甲状腺激素的原料,参与甲状腺激素合成,可用于预防单纯性甲状腺肿大。

(2) 大剂量的碘主要抑制甲状腺激素的释放,也抑制其合成,作用快而强。还能抑制甲状腺腺体的增生,使腺体缩小、变硬、边界清楚,血管减少,有利于进行手术及减少出血。常与硫脲类合用于甲亢患者甲状腺手术前准备和甲状腺危象。

【不良反应及用药注意】 常见过敏反应、慢性碘中毒和诱发甲亢。碘可通过胎盘屏障,并可进入乳汁引起新生儿甲状腺肿。孕妇、哺乳妇女慎用,对碘化物过敏者禁用。

普萘洛尔

本品通过阻断中枢和外周的β受体,减轻甲亢患者交感神经兴奋,可有效地对抗甲亢患者的心率加快、焦虑等症状。临床主要用于控制甲亢症状、甲亢术前准备及甲状腺危象的辅助治疗。

项目练习

一、判断题:关于下列说法正确的打"√",错误的打"×"。

1. 小剂量的碘可用于预防单纯性甲状腺肿大。 ( )
2. 大剂量的碘抗甲状腺激素的作用快而强,可用于甲亢的内科治疗。 ( )

二、选择题:每小题有四个备选答案,请从中选择一个最佳答案。

1. 不属于丙硫氧嘧啶适应证的是
   A. 轻度甲亢内科治疗 B. 甲状腺危象
   C. 甲亢手术前准备 D. 单纯性甲状腺肿
2. 用药后若出现咽痛或发热,应立即检查血象的药物是
   A. 处方碘溶液 B. 普萘洛尔
   C. 碘化钠 D. 卡比马唑

项目二十七 子宫平滑肌收缩药

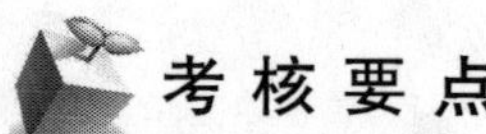

考核要点

1. 缩宫素的药理作用、用途、不良反应及用药注意事项。
2. 麦角生物碱、前列腺素的作用特点和用药注意事项。
3. 能指导患者正确使用子宫平滑肌收缩药。

案例导入

患者,女性,26岁,初产妇,预产期前一周,因感觉腹部疼痛入院,待产3日未分娩,医生诊断为:宫缩无力。查体:胎心、血压正常,医嘱静脉滴注缩宫素2.5U,顺利分娩。

1. 可用于催产引产的药物有哪些?
2. 缩宫素的用药注意是什么?

子宫平滑肌收缩药是一类选择性兴奋子宫平滑肌,使子宫收缩力增强的药物,包括缩宫素、麦角生物碱和前列腺素等。

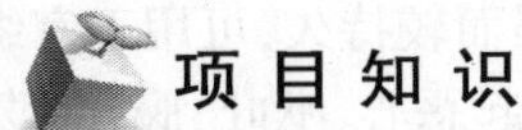

项目知识

缩宫素

缩宫素又称催产素,是垂体后叶素的主要成分。

【药理作用与临床应用】

(1) 催产和引产:小剂量(2~5U)可引起子宫节律收缩,其收缩性质与正常分娩相似,有利于胎儿顺利娩出。对胎位正常、产道无障碍而宫缩乏力者的难产,在宫口开全时可加强子宫收缩力,促进分娩,进行催产。对于死胎、过期妊娠或因疾病和其他原因需提前终止妊娠者,可进行引产。

(2) 产后止血:大剂量(5~10U)使子宫产生持续性强直收缩,在分娩过程中对孕妇和胎儿均不利。但强直收缩时压迫子宫肌层内血管可用于产后止血。

(3) 催乳作用:刺激乳腺的平滑肌收缩,有助于乳汁排出,但并不增加乳腺的乳汁分泌量。

【不良反应及用药注意】 偶有恶心、呕吐、心率加快或心律失常。过量可引起子宫强直收缩,导致胎儿宫内窒息或子宫破裂。故使用中应严格掌握剂量和速度。

用于催产引产时,每次2.5U,用5%葡萄糖液500ml稀释后,先以每分钟8~10滴的速度静脉滴注,再根据胎儿心率、孕妇子宫收缩及血压情况调整滴注速度,滴速不得超过每分钟40滴。用于产后止血时应皮下或肌内注射5~10U的缩宫素,但作用短暂,需加麦角生物碱制剂,或用缩宫素滴鼻维持疗效。

骨盆过窄,产道受阻,明显头盆不称及胎位异常,有剖宫产史,前置胎盘,胎儿窘迫,宫缩过强,多胎妊娠,子宫过大(包括羊水过多),严重的妊娠高血压综合征者禁用。

麦角生物碱

常用药主要有麦角新碱、麦角胺、麦角毒。

【药理作用与临床应用】

(1) 产后止血:麦角新碱收缩子宫作用强大、持久,剂量稍大引起强直性收缩,故禁用于催产引产。可用于产后出血和子宫复旧不全。

(2) 收缩血管:麦角胺收缩脑血管,减少脑动脉波动幅度,减轻偏头痛,可用于偏头痛的治疗。与咖啡因合用有协同作用。

【不良反应及用药注意】 注射麦角新碱可出现恶心、呕吐、血压增高等,偶有过敏反应。麦角胺和麦角毒大剂量或反复应用可损伤血管内皮细胞,造成肢端坏死,妊娠高血压的产妇慎用,动脉硬化及冠心病患者禁用。

前列腺素

作为子宫平滑肌收缩药的前列腺素有地诺前列酮、地诺前列素、卡前列素、米索前列醇、吉美前列素等。

【药理作用与临床应用】 本类药能兴奋子宫平滑肌,对妊娠各期子宫均有收缩作用,对临产子宫作用最强。在增强子宫平滑肌节律性收缩的同时,促使子宫颈软化和扩张。

(1) 催产:可使用地诺前列酮。

(2) 抗早孕和抗中孕:常与抗孕激素药米非司酮等配伍应用。

(3) 过期妊娠、葡萄胎和死胎引产:可静脉滴注地诺前列素、地诺前列酮等,也可羊膜腔内给药。

(4) 产后止血:卡前列素作用强而较持久,可用于宫缩乏力引起的顽固性产后出血。

【不良反应及用药注意】 可引起恶心、呕吐、腹痛、腹泻等消化道症状,诱发哮喘,甚至产生呼吸困难,哮喘患者禁用,还可引起血管扩张,导致面红、头晕、低血压等不良反应。

项目练习

一、判断题:关于下列说法正确的打"√",错误的打"×"。

1. 缩宫素和麦角新碱都能兴奋子宫平滑肌,故都可用于催产和引产。 ( )
2. 缩宫素、麦角新碱和卡前列素都能用于产后止血。 ( )

二、选择题:每小题有四个备选答案,请从中选择一个最佳答案。

1. 小剂量缩宫素的主要临床应用是
   A. 催产和引产 B. 产后止血
   C. 催乳 D. 产后止血
2. 麦角新碱主要临床应用是
   A. 产后止血 B. 催产
   C. 引产 D. 抗早孕
3. 大剂量或反复应用可损伤血管内皮细胞,造成肢端坏死的药物是
   A. 缩宫素 B. 麦角新碱
   C. 麦角胺 D. 前列腺素
4. 下列哪个不是子宫兴奋药
   A. 缩宫素 B. 麦角新碱
   C. 米非司酮 D. 前列腺素

项目二十八 维生素类药物及钙剂

考核要点

1. 常用维生素类药物的用途、不良反应及用药注意事项。
2. 常用维生素类药物与其他药物的相互作用。
3. 能指导患者合理使用维生素类药物和钙剂。

案例导入

患者,女性,8个月,因右侧大腿肿胀10天入院。发病初期精神差,烦躁不安,食欲下降等表现,而后出现右侧大腿肿胀、拒按、哭闹。实验室检查:铁、锌含量低于正常范围,维生素 B_{12}、叶酸在正常范围。双下肢正位片:右下肢软组织肿胀,股骨干两侧可见骨膜下出血影。临床诊断:维生素C缺乏症。

问题:

1. 该患者可用何药物治疗?为什么?
2. 使用维生素C时要注意些什么?

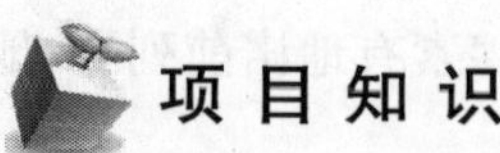

项目知识

一、维生素类药

维生素是机体维持正常代谢功能所必需的一类微量活性物质,除少数由肠道细菌产生外,大多数需要从食物中获得。如果来源不足,吸收量减少或需要量增加时,就会产生维生素缺乏症。维生素主要用于各种维生素缺乏症的防治,有时也作为某些疾病的辅助治疗。维生素主要分为水溶性和脂溶性两大类。

(一) 水溶性维生素

常用的有维生素 B_1、维生素 B_2、维生素 B_6、维生素 B_{12}、维生素 C,烟酸和烟酰胺(统称为维生素 PP)、肌醇、叶酸等。

维 生 素 C

又名抗坏血酸,广泛存在于新鲜蔬菜和水果中,生理需要量约每日 25mg。

【药理作用与临床应用】 维生素 C 参与氨基酸、神经递质、胶原蛋白和组织细胞间质的合成。当缺乏时,毛细血管脆性和通透性增加,使伤口、溃疡不易愈合,骨骼、牙齿易折或脱落,皮下和黏膜等处出血,称"维生素 C 缺乏病"。也能促进铁的吸收,降低胆固醇,增强机体抗病能力,并具有一定的解毒、抗病、抗衰老和抗癌作用。

主要用于:①预防维生素 C 缺乏病。②肝硬化、急性肝炎及砷、汞、铅等慢性中毒时肝脏的损伤治疗。③克山病患者发生心源性休克的治疗。④贫血、过敏性皮肤病、高脂血症和感冒等的治疗。⑤各种急慢性传染性疾病及紫癜等病的辅助治疗。

【不良反应及用药注意】 少见,但大剂量使用可致泌尿道形成尿酸盐、半胱氨酸盐、草酸盐结石;每日服用 1g 以上可引起腹泻、皮肤红而亮、头痛、尿频、恶心呕吐、胃痉挛;孕妇服用过量时可产生新生儿坏血病。

半胱氨酸尿症、痛风、高草酸盐尿症、草酸盐沉积症、尿酸盐性肾结石、糖尿病、葡萄糖-6-磷酸脱氢酶缺乏症、血色病、铁粒幼细胞性贫血或地中海贫血、镰形红细胞贫血等慎用。

【药物相互作用】 ①大剂量维生素 C 干扰抗凝药的抗凝效果。②巴比妥、阿司匹林、四环素能促进维生素 C 的排泄。③碱性药物(如氨茶碱、碳酸氢钠、谷氨酸钠等)核黄素、铜等不宜与维生素 C 配伍,以免影响疗效。④维生素 K_3 有氧化性,可产生氧化还原反应,使两者疗效减弱或消失。

维 生 素 B_1

又名盐酸硫胺,在米糠、麦麸、黄豆、酵母、瘦肉中含量丰富。

【药理作用与临床应用】 维生素 B_1 参与糖代谢过程。当体内缺乏时,由于糖代谢紊乱,使血液、尿及脑组织中丙酮酸含量增高,出现多发性神经炎、肌肉萎缩、下肢水肿等症状。还具有维持正常的消化腺分泌和胃肠蠕动的作用。

适用于维生素 B_1 缺乏的脚气病的治疗。也可用于维生素 B_1 缺乏引起的周围神经炎、消化不良等。

【不良反应及用药注意】 注射时偶见过敏反应,个别可发生过敏性休克,故除急需补充的情况外,很少用于注射。

【药物相互作用】 本品在碱性药物中易分解变质,故不宜与碳酸氢钠、枸橼酸钠等碱性药物配伍。

维 生 素 B_2

又名核黄素,广泛存在于绿叶蔬菜、肝、蛋、肉类、酵母、黄豆中。

维生素 B_2 在体内氧化还原过程中起传递氢的作用,参与糖、脂肪、蛋白质代谢。缺乏时,机体代谢障碍,可出现口角炎、唇炎、舌炎、结膜炎、阴囊炎、脂溢性皮炎等,可用本品治疗。

使用本药,尿呈黄绿色。

维 生 素 B_6

维生素 B_6 又名吡多辛,广泛存在于鱼、肉、蛋、豆类和谷物中。

【药理作用与临床应用】 维生素 B_6 包括吡多醇、吡多醛和吡多胺三种结构类似的化合物。在体内经磷酸化后作为辅酶参与氨基酸和脂肪的代谢,以及神经递质 γ-氨基丁酸的生物合成。缺乏时可发生皮肤、神经系统症状。

可用于防治放射病、妊娠及抗癌药所致的恶心、呕吐,防治异烟肼引起的周围神经炎、失眠,辅助治疗贫血、动脉硬化、肝病等,外用软膏可治疗痤疮、酒糟鼻、脂溢性皮炎等。

【不良反应及用药注意】 罕见过敏反应。孕妇接受大量维生素 B_6,可致新生儿维生素 B_6 依赖综合征。

【药物相互作用】 可降低左旋多巴胺治疗帕金森病的疗效,氯霉素、乙硫异烟胺、免疫抑制剂、异烟肼、环孢素、青霉胺等拮抗维生素 B_6 或增加维生素 B_6 经肾排泄,可引起贫血或周围神经炎。

(二)脂溶性维生素

常用的有维生素 A、维生素 D、维生素 E、维生素 K。

维生素 A

维生素 A 在动物的肝、蛋黄、乳汁中含量丰富,植物中胡萝卜含有较多的 β-胡萝卜素,为维生素 A 原,在体内可转化为维生素 A。

【药理作用与临床应用】 维生素 A 具有促进生长、维持上皮细胞组织正常机能的作用,并参与视紫红质的合成,增强视网膜的感光力。主要用于治疗夜盲症、眼干燥症、角膜软化症、皮肤干燥的防治。

【不良反应及用药注意】 维生素 A 一般无毒,但长期大剂量服用可引起皮肤发痒、食欲不振、脱发、骨痛等病症。摄入过量可致严重中毒甚至死亡。

【药物相互作用】 维生素 A 经小肠吸收,食物中的脂肪、蛋白质、维生素 E 可促进其吸收。与抗酸药氢氧化铝等同服可影响本品的吸收。

维生素 D

维生素 D 均为类固醇的衍生物,主要有维生素 D_2 和维生素 D_3 两种。植物中含有麦角固醇,经日光和紫外线照射可转化为人体可吸收的维生素 D_2(骨化醇);维生素 D 含于肝、奶、蛋黄中,以鱼肝油中含量最丰富;人体皮下含 7-脱氢胆固醇,在日光和紫外线照射下可转变成维生素 D_3。

可促进小肠、肾小管对钙、磷的重吸收,促进骨代谢,维持血钙、血磷的平衡,促进骨组织钙化及维持神经肌肉的正常兴奋性。主要用于防治佝偻病、骨软化症、手足抽搐症及老年性骨质疏松症。

长期大量应用可发生食欲不振、呕吐、腹泻,血钙过高,肾及关节等软组织钙化等症。

维生素 E

又名生育酚,富含于麦胚油、豆类、蔬菜和玉米中。

【药理作用与临床应用】 维生素 E 有很强的抗氧化作用,能与氧自由基发生反应,减轻其对生物膜的损伤,发挥对生物膜的保护作用。此外,维生素 E 还可促进精子生成和活动,增加卵泡成熟,增强孕酮作用。

用于习惯性流产、不育症,也可用于心血管疾病、脂肪肝等的辅助治疗。也有一定的抗衰老作用。

【不良反应及用药注意】 大剂量引起恶心、呕吐、眩晕、头痛、视物模糊、皮肤皲裂、唇炎、口角炎、胃肠功能紊乱、腹泻及出血倾向,并改变内分泌,乳腺肿大,影响性功能。

【药物相互作用】 应避免与香豆素及其衍生物同用，以防止低凝血酶原症发生；可促进维生素 A 的吸收、利用和肝脏储存；缺铁性贫血补充铁制剂时对维生素 E 的需要量增加。

二、钙 剂

常用的钙剂有葡萄糖酸钙、乳酸钙、氯化钙等。

【药理作用与临床应用】 钙剂具有降低毛细血管通透性、维持神经肌肉的正常兴奋性、解救镁离子中毒的作用。此外，钙还是构成骨骼和牙齿的重要组成成分，钙离子可加强心肌收缩力和参与血液凝固过程。

口服钙剂常同时配伍维生素 D，用于防治佝偻病、骨软化症、手足抽搐症及老年性骨质疏松症。静脉注射钙剂可用于治疗过敏性疾病如荨麻疹、血管神经性水肿、接触性皮炎等，也可用于硫酸镁过量中毒的解救。

【不良反应及用药注意】 静脉注射可引起全身发热，静脉注射过快可产生心律失常甚至心跳停止，故应稀释后缓慢注射，并避免药液漏出血管外引起剧痛和局部组织坏死。如药液外漏时应以 0.5% 普鲁卡因注射液局部封闭。

【药物相互作用】 在强心苷治疗期间禁忌静脉注射钙剂，以免加重强心苷的心脏毒性；钙离子与四环素形成络合物而影响吸收，故二者不宜合用。

项目练习

一、判断题：关于下列说法，正确的打"√"，错误的打"×"。

1. 维生素类药物都无不良反应。 （ ）
2. 长期大剂量服用鱼肝油胶丸，可预防小儿佝偻病。 （ ）
3. 钙能维持神经肌肉兴奋性，补钙过量则发生手足抽搐症。 （ ）
4. 佝偻病是严重缺 Ca^{2+} 所致，应静脉注射钙剂，以利于及时纠正缺钙。 （ ）
5. 当发生荨麻症、湿疹等皮肤过敏性疾病时，应静脉注射钙剂予以治疗。 （ ）

二、选择题：每小题有四个备选答案，请从中选择一个最佳答案。

1. 对维生素 C 的叙述，哪项是错误的
   A. 促进铁的吸收 B. 治疗失眠
   C. 参与机体解毒过程 D. 参与防治动脉粥样硬化
2. 下列哪项不属于维生素 B_6 的治疗作用
   A. 妊娠呕吐 B. 脂溢性湿疹
   C. 先兆性流产 D. 预防婴儿惊厥
3. 维生素 A 可用于防治
   A. 脚气病 B. 坏血病
   C. 骨软化症 D. 眼干燥症
4. 对钙、磷代谢及小儿骨骼生长有影响的是
   A. 维生素 A B. 维生素 B
   C. 维生素 C D. 维生素 D
5. 具有抗氧化和保护生物膜作用的药物是
   A. 维生素 D B. 维生素 E
   C. 维生素 A D. 维生素 B_1
6. 钙剂的作用不是
   A. 抗过敏 B. 参与凝血过程
   C. 增强神经肌肉兴奋性 D. 促进骨骼生长

项目二十九 抗寄生虫病药

考核要点

1. 抗肠蠕虫病药的用途、不良反应及用药注意事项。
2. 甲硝唑的用途、不良反应及用药注意事项。

3. 能指导患者合理使用抗寄生虫病药。

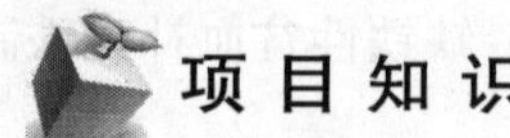

项目知识

(一) 抗肠蠕虫病药

肠道内寄生的蠕虫主要有绦虫和线虫,我国肠蠕虫病以线虫(如蛔虫、蛲虫、钩虫、鞭虫)感染最普遍。抗肠蠕虫药主要是通过干扰蠕虫活动,引起虫体麻痹或痉挛,将其驱逐出体外。常用药物有甲苯哒唑、阿苯哒唑、哌嗪、噻嘧啶、左旋咪唑、氯硝柳胺、吡喹酮等。

阿苯哒唑

又名肠虫清。

具有高效、低毒、广谱的特点。对蛔虫、蛲虫、钩虫、鞭虫、绦虫、粪类圆线虫等有驱虫作用。

本品不良反应较轻,常见有头晕、嗜睡、乏力、口干、食欲不振、恶心、腹痛、腹泻等症状,多在数小时内自行缓解,不必停药。本品也有致畸作用,孕妇及2岁以内儿童忌用。严重肝、肾、心功能不全及溃疡病患者慎用。

哌嗪

是一种高效、低毒的驱蛔虫、蛲虫药物。主要用于驱蛔虫和蛲虫。

由于本品在麻醉虫体前没有兴奋作用,故使用较为安全,不良反应较小,偶有胃肠道反应和荨麻疹,过量时可引起震颤、共济失调、眩晕、乏力、健忘等。

左旋咪唑

对蛔虫、蛲虫、钩虫感染都有作用。用于蛔虫、蛲虫、钩虫感染。对蛔虫疗效最好,比哌嗪作用快而强。对十二指肠钩虫效果也较好。还有抗丝虫病和提高机体免疫功能的作用。

常见不良反应有恶心、呕吐、腹痛、失眠和头痛等,多在短期内消失。妊娠早期慎用,肝、肾功能不全者禁用。不宜与亲脂性药物同服。

氯硝柳胺

又名灭绦灵。

对血吸虫的尾蚴和毛蚴有杀灭作用,可用于血吸虫病的预防。对牛肉绦虫、猪肉绦虫、阔节裂头绦虫和短膜壳绦虫均有良好疗效,尤以对牛肉绦虫的疗效为佳。

不良反应有头晕、胸闷、腹痛、发热及瘙痒等。

(二) 抗阿米巴病药与抗滴虫病药

甲硝唑

又名灭滴灵。

【药理作用与临床应用】 具有抗阿米巴原虫、抗滴虫、抗厌氧菌、抗贾第鞭毛虫的作用。主要用于治疗肠内、外阿米巴病(如阿米巴痢疾、阿米巴肝脓肿等),阴道滴虫病、厌氧菌引起的全身感染,以及是目前治疗贾第鞭毛虫最有效的药物。

【不良反应及用药注意】 常见有恶心、厌食、口腔有金属味。偶见呕吐、腹痛、腹泻、头痛、眩晕、肢体麻木。少数可出现荨麻疹、瘙痒、潮红、排尿困难和白细胞下降等,停药多能恢复。有中枢神经系统疾患、血液病及早期妊娠、哺乳期妇女禁用。

【药物相互作用】 本品可抑制乙醇代谢,服药期间饮酒可致急性乙醛中毒,故服药期间禁酒。

本类药物还有替硝唑、奥硝唑、哌硝噻唑等,其作用、用途和不良反应与甲硝唑相似。

项目练习

一、判断题：关于下列说法，正确的打"√"，错误的打"×"。

1. 左旋咪唑除有驱虫作用外，还有免疫增强作用。（ ）
2. 甲硝唑为广谱驱肠虫药，对蛔虫、蛲虫、钩虫、鞭虫、绦虫均有效。（ ）

二、选择题：每小题有四个备选答案，请从中选择一个最佳答案。

1. 广谱驱肠虫药是
   A. 氯硝柳胺 B. 阿苯达唑
   C. 甲硝唑 D. 哌嗪
2. 关于阿苯达唑，下列哪点不正确
   A. 广谱驱肠虫药 B. 肝功能不良者慎用
   C. 孕妇可安全使用 D. 不良反应轻
3. 牛肉绦虫病首选药是
   A. 甲硝唑 B. 阿苯哒唑
   C. 左旋咪唑 D. 氯硝柳胺
4. 能杀灭阿米巴滋养体和阴道滴虫的药物是
   A. 阿苯哒唑 B. 哌嗪
   C. 左旋咪唑 D. 甲硝唑

项目三十 消毒防腐药

考核要点

1. 常用消毒防腐药的作用特点及应用。
2. 常用消毒防腐药应用注意事项。
3. 能指导患者合理使用消毒防腐药。

项目知识

消毒防腐药是指能抑制病原微生物的生长繁殖或杀灭病原微生物的药物。这类药物大多是利用本身的理化特性，使蛋白质变性或凝固而使酶的活性降低或消失，或使胞质膜通透性发生改变而发挥作用。他们对各种生活机体组织、细胞无明显选择性，对人体往往也有强烈毒性，故不能作全身用药，主要用于皮肤黏膜、器械、排泄物和环境的消毒。常用药物有乙醇、碘酊、苯扎溴铵、高锰酸钾、甲醛、甲酚、过氧乙酸、水杨酸、苯甲酸、过氧化氢、氧化锌、炉甘石、度米芬等。

乙 醇

又名酒精。

本品易燃、易挥发，能与水任意混合。对细菌繁殖体有强大的杀灭作用，但对芽孢、病毒及真菌无效。75%乙醇杀菌力最强，常用于皮肤消毒及一般医疗器械消毒，但不用于手术器械消毒；20%～30%的乙醇溶液用于皮肤涂擦降温；50%的乙醇溶液用于皮肤涂擦，促进局部血液循环，防止压疮发生。

碘 酊

碘有强大的抗菌活性，对芽孢、真菌、病毒、原虫均有杀灭作用。临床常用聚维酮碘和碘酊。

碘酊又名碘酒，2%的碘酊常用于一般皮肤消毒或皮肤感染；3.5%～5%用于手术时皮肤消毒，稍干后用乙醇脱碘以免引起皮炎。因刺激性强，不宜用于破损皮肤、会阴皮肤及眼和口腔黏膜的消毒。

过氧乙酸

本品为强氧化剂，遇有机物放出新生态氧而起氧化抗菌作用，对细菌、芽孢、真菌、病毒等有高效的杀灭作用。0.1%～0.2% 溶液用于洗手消毒,浸泡 1 分钟即可;0.3%～0.5% 溶液用于器械消毒,浸泡 15 分钟;1% 用于衣服、被单消毒,浸泡 2 小时。

水杨酸

又名柳酸。

本品对细菌、真菌有杀灭作用,有刺激性,10%～20% 可溶解角质层,治疗鸡眼和疣;3% 溶液或 5% 软膏用于表皮癣病。

苯甲酸

又名安息香酸。

本品在酸性环境下抗真菌作用强,常与水杨酸等制成复方醇溶液(如土槿皮酊),用于体癣、手足癣等。本品毒性小,无毒、无味,可作食品防腐剂。

鱼石脂

为黑色含硫及酚的膏状物。具有温和的刺激性和消炎防腐作用。10%～20% 的软膏用于疖肿。

高锰酸钾

本品为强氧化剂,有较强的杀菌作用。还原后形成氧化锰与蛋白质结合成复合物,具有收敛作用。0.1%～0.5% 用于膀胱及创面洗涤;0.01%～0.02% 溶液用于某些药物中毒时洗胃;0.0125% 用于阴道冲洗或坐浴; 0.1% 用于湿烂性皮肤病。

过氧化氢

又名双氧水。

本品为氧化剂,遇有机物释放出氧产生气泡,具有消毒防腐和除臭作用。但杀菌力弱,作用时间短。3% 的溶液可用于冲洗创面、溃疡等;1% 溶液可用于口腔炎、扁桃体炎、化脓性中耳炎、坏死性牙龈炎等。

苯扎溴铵

又名新洁尔灭。

本品杀菌和去污作用快而强,毒性低、无腐蚀性、应用方便。0.05%～0.1% 用于手术前洗手消毒;0.01%～0.05% 用于黏膜消毒;0.1% 用于皮肤消毒、器械消毒(浸泡 30 分钟,金属器械需加 0.5% 的亚硝酸钠以防锈)。本品不良反应小,偶见过敏。

度米芬

又名消毒宁。

本品杀菌作用似苯扎溴铵。0.02%～0.05% 溶液用于创面、黏膜消毒;0.05%～0.1% 用于皮肤、器械消毒(加 0.5% 的亚硝酸钠以防锈)。

项目练习

一、判断题:关于下列说法,正确的打"√",错误的打"×"。

1. 95% 的乙醇杀菌作用较 75% 的强。( )
2. 碘酊刺激性强,不宜用于黏膜消毒。( )

二、选择题:每小题有四个备选答案,请从中选择一个最佳答案。

1. 可溶解角质层,常用于治疗表皮癣病的药物是
   A. 水杨酸　B. 苯甲酸
   C. 乙醇　D. 过氧乙酸
2. 遇有机物放出氧分子产生气泡的消毒防腐药是
   A. 高锰酸钾　B. 过氧化氢
   C. 过氧乙酸　D. 苯扎溴铵
3. 苯扎溴铵用于皮肤黏膜消毒的浓度是
   A. 0.02%　B. 0.05%
   C. 0.1%　D. 0.5%

4. 苯扎溴铵用于手术器械消毒时需在消毒液中加(　　)以防锈。
A. 乙醇　　B. 过氧化氢
C. 亚硝酸钠　　D. 苯甲酸

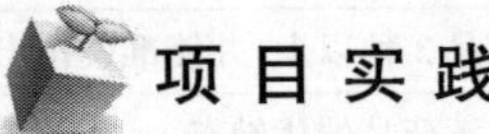

项目实践

一、常用非处方药药品介绍

实践准备

1. 工作服、胸卡、文具。

2. 模拟药房、患者病史案例(如感冒患者,见下表)若干。

案例举例

序号	患者情况	症状
1	女性、28岁,孕8周	流鼻涕、打喷嚏、咳嗽,体温38.5℃
2	男性、30岁	发热,体温38.5℃,头痛、畏寒、咳嗽、咽喉疼痛
……		

实践步骤

1. 分组上岗　着装上岗,4名学生一组,其中1人扮演顾客,1人扮演购销员,2人参与药品销售全过程并评判操作的正确性。

2. 查询病情　顾客主诉病情,购销员聆听,并进一步询问其他症状及与用药相关的信息,如年龄、职业、用药史、过敏史等。

3. 介绍药品　根据患者的病情向顾客介绍3种以上的药品,并能说明所推荐的药品为何适合于该患者。

4. 用药指导　对即将售出的药品,准确向顾客介绍药品的用法、用量、可能出现的不良反应及用药注意事项。

5. 成交　收款、包装药品、送别顾客。

6. 清理现场　整理药品上架,将药品介绍过程中所用材料归置。

注意事项

1. 购销员要注意仪表、仪容,言谈举止,要耐心、专心倾听顾客主诉症状。

2. 购销员要对药品的性能和质量有充分的认识。

3. 实事求是地向顾客介绍药品的作用及不良反应;比较同类药品中各药品的优缺点,包括价格、疗效、不良反应等。避免过多使用专业术语,以免让顾客反感。

4. 对顾客提出的疑问、异议作出正确解释。

评分标准

序号	考核内容	考核要点	分值	配分	得分
1	仪表	着装整洁,佩戴胸卡	5	5	
2	查询病情	顾客选对柜台(非处方药专柜)	10	2	
		顾客根据案例正确主述症状		2	
		顾客按照案例配合购销员的查询		2	
		购销员主动询问患者购买药品的名称、用药对象		2	
		购销员按照案例详细查询顾客信息		2	

续表

序号	考核内容	考核要点	分值	配分	得分
3	介绍药品	购销员合理介绍药品3种以上，并能准确报出药品价格	35	5	
		购销员准确说明推荐药品的优缺点		10	
		购销员说明推荐药品为何适合此患者		10	
		对顾客提出的疑问、异议能正确解释		10	
4	用药指导	购销员正确说出药品用法用量	30	10	
		购销员准确说明药品不良反应		10	
		购销员准确说明用药注意事项		10	
5	收款及礼仪	准确收款、找零；正确包装药品；使用礼貌用语，语气亲切；语速语气适中，表达准确；离别时说“谢谢！”	5	5	
6	团队合作	设计的对白和场景能较好运用专业知识	10	5	
		小组配合密切，真实感强		5	
7	清理现场	物品归位	5	5	
		合计	100	100	

二、常用处方药药品介绍

实践准备

1. 工作服、胸卡、文具。

2. 模拟药房、患者病史案例(如急性气管-支气管炎患者，见下表)若干。

案例举例

序号	患者情况	症状
1	女性，27岁，孕8周	受寒后流鼻涕、打喷嚏，继而咳嗽、咳脓痰，恶心、呕吐，疲乏无力，体温38.3℃
2	男性，22岁，参加足球比赛后酗酒、淋雨	发热，体温38.5℃，头痛、全身酸痛、乏力；咳嗽，咳少量白色黏痰
……		

实践步骤

1. 分组上岗　着装上岗，5名学生一组，其中1人扮演顾客，1人扮演药品购销员，1人扮演执业药师，另2人参与药品销售全过程并评判操作的正确性。

2. 查询病情　顾客出示处方，执业药师审核处方，并再进一步的询问其他症状及与用药相关的信息，如年龄、职业、用药史、过敏史等。

3. 按方发药　购销员根据处方发药。

4. 用药指导　对即将售出的药品，购销员准确向顾客介绍药品的用法、用量可能出现的不良反应及用药注意事项。

5. 成交　收款，包装，送别顾客。

6. 清理现场　处方整理归档；整理散乱药品上架。

注意事项

1. 购销员要注意仪表、仪容，言谈举止，要耐心、专心倾听顾客主诉。

2. 购销员要对药品的性能和质量有充分的认识。

3. 执业药师要认真审核处方姓名、年龄、性别、药名、剂量及是否有医师签名盖章。对有配伍禁忌或超剂量处方，应当拒绝调配、销售。处方所列药品不得擅自更改或代用。

4. 实事求是地向顾客介绍药品的疗效及不良反应等。避免说一些顾客听不懂的专业术语，以免让顾客反感。

5. 对顾客提出的疑问、异议作出正确解释。

6. 处方留存 2 年备查。

评分标准

序号	考核内容	考核要点	分值	配分	得分
1	仪表	着装整洁，佩戴胸卡	5	5	
2	查询病情	顾客选对柜台（处方药专柜）	25	5	
		顾客出示处方		5	
		购销员根据案例询问顾客症状及相关信息		10	
		购销员将处方送执业药师处审核并签字		5	
3	按方发药	按方发药、签字，并能准确报出药品价格	20	10	
		对顾客提出的疑问、异议能正确解释		10	
4	用药指导	购销员正确说出药品用法用量	30	10	
		购销员准确说明药品不良反应		10	
		购销员准确说明用药注意事项		10	
5	收款及礼仪	准确收款、找零；正确包装药品；使用礼貌用语，语气亲切；语速、语气适中，表达准确；离别时说"谢谢！"	5	5	
6	团队合作	设计的对白和场景能较好运用专业知识	10	5	
		小组配合密切，真实感强		5	
7	清理现场	处方整理归档，物品归位	5	5	
		合计	100	100	

第四章　顾客服务

购销员不仅要具备令人信服的专业素质，还必须加强自身修养，尊重顾客，注重礼仪，正确处理顾客的咨询、查询、投诉和异议，合理处理顾客退换药品。为顾客提供规范、优质的服务，与顾客保持良好的业务关系。

项目一　接待顾客

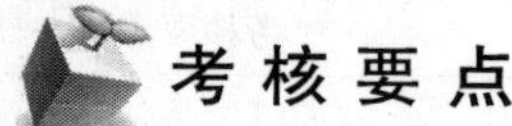

考核要点

1. 接待顾客的基本礼仪、程序和技巧。
2. 行业服务用语及忌语。
3. 职业活动中能运用基本礼仪和技巧接待顾客。

案例导入

顾客，年轻女性。在感冒药柜前犹豫不决。购销员走过来问顾客："请问你要买什么？"顾客说："我想买一盒白天服用不困的感冒药。"购销员拿起一盒百服宁对顾客说："这个药就不错，你可以试试。"顾客看了看说明书，问："分日片和夜片？是不是有点麻烦？"购销员回答："治病哪有不麻烦的？好多人都说这药好。"顾客迟疑了一下，走出药店。

1. 请分析案例中未能成交的主要原因是什么？
2. 如果你是购销员，接待该顾客时将如何促进成交？

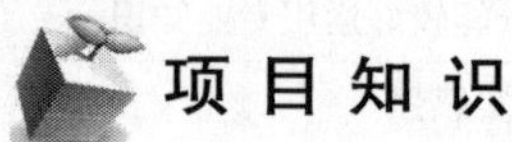

项目知识

一、药店接待礼仪

药店是一个服务于患者的公共场所。购销员整洁美观的容貌，大方得体的着装，文雅稳重的言谈举止，在体现个人良好风貌的同时，也反映出药店购销员的整体素质水平。

（一）仪表仪容

1. 精神状态　饱满热情，乐观向上，对工作充满信心。

2. 服装服饰　购销员是药店的形象代言人，药店的顾客身份多样化，店员的穿着无论是统一着装，还是个人自理，都应该在便于工作的基础上，注重顾客的感受，做到美观大方，色彩协调，整洁合体，干净利落；证章、工号牌或胸卡等应端正地佩戴于左胸前，无歪斜。男职员仪容重在"洁"，女职员仪容重在"雅"。女职员可以适当淡妆。不宜穿过艳、过露的服饰；不宜喷洒香水；不宜佩戴手镯、手链等饰品。

3. 个人卫生　定时沐浴，保持身体无异味。始终保持手的清洁，经常修剪指甲，保持指甲短于指尖。发型整洁利落，不宜长发遮面，松散凌乱；不宜烫染怪异发型。男职员不留胡须，保持脸面干净，头发不宜长过衣领。注意口腔卫生，上班前不抽烟、不喝酒，不吃大蒜、大葱等易产生异味的食物,养成餐后漱口、整理妆容的习惯,避免不雅形象。

4. 站姿与站位 购销员的站姿、站位是一种区别于其他工作的职业特征,是一种职业规范,更是一种基本功。

(1) 站姿:站立时身体不要晃动,面向顾客,上身正直,脚跟合拢,脚尖自然分开呈30°;双手自然下垂交握于腹前,挺胸收腹;面带微笑,目光平视,眼神亲切自然;如站在柜台后方,应距离柜台约10cm,可将手轻扶柜面站立。

严禁叉腰,双臂抱胸,双手插兜,倚靠货架,趴柜台等形态;不宜有背向顾客、聊天说笑、追逐打闹、吃零食、看书报、化妆、剪指甲、掏耳朵、挖鼻孔、打哈欠、伸懒腰等不文明礼貌行为。

(2) 站位:进入岗位时的站位应根据店内货架、柜台摆放位置的不同,选择适当的位置。一般原则为所选位置既能照顾到自己负责的医药商品,又易于观察和接待顾客。

5. 常用肢体语言 微笑是服务的第一原则。无论面对顾客还是同事都请绽放花儿般的微笑。同时运用好下面讲述的一些肢体语言,也有助于体现药店对顾客的尊重,提升药店服务质量,促进药品销售。

(1) 鞠躬:当购销员和顾客直接或间接接触时,鞠躬是十分必要的。

顾客进店时,购销员应保持站姿并鞠躬30°,做好手势,同时对顾客说"欢迎光临"、"您请";当在店内和顾客直接接触时,如要表达"请稍等"、"请跟我来"等意思或聆听顾客表达时,要鞠躬15°;当顾客离开时,要鞠躬45°,说"祝您早日康复!"、"请慢走!"、"您慢走!"。

(2) 手势:迎接顾客时常用横摆式表示"请"的意思,动作要求为:双脚并拢或成丁字步,左臂自然下垂或放于身后,目视客人,面带微笑;五指并拢伸直,掌心向上,手掌平面与地面呈45°,肘关节微曲140°左右,腕关节低于肘关节。注意手势从腹前抬起至上腹部处,然后以肘关节为轴向右摆动至身体右侧稍前即可。

介绍医药商品时,手指应自然并拢,手掌向斜上方倾斜45°,以肘关节为轴指向目标。严禁用单个手指指点药品、摆手回答或用手做其他小动作。

(3) 走路:抬头挺胸,双臂自然摆动,双眼平视前方,面带笑容。严禁左顾右盼,四处张望,盯着顾客上下打量。

(二) 言谈礼仪

1. 礼貌用语不离口,先说尊称有必要。在任何时候、任何场合下与顾客交谈都要用好礼貌用语"您好"、"请"、"谢谢"、"对不起"、"再见"。

2. 倾听时注意与顾客保持适当的距离,看着对方额部、鼻部即"T"区,表情专注。

3. 说话时注意语速、语调适中,表达具体明确,语气恳切,使用自然而不夸张的语言。

4. 使用顾客能听懂的语言。如果顾客是有专业知识的对象,尽量使用医药专业词汇;如果是接待普通消费者,则应使用通俗易懂的语言。

5. 电话接待原则

(1) 接通电话后,要先自报家门:"您好! 这里是××药房"。

(2) 通话时要面带笑容,声音愉悦。话筒会将你的情绪和态度传递给顾客。

(3) 接到找人电话时,要尽快转给被找者;找不到时要解释清楚,如果顾客需要留言,应认真记录。

(3) 自己无法明确答复时,要请对方稍候,问明白后再做答复。

(4) 需要对方等候时,应向对方说:"对不起,请稍候"。

(5) 结束通话时,要有告别语或致谢语。切忌对方还没有说完话,就将电话挂断,会给对方留下极不好的印象。

(三) 递物和接物

递物和接物是日常生活和工作,以及社交活动中常有的一种礼仪行为。体现了个人的礼仪教养。

1. 递接名片　一般情况下,是由地位低的人先向地位高的人递送名片,男士先向女士递送名片。递送时面带微笑,正视对方,身体略前倾,将名片正面朝上,恭敬地用双手拇指和食指分别捏住名片上端两角,送至对方胸前。递送时说“我是××,请多关照”。

接收他人名片时应起身或欠身,面带微笑,用双手拇指和食指分别捏住名片下端两角,并说“谢谢”或“久仰”等。然后认真地把名片看一遍,有不解之处可立即请教。随后放入自己名片夹,切忌随手乱放。

2. 递交票据、钱款、药品等物品时,应双手递上;若为剪刀等锋利物品,应将尖头面向自己。接收对方递送的物品时,应双手接过,并点头致意或说“谢谢”。

二、接待顾客的程序及要求

对于购销员而言,顾客永远是对的,是需要被礼遇和尊重的。友善地接待每一位顾客是购销员工作的宗旨。接待顾客的基本程序如下:

(一) 销售前准备

1. 环境准备　打扫好店内卫生,做到窗明几净;台面无尘,地板无异物;过道畅通无阻;各类证照、公告整齐悬挂,框架大小一致。

2. 人员准备　保持旺盛的精力、整洁的仪表,做好接待顾客的心理准备,不因个人情绪影响工作状态。

3. 销售准备

(1) 药品准备:查看商品是否上架齐全,及时补漏;对于需要拆零、开箱的药品,要先拆除包装;对于需要搭配成套销售的药品,应先组合包装;及时剔出破损、变质药品,使药品处于良好的待售状态。

(2) 查验售货工具:电话连线是否正常;电子收款机系统(POS 机)是否有故障;零钞备用金是否准备充足,放置妥当;会员卡、票据、打印纸、包装袋是否准备充足。

(二) 销售中工作

1. 接待顾客　主动热情,真诚礼貌。正确介绍药品功能主治、用法用量、不良反应和注意事项,并给予顾客合理化建议。不得夸大宣传,过度推销。

2. 销售　仔细核对药品品名、规格、数量,防止发药或计价错误。

3. 送别顾客　顾客付款后,将药品包装好,双手递交顾客,并向顾客表示感谢。顾客离店时应道别。

4. 正确处理顾客异议和抱怨。

(三) 销售后处理

1. 整理销售区。

2. 补货上架。

3. 填写要货计划。

4. 注意收集消费者对所售药品和本店服务质量的意见和建议,及时反馈和改进。

三、顾客接待技巧

顾客在购买过程中的内心活动,决定了顾客的购买行为。购销员只有把握好顾客各个心理发展的阶段,并采取与之相适应的销售战术,才有达成交易的可能。

(一) 顾客心理

1. 观察　潜在顾客观察、观看陈列药品,是其购买心理过程的第一步。如果能引起顾客对药品的注意,就意味着成功了一半。

2. 兴趣　注视药品的顾客,往往是因为对药品感兴趣而止步。此时顾客会触摸或翻看药品,同时可能向购销员询问一些自己关心的问题。

3. 联想　顾客在这个阶段,会进一步联想药品对疾病治愈的情形。此时要适度提高顾客的联想力,促使顾客购买。

4. 欲望　顾客在产生联想后,就会延伸购买欲望和冲动,同时又会产生疑问:"还有没有更好的?"

5. 评估　顾客可能会将该药品与曾经看过或了解过的药品在性能、价格、质量、使用方法是否方便等进行比较评估,以便进一步选择。购销员要适时向顾客提供有价值的建议,帮助顾客拿主意、下决心。

6. 信心　经过比较和权衡,顾客会对该药品产生信心,决定购买。信心的来源常取决于三个方面:购销员的优质服务和令人信服的专业素质;药品生产企业的品牌效应和荣誉;药店信誉度。购销员应着力在这三个方面为顾客建立信心。

7. 行动　顾客一旦确定购买,就会当场付款购买药品。这时购销员应熟练地开写销售小票,帮助顾客尽快成交。

8. 感受　顾客对药店优质服务的满足感和用药后的满足感,会促使顾客再次光临。

(二) 顾客接待中常用技巧

1. 微笑　真诚的微笑会使顾客感受到温暖,为进一步的沟通打好基础。

2. 语言　购销员的语言主要包括接待性语言和介绍性语言。接待性语言重在热情礼貌,介绍性语言注重准确得体。语言会直接影响顾客的购买行为,并影响顾客对药店的印象。

(1) 介绍的原则:①语气诚恳:介绍药品优点时,也要介绍药品的特殊性质,包括主要不良反应、贮藏等使用中的注意事项。②随机应变:选择顾客感兴趣的话题入手,观察顾客神态,随时调整介绍方向,引发顾客兴趣和吸引顾客注意力。③适时沉默:避免说得过多,超出顾客想要了解的范围,引发顾客反感,导致销售失败。

(2) 介绍的技巧

1) 语言介绍:①对比介绍。②利益介绍。③例证介绍。④针对性介绍。

2) 示范介绍:通过生产许可证、获奖证书、鉴定书、顾客来信、商品宣传资料、说明书、数据统计资料、市场调查报告、权威机构评价、图片等说服顾客。展示药品或以上助销工具时,应用双手递交顾客,同时配合恰当的语言,激发顾客的购买欲望。

3. 说服　顾客面对品种繁多,功效不一的商品时,心理比较复杂。如果顾客对药品提出问题和异议,就需要购销员进行说服。

(1) 让步处理法:对顾客的看法做出让步的同时,根据有关事实委婉地讲出自己的意见,留下余地,利于保持双方洽谈的良好气氛。

(2) 以优补劣法:顾客的反对意见正好切中所推荐药品的缺陷时,不回避,不否定,但是可以在肯定其缺点的同时,淡化缺点,充分利用药品的优点来抵消或补偿缺点。

(3) 问题引导法:通过向顾客提出问题,引导顾客解除疑虑,自己找出答案,比购销员直接回答问题的效果更好。

(4) 示范操作法:对一些操作性强的治疗仪器,可给顾客进行演示,使顾客有切身感受,比单纯的语言推销更能让人信服。

(5) 对比优势法:对于某些优势突出的药品,可在质量、价格、特性方面与竞争产品进行比较,排除顾客异议。

(6) 讨教顾客法:倾听顾客反对意见后,可以积极地向顾客请教,满足顾客的表现欲望。在讨论中,保持友好气氛,利用充分的数据和事实,争取说服顾客,达成交易。

(7) 直接否定法:直接否定顾客异议,可能产生敌对心理。运用中应注意维护顾客自尊心,语气柔和、委婉,才有产生交易的可能。

4. 观察　销售中,所接待的顾客类型多样化,必须具备相应的接待方式。认真观察顾客个性,准确把握顾客需求,可以获取顾客的信任感,并培养顾客对药店和药品生产企业的信誉度。

(1) 随意浏览的顾客:应顺其自然,不必主动询问顾客或推荐药品,为顾客提供舒适自然的浏览环境。一旦发现顾客有所示意,则可立即上前服务。

(2) 确定性强的顾客:应尊重顾客意见,不要过多介绍和打扰,针对他们的购买要求,准确而迅速地进行取货、报价、收银、包装即可。

(3) 主动询问、健谈的顾客:可以适当谈一些药品之外的话题,了解其病情、用药情况、生活习惯、经济状况的信息,帮助纠正其不良用药习惯或生活习惯,并及时推荐药品。

(4) 举棋不定的顾客:及时把优点介绍给他们,帮助定夺,不要推诿,争取及时成交。

(5) 反抗型顾客:他们对外界环境的变化较为敏感,对社会缺乏信任感。购销员应注意交流的方式和技巧。态度要诚恳,介绍应科学、准确,服务要周到,消除顾客的戒备心理。在承诺为其保守病情秘密时,绝不能流露出同情或歧视,以免伤害顾客,导致排斥情绪。

(6) 激动型顾客:这类顾客易于激动,脾气暴躁,对药品质量和服务质量要求极高,容易发脾气。在接待过程中,如遇其发脾气,应保持冷静的头脑和平和的心态,用真诚和耐心感染他们,努力使他们成为药店的忠实顾客。

5. 促进购买　在顾客购买欲望最强的时候,注意把握成交时机,可以采取以下措施:

(1) 感情促进法:以真诚、恳切的态度,坚定顾客的购买决心。可以说:"您的选择是对的,这药真的不错,您可以先试试看。"

(2) 行为促进法:时机成熟时,可以对顾客说"我现在为您开写发票,可以吗?""我为您包装药品,可以吗?"促使顾客尽快决定购买。

(3) 二选一式提问法:对于犹豫不决的顾客,应该主动询问"您需要这个还是那个?"而不要问"您需要这个吗?"

6. 成交　一旦顾客决定购买,应立即做好以下工作:

(1) 表示赞许和谢意,增加购销双方合作成功的喜悦感。

(2) 收取货款

1) 唱收唱付:开票前要再一次核对标签,并对顾客确认价格"这药品的价格是×××,我为您开票了",避免因顾客看错价格引起纠纷。接过顾客货款时,一定要说:"谢谢您!您给我的是××元,要找您××元";如果顾客所付货款与货款相符,则应说:"谢谢您!刚好是××元。”

2）收银服务注意事项：①快速准确：扫描、刷卡、找零、装袋等细节都必须熟练快速。②礼貌有序：收、付款时双手递接。切忌将钱款随意扔放在桌面上。

7. 包装 包装袋既能为顾客提供方便，也是药店和药品的广告。包装时应注意：

（1）首先检查药品是否有破损或缺漏，并示意顾客检查后再进行包装。

（2）轻拿轻放，快捷稳妥。

（3）包装应安全牢固、整齐美观、便于携带。

8. 送别顾客

（1）用双手递交小票和找补的现金，在确定顾客放入钱包后，双手递交包装好的药品，说“谢谢！”“很高兴为您服务！”

（2）将顾客送至门口，同时鞠躬，说“您慢走！”“谢谢惠顾！”等礼貌语言，亲切、礼貌地目送顾客离开。

四、行业服务用语及忌语

（一）常用服务文明用语

“您好”；“请，请问，请说，请稍后”；“欢迎光临”；“很高兴能为您服务”；“很荣幸有机会认识您”；“请多多指教，请多多关照，欢迎您多提宝贵意见”；“对不起，我没有听清楚，麻烦您再说一遍好吗？”；“有什么使用上的问题，请随时电话联系”；等等。

（二）常见服务忌语

“嘿！找谁？”；“你干啥？”；“不知道”；“一边站着去”；“该下班了，快点”；“着什么急？我就这态度，怎么着？”；“谁说的？”；“你找谁？”；“你没长眼！”；“越忙越添乱，真烦人”；“现在才说，刚才干什么去了？”；“我不管”；“你事不少，毛病！”；“告诉你了还问！”；“墙上贴着呢，自己看！”；“问别人去”；“挤什么！”；“急什么！”；“少啰唆！”；“我现在没空，等会再说”；“活该！”；“你没长耳朵？”；“计算机计费是不会错的”等等。

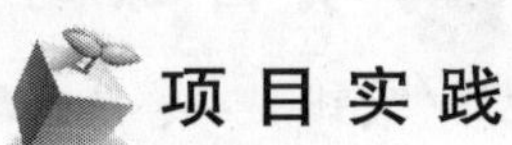

项目实践

顾客接待礼仪

实践准备

1. 工作服、胸卡、登记簿和文具。

2. 准备桌、椅、服装及其他道具（电话、名片、剪刀、处方签、药品宣传资料、POS 机、电脑、票据和零钞等）。

3. 模拟药房。

实践步骤

1. 分组练习 3 名学生一组，其中 1 人扮演购销员，1 人扮演收银员，1 人扮演顾客。

2. 仪容 着装、精神面貌、个人卫生。

3. 姿态 站姿、走姿、手势、递物接物。

4. 语言 言谈礼仪和电话礼仪。

5. 清理现场

注意事项

1. 模拟从事某一医药商品营销活动,能在活动中体现顾客接待的基本礼仪。
2. 自行设计的对白和场景应做到内容丰富,真实感强。
3. 能运用优美的姿态、优雅的微笑、恰当的眼神、得体的语言赢取顾客的信任。

评分标准

序号	考核内容	考核要点	分值	配分	得分
1	仪容	着装整洁,佩戴胸卡	5	5	
		个人卫生:发型大方利落、颜面干净、手指甲短于指尖	10	10	
		精神面貌:饱满热情,乐观向上	5	5	
2	姿态	站姿:表情自然、头正颈直、两眼平视;挺胸收腹、两臂自然下垂,两腿挺直	10	10	
		走姿:表情自然,速度适中;头正颈直,上身挺直,挺胸收腹,两臂收紧,自然摆动	10	10	
		手势:面带微笑,目视客人;手指并拢,抬手角度适中,自然大方;"请"和"介绍药品"的区别	10	10	
		递物接物:面带微笑,目视顾客;双手递、接时说"谢谢"	10	10	
3	语言	言谈礼仪:亲切礼貌,眼神专注,距离合理;语速、语气适中,表达明确	10	10	
		电话礼仪:礼貌用语,语气亲切;程序得当	10	10	
4	团队合作	设计的对白和场景能较好运用专业知识;真实感强,可观赏性强	10	10	
5	清理现场	物品归位	10	10	
		合计	100	100	

项目练习

一、判断题:关于下列说法正确的打"√",错误的打"×"。

1. 收取货款时,必须唱收唱付。 ( )
2. 购销员的语言主要包括接待性语言和文明服务语言。 ( )
3. 介绍药品的原则包括语气诚恳,随机应变,适时沉默。 ( )

二、选择题:每小题有四个备选答案,请从中选择一个最佳答案。

1. 在顾客购买欲望最强的时候,促进购买的方法是
   A. 让步处理法　B. 行为促进法
   C. 对比优势法　D. 示范操作法
2. 不属于药品语言介绍方法的是
   A. 对比介绍　B. 例证介绍
   C. 利益介绍　D. 示范介绍

项目二　接待顾客咨询、查询和投诉

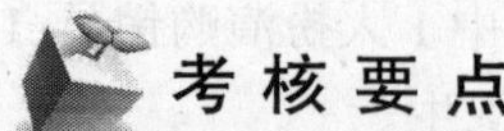

考核要点

1. 顾客咨询与查询的类型和处理流程。
2. 顾客投诉的方式和类型。
3. 处理顾客投诉的基本原则、程序和注意事项。

4. 能正确处理顾客的投诉。

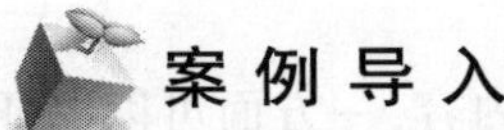

案例导入

案例一 一顾客在选购感冒药时,疑惑地问购销员:"这种药是不是电视上说的PPA?"购销员接过药物仔细看过后回答:"不是啊!这是百服宁。"顾客说:"这种药中有氢溴酸右美沙芬,我记得是属于药监局禁止销售的药品。"销售员很肯定地回答:"我明白您的意思了。药监局禁止销售的药品中确实有几个复方右美沙芬的制剂,致使大家以为右美沙芬属于禁售药物。但是右美沙芬不是PPA,PPA是苯丙醇胺,是导致那些复方右美沙芬被禁用的主要原因。百服宁中是不含苯丙醇胺的,您可以放心使用"。顾客释然,购买药物离店。

问题:

1. 该顾客对药品提出的问题属于哪一种咨询类型?
2. 您认为这个购销员的接待方式符合咨询和查询的处理要求吗?

案例二 王女士,在某药店购买了一袋板蓝根冲剂,连续服用2天后,突然发现有两小袋药物的包装袋封口处裂开,有药物颗粒漏出,觉得该药物的质量不能得到保证,担心已经服用的药物是否潮解变质,对身体产生不良反应。顾客提出要投诉药品质量问题,并要求药店退货和赔偿。

问题:

1. 此案例属于哪种投诉类型?
2. 处理此类顾客投诉的程序是什么?应注意哪些问题?

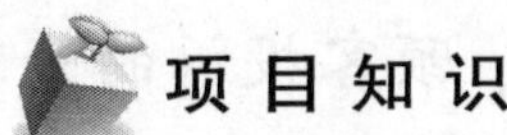

项目知识

一、顾客咨询与查询

接待好顾客咨询和查询,既能体现企业良好的服务意识,提升企业形象,更能通过顾客咨询和查询,发现顾客的现实需求,促进企业服务的多样化。对于医药企业而言具有重要意义。

(一)顾客咨询与查询类型

1. 知识性咨询 因为某种药品或某种症状、疾病提出咨询,希望能得到有关健康、药品购买或使用上的正确指导。

2. 质量咨询 本店提供的医药商品或服务质量有抱怨而通过来电、来函或直接上门进行查询。这多半反映在投诉上。

3. 购销业务查询 顾客对某类(种)感兴趣的医药商品提出有关购销业务上的询问;或者在销售过程中,顾客对药品陈述提出异议。

顾客提出问题即查询或异议,常表明顾客需要更多关于健康、疾病、购买和使用上的信息,以及需要更多质量上的保证,以证明自己的购买决策是正确的,这是一个潜在的商机。因此我们必须认真接待和处理查询或异议,与潜在的顾客进行有效沟通,争取留住客源。对于知识性的咨询和销售中的异议,要善于运用接待技巧和专业知识,科学地、正确地回答顾客的询问,以创造商机;对于质量查询或投诉,则要认真做好记录,分析原因,妥善处理。

(二)顾客咨询与查询的处理流程

1. 登记台账 将顾客来电、来函或上门查询的内容和要求服务的内容记录在有关台账上,如果是医药商品质量、不良反应、药物疗效上的疑问可记录在信息反馈表和顾客查询记录上。

2. 处理流程

(1) 微笑倾听顾客咨询和异议。

(2) 重复一遍这个问题的大致内容,一方面可以保证思想与顾客相一致,而且也让自己有更多的回旋余地。

(3) 尊重顾客意见,对顾客表现出同情心,并及时表明很重视他提出的问题,以争取顾客的信任感。

(4) 回答时要抓住重点,以顾客的主要疑问为中心,全面给予澄清。回答完毕后,可以说:"您对我的回答满意吗?"

(5) 圆满处理了顾客的异议后,要把握好这一机会,争取成交。

首先处理顾客提出的问题,在耐心地聆听之后,给予具体的回答;如无法或没有把握给予满意的答复时,必须立即请主管出面处理;如果是要求上门送药业务的,应将顾客资料上报有关主管处理。

3. 记录　认真填制顾客查询处理记录(表4-1)并存档,以便加强公司内部管理。有关药品质量或不良反应上的信息还必须通报供应商或上报药品监督管理部门。

表4-1　顾客查询处理记录(样本)

日期	顾客姓名	顾客住址和电话	查询内容	结果	处理意见	接待人	备注

二、顾客投诉的处理

随着经济、生活水平的提高,顾客对各行业服务质量的要求越来越高,也更趋于个性化。顾客在购买药品时,对医药商品本身和生产、经营企业都抱有良好的愿望和期盼,一旦这些愿望和期盼得不到满足和实现,就会失去心理平衡,由此产生抱怨,进而投诉。处理好各种投诉,会赢得顾客的赞许和信赖,有望将投诉顾客转化为忠诚顾客,提升企业形象的同时,为企业创造更多的经济效益。

(一) 顾客投诉方式和接待

投诉方式有电话投诉、书信投诉,或直接到门店投诉三种。顾客投诉方式不同,接待方法不同。

1. 电话投诉

(1) 有效倾听,并注意安抚投诉者。

(2) 掌握投诉基本信息。

(3) 存档。以文件记录或录音方式记录,以便日后确认事实。

2. 书信投诉

(1) 转送店长,由店长决定处理事宜。

(2) 告知顾客已经收到信函,表达药品经营企业诚恳的态度和认真解决问题的意愿,并与顾客保持联系和沟通。

3. 当面投诉

(1) 将顾客请到会客室或办公室,以免影响其他顾客情绪。

(2) 谨慎使用措辞,以免再次激怒顾客。

（3）认真填写“顾客投诉处理表”。

（4）对抱怨制订结束时间。

（二）顾客投诉的主要类型

顾客对药店服务的抱怨，既是药店经营不良的直接反应，也是改善药店服务质量的最直接的信息来源。购销员应该认真收集各种投诉，并及时反馈，为改善药店服务质量打好基础。通常，顾客对药店的投诉主要有以下几个方面：

1. 药品的投诉　如药品变质、过期，药品不全，标价不清，包装破损，价格过高，经常缺货，药品使用后效果不佳，不良反应大等。

2. 服务的投诉　如服务人员态度不好，药品知识不足，收银有差错等。

3. 环境安全性的投诉　如药店内、外卫生状态不佳；药品放置杂乱，可能威胁顾客安全等。

（三）处理顾客投诉的原则和程序

1. 处理顾客投诉的基本原则

（1）独立权威性：设立专门独立的售后服务机构，有利于加大对投诉的处理力度，避免各自为政，相互推诿等不负责任的现象发生。

（2）及时准确性：销售部门在接到顾客投诉的通知时，应立即登记事由，并在最短的时间内由经办人到现场取证核实所投诉问题的性质、程度、范围和顾客意见等。第一时间取证很重要，既能安抚顾客的不良情绪，又能了解实际情况，对事态的发展有较好主动权。

（3）客观真实性：尊重客观事实，对顾客的投诉进行多方面的调查和分析。确实是因为销售原因给顾客造成的损失，要尽快根据约定进行赔偿。处理过程中，要防止经办人员与顾客串通瞒报，坑害企业，谋取私利。

（4）协调合理性：既成事实的赔偿，应在购销双方达成协议的基础上进行。在处理动机上，应多考虑后续业务的开展，以及正确处理问题后对企业的促进作用。

2. 处理顾客投诉的程序

（1）记录投诉事件及要求：详细填写顾客投诉处理表（表4-2），写明投诉人姓名、投诉时间、投诉对象、投诉事件、投诉要求等。

表4-2　顾客投诉处理表（样本）

<table>
<tr><td>投诉类型</td><td></td><td>投诉人姓名</td><td></td><td>传真／电话</td><td></td></tr>
<tr><td colspan="6">投诉事件记录：
投诉人要求：
记录人：　　日期：</td></tr>
<tr><td colspan="6">调查记录：
调查人：　　日期：</td></tr>
<tr><td colspan="6">处理结果：
处理人：　　日期：</td></tr>
<tr><td>顾客反馈</td><td colspan="3">处理结果　满意□　基本满意□　不满意□
处理速度　满意□　基本满意□　不满意□</td><td colspan="2">顾客签字：</td></tr>
</table>

（2）判断投诉是否成立：了解顾客投诉内容后，判断顾客投诉的事件是否成立，投诉的理由是否充分，投诉要求是否合理。如果该投诉不合理，可以委婉地答复顾客，以取得顾客

谅解,消除误会。

(3) 确定投诉处理部门:根据顾客投诉内容,确定相关的受理部门和受理负责人。属于运输问题,交物流部门处理;属于质量问题,交质量管理部门处理。

(4) 分析投诉原因:由责任部门具体分析投诉原因,提出处理方案。

(5) 提交主管领导批示:主管领导对顾客的投诉应高度重视,根据实际情况,采取一切可能的措施挽回已经出现的损失,并及时批复投诉处理方案。

(6) 实施处理方案:按照企业内部规章制度处罚相关责任人。通知顾客处理方案,并收集顾客的反馈意见。

(7) 总结评价:对顾客投诉的处理过程进行总结和评价,吸取教训,提出整改方案,提高药店服务质量,降低顾客投诉率。

(四) 处理顾客投诉的技巧和注意事项

1. 处理顾客投诉的技巧

(1) 保持冷静,以真诚的态度听取抱怨和投诉。

(2) 适时运用客观标准进行说服。

(3) 作出善意的让步,寻找双赢的解决办法。

(4) 不要与顾客在立场上争执不休,把握时机,适时结束。

2. 注意事项

(1) 对顾客的投诉以书面记录的形式进行。既能体现药店认真负责的态度,又可为现场调查人员提供鉴定文本,作为调查处理后上交上级部门的资料,便于主管部门决策处理。

(2) 避免激化矛盾:站在顾客的立场来看待投诉的同时,做到“四要”、“四不要”:

1) “四要”:①让顾客畅所欲言。②对顾客采取宽容和合作的态度。③善于了解顾客投诉的真正意图和目的。④采取积极的应对态度,迅速处理。

2) “四不要”:①不要随意打断顾客。②不要轻易对顾客言论的真实性下结论。③不要轻易责备顾客。④不要轻易对顾客作出不能兑现的承诺。

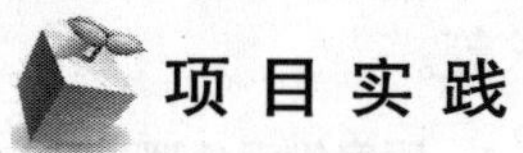

项目实践

顾客投诉处理

实践准备

1. 模拟药房、药品、顾客投诉处理表、投诉电话。

2. 工作服、胸卡、文具。

实践步骤(步骤)

1. 分组上岗　着装上岗,5 ~ 6 名学生一组,每组同学对顾客投诉和异议的事件类型进行抽签,决定其操作对象,另 2 人参与全过程验收并评判操作程序的正确性。

2. 分析事件原因,说出投诉类型。

3. 说出处理原则和处理程序。

4. 选择相应的处理技巧适时处理。

5. 清理现场

注意事项

1. 为体现药店认真负责的态度,又便于主管部门决策处理,对顾客的投诉必须以书面记录的形式进行。

2. 灵活运用处理技巧,避免矛盾激化。

评分标准

序号	考核内容	考核要点	分值	配分	得分
1	仪表	着装整洁,佩戴胸卡	5	5	
2	顾客投诉方式和类型	能确定顾客的投诉方式	5	5	
		能分清顾客投诉的类型	5	5	
3	投诉处理程序	准确、完整书写处理程序	20	20	
		字迹清晰,无错别字	5	5	
4	处理技巧	有效倾听:表情亲切、目光专注	10	10	
		分析顾客投诉原因得当,提出的解决办法可行	15	15	
		执行解决方案,并得到顾客认可	10	10	
5	效果评价	处理流程熟练	10	10	
6	礼仪	使用礼貌用语,语气亲切;语速语气适中,表达准确;离别时说"谢谢!"	5	5	
7	清理现场	物品归位	10	10	
	合计		100	100	

项目练习

一、判断题:关于下列说法正确的打"√",错误的打"×"。

1. 圆满处理了顾客的异议后,要把握好这一机会,立即送别顾客。 ( )
2. 在顾客查询中收集到的有关药品质量或不良反应上的信息必须通报供应商或上报药品监督管理部门。 ( )
3. 顾客对药店服务的抱怨,既是门店经营不良的直接反映,也是改善门店服务的最直接的信息来源。 ( )
4. 对顾客的投诉以书面记录的形式进行较好。 ( )
5. 在处理顾客投诉过程中,购销员可以对顾客使用这样的语言:"你的这种看法是错误的。" ( )
6. 无论顾客的投诉涉及哪个部门,门店购销员都必须提出处理方案。 ( )

二、选择题:每小题有四个备选答案,请从中选择一个最佳答案。

1. 下列不能用于处理顾客异议的态度是
   A. 情绪轻松,适时同情 B. 真诚欢迎,认真倾听
   C. 重述问题,表明了解 D. 忙碌无暇,很不耐烦
2. 接待顾客投诉时,不能做的是
   A. 让顾客畅所欲言
   B. 对顾客采取宽容的态度
   C. 了解顾客投诉的真正意图
   D. 告知顾客他的想法是错误的
3. 下列哪项不是处理投诉的原则
   A. 独立权威 B. 及时准确
   C. 真实客观 D. 规律合法

项目三 顾客退、换药品的处理

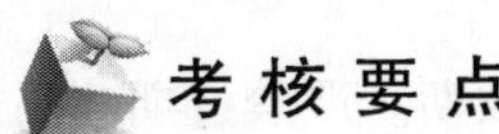

考核要点

1. 处理顾客退、换药品的原则。
2. 处理顾客退换药品的流程和注意事项。

项目知识

顾客的投诉和抱怨中,常常伴随药品退、换货过程。正确处理售后药品的退、换货问题,有助于提高医药商品生产、经营企业的信誉度及服务质量。

一、顾客退、换药品的含义

(一) 顾客退货

顾客购买药品后,因药品质量等原因,要求将药品退回原售出企业或生产企业,并退还等价金额的过程称为顾客退货。

(二) 顾客换货

顾客购买药品后,以某种理由要求原售出企业或生产企业更换药品,并按相关规定进行换货处理的过程为顾客换货。

二、退、换药品的特殊性

药品是一种特殊商品,药品的特殊性决定了药品的贮藏条件和贮藏时间对药品的质量有很大的影响,甚至可能导致药品疗效降低、毒性增大。所以药品从销售出库到退货的这段时间里,质量是难以把握的。退、换药品导致的二次销售,有可能损害消费者健康,并导致药品经营企业产生较大损失。

从对药品的二次销售进行负责的角度考虑,在我国《药品管理法》和GSP中规定,零售药品一般不能退、换;在批发药品过程中,除非发生质量问题或违背购销合同约定的有关事项,否则医药公司一般不为客户办理药品的退、换业务。

三、退、换药品的原则

(一) 时限认定

销后退回药品必须对“销退间距”有时限规定。药品质量的主要影响因素之一是时间,无论是经营企业还是使用单位或个人,都必须对药品的时限性加以重视。

按医药商品生产或经营企业调拨流通习惯,销后退回药品的“销退间距”期限,市区(县)内为15天,市区(县)外为30天。

(二) 质量认定

1. 首先应以外观质量有无变异的检查为认定前提。如包装无污染、无破损、外观质量无变异,不影响二次销售的药品。其次,对销后退回药品的内部质量可能发生变异的药品,送质量管理部门检测认定合格者,可以按规定办理退、换。

2. 对顾客认为药品疗效不佳、不良反应大等情况下要求退回的药品,必须:①了解药品详情。②记录并按药事管理法规的有关规定办理。③办理退货。④按法规存放。⑤未取得质量管理部门认定或许可的药品不得销售。

(三) 效期认定

必须把握好销后退回药品的有效期。严禁过期药品通过退货途径进入经营企业,超过有效期的药品不得退回。

另外,特殊药品、贵重药品原则上不得退回;必须在规定环境、特定条件下贮藏的药品,如需冷藏的药品、需避光保存的药品、易串味的药品等，不得办理退货。

四、退、换药品的处理

（一）药品退货流程

1. 客服受理　购销员在受理顾客退、换药品时，首先查阅“出库单据监控”系统内容，确认已经销售药品的品种、批号，填写“药品销售退、换货申请单”三联（表4-3）。

表4-3　药品销售退、换货申请单（样本）

客户名称	原始销售单号	药品名称	规格	数量	批号	生产企业	有效期	经手人
退换货原因								
处理建议								
销售经理（签字）	销售人员（签字）	仓库人员（签字）				复核人（签字）		

经办人：　　　　　　　　　　　　　　　　年　月　日

2. 销售经理审核　销售经理审批签字后，购销员凭此“药品销售退、换货申请单”在“销售退回编辑”系统中进行“销退预报”，录入药品编码、批号、数量、客户代码、销退原因等项目，“药品销售退、换货申请单”一联由销售经理留存，另外两联分别交给顾客和仓库。

3. 仓库核查　顾客凭“药品销售退、换货申请单”将药品退回仓库，仓库保管员根据“药品销售退、换货申请单”，按照退、换货制度认真验收药品并签字。

4. 退款　财务部门审核顾客所持已填制完整的“药品销售退、换货申请单”后，按照收款方式将退款退给顾客，并做好退货药品台账（表4-4）。

表4-4　退货药品台账

日期	通用名称	商品名称	规格	数量	产品批号	有效期至	生产企业	供货企业	来源	退货原因	处理意见	处理情况

经办人：

（二）药品换货流程

1. 客服受理。同退货流程。

2. 销售经理审核。同退货流程。

3. 办理换货　一是退货，即按顾客要求退掉已经购买的药品；二是销售，即引导顾客重新选择购买其他符合需要的药品。

（三）退、换药品注意事项

1. 面对面接待顾客或电话接待顾客时，态度谦和、诚恳。

2. 遵循换出药品价格等于或略高于换回药品价格的换货原则。

3. 认真填制“顾客退换药品登记表”（表4-5）。退、换药品时的相关票据应符合要求，并登记清楚，做好明细工作。

4. 仓库接受退货时，一定要有退货部门完整填制并经审批的“药品销售退、换货申请单”(表 4-3)，否则予以拒收。

5. 仓库质量管理员应对退回、换回药品的质量进行全面、仔细的检查。

6. 经审核不符合退、换药品要求的，如包装破损、效期较短或已过期的药品等，应委婉地向顾客说明理由。

表 4-5　顾客退换药品登记表

客户名称	购买日期	小票号码	联系电话	联系地址		
要求退、换药品原因			药品名称	药品编号	规格	数量
生产企业		金额		客户要求		
处理结果(客户签字)			所换药品名称	金额	小票号码	
接待人	接待日期	回访人	回访情况			
回访日期		门店经理		复核		

项目练习

一、判断题：关于下列说法正确的打“√”，错误的打“×”。

1. 仓库接受退货时，有完整的“顾客退、换货登记表”即可收货。（　）
2. 财务部凭“售后退货处理记录”，审核可退药品后，可按照收款方式将退款退给顾客。（　）
3.《药品管理法》和 GSP 中规定，零售药品和批发药品一经售出，均不能退、换。（　）

二、选择题：每小题有四个备选答案，请从中选择一个最佳答案。

1. 顾客要求退换药品时，不正确的处理方式是
   A. 在确认为本部门出售的药品，并且未发现有损坏条件下可退换
   B. 原则上零售药品一般不予退换
   C. 退货放在退货区，不应放回原位置
   D. 售出药品一律不得退换
2. 药品退、换货的原则不包括
   A. 时限认定
   B. 质量认定
   C. 填制“顾客退换货登记表”
   D. 有特定贮藏条件的药品不得办理退货
3. 药品退货流程包括
   A. 仓库核查
   B. 销售经理审核
   C. 客服受理
   D. 引导顾客重新选择购买其他药品

第五章　医药商品的购销

医药商品购销包括医药商品采购和销售，它们是医药商品生产及经营活动中的两项重要商务活动。其中，药品采购与销售是医药商品购销员职业活动的核心内容。只有通过对药品采购与销售的基本理论与基本技能学习及训练，才能不断提高医药商品购销员业务素质。

项目一　医药商品采购

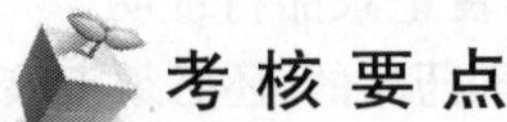

考核要点

1. 首营企业、首营品种的定义及其审核资料。
2. 采购计划编制准备与程序。
3. 药品购销合同的基本条款、种类、签订程序及注意事项。
4. 药品购进记录的内容及要求。
5. 供应商档案的内容、要求及整理归档。
6. 能填报首营品种经营审批表、签订采购合同。
7. 能编制采购计划、整理归档供应商档案及购进记录。

案例导入

张华，某药品经营企业采购部门医药商品购销员，负责药品采购工作。现企业负责人安排张华与既往有药品供需关系的某药品生产企业洽谈，拟购进新规格的国产药品。

问题：

1. 张华是否应对该企业进行首营企业审核？
2. 张华是否应对拟购新规格药品进行首营品种审核？
3. 张华应向该企业销售部门索取哪些资料？
4. 与该供货企业签订的药品采购合同应包括哪些基本条款？

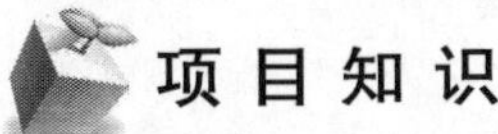

项目知识

一、首营审核

首营审核是药品经营企业对首营企业和首营品种的合法性和药品质量可靠性进行的审核。通过首营审核可以保证购进药品的合法性及药品的质量，规范药品流通秩序，加强药品质量监督管理，防止不合格药品进入药品流通领域，保证消费者合法权益及身心健康。

（一）基本概念

1. 首营企业　是指与本企业首次发生药品供需关系的药品生产企业或药品经营企业。

2. 首营品种　是指本企业向某一药品生产企业首次购进的药品，包括药品的新品种、新规格、新剂型、新包装等。

（二）审核内容

1. 首营企业审核　首营企业审核的重点是审核首营企业法定资格和质量保证能力。

（1）基本资料

1）《药品生产许可证》或《药品经营许可证》复印件。

2）营业执照及其年检证明复印件。

3）《药品生产质量管理规范》或《药品经营质量管理规范》认证证书复印件。

4）《税务登记证》和《组织机构代码证》复印件。

5）药品质量保证协议。

6）印章、随货同行单(票)样式。

7）药品销售人员合法身份：身份证原件及复印件、委托授权书原件、药品从业资格证书、毕业证书、法律法规培训证、无不良记录品行证明。

8）首营企业经营药品属特殊管理药品的,还必须审核食品药品监督管理部门批准文件。

9）药品首营企业审批表(表 5-1)。

表 5-1　药品首营企业审批表(样本)

编号：　　　　　　　　　　　　　　　　　　　　　　　　　　填表日期：

企业名称					类别	药品生产企业□ 药品经营企业□
拟供品种						
详细地址						
邮政编码			E-mail		传真	
联系人			联系电话		身份证号码	
许可证	许可证名称				许可证号	
	企业名称				负责人	
	生产(经营)范围				有效期至	年　月　日
	企业地址				发证机关 发证日期	年　月　日
营业执照	企业名称				注册号	
	法人代表		经济性质		注册资金	
	经营范围				经营方式	
	企业地址				发证机关 发证日期	年　月　日
GMP(CSP)证书编号					有效期限	年　月　日
需索取企业相关资料	1. 供货单位合法证件：药品生产或经营许可证、营业执照复印件(加盖公章)。(　　) 2. 供货单位的 GMP 或 GSP 认证书。(　　) 3. 供货单位签订的药品质量保证协议。(　　) 4. 销售人员的法人委托书、身份证。(　　) 5. 销售人员的药品从业资格证书。(　　) 6. 销售人员的毕业证书、法律法规培训证、无不良记录品行证明。(　　) 7. 其他证件 (具体内容：　　　　　　　　)					

续表

业务部门意见	采购人员：　　　　　　　　　　　　　　　　年　月　日
质量信誉	实地考察结论 考查人：　　　　　　　　　　　　　　　　年　月　日
其他核实情况	核实人：　　　　　　　　　　　　　　　　年　月　日
审核意见	审核合格，请企业负责人审批 □　　　审核不合格，不得购进□ 质量负责人：　　　　　　　　　　　　　　年　月　日
审批意见	同意作为合格供货方 □　　　　　不同意作为合格供货方 □ 总经理或企业分管领导：　　　　　　　　　年　月　日
备注	

（2）注意事项

1）首营企业审核所需材料应齐全、在有效期内，并加盖供货单位公章原印章。

2）注意审核证照规定的生产或经营范围、经营方式。

3）审核委托授权书时，应注意是否有委托企业原印章及企业法人代表印章或签字，审核被委托人姓名、授权销售的品种、地域、期限。

4）质量保证协议：①应每年与供货单位签订质量保证协议。②质量保证协议至少包括以下内容：明确双方质量责任；供货单位应当提供符合规定的资料且对其真实性、有效性负责；供货单位应当按照国家规定开具发票；药品质量符合药品标准等有关要求；药品包装、标签、说明书符合有关规定；药品运输的质量保证及责任；质量保证协议的有效期限，有效期限不得超过《药品生产许可证》或《药品经营许可证》的有效期。

5）应在相关政府网站核实首营企业资质材料的真实性。

6）首营企业的审批记录必须经质量负责人签字。

除审核以上基本资料外，还应了解企业的规模、生产状况、产品种类、质量信誉、质量管理部门设置。对发生药品质量问题的、质量公告上被公告的、有信誉不良记录及其他不良行为的供货单位，应进行实地考察，重点考察其质量管理体系是否健全、发生质量问题的原因及纠正措施是否有效，确保其质量保证能力。

（3）审核程序

1）采购部门收集审核资料，填制“药品首营企业审批表”。

2）质量管理部门审核。

3）质量负责人审批。

4）建立药品首营企业档案并及时更新。

2. 首营品种审核　首营品种审核的重点是审核首营品种的合法性及质量。

（1）基本资料

1）药品生产批准证明文件复印件：《药品生产许可证》、《药品生产质量管理规范》认证证书、《药品注册批件》或《药品再注册批件》、《药品补充申请批件》。

2）药品注册批件的附件：质量标准、说明书、药品包装。

3)《药品检验报告书》复印件。

4)首营品种为生物制品的,还应审核《生物制品批签发合格证》复印件。

5)药品价格批文复印件或物价部门登记证明复印件。

6)首营品种为进口药品的,应审核进口药品生产批准证明文件:《进口药品注册证》、《医药产品注册证》或《进口药品批件》、《进口准许证》、《进口药材批件》、《进口药品检验报告书》、《进口生物制品检验报告书》复印件;进口药品为特殊管理药品的,应提供《进口准许证》。

7)药品首营品种审批表(表5-2)。

表5-2 药品首营品种审批表(样本)

编号:

药品编号	通用名称	商品名称	剂型	规格	包装单位	生产企业

成分:

性状:

适应证:

不良反应:

禁忌证:

注意事项

批准文号		质量标准		企业 GMP 证书号		认证时间	
装箱规格		有效期		贮藏条件			
正常出厂价		采购价		批发价		零售价	

采购员申请原因	签字: 日期:
采购部门意见	负责人签字: 日期:
物价部门意见	负责人签字: 日期:
质量管理部门意见	负责人签字: 日期:
经理审批意见	同意进货 □ 不同意进货 □ 负责人签字: 日期:

注:附药品生产企业许可证、GMP证书、营业执照、批准文件、价格批文、样品、出厂检验及临床总结报告等资料。

(2)注意事项

1)首营品种审核所需材料应齐全、在有效期内,并加盖供货单位公章原印章。

2)应通过相关政府网站检索、电话沟通等方式核实首营品种资质材料的真实性。

3)首营品种的审批记录必须经质量负责人签字。

4)实施电子监管的药品,包装上应具有符合规定的中国药品电子监管码标识,应做到无码不购。

(3) 审核程序

1) 采购部门收集审核资料,填制"药品首营品种审批表"。

2) 质量管理部门审核。

3) 质量负责人审批。

4) 建立药品首营品种档案并及时更新。

二、药品采购计划

药品采购计划是指医药企业管理人员对药品采购管理活动所做的预见性的安排和部署。药品采购计划的制订可以为企业组织采购提供理论依据;利于资源的合理配置,以取得最佳的经济效益;有效地规避风险,减少经济损失。

(一) 采购计划的内容

1. 采购品种　以治疗常见病、多发病的药物为基础,结合药品库存及市场调查情况的分析预测,选择与医药市场相适应的药品,同时注重新的医药商品及特效药引进。确定采购品种时,应特别注重药品的质量、疗效,保证人民用药安全。

(1) 畅销品种:药品经营企业积极组织货源,增加采购数量,避免断档。

(2) 平销品种:维持与市场需求相适应的采购水平,保持多销多购的态势。

(3) 滞销品种:减少或停止采购,并将信息向药品生产或经营企业反馈。

2. 采购数量　药品采购数量应遵循以销定购的原则。一般以企业前三年季度平均销售量和月平均销售量为依据确定某一品种的采购量。确定采购数量主要有自动订货法、临界点订货法和批量控制法。

(1) 自动订货法:是指前一批药品销售结束后,按前期采购量继续采购,每次采购量可以相同,但采购时间不同。

(2) 临界点订货法:是指在保持一定量的药品库存的条件下确定药品采购数量。

(3) 批量控制法:是指以单位药品保管费用与单位采购费用关系确定药品采购数量的方法。单位药品保管费用与单位采购费用相等时,药品经营企业药品储存总费用最低。

3. 采购时间　一般按药品的日平均销售量来估计采购时间,在不发生脱销、维持最低库存时进行药品采购。确定采购时间时,应注重资金占用和进货费用。

4. 采购方式　药品采购方式有分散采购、集中采购、投机采购、预算采购、现卖现买等方式。

(1) 分散采购是指在不同供货企业采购药品。

(2) 集中采购是指在同一供货企业采购药品。

(3) 投机采购是指根据预测市场需求的波动,在需求高峰之前采购药品或根据市场价格波动特征,在采购价较低时大量采购药品。

(4) 预算采购是指根据流动资金状况来计划采购药品的种类和数量。

(5) 现卖现买是指依据药品销售情况,随时采购药品补充库存的采购方式。

5. 采购渠道　药品采购渠道包括生产企业直接采购和批发企业采购。依据采购药品的种类和成本选择合适的采购渠道。

(二) 制订计划的准备工作

制订科学合理的药品采购计划必须有充分的准备工作,为采购计划制订科学的理论依据。制订计划前认真开展盘点库存和市场调查。

1. 盘点库存　盘点库存是指以药品台账为依据,以实际库存为标准,对药品库存情况进行认真排查。通过盘点库存能确定需要采购的药品,同时可以对库存积压的药品进行外调调整,从而避免采购失误,达到以需定购的目的。

2. 市场调查　企业应组织人员进行市场调查,全面了解需采购药品的质量、市场供求动向、价格动态变化;了解药品消费群体人口数、发病率、经济状况等情况。

(三) 制订计划的程序与审批

制订药品采购计划是医药企业药品经营活动的重要环节。药品采购计划的制订必须遵循市场经济规律、提高企业经济效益的原则。

1. 采购部门填制"药品采购计划表"(表5-3),并收集药品质量档案。

2. 质量管理部门审核质量档案及药品采购计划表,并作出审核结论。

3. 质量管理部门、财务负责人审批。

4. 企业负责人审批。

表5-3　药品采购计划表(样本)

(＿＿＿＿年度＿＿＿＿季度)

编号:　　　　　　　　　　　　　　　　　　　　　　　　制表日期:

序号	通用名	商品名	剂型	规格	单位	数量	供货价	金额	生产企业	供货企业

制表人:　　　采购部门经理:　　　质量管理部门:　　　财务部:　　　总经理/副总经理:

三、药品购销合同

药品购销合同是医药企业法人代表之间进行医药商品购销活动过程中共同协商签订的具有法律效力的契约或协议。购销合同的合理性决定着企业经济效益,签订合同时购销双方法人代表应具有高度责任感和对企业负责的精神,合同一经签订就具有法律效力,双方当事人必须严格履行。

(一) 药品购销合同条款

1. 质量要求　是采购方对采购药品质量的具体要求,所采购的药品必须符合药典规定的质量标准。质量表达要明确,包括药品内在质量、外观质量和包装质量。为保证药品质量,药品采购时应向供货商索取药品生产企业许可证、营业执照、批准文件、质量标准、出厂检验报告、样品、价格批文、GMP证书、临床总结报告等合法的基本资料。

2. 包装标准　购销合同中规定药品包装标准的目的是为了便于药品运输和保管。供货方提供的全部药品应按国家标准保护措施进行包装,以防止药品在转运中损坏或变质,确保药品安全无损运抵指定地点。

3. 运输方式　是指购销双方协商选择的药品运输方法和形式。目前药品运输主要有汽车送货、汽车零担、邮寄、快递、自提等方式。贵重药品通常采取自提方式,而价格低、数量多的药品可采取汽车送货、汽车零担方式运输。

4. 交货地点及时间　购销双方按友好协商、互惠互利的原则后确定交货地点,如供货方仓库、采购方仓库、车站或码头等。购销合同中还应注明交货时间，即从签订合同之日起到采购方收到货物为止的时间，最好注明具体日期。

5. 验收方法、时间、地点及期限　药品验收的目的为保证药品数量准确，质量完好，防止不合格药品进入商业流通领域的重要环节，购销双方应严格按照国家法律规定的方法进行验收。合同中还应注明验收的时间、地点及期限。

6. 结算方式及时间　结算方式主要有托收承付、汇兑、票汇、委托银行收款、现金付款等方式。结算时间是购销合同中规定的承付货款的时间。结算时间可以是先结算再发货、货到验收结算、货到一定时间后结算、销完后结算。

7. 义务及违约　购销合同中应详细明确购销双方在药品购销活动中的义务、违约行为及违约责任。合同当事人全部或部分不履行合同均属于违约行为。

违约的经济责任包括违约金和赔偿金。违约金是指合同当事人在合同中预先约定或法律(或条例)规定的、由违约责任的承担方支付给对方的、按比率计算的金额。凡法律没有规定，合同当事人在合同中预先约定的违约金数额称为约定违约金。约定违约金数额最高不得超过货款的总值。法律或条例中规定违约金数量的称为法定违约金。只要存在违约行为，并且主观上存在过错，不论对方是否遭受损失，违约方应向对方支付违约金。赔偿金是指违约行为给对方造成损失，支付违约金不足以弥补时，违约方还应补偿不足的部分，以赔偿损失的支付金额。

8. 药品信息

(1) 品名：标的是指合同双方当事人权利和义务的共同指向的对象，药品购销合同的标的是药品。品名即药品名称，药品购销合同中西药品名应采用通用名，中药应采用正名，避免给采购及发货带来困难。

(2) 规格：同一品名的药品有不同的规格，规格不同的药品价格、疗效存在差异，所以在购销合同中应详细注明药品的规格，购销合同中规格应包括包装规格和制剂规格。中药材还应注明药品的等级。

(3) 剂型：剂型是指为适应治疗或预防的需要而制备的药物应用形式。同一名称的药品可有多种不同的剂型，不同剂型价格、疗效不同，签订购销合同时应注明药品剂型。

(4) 生产企业或产地：药品生产企业或产地不同，其价格、疗效、质量不尽相同，签订购销合同时应注明药品详细生产企业或产地，利于验收时进行监督和检查。

(5) 单位及数量：单位是指中药材的计量单位。常用单位有千克、袋、桶等。西药或中成药以盒或箱或件作为计量单位。数量是指采购方所需药品的具体数量。采购数量与单位和规格有关，签订购销合同时必须仔细审核。

(6) 价格：是指购销双方共同协商同意后确定的药品采购价格。购销价格的合理性是决定购销合同履行率重要因素之一，签订购销合同时一定要协调采购双方的利益，协商公平合理的药品采购价格。

(7) 金额：购销合同中金额包括品种金额及金额合计。品种金额等于该品种采购价格与采购数量的乘积；金额合计为购销合同中各品种金额之和，即该购销合同的金额。

9. 签字　是购销双方协商同意购销合同条款时的确认方式，合同一经签字确认就具有法律效力。签字内容包括购销双方单位全称、法人代表、委托人办理、详细地址、联系电话、邮政编码、开户银行及账号、合同签订日期等。

(二) 药品购销合同格式

药品购销合同按书写体例不同可分为条款式合同、表格式合同和表格条款式合同三种。

1. 条款式合同范例

药品购销合同

合同编号:

甲方:________________(采购商)

乙方:________________(经销商)

合同总金额(大写)________________(币种:人民币)

合同附件数量

为了依法保护购销双方的合法利益,规范购销双方行为,遏制医药购销领域的不正之风,根据国家有关法律有关规定,经双方自愿协商,制定合同如下,以资双方共同遵守。

第一条 药品名称、剂型、规格和质量

1. 药品名称、剂型、规格:________________(注明产品的商标)。

2. 药品质量要求,按下列第( )项执行:

(1) 按国家药典执行;

(2) 按行业标准执行;

(3) 按地方标准执行;

(4) 按企业标准执行。

(必须写明执行标准的名称、标准代号和编号;实行抽样检验质量的药品,应注明采用的抽样方法、比例和抽样标准;需要封存的样品,必须由当事人双方共同封存,分别保管,作为检验的依据)

第二条 药品数量和计量单位、计量方法

1. 药品数量:________________

2. 计量单位、计量方法________________。

(国家或主管部门有计量方法的,按国家或主管部门计量方法执行;没有计量方法的,由甲乙双方商定)

第三条 药品包装标准与包装物的供应与回收________________。

(国家或主管部门对产品包装有技术规定的,按规定执行;无技术规定的,由甲乙双方商定;药品的包装物,除国家规定由甲方供应的以外,应由乙方负责供应)

第四条 药品交货单位、交货方式、运输方式、到货地点

1. 药品交货单位________________。

2. 交货方式,按下列第( )项执行:

(1) 乙方送货;

(2) 乙方代运(即乙方代办运输,根据甲方要求,共同协商运输路线和运输工具);

(3) 甲方自提自运。

3. 运输方式:________________。

4. 到货地点和接货单位或接货人:________________。

(甲方要求变更到货地点或接货人的,应在交货期限前40天通知乙方;甲乙双方对药品运输和装卸,应与运输部门办理手续,并有双方签字的记录,以明确甲乙双方和运输部门的责任)

第五条 药品交货期限________________。

(规定送货或代运药品交货日期,以甲方发运药品时承运部门签发的戳记日期为准;甲方自提药品的交货日期,以乙方按合同规定通知的提货日期为准;实际交货或提货日期早于或迟于合同规定日期的,应视为提前或逾期交货或提货)

第六条 药品的价格与货款结算

1. 药品价格,按下列第( )项执行:

(1) 按甲乙双方商定价格;

(2) 按订立合同时履行地市场价格;

续表

(3) 按国家定价。

(执行国家定价的,在合同规定的交货或提货日期内,遇国家调整价格时,按交货时的价格执行;逾期交货的,遇价格上涨时,按原价格执行,遇价格下降时,按新价格执行;逾期提货或逾期付款的,遇价格上涨时,按新价格执行,遇价格下降时,按原价格执行;执行浮动价格或协商定价的,按合同规定的价格执行)

2. 药品货款的结算:药品货款、实际支付的运杂费和其他费用的结算,按照中国人民银行规定办理。

(以托收承付方式结算的,合同中应注明验单付款或验货付款;验货付款的承付期限一般为10天,从运输部门向收货单位发出提货通知的次日起算;凡当事人在合同中约定缩短或延长验货期限的,应当在托收凭证上写明,银行从其规定;逾期付款时,发生调整价格差价,不能在原托收结算金额中冲抵,需由甲乙双方另行结算)

第七条　验收方法___________________。

(应明确规定:验收时间、验收方法、验收标准、验收部门、验收纠纷仲裁机构)

第八条　对药品提出异议的时间和办法

1. 甲方在验收中,如果发现药品品种、剂型、规格和质量等不符合规定,应妥善保管,在30天内向乙方提出书面异议。托收承付期内,甲方有权拒付不符合规定部分的货款。甲方怠于通知或自药品收到之日起过2年内未通知乙方的,视为药品符合规定。

2. 甲方因保管、保养不善等造成药品质量下降的,不得提出异议。

3. 乙方在接到甲方书面异议后,应在10日内负责处理,否则视为默认甲方提出的异议和处理意见。

(书面异议内容应包括:合同号、运单号、车或船号、发货和到货日期;不符合规定的药品名称、剂型、规格、数量、生产批号、合格证或质量保证书号、包装、检验方法、检验情况及检验证明;提出不符合规定的药品的处理意见,以及当事人双方商定的必须说明的事项)

第九条　乙方的违约责任

1. 乙方不能交货的,应向甲方偿付不能交货部分货款的________%违约金。

2. 乙方所交药品品种、剂型、规格、质量、包装等不符合规定的,由乙方支付退货或换货而支付的实际费用。

3. 乙方逾期交货的,按照中国人民银行有关延期付款的规定,按逾期交货部分货款计算,向甲方偿付逾期交货违约金,并承担甲方所受的损失费用。

4. 乙方提前交货的药品、多交品种、剂型、规格、质量不符合规定药品,甲方在代管期内实际支付的保管、保养等费用,以及非甲方保管不善而发生的损失,应当由乙方承担。

5. 乙方药品错发到货地点或接货人的,乙方除负责将药品运回合同规定的到货地点或接货人外,还应承担甲方因此而多支付的所有实际费用。

6. 乙方提前交货的,甲方接货后,仍可按合同规定的交货时间付款,合同规定自提的,甲方可拒绝提货。乙方逾期交货的,乙方应在发货前与甲方协商,甲方仍需要的,乙方按要求补交,并负逾期交货责任;甲方不需要的,应当在承接到乙方通知后15天内通知乙方,办理解除合同手续。逾期不答复的,视为同意发货。

第十条　甲方的违约责任

1. 甲方中途退货,应向乙方偿付退货部分货款________%违约金。

(违约金视为违约的损失赔偿,但约定的违约金高于或低于造成的损失的,当事人可请求仲裁机构或人民法院予以适当调整)

2. 甲方未按合同规定时间和要求提供应交的技术资料或包装物的,除交货日期顺延外,应比照中国人民银行有关延期付款的规定,按延期交货部分的货款计算,向乙方偿付顺延交货的违约金;如果不能提供的,按中途退货处理。

3. 甲方自提药品未按乙方通知的日期或合同规定的日期提货的,应比照中国人民银行有关延期付款的规定,按逾期提货部分货款总值计算,向乙方偿付延期提货的违约金,并承担乙方实际支付的保管、保养等费用。

4. 甲方逾期付款的,应按中国人民银行有关延期付款的规定,向乙方偿付逾期付款的违约金。

5. 甲方违反合同规定拒绝接货的,应当承担由此造成的损失和运输部门的罚款。

6. 甲方如错填到货地点或接货人,或对乙方提出错误异议,应承担乙方因此所受的损失。

第十一条　不可抗力

甲乙双方的任何一方由于不可抗力的原因不能履行合同时,应及时向对方通报不能履行或不能完全履行的理由,减轻可能给对方造成的损失,在取得有关机构证明后,允许延期履行、部分履行或不履行合同,并根据情况可部分或全部免予承担违约责任。

续表

第十二条　其他＿＿＿＿＿＿＿＿＿＿＿。

按本合同规定应偿付的违约金、赔偿金、保管保养费用等各种经济损失的,应当在明确责任后10日内,按银行规定的结算办法付清,否则按逾期付款处理。但任何一方不得自行扣发货物或扣付货款充抵。

本合同如发生纠纷,当事人双方及时协商解决,协商不成时,任何一方可请业务主管机关调解或向仲裁委员会申请仲裁,也可直接向人民法院起诉。

本合同从＿＿年＿＿月＿＿日＿＿起,至＿＿年＿＿月＿＿日止。合同执行期内,甲乙双方均不得随意变更或解除合同。合同如有未尽事宜,须经双方共同协商,作出补充规定,补充规定与合同具有同等效力。本合同正本一式两份,具有相同法律效力,甲、乙双方各执一份。合同副本＿＿份,分送甲乙双方的主管部门、银行(经公证或签证,应送公证或签证机关)等单位各存一份。

甲方(盖章):	乙方(盖章):
授权代表(签名)	授权代表(签名)
地址:＿＿＿＿＿＿	地址:＿＿＿＿＿＿
法定代表人:＿＿＿＿＿＿	法定代表人:＿＿＿＿＿＿
电话:＿＿＿＿＿＿	电话:＿＿＿＿＿＿
邮编:＿＿＿＿＿＿	邮编:＿＿＿＿＿＿
开户银行:＿＿＿＿＿＿	开户银行:＿＿＿＿＿＿
账号:＿＿＿＿＿＿	账号:＿＿＿＿＿＿
签章日期:＿＿年＿＿月＿＿日	签章日期:＿＿年＿＿月＿＿日

2. 表格式合同范例

药品购销合同

合同编号:

甲方(采购商):＿＿＿＿＿＿＿＿　签订时间:　　年　　月　　日

乙方(经销商):＿＿＿＿＿＿＿＿　签订时间:　　年　　月　　日

序号	通用名	商品名	剂型	规格	单位	数量	单价	金额	交提货时间	备注
合计人民币(大写)										

条款		甲方		乙方
1. 质量要求: 2. 验收方式及提出异议期限: 3. 交提货地点、方式: 4. 运输方式、到达港站及费用负担: 5. 结算方式及期限: 6. 违约责任: 7. 解决合同纠纷方式: 8. 其他约定事项:	甲方	单位(章) 地址: 电话: E-mail: 邮编: 开户银行: 账号: 纳税人登记号: 法定代表人: 委托代理人:	乙方	单位(章) 地址: 电话: E-mail: 邮编: 开户银行: 账号: 纳税人登记号: 法定代表人: 委托代理人:

本合同经双方同意,并遵守国家药品监督管理局《药品购销合同管理及调运责任划分办法》

有效期限:　　年　　月　　日至　　年　　月　　日

××省工商行政管理局监制

3. 表格条款式合同范例

药品购销合同

合同编号:

甲方(采购商):　　　　　　签订时间:　年　月　日

乙方(经销商):　　　　　　签订时间:　年　月　日

序号	通用名	商品名	剂型	规格	单位	数量	单价	金额	交提货时间	备注
合计人民币(大写)										

双方约定事项:

1. 质量要求:
2. 验收方式及提出异议期限:
3. 运输方式、到达港站及费用负担:
4. 交提货地点、方式:
5. 结算方式及期限:
6. 违约责任:
7. 解决合同纠纷方式:
8. 其他约定事项:

对乙方资格的认证意见: 经办人:　　认证部门(章) 年　月　日	对甲方资格的认证意见: 经办人:　　认证部门(章) 年　月　日

乙方	甲方	
单位名称(章)	单位名称(章)	公证意见:
单位地址:	单位地址:	
法定代表人:	法定代表人:	
委托代理人:	委托代理人:	经办人:
电话:	电话:	公证机关(章)
传真:	传真:	年　月　日
邮编:	邮编:	
开户银行:	开户银行:	注:除国家另有规定外,公证实行自愿原则。
账户:	账户:	

(三) 药品购销合同签订

药品购销合同签订是药品购销活动的重要环节,签订合同前应做好充分的准备工作,全面了解企业采购部门的年度采购计划;确认本次购进药品的品种、剂型、规格、数量、价格及金额等;了解对方参加合同签订的人员及人员特点。

1. 签订程序

(1) 订约提议:又称为要约,即合同当事人一方向另一方提出签订合同的建议。提议人发出订约提议后,在订约提议生效的期限内,受自我订约提议的约束,不得随意撤回或变更订约提议;若对方未表示接受订约提议或没有做出按期答复的,提议人有权撤回或变更订约提议。

(2) 接受提议:又称为承诺,是指受约人完全同意签订合同的提议。承诺期在订约提议中有限定的按期限定办理;无限定的按订约提议、承诺往返时间和受约人考虑时间计算。若受约人对合同条款部分或附加条件的同意,不是承诺,此时,需提出新的订约提议。因此,一次合同签订的过程中,可能会出现多次订约提议,双方多次协商才能实现接受提议。

(3) 签订年度协议:药品购销双方达成一致协议后,双方签订年度协议。

(4) 填写合同文本、补充协议:购销双方根据年度协议的内容填写合同文本、补充协议。

(5) 签约:购销双方核对合同文本、补充协议填写完整、准确无误后,购销双方法定代表人或委托代理人签署相关信息。合同文本、补充协议一经签字即可生效,对购销双方均具有约束力。

2. 签订合同注意事项

(1) 遵守法律法规,符合国家政策:药品购销合同签订程序和内容必须符合法律法规、国家政策的规定。合同中购销的药品属于法律法规、国家政策禁止经营的药品的,合同全部无效;药品数量、价格、支付方式、检验手段、违约责任等条款违反国家法律法规、国家政策的,合同部分无效,对无效部分进行修改后,才能确定为合同有效。签约人无行为能力或不具有法人资格而自称法人、法人超越经营范围或违反经营方式、借用他人名义或超越代理人权限的,签订合同均属无效合同。任何单位或个人利用合同违法经营,扰乱社会经济秩序,损害国家利益、社会公共利益的,不但合同得不到法律的保护,而且还将追究当事人的违法责任。

(2) 坚持平等互利、协商一致的原则:药品购销合同当事人双方法律地位平等,经济利益上应相互兼顾,所有条款均应双方协商达成一致协议,才能提高合同的履行率。以威胁、强迫、命令等手段签订的合同无效。

(3) 意思表达要真实:合同内容表达要清楚、真实,以免产生不必要的异议或纠纷。以欺诈手段弄虚作假签订的合同无效。

(4) 形式、条款要完整:合同应采用条款完整、规范的书面形式,不应采用口头形式。

四、药品购进记录

药品购进记录是对企业业务购进行为合法性及规范性的有效监控和追溯,由业务购进人员在确定了具体的业务购进活动后所作的记录。其内容应包含购进药品的通用名称、药品名称、剂型、规格、批准文号、生产批号、有效期、生产日期、生产企业、供货企业、购进数量、购货日期等(表 5-4)。采购中药材、中药饮片还应当标明产地。

表 5-4 药品购进记录表(样本)

编号: 记录人:

购货日期	通用名称	商品名称	剂型	规格	数量	生产企业	批准文号	生产批号	生产日期	有效期	供货企业	进价	进价合计	统一售价	业务人员

购进药品应有合法票据,并按规定建立购进记录,做到票、账、货相符。药品购进记录保留到超过药品有效期 1 年,但不得少于 3 年,购进记录由药品采购部门填制并保存。

五、供应商档案

医药商品供应商(以下简称供应商)是指在药品流通领域,为药品经营企业直接提供医药商品的生产商、批发商。根据供应商对医药商品所有权不同,将供应商分为经销商和代理商。经销商对医药商品有所有权,代理商一般没有所有权。药品采购部门档案管理人员应建立供应商档案,为企业积累供应商资料,便于企业与供应商长期合作奠定良好的基础;质量管理部门依据合格供应商档案形成合格供应商清单,作为采购部门选择供应商的依据。

供应商档案是药品经营企业在与供应商交往过程中,收集供应商的法定资格及质量信誉证明材料,经及时更新所形成的综合性档案材料。

(一)供应商基本信息

供应商名称、地址、经营方式、注册资金、法定代表人、重要负责人信息(姓名、职责/职位、电话、E-mail)、企业简史、营销能力(销售队伍规模、委托销售区域、年销售额预测、年销售增长率)、企业品牌知名度、企业战略/愿景、产品结构和主要产品、年份合作计划、商业服务等。

(二)供应商档案资料内容

1.《药品生产许可证》或《药品经营许可证》复印件。

2. 营业执照、税证复印件。

3. 授权委托书。

4. 业务员或销售员本人身份证复印件。

5. GMP 或 GSP 认证证书复印件。

6. 质量保证协议。

7. 购销合同。

8.《进口药品注册证》、《进口药品检验报告书》复印件。

9. 质量复核性验收资料:药品内外包装、质量、标签、说明书等。

10. 首营品种、首营企业审核资料。

(三)供应商档案资料要求

1. 除身份证复印件、质量复核性验收资料外,其余资料均应加盖供应商原印章。

2. 授权委托书必须由法定代表人签署。

3. 向供应商购进进口药品时,还需收集《进口药品注册证》、《进口药品检验报告书》复印件。

4. 对首营品种、首营企业需收集相应审核资料。

5. 供应商档案应遵循集中、动态和分类管理的原则。

(四)供应商档案归档整理

1. 分类　供应商档案资料应按要求进行分类整理。一般分类方法有年度分类、机构分类、保管期限分类。

2. 排列　经分类整理后的供应商档案资料按事由结合时间、重要程度等进行排列。

3. 编号　归档资料按分类和排列顺序逐件编号,在资料首页上端空白位置加盖归档章并填写相关内容。归档章设置以下项目:

(1) 卷宗号:建档单位编制的代号。

(2) 年度:资料形成的年度,以公元纪年填写。

(3) 保管期限:填写建档单位规定的归档资料保管期限。

(4) 件号:资料排列的顺序号。

4. 编目　归档资料按分类和编号顺序编制目录。

(1) 件号:填写相应编号。

(2) 责任人:制发文件的组织或个人,即发文机关或署名者。

(3) 题名:文件资料标题。自拟标题应加“[　]”。

(4) 日期:资料形成的时间,以8位阿拉伯数字标注年月日。

(5) 页数:每一件归档文件的页数。

(6) 备注:注释文件需说明的情况。

5. 装订　归档后的档案资料应按件进行装订。

6. 填制备考表　备考表项目包括:盒内文件情况说明(缺损、修改、移出、销毁等)、整理人、检查人、日期。

7. 装盒　装订结束后,将档案及备考表装入规范档案盒内,备考表一般置于档案资料之后。档案盒封面应标明卷宗名称。盒脊标明卷宗号、年度、保管期限、起止件号、盒号。

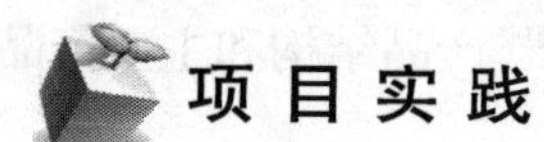

项目实践

药品首营品种审批

实践准备

1. 准备桌、椅、工作服、胸卡、文具。

2. 药品生产批准证明文件:《药品生产许可证》、《药品生产质量管理规范》认证证书、《药品注册批件》复印件若干份。

3. 药品注册批件的附件:药品质量标准复印件、说明书、药品包装及药品实样若干份。

4. 其他证明文件:《药品检验报告书》、营业执照、药品价格批文复印件若干份。

5. 空白药品首营品种审批表。

实践步骤

1. 分组练习　5名学生一组,分别扮演采购员、采购部门负责人、物价部门负责人、质量管理部门负责人、企业经理。

2. 着装　工作服整洁、佩戴胸卡。

3. 收集并整理资料　完整收集并整理药品首营品种审批所需资料。

4. 填制药品首营审批表　根据收集的资料及药品实样填制药品首营审批表。

5. 审批　将审批表依次送采购部门、物价部门、质量管理部门、质量负责人进行审批。

6. 建立药品首营品种档案。

7. 清理现场

评分标准

序号	考核内容	考核要点	分值	配分	得分
1	仪表	着装整洁,佩戴胸卡	5	5	
2	收集整理资料	药品生产批准证明文件资料符合要求,完整有序	10	10	
		药品注册批件的附件符合要求,完整有序	10	10	
		《药品检验报告书》、营业执照、药品价格批文复印件符合要求,完整有序	10	10	

续表

序号	考核内容	考核要点	分值	配分	得分
3	药品首营品种审批表	药品首营品种审批表填制完整、规范，字迹清楚、无涂改	30	30	
4	首营品种审批	依次送采购部门、物价部门、质量管理部门、企业经理	5	5	
5	药品首营企业档案	建立规范药品首营企业档案	5	5	
6	礼仪	使用礼貌用语，语气亲切；语速语气适中，表达准确；离别时说"谢谢!"	5	5	
7	团队合作	设计的对白和场景能较好运用专业知识；	10	5	
		小组配合密切，真实感强		5	
8	清理现场	物品归位	10	10	
	合计		100	100	

项目练习

一、判断题：关于下列说法正确的打"√"，错误的打"×"。

1. 首营企业审核时药品生产许可证复印件不需盖有企业原印章。 ( )
2. 审核首营企业时，一律不用组织实地考察。 ( )
3. 药品采购部门应收集药品质量档案并审核。 ( )
4. 制订药品采购计划前需进行盘点库存和市场调查。 ( )
5. 盘点库存应以药品台账为依据，以实际库存为标准。 ( )
6. 药品购销合同按书写体例不同可分为条款式合同、表格式合同和表格条款式合同。 ( )
7. 药品购销合同中不必注明药品质量要求。 ( )
8. 药品购销合同中约定违约金数额最高不得超过货款的总值。 ( )
9. 存在违约行为及主观上的过错，但未造成对方遭受损失，不必支付违约金。 ( )
10. 药品购销合同一经签订，就具有法律效力。 ( )
11. 执行国家定价的药品，在合同规定的交货或提货日期内，遇国家调整价格时，按交货时的价格执行。 ( )
12. 执行国家定价的药品，逾期交货的，遇价格上涨时，按原价格执行。 ( )
13. 执行国家定价的药品，逾期提货或逾期付款的，遇价格下降时，按新价格执行。 ( )
14. 提议人发出订约提议后，在订约提议生效的期限内，可撤回或变更订约提议。 ( )
15. 合同中购销的药品属于法律法规、国家政策禁止经营的药品的，合同全部无效。 ( )
16. 药品购销合同均可采用口头形式。 ( )
17. 以任何手段签订的药品购销合同均属于有效合同。 ( )

二、选择题：每小题有四个备选答案，请从中选择一个最佳答案。

1. 首营企业是指与本企业首次发生药品供需关系的药品
   A. 生产企业　B. 批发企业
   C. 生产企业或经营企业　D. 零售企业
2. 首营品种不包括购进的
   A. 新品种药品
   B. 新规格药品
   C. 新剂型药品
   D. 再次销售的新批号药品
3. 首营企业审核重点是审核首营企业
   A. 药品生产许可证
   B. 法定资格和质量保证能力
   C. 药品经营许可证
   D. 税务登记证
4. 审核首营企业营业执照时，不需审核
   A. 经营范围　B. 经营方式

C. 有效期　　D. 从业人员健康状况

5. 首营品种审核内容不包括
A. 验收记录　　B. 药品标签
C. 药品实样　　D. 药品包装

6. 药品采购数量的确定应遵循
A. 以销定购原则　　B. 合法性原则
C. 经济性原则　　D. 社会性原则

7. 药品采购计划表由下列哪个部门填制
A. 质量管理部门　　B. 企业负责人
C. 采购部门　　D. 销售部门

8. 药品采购计划表内容不包括药品
A. 通用名　　B. 商品名
C. 汉语拼音名　　D. 剂型

9. 药品购销合同中,西药品名称应采用
A. 通用名　　B. 商品名
C. 汉语拼音名　　D. 别名

10. 贵重药品采购通常采用哪种运输方式
A. 自提　　B. 邮寄
C. 快递　　D. 零担

11. 合同当事人一方向另一方提出签订合同的建议称
A. 订约提议　　B. 接受提议
C. 承诺　　D. 签约

12. 受约人完全同意签订合同的提议
A. 订约提议　　B. 要约
C. 承诺　　D. 签约

13. 药品购进记录保存不得少于
A. 1 年　　B. 2 年
C. 3 年　　D. 4 年

14. 供应商档案管理应遵循的原则不包括
A. 集中管理原则　　B. 分散管理原则
C. 动态管理原则　　D. 分类管理原则

15. 供应商档案资料包括
A. 药品生产许可证原件
B. 进口药品注册证原件
C. 药品经营许可证原件
D. 营业执照复印件

项目二　医药商品销售

考核要点

1. 销售记录、药品验收单、药品内部调拨单、药品调价单、药品溢损报告单内容。
2. 药品进销存日报表的内容及填制要求。
3. 发票种类、管理及填制要求。
4. 药品价格管理规定、药品调价程序及注意事项。
5. 客户档案资料内容及整理归档。
6. 商务谈判的原则、过程及礼仪。
7. 能正确填制销售记录、进销存日报表及发票。
8. 能进行药品调价操作。
9. 能收集、整理、归档客户档案资料。

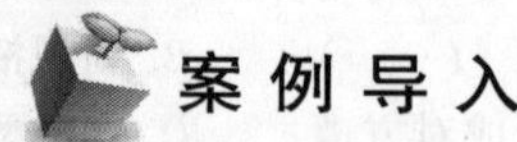

案例导入

李明,某药品零售连锁企业一分店医药商品购销员,负责药品零售工作。准备填制药品销售记录及进销存日报表。

问题:

1. 销售记录应包括哪些内容?销售记录需要保存多少时间?
2. 李明需要收集哪些单(票)据才能完成日报表填制?

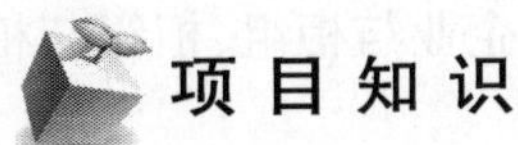

一、销售实施

(一)销售记录

销售记录是对企业业务销售行为合法性及规范性的有效监控和追溯,由药品销售人员在确定了具体的药品销售活动后所作的记录(表5-5)。医药商品购销员销售订单确认后,计算机系统自动生成销售记录。

表5-5 药品销售记录表(样本)

编号: 业务员:

销售日期	通用名称	商品名称	剂型	规格	生产批号	有效期	数量	生产企业	购货企业	单价	金额合计	备注

《药品经营质量管理规范》规定药品经营企业应当做好药品销售记录。销售记录应包括药品的通用名称、规格、剂型、批号、有效期、生产企业、购货企业、销售数量、单价、金额、销售日期、销售人员等内容。

中药材销售记录应当包括品名、规格、产地、购货单位、销售数量、单价、金额、销售日期、销售人员等等内容;中药饮片销售记录应当包括品名、规格、批号、产地、生产厂商、购货单位、销售数量、单价、金额、销售日期、销售人员等。实施批准文号管理的中药饮片还应记录批准文号。

发生灾情、疫情、突发事件或者临床紧急救治等特殊情况,以及其他符合国家有关规定的情形,企业可采用直调方式购销药品,进行药品直调的,应当建立专门的销售记录。

销售药品应有合法票据,并按规定建立销售记录,做到票、账、货、款相符。药品销售记录保留到超过药品有效期1年,但不得少于3年。

(二)票单(据)填制与审核

单据是指经济业务发生时取得或填制的原始凭证,其载明经济业务实际执行和写成情况的书面证明。正确、真实、合法的填制票据,利于医药商品经济核算。

1. 药品验收单 是药品质量管理人员在进行药品进货数量的清点及质量验收入库中填制的单据(表5-6)。

表5-6 药品验收单(样本)

供货单位: 年 月 日 收货部门:

通用名称	商品名称	规格	购进价				零售价				进销差价
			单位	数量	单价	金额	单位	数量	单价	金额	
合计											

验收: 制单: 实物负责人:

2. 药品内部调拨单　是发生在企业与柜组、柜组与柜组之间的药品流动而填制的单据(表5-7)。

表5-7　药品内部调拨单(样本)

调出部组：　　　　　　　年　月　日　　　　　　　　调入部组：

通用名称	商品名称	规格	单位	数量	购进价		零售价		进销差价
					单价	金额	单价	金额	
合计									

调出部组负责人：　　　　　　　　　　　　调入部组负责人：

3. 药品调价单　是药品的售价变更时,上级部门向柜组发出调价通知单,柜组在调价执行日期的前一日对调价药品进行库存盘点,根据库存核算新售价现值而填制的单据(表5-8)。

表5-8　药品调价单(样本)

填报部门：　　　　　　　年　月　日　　　　　　　　调价通知文号：

通用名称	商品名称	规格	单位	数量	零售单价		加或减	单位差价	增加金额	减少金额
					原售价	新售价				
合计										

部门经理：　　　　　　　核算员：　　　　　　　物价员：

4. 药品溢损报告单　是指药品从进货到销售的整个流通环节中发生的溢余或损耗。药品溢损报告单是指经当日盘点后,盘点人对药品溢余或损耗情况及原因填制的单据(表5-9)。

表5-9　药品溢损报告单(样本)

填报部门：　　　　　　　年　月　日

账面结存			实际结存		溢余	损缺	溢损原因：
通用名称	商品名称	规格	单位	数量	单价	金额(+或-)	
							处理意见：

部门经理：　　　　　　　　　　　　制单：

5. 药品进销存日报表　是指动态管理药品的采购(进)、入库(存)、销售(销)的过程而每日填制的单据(表5-10)。

表 5-10 药品进销存日报表(样本)

部组: 年 月 日 单位:元

项目	金额	项目	金额
昨日结存		本日销售	
本日购进		本日调出	
本日调入		调价减值	
调价增值		盘点短缺	
盘点溢余		本日结存	
合计		合计	

制表: 实物负责人: 复核: 部组长:

(1)“昨日结存”金额根据前一日进销存日报表“本日结存”金额填写。

(2)“本日购进”金额根据当日“药品验收单”零售价金额合计填写。

(3)“本日销售”金额根据当日销售记录的实际销售金额填写。

(4)“本日调出”、“本日调入”金额根据当日“药品内部调拨单”零售价金额合计填写。

(5)“调价减值”、“调价增值”金额根据当日“药品调价单”减少金额、增加金额合计分别填写。

(6)“盘点短缺”、“盘点溢余”金额根据当日“药品溢损报告单”损缺、溢余金额合计分别填写。

(7)“本日结存”金额为“昨日结存”与本日增加金额之和再减去本日减少金额。其计算公式如下。

本日结存金额=(昨日结存金+本日购进金+本日调入金+调价增值金+盘点溢余金)-(本日销售金+本日调出金+调价减值金+盘点短缺金)

(8)药品进销存日报表左方与右方合计金额必须相等。

6. 销售小票 药品销售小票是销售药品时为顾客开写的购买药品的凭证(表 5-11)。

表 5-11 ××药业药品销售小票(样本)

年 月 日 编号:

药品编号	通用名称	商品名称	生产企业	规格	单位	数量	单价	金额						
								万	千	百	十	元	角	分

收款员: 营业员:

7. 税制票据 发票属于税制票据,是药品销售业务中为顾客开写的购药凭证,也是顾客报销的合法凭证,主要包括营业税发票和增值税发票(表 5-12,表 5-13)。单位和个人印制、领购、开具、取得、保管、缴销发票必须遵守《中华人民共和国发票管理办法》有关规定。

(1)发票联次:发票的基本联次包括存根联、发票联、记账联。存根联由收款方或开票方留存备查;发票联由付款方或受票方作为付款原始凭证;记账联由收款方或开票方作为记账原始凭证。

表 5-12　××省××市医药零售统一发票(样本)

发　票　联　　发票代码:163010821545

发票号码:00336042

客户:　　　　　　　　　　　　　　　　年　月　日

品名及规格	单位	数量	单价	金额						备注
				千	百	十	元	角	分	
金额(大写)	仟	佰	拾	元	角	分 ¥				

开票单位(章)　　　　　　　　　　开票人

表 5-13　××省增值税专用发票(样本)

3100103620　　　　　发 票 联　　　　　No 07440751

开票日期:________

售货单位	名　称: 纳税人识别号: 地 址　电 话: 开户行及账号:			密码区			
货物及应税劳务名称	规格型号	单位	数量	单价	金额	税率	税额
合计							
缴税会计(大写)							(小写)
销货单位	名　称: 纳税人识别号: 地 址　电 话: 开户行及账号:			备注			

收款人:　　　　　　复核:　　　　开票人:　　　　销货单位(章)

(2) 发票管理

1) 一般管理:领购发票时,应当持税务登记证件、经办人身份证明、按照国务院税务主管部门规定式样制作的发票专用章的印模,向主管税务机关办理发票领购手续;临时使用发票的单位和个人,可以凭购销商品、提供或者接受服务以及从事其他经营活动的书面证明、经办人身份证明,直接向经营地税务机关申请代开发票。销售商品、提供服务以及从事其他经营活动的单位和个人,对外发生经营业务收取款项,收款方应当向付款方开具发票。发票应妥善保管,发生发票丢失情形时,应当于发现丢失当日书面报告税务机关,并登报声明作废。私自印制、伪造、变造、开具虚假发票等均属违法行为。对违反发票管理法规的行政处罚,由县以上税务机关决定;罚款额在 2000 元以下的,可由税务所决定。构成犯罪的,税务机关应当依法移送司法机关处理。

2) 采购发票管理:采购发票应按照《税收征收管理法实施细则》等有关规定保存。账簿、记账凭证、报表、完税凭证、发票、出口凭证以及其他有关涉税资料应当保存 10 年。

3) 销售发票管理:①企业销售药品,应如实开具《增值税专用发票》或《增值税普通发票》,做到票、账、货、款一致。②销售发票上应列明销售药品的名称、规格、单位、数量、金额等,如不能列明全部内容,应附《销售货物或者提供应税劳务清单》,并加盖企业财务专用章或发票专用章、注明税票号码。③销售发票或《销售货物或者提供应税劳务清单》的内容应与出库随货同行单的相关内容、药品电子监管码核销记录一致。④应按照《发票管理办法》、《税收征收管理法实施细则》等规定,账簿、记账凭证、报表、完税凭证、出口凭证以及其他有关涉税资料应当保存10年;已经开具的发票存根联和发票登记簿,应当保存5年。⑤计算机系统应与开票系统对接,自动打印每笔销售票据。

(3) 填制要求

1) 必须按照发票号码顺序填写,填写项目齐全,内容真实,字迹清楚;

2) 全部联次一次填写或打印,各联次内容完全一致,发票联加盖发票专用章;

3) 填写错误,不能涂改,应在开错的发票上注明"作废"字样,不得撕毁,如已撕下,必须贴回原处;

4) 小写金额前加"¥"记号,尾数填写到"分"栏,大写第一数字顶格,尾数后加"整"字,金额栏中大、小写数字必须相符;

5) 填制结束后,需逐栏全面复核,确保准确、无误后,经手人、复核人应在发票上签章及盖发票专用章。

二、药品价格管理

价格管理旨在使商品价格合理化。合理、适当的价格管理将使商品的生产、经营、使用等各个方面得到持续、健康的发展。

(一) 价格管理的手段

社会主义市场经济体制下,我国对药品价格的管理采取法律、行政、经济手段相结合的方法。

1. 法律手段　法律手段是指国家利用立法对药品价格进行管理,是国家对药品价格管理的基本方法。法律手段以法律条文形式对价格行为主体的权利义务等问题做出明确的规定,使药品价格的制定和管理有法可依,充分体现了法律手段在价格管理中的规范性。《中华人民共和国价格法》等价格法律一旦制定实施,任何违法行为都将受到法律的制裁。

2. 行政手段　行政手段是指国家行政机构采用强制手段对药品价格进行强制性管理。例如,麻醉药品、精神药品等特殊管理药品国家计委统一制定价格,并对其销售和使用做出明确的规定。

3. 经济手段　经济手段是指国家利用经济杠杆调节经济参数对药品价格进行管理。经济手段比较灵活,既能管住价格,又能充分发挥市场价格机制的调节作用。例如,利用税收调节药品的生产,以控制药品价格波动;利用价格信息网对药品市场价格进行预测。

(二) 药品价格管理形式

药品价格管理由国家计委负责,具体管理形式主要有政府定价、政府指导价和市场调节价。

1. 政府定价　政府定价是指按《中华人民共和国价格法》规定,由价格主管部门根据定价权限和范围制定的价格。为规范药品政府定价行为,明确政府定价原则、方法和程序,根据国家计委《关于改革药品价格管理的意见》,国家计委于2000年11月21日以计价格〔2000〕2142号印发了《药品政府定价办法》。

药品政府定价管理分中央和地方两级:国家基本医疗保险药品目录中的甲类药品和生产经营具有垄断性的少量特殊药品(精神药品、麻醉药品、预防免疫药品、计划生育药品等)

的价格由国家计委制定;国家基本医疗保险药品目录中的乙类药品和民族药的价格由省级价格主管部门制定,但必须遵循中央定价原则;中药饮片、医院制剂价格由省级价格主管部门确定管理形式。

企业生产经营政府定价范围的药品,其产品的有效性和安全性明显优于或治疗周期或治疗费用明显低于其他企业同类产品,且不宜按《药品政府定价办法》中的一般性比价关系定价的,企业可向国家有关主管部门申请单独定价。

2. 政府指导价　政府指导价是指依据《中华人民共和国价格法》的规定,由政府价格主管部门按定价权限和范围规定基准价及其浮动幅度,指导经营者制定的价格。

3. 市场调节价　市场调节价指经营者自主制定,通过市场竞争形成的价格。政府价格主管部门制定的药品价格是最高零售价格,药品零售企业可以在这一价格下,根据市场竞争情况自行决定销售价格。

(三) 违法行为及处罚

1. 违法行为　《中华人民共和国价格法》第十四条规定,经营者不得有下列不正当价格行为:

(1) 相互串通,操纵市场价格,损害其他经营者或者消费者的合法权益。

(2) 在依法降价处理鲜活商品、季节性商品、积压商品等商品外,为了排挤竞争对手或者独占市场,以低于成本的价格倾销,扰乱正常的生产经营秩序,损害国家利益或者其他经营者的合法权益。

(3) 捏造、散布涨价信息,哄抬价格,推动商品价格过高上涨的。

(4) 利用虚假的或者使人误解的价格手段,诱骗消费者或者其他经营者与其进行交易。

(5) 提供相同商品或者服务,对具有同等交易条件的其他经营者实行价格歧视。

(6) 采取抬高等级或者压低等级等手段收购、销售商品或者提供服务,变相提高或者压低价格。

(7) 违反法律、法规的规定牟取暴利。

(8) 法律、行政法规禁止的其他不正当价格行为。

2. 违法处罚

1) 经营者不执行政府指导价、政府定价以及法定的价格干预措施、紧急措施的,责令改正,没收违法所得,可以并处违法所得5倍以下的罚款;没有违法所得的,可以处以罚款;情节严重的,责令停业整顿。

2) 经营者有不正当价格行为之一的,责令改正,没收违法所得,可以并处违法所得五倍以下的罚款;没有违法所得的,予以警告,可以并处罚款;情节严重的,责令停业整顿,或者由工商行政管理机关吊销营业执照。

(四) 药品调价

药品调价一般由采购部门负责,采购部门下发调价通知后,由销售人员执行。

1. 药品调价操作程序　确认调价通知→填制药品调价单→确认新售价变更库存金额→填制药品进销存日报表"调价增值"或"调价减值"→更改计算机系统中药品价格→填制并更换价格标签→调价凭证整理归档。

2. 药品调价操作注意事项

(1) 未接到正式药品调价通知前,销售人员不得擅自调价。

(2) 填制价格标签前,认真核对药品代码与种类。

(3) 及时更换价格标签，确保陈列药品的价格与价格标签一致，同一药品价格标签一致。

(4) 药品价格调高时，将原价格标签取下，换上新的价格标签，不得将新价格标签覆盖原价格标签。

(5) 药品价格调低时，可将新价格标签覆盖原价格标签。

三、客户档案

客户档案是指用文本或表格形式将客户信息、资料记载下来，经整理、分类、编目、造册后形成的反映客户基本情况的基础性文件。客户档案的建立与动态管理，利于保持企业与客户良好关系的持续发展；利于企业自身市场定位；利于企业规避扩大市场、交易风险。

（一）经营企业客户档案

1. 基本信息　客户名称、地址、经营方式、注册资金、法定代表人、重要负责人信息（姓名、职责/职位、电话、E-mail）、主要产品/服务、主要客户、重要经营活动、企业经营目标、客户的具体要求、行动方案（表5-14）。

表5-14　药品经营企业客户档案表（样本）

记录人：　　　　　　　　　　　　建档日期：　　年　　月　　日

企业名称			
企业地址			
电话	传真	E-mail	网址
法定代表人	职务	电话	
总部所在地			
分支机构数目		员工人数	
主要产品/服务			
主要客户			
重要经营活动			
经营目标			
客户要求			
目标			
行动方案			
日期	行动步骤	下一步	所需时间

2. 客户档案资料　经营企业客户档案资料主体部分包括基础信息资料、财务信息资料和交易信息资料。

(1) 基础信息资料：客户营业执照、税务登记证复印件、法人委托书；客户走访、调查报告；客户所在地经营政策及法规等。

(2) 财务信息资料：客户信用额度审批表；历次欠款、还款情况登记表；欠款、还款协议；

延期还款审批单;客户还款计划;客户历次退赔、折价情况登记表;退赔、折价审批表。

(3) 交易信息资料;历次合同订单登记表、合同文本;客户药品进出货情况登记表;责任鉴定表。

(二) 零售药店客户档案

零售药店客户档案内容比较简单,主要用于记载为客户提供健康指导、咨询服务、购买药品、客户要求等信息(表 5-15)。

表 5-15　零售药店客户档案表(样本)

客户姓名	年龄	性别	建档日期
客户住址		联系方式	
所患疾病：			
所购药品名称	规格	单价	数量
首次购买药品时间	再次购买药品时间		
提供健康指导：		医药咨询服务：	
客户要求：			记录人：

(三) 客户档案归档整理(同供应商档案归档整理)

四、商务谈判基础知识

(一) 商务谈判的概念

商务是指一切与买卖商品服务相关的商业事务。从狭义上,商务仅指商业或贸易。商务活动中,购销双方要促成交易,必须进行沟通、协商、妥协、合作等方式进行谈判。因此,商务谈判是指购销双方为了实现交易目标而相互沟通、协商的活动过程。商务谈判利于购销双方获取市场信息、开拓市场、增加经济利润,实现购销双方的经济目标,将购销双方利益最大化。

(二) 商务谈判的原则

在社会主义市场经济条件下,商务谈判活动应遵循以下原则:

1. 合法原则　任何谈判都在一定法律约束下进行的,谈判必须遵循合法性原则。谈判及合同的签订都必须遵守相关法律法规。否则谈判及签订的合同不具备法律效力,不但购销双方权益得不到法律的保护,甚至将会受到法律的制裁。合法性原则体现四个方面:

(1) 谈判主体必须合法。

(2) 购销双方交易项目必须合法。

(3) 谈判过程中行为必须合法。

(4) 签订合同必须合法。

2. 平等原则 商务谈判的双方在谈判过程中地位一律平等，双方权利与义务是对等的。不允许任何一方违背对方意志，将自己的意志强加给对方。

3. 双赢原则 商务谈判双方首先应坚持双赢原则，树立双赢的理念。商务谈判的理想结果并不是"你赢我输"或"你输我赢"或"你输我输"。一场成功的谈判应该使谈判的双方都要有"你赢我胜"的感觉。采取什么样的谈判手段、谈判方法和谈判原则来达到谈判的结局对谈判各方都有利，这是商务谈判的实质追求。

4. 时效性原则 就是要保证商务谈判的效率和效益的统一，商务谈判要在高效中进行，要提高谈判效率，降低谈判成本，决不能进行马拉松式的谈判，否则对谈判双方都会造成很大困扰。商务谈判必须坚持时效性原则，在一定的时间内体现谈判的最高价值，是商务谈判所追求的。只有高效的商务谈判才能带来更大的利润价值和需求满足。此外，效益原则还要求谈判双方着眼于整体的、长远的利益，即讲求更远、更大的效益。

5. 最低限度目标原则 是谈判者必须达到的目标，也是谈判的底线，属于商业机密，绝不能透露给谈判对手。谈判中对最低限度目标一定严格防护，达不到最低限度目标，一般谈判会放弃。突破最低限度目标可能会造成被动局面，甚至导致不可挽回的经济损失，损害己方经济利益，因此，商务谈判一定要坚持最低限度目标的原则。

（三）商务谈判的过程

1. 准备阶段

（1）组织人员：谈判小组人员一般不超过8人，以3～5人最为适宜。人员构成一般应包括经营管理人员、专业技术人员、法律顾问或律师、财务人员、工作人员。在谈判小组人员中选择谈判经验丰富、具备领导才能的人员作为主谈人，而其他人员为辅谈人。

（2）收集信息

1）医药商品购销的有关法律、法规及政策。

2）医药商品市场供求状况。

3）对方生产或经营状况：主要收集对方法定资质资料；企业简史、经营方式、经营范围、生产状况、产品质量、市场形象、资信状况、营销能力等资料。

4）对方谈判人员组成及特征：包括对方谈判人员构成、各成员的谈判权限、谈判实力、谈判技巧、谈判风格、对方的目标等信息。

（3）确定谈判目标：商务谈判目标是商务谈判要达到的具体目标，正确的商务谈判目标是保证谈判成功的基础。商务谈判目标可分为最优期望目标、实际需求目标、可接受目标、最低限度目标。

1）最优期望目标：往往是谈判进程开始的话题，是对谈判者最有利的理想目标，但是这一目标实现几乎没有可能性。

2）实际需求目标：是经过科学的预测和核算，纳入谈判计划的目标，一般由谈判对手提出，采购人员可适当作出决策，是谈判者的最后防线，如果达不成这一目标，谈判可能陷入僵局或暂停。

3）可接受目标：是经过综合权衡、满足谈判方部分需求的目标，己方可努力争取或作出让步的范围，这一目标的实现标志着谈判的成功。

4）最低限度目标：是谈判者必须达到的目标，也是谈判的底线。

（4）评估对方：综合分析收集的信息，全面评估对方谈判实力及谈判目标，分析双方在谈判中的优势、劣势、机会及威胁；预测谈判可能的发展方向。

(5) 制订谈判计划:谈判计划是谈判人员对谈判主题、目的、目标、程序、策略、期限及谈判地点、时间等的安排部署,是谈判行动的指南针和方向。谈判过程中,应敏锐觉察对方的想法与意图,灵活对计划进行调整。

(6) 制订谈判方案及购销合同:谈判方案是谈判计划的具体化,方案中应确认谈判的主要冲突,推测对方解决方案,拟定谈判的议题、策略。准备好购销合同文本,力争以此为双方稳定合同的基础。

2. 开局阶段　是商务谈判的前奏,态度应热情、大方,相互介绍、问候,营造团结友好、轻松和谐的氛围。主要任务是协商谈判的议程。

3. 展开阶段　是商务谈判实质性的开始,双方表明各自的立场观点和意图,仔细聆听、准确的提问,利于准确获取正确的信息。本阶段谈判涉及的问题主要有商品质量、验收、价格、折扣、付款等。其中,价格是谈判的核心问题。为实现双方各自的利益,对不一致的问题进行沟通交流、切磋探讨。

4. 调整阶段　为寻求双方利益的共同点,达到双赢的目的,双方经过耐心的协调,积极主动地调整各自的需求和条件,在关键问题上达成共识。

5. 达成协议　本阶段主要对正式签约的条款进行补充和完善,回顾谈判的成果;双方首席代表在购销合同上签字、盖章、成交,谈判宣告结束。

(四) 商务谈判礼仪

商务谈判过程中,购销双方有目的地对标的进行洽谈和商议,最终解决争议、达成协议、签订合同。促使商务谈判成功的因素很多,但礼仪在谈判中的效应占有十分重要的位置。在谈判中以礼待人,不仅体现着自身的教养与素质,而且还会对谈判对手的思想、情感产生一定程度的影响。

1. 准备礼仪　商务谈判是购销双方促成协议达成的重要商务活动之一,充分的谈判前准备利于谈判顺利进行,准备过程中应注重相应的礼仪规范。

(1) 人员选择礼仪:谈判人员应与对方谈判代表的身份、职务要相当,以示尊重。谈判人员的素质修养和仪表形象始终是一种信息,会与谈判的实质内容一起传递给对方,并相互影响、相互感染。

(2) 地点选择礼仪:谈判地点最好争取在自己熟悉的环境内。若争取不到,至少也应选择在双方都不熟悉的中性场所;如要进行多次谈判,地点应该依次互换,以示公平;签约地点选择应庄重并取得对方同意。

(3) 时间选择礼仪:商务谈判时间要经双方商定而不能一方单独做主,否则是失礼的。要选择对己方最有利的时间进行谈判。避免在身心处于低潮时、在连续紧张工作后、在不利于自己的市场行情下进行谈判。

2. 服饰礼仪　合适的服饰既可美化仪表、优化气质,又可反映企业的文化与个人修养。商务谈判时,男士以同质同色西服为主,衬衫、西服、领带、鞋袜以不超过三种颜色为宜;女士以合体典雅西装套裙为主,配以黑色皮鞋、肉色丝袜。谈判人员可适当佩戴饰品,全身饰品最好不超过三件,使其真正起到点缀作用,展现出谈判人员的内在气质和高雅品位。

3. 座次礼仪　谈判会场的布置应充分体现出礼仪的规范和对于来客的尊重。举行商务谈判时,谈判现场具体座次有非常严格的礼仪规范,应充分体现主宾之别。

(1) 主宾座次:商务谈判会场一般用长方形或者椭圆形桌子,通常是主宾各坐一方。谈判桌横放,面门为上,客方人员面门而坐,主方人员背门而坐;谈判桌在谈判室内竖放,在排位时以进门时的方向为准,右侧由客方人士就座,左侧则由主方人员就座。

(2) 内部座次:商务谈判时,主谈人员在己方位置居中而坐,其余人员则应依其具体身份的高低,遵从右高左低的原则分别在主谈人员的两侧就座。

(3) 签约座次

1) 并列式:并列式是举行双方签约仪式时最常见的形式。签约桌在室内面门横放,双方出席签约仪式的全体人员在签约桌之后按照一定的顺序并排排列,双方签约人员居中面门而坐,客方右侧就座,主方居左。

2) 相对式:相对式与并列式签约仪式的座次基本相同,双方参加签约仪式的随员席移至签字人的对面。

4. 迎送礼仪　迎来送往是商务谈判礼仪中最基本的形式。迎送礼仪可表达主人情谊、体现礼貌素养,对商务谈判具有重要的作用。迎送人员的身份、职务应与宾客相当。迎候人员应提前到达机场、车站,见面时负责迎候的领导与宾客逐一握手,稍作休息后将宾客送达宾馆,以示对对方的尊重及欢迎。送行人员事先掌握宾客离开时间,提前到达宾客住宿宾馆,陪同来宾或直接前往机场、车站或码头送别;在宾客上飞机、火车或轮船前,送行人员一一与来宾握手话别;飞机起飞、火车或轮船启动时,送行人员向来宾挥手致意。

5. 签约礼仪　是商务谈判最后阶段庄严而隆重的仪式。签约仪式前,应组织专业人员做好各种文本的准备。原则上双方人数应该大体相近,双方参加谈判的全体人员均应出席签约仪式,如有缺席,应得到对方的同意。应设有助签人员协助签约人,助签人员分别站立与各自签约人的外侧,签约人先在准备好的文本上签字,然后由助签人员交换。双方签字完毕后签约人应同时起立交换文本并相互握手,祝贺合作成功,全场人员应鼓掌,表示祝贺。签字仪式结束,应让双方最高领导及宾客先退场。

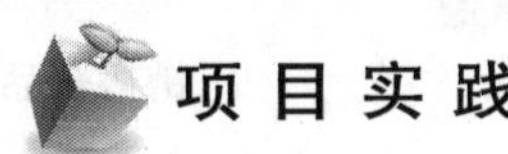

项目实践

药品调价操作

实践准备

1. 准备桌、椅、工作服、胸卡、文具。
2. 模拟药房、药品样品。
3. 药品调价通知、空白药品进销存日报表、药品调价单及药品价格标签。

实践步骤

1. 分组练习　2 名学生一组,1 名扮演采购部门负责人、1 名扮演医药商品购销员。
2. 着装　购销员穿工作服、佩戴胸卡。
3. 采购部门负责人下发调价通知。
4. 购销员确认药品调价通知,并填制药品调价单。
5. 确认新售价变更库存金额,填制药品进销存日报表“调价增值”或“调价减值”。
6. 更改计算机系统中药品价格。
7. 填制并更换价格标签。
8. 药品调价凭证整理归档。

9. 清理现场　将所用物品放回原处备用。

评分标准

序号	考核内容	考核要点	分值	配分	得分
1	仪表	着装整洁,佩戴胸卡	5	5	
2	药品调价通知	认真仔细确认药品调价通知,准确无误	5	5	
3	药品调价单	完整、规范填制药品调价单,字迹清楚、无涂改	15	15	
4	药品进销存日报表	准确无误确认新售价变更库存金额	20	5	
		完整、规范填制药品进销存日报表"调价增值"或"调价减值",字迹清楚、无涂改		15	
5	药品价格	准确无误更改计算机系统中药品价格	5	5	
6	价格标签	完整、规范,填制价格标签字迹清楚、无涂改	20	10	
		价格标签更换符合要求		10	
7	调价凭证	整理、归档	5	5	
8	礼仪	使用礼貌用语,语气亲切;语速语气适中,表达准确;离别时说"谢谢!"	5	5	
9	团队合作	设计的对白和场景能较好运用专业知识	10	5	
		小组配合密切,真实感强		5	
10	清理现场	物品归位	10	10	
		合计	100	100	

项目练习

一、判断题:关于下列说法,正确的打"√",错误的打"×"。

1. 中药材销售记录可不注明产地。（　）
2. 药品销售记录应由药品采购部门填制并保存。（　）
3. 药品调价时,柜组需在调价执行日期的前一日对调价药品进行库存盘点。（　）
4. 填制药品进销存日报表时,"昨日结存"金额根据前两日进销存日报表"本日结存"金额填写。（　）
5. 填制药品进销存日报表时,"本日购进"金额根据当日"药品验收单"零售价金额合计填写。（　）
6. 药品销售小票就是药品销售发票,可作为顾客报销依据。（　）
7. 药品购销中的税制票据主要有营业税发票和增值税发票。（　）
8. 销售药品时,收款方应当向付款方开具发票。（　）
9. 销售药品时,发票可不按发票号码顺序填制。（　）
10. 药品销售发票填写错误,可以涂改。（　）
11. 药品销售发票填写错误,可以撕毁。（　）
12. 药品销售发票小写金额前加"￥"记号,尾数填写到"分"栏。（　）
13. 国家基本医疗保险药品目录中的乙类药品和民族药的价格由省级价格主管部门制定。（　）
14. 捏造、散布涨价信息,哄抬价格,推动商品价格过高上涨的属于正当价格行为。（　）
15. 药品价格调高时,将原价格标签取下,换上新的价格标签,不得将新价格标签覆盖原价格标签。（　）
16. 药品价格调低时,不可将新价格标签覆盖原价格标签。（　）
17. 零售药店客户档案主要用于记载为客户提供健康指导、咨询服务、购买药品、客户要求等信息。（　）
18. 谈判人员应与对方谈判代表的身份、职务要相当。（　）

19. 商务谈判时间的确定不必与对方商定。( )

20. 商务谈判时,男士以同质同色西服为主,衬衫、西服、领带、鞋袜以不超过三种颜色为宜。( )

二、选择题:每小题有四个备选答案,请从中选择一个最佳答案。

1. 药品零售企业药品销售记录保留到超过药品有效期一年,但不得少于
A. 1年 B. 2年
C. 3年 D. 4年

2. 药品验收单不必注明的是
A. 购进价 B. 零售价
C. 进销差价 D. 出厂价

3. 企业与柜组、柜组与柜组之间的药品流动而填制的单据是
A. 药品验收单 B. 药品内部调拨单
C. 药品调价单 D. 药品溢损报告单

4. 药品溢损报告单由
A. 采购人员填制 B. 销售人员填制
C. 盘点人填制 D. 经理填制

5. 填制药品进销存日报表时,"调价减值"、"调价增值"金额根据当日( )中减少金额、增加金额合计分别填写
A. 药品验收单 B. 药品内部调拨单
C. 药品调价单 D. 药品溢损报告单

6. "本日结存"金额为
A. "昨日结存"+本日增加金额-本日减少金额
B. "昨日结存"+本日增加金额
C. "昨日结存" -本日减少金额
D. 本日增加金额-本日减少金额

7. 下列哪项不是发票基本联次
A. 存根联 B. 发票联
C. 记账联 D. 珍藏联

8. 可作为付款方或受票方作为付款原始凭证的是
A. 存根联 B. 发票联
C. 记账联 D. 珍藏联

9. 违反发票管理法规的行政处罚,罚款额在多少元以下的,可由税务所决定
A. 1000 B. 2000
C. 10 000 D. 20 000

10. 药品价格管理的手段不包括
A. 市场手段 B. 法律手段
C. 行政手段 D. 经济手段

11. 下列哪项不是药品价格管理形式
A. 政府定价 B. 政府指导价
C. 市场调节价 D. 零售价

12. 下列哪类药品应执行政府定价
A. 精神药品 B. 麻醉药品
C. 预防免疫药品 D. 以上均是

13. 执行市场调节价的药品,政府价格主管部门制定的药品价格是最高
A. 出厂价 B. 批发价
C. 零售价格 D. 购进价格

14. 经营者不执行政府指导价、政府定价的,责令改正,没收违法所得,可以并处违法所得多少倍以下的罚款
A. 4倍 B. 5倍
C. 6倍 D. 10倍

15. 属于经营企业客户档案资料的是
A. 客户营业执照复印件 B. 客户还款计划
C. 药品购销合同文本 D. 以上均是

16. 属于商务谈判的原则的是
A. 合法原则 B. 平等原则
C. 双赢原则 D. 以上均是

17. 商务谈判小组一般以多少人为宜
A. 1~2人 B. 3~5人
C. 5~7人 D. 8人以上

18. 商务谈判中,谈判都必须达到的目标是
A. 最低限度目标 B. 可接受目标
C. 实际需求目标 D. 最优期望目标

19. 商务谈判中,几乎不可能实现的目标是
A. 最低限度目标 B. 可接受目标
C. 实际需求目标 D. 最优期望目标

20. 标志着谈判成功的目标是
A. 最低限度目标 B. 可接受目标
C. 实际需求目标 D. 最优期望目标

21. 商务谈判展开阶段涉及的主要问题不包括
A. 药品质量 B. 药品价格
C. 付款 D. 谈判计划

22. 商务谈判会场内谈判桌横放,为表示尊重,客方应安排
A. 面门而坐 B. 背门而坐
C. 随意就座 D. 均不正确

23. 符合商务谈判并列式签约座次礼仪的是
A. 客方左侧就座
B. 主方居右
C. 随意就座
D. 签约人员居中面门而坐

第六章　药品的保管与陈列

药品是一种特殊的商品，其结构复杂、成分多样、剂型各异。药品从生产到使用要经历一个较长的阶段，在这期间易受温度、湿度、日光等的影响而发生物理、化学以及微生物学的变化，从而导致药效的降低或消失、毒性增大等。因此，只有对药品进行严格科学的管理，才能保证药品质量的稳定、安全、有效，减少药品损耗，满足人们防病、治病以及康复的需要。

项目一　药品的验收与入库

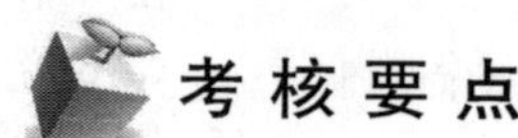

考核要点

1. 药品验收的方法及内容。

2. 药品验收注意事项。

3. 能按验收要求对药品主要剂型进行外观及包装检查，并能正确填写“药品质量验收记录表”和“药品拒收报告单”。

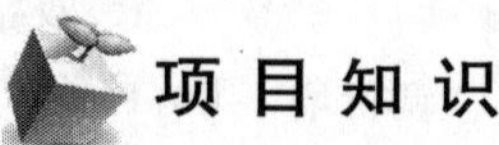

项目知识

一、药品验收

药品验收是药品入库前必要的一个程序。验收的目的是保证入库药品的数量准确，质量完好，防止不合格药品和不符合药品包装规定要求的药品入库。验收员应严格按照法定标准和合同规定的质量条款对购进、销后退回的药品进行逐批验收。

（一）验收程序

1. 收货核对　药品到货后，仓库保管员凭收货凭证收货，并负责将药品存放于待验库（区），核实到货药品是否为所定企业药品，并核对到货药品的数量。

2. 药品验收　采购部门签字的送货凭证为购进药品请验凭据；销售部门签发的《药品销后退回通知单》为销后退回药品请验凭据。验收员依据请验凭据对药品进行抽样检查验收，并根据验收的实际情况，在入库凭证上做好验收记录、注明验收结论并签章。

3. 交接入库　验收员将药品连同入库凭证交仓库保管员，保管员对药品进行核实后，同验收员办理交接入库手续。

（二）验收方法

1. 抽样原则　对每次到货的药品进行逐批抽样验收，抽取的样品应具有代表性，即必须保证抽取的样品能准确反映被验收药品的整体质量状况。

2. 抽样数量　对到货的同一批号的整件药品按照堆码情况随机抽样检查。整件数量在2件及以下的，要全部抽样检查；整件数量在2件以上至50件以下的，至少抽样检查3件；整件数量在50件以上的，每增加50件，至少增加抽样检查1件，不足50件的，按50件计。

3. 抽样方法

(1) 整件样品的抽取,按药品垛堆情况,以前上、中侧、后下的堆码层次相应位置随机抽取。

(2) 对抽取的整件药品需开箱抽样检查,从每整件的上、中、下不同位置随机抽取3个最小包装进行检查,对存在封口不牢、标签污损、有明显重量差异或外观异常等情况的,至少再增加一倍抽样数量进行再检查。对整件药品存在破损、污染、渗液、封条损坏等包装异常的,要开箱检查至最小包装。

(3) 到货的非整件药品要逐箱检查,对同一批号的药品,至少随机抽取一个最小包装进行检查。

(4) 开启最小包装验收后,包装不能复原的,不能再作正常药品销售。

(5) 抽样验收完毕后,应将被抽样验收的药品包装箱复原、封箱并标记。

(三) 验收的主要内容

1. 数量验收　以计件、称量准确,数据真实可靠为工作目标,实现货、卡、账相符。

2. 质量验收

(1) 外观性状检查:主要检查药品外观有无变形、开裂、熔(溶)化、变色、结块、沉淀、浑浊、发霉、污染、挥发等异状;嗅药品有无异味、串味;对易碎药品进行震动、摇晃后,听药品包装内有无异常撞击声;用手触摸,感觉药品的干软、黏结、油腻的程度,发现异常则应拒收该批药品。

(2) 包装的检查:药品外包装应牢固、无破损、无变形、无污染、封口完好,并应清晰注明药品通用名称、规格、批准文号、产品批号、生产日期、有效期、贮藏、包装规格及储运图标或外用药品、非处方药、危险药品的标识等标记;内包装应无破损、渗漏或污染,最小单元封口应严密、包装印字清晰、瓶签粘贴应牢固。每件包装中应有产品合格证。

(3) 标签和药品说明书的检查

1) 标签和药品说明书应有生产企业的名称、地址,有药品通用名称、规格、批准文号、产品批号、生产日期、有效期、药品的成分、性状、适应证或功能主治、用法、用量、禁忌证、不良反应、注意事项以及贮藏条件等。对注射剂瓶、滴眼剂瓶等因标签尺寸限制无法全部注明上述内容的,至少标明药品通用名称、规格、产品批号、有效期等内容。中药蜜丸蜡壳至少注明药品通用名称。

2) 外用药品包装的标签和说明书上有规定的标识或警示说明。

3) 处方药和非处方药的标签和说明书上有相应警示语或忠告语,非处方药的包装有国家规定的专有标识。

3. 进口药品的验收　其包装的标签应以中文注明药品的名称、主要成分和进口药品注册证号,并附有中文说明书。进口药品应有符合规定的《进口药品注册证》和《进口药品检验报告书》复印件。进口预防性生物制品、血液制品应有《生物制品进口批件》复印件,以上批准文件应加盖供货单位质量检验机构或质量管理机构原印章。

4. 首营品种的验收　方法除同一般药品外,应有生产企业该批号药品出厂的质量检验报告书,检验报告书由验收员保存,并在验收记录上标记。

5. 中药材、中药饮片的验收　应有包装,并附有质量合格的标志。每件包装上中药材标明品名、产地、供货单位;中药饮片标明品名、生产企业、生产日期等。实施文号管理的中药材和中药饮片,在包装上还应标明批准文号。

6. 验收记录　药品验收记录的内容应有包括供货单位、数量、到货日期、品名、剂型、规格、批准文号、产品批号、生产企业、有效期、质量状况、验收结论和验收人员等内容，销后退回药品验收记录还应包括退货原因、处理措施等内容。验收员应按验收药品的项目做好详细记录(表 6-1)，并签名负责。验收记录应保存至超过药品有效期 1 年，但不得少于 3 年。

表 6-1　药品质量验收记录(样本)

到货日期	品名	剂型	规格	单位	数量	供货单位	生产企业	生产批号	有效期	批准文号	质量状况	验收结论	验收员	验收日期	备注

注：①有效期应写失效终止日期，有效期至×年×月。②批准文号栏填“有”或“无”即可。③质量状况填“合格”或“不合格”。④验收进口药品可在备注栏填“《进口药品注册证》和《进口药品检验报告书》”编号。⑤验收结论填“合格”或“不合格”。

(四) 验收注意事项

1. 药品到货时，应检查运输工具是否密闭；根据运输单据所载明的启运日期，检查是否符合协议约定的在途时限；冷藏、冷冻药品应查验冷藏车、车载冷藏箱的温度状况，核查并留存运输过程和到货时的温度记录。

2. 药品验收应于到货后 15 天内完成(一般为当天)。如遇大批到货，发现药品残损严重了，需清点整理，核实数量按期验收完毕确有困难，应及时通知供货方延长验收期限，延长期不应超过 7 天。

3. 验收时如怀疑药品内在质量不合格，药品应封存于待验区，并在规定时间内向质量管理部门报告，由质量管理部门按规定进行处理。

4. 销货退回的药品，要加强质量验收，重新验收合格的，放入合格品区，进行销售。重新验收不合格的，向质量管理部门报告，由质量管理部门按规定进行处理。

5. 在保证质量的前提下，如果生产企业有特殊质量控制要求或打开最小包装可能影响药品质量的，可不打开最小包装；实施批签发管理的生物制品，可不开箱检查。

6. 填写验收记录时不得用铅笔填写，也不得任意涂改或撕毁，需要更改时，划去后在旁边重写，在划掉处加盖更改人图章和日期。

7. 在药品验收中，凡出现货与单不符、药品质量异常、内外包装不牢或破损、封口不严、标识模糊、对未采用规定的冷藏设备运输或温度不符合要求的等情况，仓库保管员有权拒收，并随即填写“药品拒收报告单”(表 6-2)，报质量管理部门确认，该药品进不合格药品库(区)，要有明显红色标记，并登记不合格药品处理记录。验收合格的药品，验收员作出合格结论并在“药品质量验收记录”签字或盖章。

表 6-2　药品拒收报告单(样本)

通用名称		商品名称		剂型		规格	
生产企业				批号		有效期	
供货单位					批准文号		
到货数量		到货日期			拒收数量		

续表

拒收原因	验收员(保管员)：　　日期：
采购部门意见	负责人：　　日期：
质量管理部门意见	负责人：　　日期：

(五) 几种主要剂型的外观检查

1. 片剂

(1) 普通片:注意药品是否有变色、粘瓶、麻片、溶化、发霉、松片、裂片、异物斑点等现象。含生药粉末、动物脏器及蛋白质的片剂还应注意有无生虫或产生异味等情况。

(2) 包衣片:注意药品有无退光、褪色、龟裂、溶化、粘连、膨胀脱壳、出现花斑等现象。必要时抽取适当样品用刀切开,观察片心有无变色或色斑等情况。

2. 注射剂

(1) 液体注射剂:应无变色、沉淀、发霉等现象。带色的注射剂同一包装内应无颜色深浅不均的情况,若有结晶析出,经加温后应溶化。安瓿应无漏气和冷爆。大输液和代血浆的瓶塞、瓶盖应严密,瓶壁应无裂纹等。

(2) 混悬注射剂:应检查颗粒是否均匀、有无分层现象,若有分层,经振摇后应能均匀混悬。

(3) 注射用粉针剂:药粉应疏松,色泽要一致,无变色、严重粘瓶和结块等现象。冻干型粉针应为疏松的块状物或粉末,无液化、萎缩等现象。

3. 颗粒剂　注意颗粒应均匀,应无变色、异味、结块、吸潮等。

4. 胶囊剂　胶囊表面应光洁,无斑点、砂眼、虫眼、漏粉或漏液现象;胶囊无膨胀、变形、发霉及异物黏着等;其大小、长短应一致,圆形颗粒应均匀。带色胶囊色彩应均匀,无褪色或变色现象。

5. 散剂　注意应无变色、气味异常、润湿结块、溶化、发霉、虫蛀等现象。

6. 滴丸剂　应大小均匀、整洁、色泽一致;不得有吸潮、粘连、异臭、发霉等现象;畸形丸不得超过3%。

7. 气雾剂　药液应澄清,不得有异物;色泽应一致,不应有变色现象;不得有漏气、渗漏等现象。

8. 栓剂　应无软化、变形、干裂等现象;无明显溶化、走油、出汗现象;不得有酸败、发霉现象;色泽均匀,每粒的小包装应严密。

9. 糖浆剂　糖浆剂应澄清,无浑浊、沉淀、无糖的结晶析出;同一批号中各瓶色泽应一致,无变色、褪色情况;无杂质、发霉、发酵等。

10. 软膏剂　软膏应均匀、细腻、软硬度应合适(一般应软滑,但不熔化);无流油、发硬、变色、发霉、酸败、异臭和分离等现象;眼膏剂的膏体还应均匀、细腻,管体应无沙眼、破裂,封口应严密,不得有漏药现象。

11. 滴眼剂

(1) 溶液型滴眼剂应澄明,不得有浑浊、沉淀、结晶析出和真菌生长;不得有裂瓶、封口漏液,塑料瓶不得有瘪瓶。

(2) 混悬型滴眼剂经振摇后应能均匀混悬,无结块现象。

12. 口服液体制剂

(1) 口服溶液剂:应色泽一致,药液澄清,无沉淀、异物、异味、酸败、发霉现象。

(2) 口服混悬剂:应色泽一致,颗粒应细微、均匀,下沉缓慢,沉淀经振摇能均匀分散,无结块、酸败、异臭、发霉现象。

(3) 口服乳剂:应色泽一致,不得有异物、异臭、发霉、分层现象。

13. 膜剂　外观应完整光洁,厚度一致,色泽均匀,无明显气泡,无受潮、发霉、变质现象。

14. 酊剂　应澄清、无杂质、无异物、无变色等现象。

15. 油剂　应无酸败、无挥发减量、无颜色变深,药液应澄清、无浑浊。混悬型油剂应无分层现象,振摇后能均匀混悬。

二、药品入库

对验收合格的药品,应当由验收人员与仓储部门办理入库手续,由仓储部门建立库存记录。其入库程序如下:

1. 验收员将药品与"药品验收记录"一并移交仓库保管员。保管员凭验收员签字或盖章的"药品验收记录"收货,并核实药品数量、质量,无误后保管员签字,即完成药品入库交接手续。

2. 仓库保管员将药品从待检区转移到满足储存要求的合格品区,并在当日做好药品入库登记。登记内容包括品名、规格、数量、包装、生产企业、批准文号、批号、有效期、供货单位等。

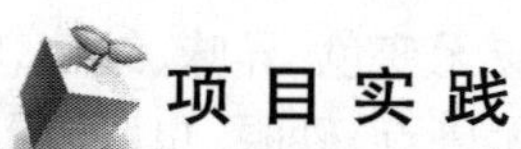

药品的验收入库

实践准备

1. 工作服、胸卡、文具。

2. 模拟药品库房、药品请验凭证、药品进货单、待验区药品样本(10~20 种)、药品搬运设备。

3. 空白"药品质量验收记录表"、"药品拒收报告单"。

实践步骤

1. 分组上岗　着装上岗,4 名学生一组,其中 1 人扮演保管员,1 人扮演验收员,另 2 人参与全过程验收并评判操作程序的正确性。

2. 验收　验收员接到药品请验凭证后,根据"药品进货单"对应药品,按照药品验收要求进行药品验收。根据验收的实际情况填写"药品质量验收记录表"和"药品拒收报告单"。

3. 核实　保管员核实药品数量、质量无误后签字。

4. 入库　保管员将药品转移到库房,并做好入库登记。

5. 清理现场

注意事项

1. 验收人员作好验收详细记录,并签名以示负责。

2. 填写验收记录,不得用铅笔填写,也不得任意涂改或撕毁,需要更改时,划去后在旁边重写,在划掉处加盖更改人图章和日期。

3. 验收员必须在验收完一个品种,清理现场后再验收另一个品种。

4. 验收不合格的药品,填写"药品拒收报告单",该药品进不合格药品库。

评分标准

序号	考核内容	考核要点	分值	配分	得分
1	仪表	着装整洁,佩戴胸卡	5	5	
2	验收	根据"药品进货单"提供的药品,按要求进行药品验收	50	10	
		准确判断验收的药品是否合格,完整、规范填制"药品质量验收记录表"		15	
		验收方法正确、验收内容完整		15	
		验收程序正确		10	
3	核实	保管员对药品数量、质量进行核实,签名	10	10	
4	入库	验收合格的药品进入合格药品库,并记录	10	5	
		验收不合格的药品完整、规范填制"药品拒收报告单",不合格药品处理正确		5	
5	礼仪	使用礼貌用语,语气亲切;语速语气适中,表达准确;离别时说"谢谢!"	5	5	
6	团队合作	设计的对白和场景能较好运用专业知识	10	5	
		小组配合密切,真实感强		5	
7	清理现场	整理记录	10	5	
		物品归位		5	
合计			100	100	

项目练习

一、判断题:关于下列说法,正确的打"√",错误的打"×"。

1. 验收员对购进药品,应根据请验凭据,严格按照有关规定逐批抽样验收并记录。 ( )
2. 药品验收时每件包装中应有产品合格证。 ( )
3. 验收药品质量时,可不检查包装、标签、说明书。 ( )
4. 外用药品包装的标签或说明书上要有规定的标识或警示说明。 ( )
5. 进口药品的包装标签上可以不注明进口药品注册证号。 ( )
6. 进口药品验收时要检查《进口药品检验报告书》和《进口药品注册证》。 ( )

二、选择题:每小题有四个备选答案,请从中选择一个最佳答案。

1. 验收时,每批在50件以上,每增加50件应多抽取( )件
   A. 1件　B. 2件
   C. 3件　D. 4件
2. 一般药品抽样时,对抽取出来的包件应该从不同部位抽出( )个以上的最小包装
   A. 1　B. 2
   C. 3　D. 4

3. 验收记录应保存至超过药品有效期

A. 1年　B. 2年
C. 3年　D. 4年

4. 验收记录应保存不得少于

A. 1年　B. 2年
C. 3年　D. 4年

5. 药品验收应于到货后多少天内完成

A. 5天　B. 10天
C. 15天　D. 20天

6. 对销后退回药品的审核不正确的是

A. 直接入库　B. 核对销售记录
C. 检查产品质量　D. 办理退货手续

7. 胶囊剂一般不会出现下列(　　)现象

A. 斑点　B. 漏药
C. 变形　D. 龟裂

8. 栓剂一般会出现(　　)现象

A. 软化、变形、分层、外观不透明
B. 软化、变形、结块、外观不透明
C. 软化、变形、出汗、析出沉淀
D. 软化、变形、出汗、酸败

9. 眼膏剂质量验收的判断标准不包括

A. 封口应严密,不得有漏药现象
B. 膏体应均匀、细腻
C. 药液应澄清
D. 无沙眼、破裂等现象

项目二　药品储存与养护

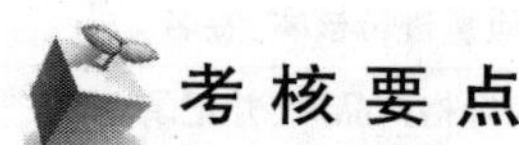

考核要点

1. 药品储存的基本要求和不同类型药品的储存条件。
2. 效期药品的管理要求。
3. 假劣药品、不合格药品的判断。
4. 不合格药品、退货药品的管理。
5. 在库药品的养护检查、温湿度的调节及仪器设备的检查与养护。
6. 能正确管理近效期药品。
7. 能正确完成药品的养护工作,保证库存药品的质量。

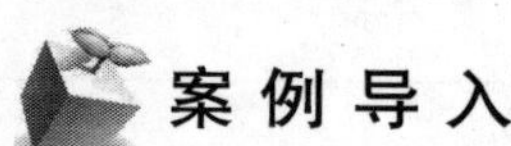

案例导入

梅雨季节,××药店质量管理负责人通知医药商品购销员,必须加强对复方甘草片、板蓝根冲剂、蒙脱石散等药品的储存与养护工作。同时,在不影响销售的前提下,减少对上述药品的进货量。

问题:

1. 为什么要加强对上述药品的储存与养护,同时减少进货量?
2. 对上述药品应怎样储存与养护?

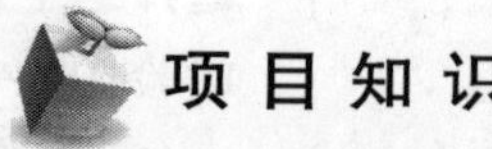

项目知识

药品储存,即药品在仓库中进行囤积储备。药品在库养护是指药品在仓库储存过程中所进行的保养和维护工作。药品储存与养护,是保证药品质量、降低损耗、提高企业经济效益的关键。

一、药品储存

(一) 药品的分区、分类与货位编号

药品入库后分类储存,即按药品不同属性将药品分为若干大类,仓储分为若干货区,每

区又划分为若干货位，并按顺序编号。这种储存管理方法称为“分区分类、货位编号”储存管理法。

1. 分区　按药品类别、储存数量，结合仓库和设备条件，将储存场所划分为若干货区，并规定某一货区存放某些药品（如西药）。通常货区的划分是将一座独立的仓库建筑称为一个货区。

2. 分类　是将药品按性质和储存条件划成若干类，分类集中存放。

（1）按药品的剂型分类储存：可将不同剂型的药品如针剂、片剂、胶囊剂、酊剂、颗粒剂软膏剂、糖浆剂等分库或分区储存。

（2）按储存条件分类储存：对每种药品，应根据其贮藏温度要求，分别储存在常温库（0～30℃）、阴凉库（10～20℃）、冷库或冷柜（2～10℃）。各仓库的相对湿度应保持在45%～75%。

（3）按药品的性质分类储存：按GSP要求，药品与非药品、中成药品与化学药品、内服药品与外用药品、处方药与非处方药、特殊管理药品、危险药品等应分库或分区存放。

3. 货位编号　将仓库划分为若干货区。每个货区划分为若干段，将每段划分为若干货位号，并按顺序进行编号。药库大多采用“四号定位”法，即将仓库号、区号、段号、货位号这四者统一编号。编号的文字可用英文、罗马数字或阿拉伯数字表示，如货位编号：3-6-5-7表示3号仓库、6号区、5号段、7号货位。也可将仓库号、货架号、层次号、货位号四者进行编号，如货位编号：5-3-1-8表示5号仓库、3号货架、1号层次、8号货位。为了便于识别，货位编号可标记在仓库梁上、柱子上、货架上、地上等，也可以在通道上方悬挂标牌。货位编号后，设立货位卡片，可使保管人员迅速找到货位。

（二）药品储存的基本要求

1. 堆垛要求

（1）应严格按照药品外包装图示标志的要求规范操作，药品堆垛时应轻拿轻放，防止造成外包装破损或药品损坏。

（2）药品应按品种、批号集中堆放、并分开堆码，不同品种或同品种不同批号的药品不得混垛，防止发生错发、混发事故。

（3）怕压药品或包装箱材质较软的药品，应控制堆放高度，防止造成包装箱挤压变形。

（4）外包装箱相似、易混淆的药品，货堆应分开一定的距离或采取有效的识别措施，防止混淆。

（5）药品堆码时不得直接码放在地上，须放在托板上，不可倒置，并应保证包装箱的品名、批号等内容易于观察和识别。

2. 堆垛距离要求

（1）药品库房内通道要求：①库内主运输通道宽度应不少于200cm。②库内运输通道宽度应不少于100cm。③库内储存养护管理通道应不少于50cm。

（2）药品堆垛的距离要求：①堆与屋顶、堆与墙、堆与柱间距不少于30cm。②堆与地面间距不少于10cm。③堆与堆间距不少于5cm。④堆与库房散热器或供暖管道的距离不少于30cm。⑤照明灯具垂直下方与储存物料的水平距离不少于50cm。

3. 分类储存要求

（1）可储存于同一仓间，但应分开不同货位的有：药品与食品及保健品类的非药品、内服药与外用药。

(2) 应单独设专柜存放的药品有:易串味的药品、中药材、中药饮片、特殊管理的药品以及危险药品等。

(3) 零货药品及拆零药品应集中存放于零货药品储存设备内,拆零药品应保留原包装和说明书。

4. 色标管理要求

(1) 在库药品均实行色标管理,其统一标准

1) 待验药品库(区)、退货药品库(区)为黄色。

2) 合格药品库(区)、中药饮片零货称取库(区)、待发药品库(区)为绿色。

3) 不合格药品库(区)为红色。

(2) 药品储存状态标志牌统一标准

1) 待验药品状态标志牌:黄色,其中印有“待验”字样。

2) 合格药品状态标志牌:绿色,其中印有“合格”字样。

3) 不合格药品状态标志牌:红色,其中印有“不合格”字样。

4) 退货药品状态标志牌:黄色,其中印有“退货待验”字样。

5) 零货称取状态标志牌:绿色,其中印有“零货称取”字样。

6) 待发药品状态标志牌:绿色,其中印有“待发”字样。

5. 库房内的要求

(1) 温湿度要求:库区应保持一定的温湿度,根据药品的储藏条件要求,分别将药品储存于冷库、阴凉库、常温库。

(2) 设备、设施要求:仓库应安装通风、照明及适宜的防尘、防虫、防鼠等设备、设施。在使用过程中除随时检查外,每年应进行一次全面检查,并做好记录。

二、不合格药品、退货药品的管理

(一) 假劣药品的判断

1. 假药及按假药论处的情形

(1) 有下列情形之一的,为假药

1) 药品所含成分与国家药品标准规定的成分不符的。

2) 以非药品冒充药品或者以他种药品冒充此种药品的。

(2) 有下列情形之一的,按假药论处

1) 国务院药品监督管理部门规定禁止使用的。

2) 依照本法必须批准而未经批准生产、进口,或者依照本法必须检验而未经检验即销售的。

3) 变质的或被污染的。

4) 使用依照本法必须取得批准文号而未取得批准文号的原料药生产的。

5) 所标明的适应证或者功能主治超出规定范围的。

2. 按劣药论处的情形　药品成分的含量不符合国家药品标准的,为劣药。有下列情形之一的,按劣药论处。

(1) 未标明有效期或者更改有效期的。

(2) 不注明或者更改生产批号的。

(3) 超过有效期的。

（4）直接接触药品的包装材料和容器未经批准的。

（5）擅自添加着色剂、防腐剂、香料、矫味剂及辅料的。

（6）其他不符合药品标准规定的。

（二）不合格药品的类型及管理

1. 不合格药品的类型

（1）药品包装原因导致药品不合格：①包装变形或破损。②药品的每件包装中缺产品合格证。③药品包装的标签和说明书上应有的项目缺项。④进口药品包装的标签没以中文注明药品的名称、主要成分以及注册证号，没有中文说明书。⑤中药材及中药饮片没有包装，没有质量合格的标志。⑥中药材的包装上没有注明品名、产地、供货单位，中药饮片的包装上没有标明品名、生产企业、生产日期等。⑦实施批准文号管理的中药材和中药饮片，在包装上没有注明批准文号。

（2）药品质量原因导致药品不合格：①药品变质。②药品超过有效期。③药品被污染。④其他原因不符合药品标准。

2. 不合格药品的管理

（1）储存养护过程中的药品以及销后退回的药品，经质量管理部门确认为不合格的，存放在不合格药品库（区）。

（2）储存养护过程中造成的药品不合格，仓库管理员填写“不合格药品确认表”（表6-3），并与药品一同交质量管理员确认；售后退回药品经验收不合格的，仓库管理员填写“不合格药品报损审批表”（表6-4）。

表6-3　不合格药品确认表（样本）

药品名称		规格		数量	
生产企业		供货企业			
生产批号		有效期		金额（元）	
不合格原因	仓库保管员：　年　月　日				
确认意见	质量管理员：　年　月　日				

表6-4　不合格药品报损审批表（样本）

报告日期：　年　月　日

通用名称		生产单位					
商品名称		供货企业					
规格		有效期		剂型		批号	
单位		数量		总额（元）			
不合格原因： 仓库管理员：　年　月　日							
仓库负责人意见： 签名：　年　月　日							

续表

业务部门意见： 签名： 年 月 日	
质量管理部门意见： 签名： 年 月 日	
财会部门意见： 签名： 年 月 日	
经理审批意见： 签名： 年 月 日	
备注	

(3) 所有已经审批同意报损的不合格药品，由仓库管理员填写“报损药品销毁单”(表6-5)，由质量管理部门监督销毁。特殊管理的不合格药品，在销毁前须经省或市食品药品监督管理局批准并派人监督销毁。

表 6-5 报损药品销毁单(样本)

填报日期： 年 月 日

药品名称		剂型		规格		单位	
生产企业		数量		批号		效期	
销毁方式		销毁地点			销毁时间		
质量管理部门意见： 签名： 年 月 日							
主管领导审批意见： 签名： 年 月 日							
销毁人：				监督人：			
备注：							

(三) 退货药品的管理

1. 退回药品的管理 销后退回药品，应按以下要求进行处理：

(1) 由销售员填写“药品退货审批表”(表6-6) 交销售部门，销售部门根据销售记录，核实退回药品是本企业售出药品后，签字确认。

表 6-6 药品退货审批表(样本)

编号： 日期： 年 月 日

通用名称	规格	单位	数量	生产企业	批号	有效期至	开票日期	发票号	发票单价	金额
退货单位						退货时间				

续表

退货原因	销售员签名：　年　月　日
销售或保管确认	签名：　年　月　日
采购部意见	签名：　年　月　日
销售部经理意见	签名：　年　月　日

(2)“药品退货审批表”经采购部门、销售部门负责人予以审核,并签署对该批药品同意退回的意见,然后转销售部门开具退货凭证。

(3) 仓库保管员凭退货凭证,经对退货药品进行核实无误后,将退货药品存放于退货药品库(区)。

(4) 退货药品由专人保管并做好退货记录,其内容应包括品名、剂型、规格、产品批号、有效期、生产企业、退货数量、退货日期、退货单位、退货原因、售出时间、销售人员等内容。退货记录应保存至超过药品有效期后1年,但不少于3年。

(5) 验收员对退回药品进行质量验收。经验收合格的药品,由保管员记录后存入合格药品库(区);验收不合格的药品,由保管员记录后存入不合格药品库(区)。

(6) 验收销后退回药品应建立专门的“销后退回药品台账”(表6-7),验收记录应包括退货单位、品名、规格、产品批号、批准文号、有效期、生产企业、数量、验收日期、退货原因、验收结论和验收人员等内容,并保存至超过药品有效期后1年,但不少于3年。

表6-7　销后退回药品台账

仓库号：

序号	日期	退货单位	药品名称	生产企业	规格	单位	数量	批号	有效期	退货原因	验收结果	处理结论	经办人	保管员	备注

2. 退出药品的管理　购进药品经验收后发现药品存在质量问题,应按以下程序进行处理：

(1) 验收员发出“药品拒收通知单”,通知购进部门退货。

(2) 购进部门与供货单位联系退货,供货单位同意退货后,购进部门填写“药品退货单”,并通知仓储部门。

(3) 保管员根据“药品退货单”发货,并做好销账退货记录。

三、药品养护

药品养护是指监测、调控药品仓库的储存条件,对库存药品进行定期质量检查和维护,对发现的问题及时采取有效的处理措施。

(一)影响药品稳定性的因素

药品在储存期间的稳定性,除了与生产工艺、包装方式、药品本身的理化性质相关外,还与其储存条件和保管方法有密切的关系。因此,要保证药品质量,还要熟知外界因素对药品产生的影响。

1. 日光　日光中的紫外线对药品变化起着催化作用,加速药品的氧化分解。

2. 空气　空气中的氧气和二氧化碳对药品质量的影响较大。氧气易使某些药物发生氧化作用而变质。二氧化碳被药品吸收,发生碳酸化而使药品变质。

3. 湿度　湿度太大会使药品潮解、液化或发霉;湿度太小,容易使某些药品风化。

4. 温度　温度过高或过低都会使药品变质。温度过高会引起药品形态改变,加速药品的氧化、水解、挥发以及微生物的生长。温度过低又会引起药品冻结或析出沉淀。

5. 时间　有些药品的性质极不稳定,尽管储存条件适宜,贮藏时间过长也会引起变质失效。

(二)药品易发生的变异现象

1. 药品性质变化的类型

(1)化学变化:药品的化学性质发生的变化称为化学变化。化学变化是药品受到外界因素如空气、光线、水分等的影响,产生水解、氧化、变旋、聚合等化学反应。此外,药品与药品之间,药品与辅料、溶剂、容器之间也会产生化学反应,从而导致药品的变质。

(2)物理变化:药品的物理性质发生的变化称为物理变化。主要表现为药品的物理性状发生变化,如吸湿、潮解、风化、挥发、蒸发、凝固、沉淀、结块、熔化、变形、分层等现象。物理变化可使药品的外观质量受到影响或不能使用。

(3)生物学变化:由微生物引起的药品变化称为生物学变化。如细菌、真菌等微生物滋生,引起药品的发霉、发酵、腐败或分解。

2. 药品性质变化的后果

(1)药品的疗效降低。

(2)产生有毒物质,使药品产生毒性或毒性增加。

(3)使用不便:如药品产生沉淀结块等现象,使混悬剂使用困难。

(4)药品的色泽发生变化或输注液产生絮状物,从而使药品的澄明度不合格,不能供临床使用,造成经济损失。

(三)药品的保管方法

1. 性质不稳定的药品的保管

(1)遇光易变质的药品应置于避光容器中,在干燥的凉暗处存放,防止日光照射。

(2)受热易变质的药品、易挥发的药品和易风化的药品应置凉爽处密封保存。但易风化的药品储存温度不宜过高或过于干燥,以免失去结晶水,影响药品剂量的准确。

(3)怕冻药品一般在0℃以上药库保存,以防药品冻结、变质或冻裂容器。

(4)易吸潮引湿的药品和易发霉虫蛀的药品应在干燥的凉处保存,梅雨季节要加强防潮措施。

(5)易串味的药品应储存于阴凉库标准设置的易串味药品库中,不能与一般药品,特别是有吸附性的药品共存。

(6)易氧化和易吸收二氧化碳的药品应注意密封保存。

2. 常用药品剂型的储存养护

（1）注射剂

1）生物制品注射剂、脏器注射剂及酶类注射剂，一般都怕热、怕光，有的还怕冻，因此应储存在冷库中。除冻干品外，一般不能在0℃以下储存，否则会造成蛋白质变性。

2）抗生素类注射剂性质一般都不稳定，遇热易分解，效价降低，因此应避光储存于阴凉库中。对于粉针剂还应防潮，应避光储存于干燥、阴凉库中。

（2）片剂：应防潮、防热、避光、密封，在干燥处保存。含挥发性药物的片剂，应在阴凉处保存，如西瓜霜含片等。

（3）水溶液剂：稳定性不高，易氧化、分解、变色、沉淀、发霉等，因此，应避光、密封，置阴凉处保存。

（4）胶囊剂：一般胶囊剂均应密封，储存于干燥阴凉处，注意防潮、防热，对光敏感药物的胶囊剂还应避光。

（5）栓剂：一般30℃以下密闭储存，避免重压，并且不宜久储。受热易熔化、遇光易变色的栓剂，应遮光、密封储存；水溶性基质栓剂吸潮后易变不透明并有“出汗”现象，气候干燥时又易干化变硬，故应密闭、凉处储存。

（6）散剂：一般散剂均应避光、密闭，置干燥处保存。对含挥发性或易吸潮药物的散剂及泡腾散剂应密封储存。

（7）酊剂：易挥发、易燃烧，因此应密封、防火、避光，置阴凉处保存。

（8）糖浆剂：应密封，在不超过30℃处储存。糖浆剂的储存养护关键是防止糖浆发霉，其主要措施应以防热、防污染为主。

（9）丸剂：与片剂的保管养护基本相似，一般应密封储存。

（10）冲剂：一般塑料包装，应严防潮湿，密封储存。

（11）软膏剂：一般软膏应密闭、避光、置干燥处，25℃以下储存。乳化基质和水溶性基质制成的软膏，还应防冻、避热储存，防止水分与基质分离，失去其均匀性。

（四）效期药品的管理

1. 有效期药品的堆垛存放，应按药品生产批号的顺序及效期远近依次码放，同一货堆中有效期药品混堆不得超过1个月，并建立效期药品月报制度和设置专用卡片（表6-8，表6-9）。应严格掌握“先进先出，近效期先出”的原则，调拨有效期的药品要加速转运，以免过期失效。

表6-8　效期药品示意表（样本）

有效期至：______年　　　　　　　　仓库号：　　　　　　　第　　　页

品名	1月	2月	3月	4月	5月	6月	7月	8月	9月	10月	11月	12月

注：1. 在有效期截止的月份栏内打“√”即可。

2. 在效期尚有一年时，每月开始填报催销报表。

表 6-9 效期药品示意卡片(样本)

仓库号:________　　　　　　　　　　　　________年________月________日

药品名称	
规格	
数量	
有效期	
生产批号	
货位	

保管员:________　　　　　　　　仓库负责人:________

2. 近效期药品的管理　近效期药品是指药品的有效期在 6 个月内的药品。为避免造成企业经济损失和杜绝过期药品销售,应加强近效期药品的管理。

(1) 药品储存时应按批号及效期远近依次码放,码放时不得混批放置。

(2) 每次新购药品入库或养护检查时,仓库管理员应按效期远近对库存药品作适当调整,在仓库管理员发货时,做到"近期先出"和按批号发货,以免过期失效。

(3) 每月月底为库房盘点日,保管员对近效期药品应填报"近效期药品催销表"(表 6-10),并分别报销售部门、质量管理部门、分管业务负责人以催销售,并对库存的近效期药品悬挂醒目的"近效期药品"标志牌。

(4) 超过有效期的药品为不合格药品,按不合格药品处理。

表 6-10 近效期药品催销表(样本)

仓库号:________　　　　　　　　日期:　年　月　日

序号	品名	规格	单位	数量	生产企业	批号	有效期至	货位	备注

保管员:　　　　　　　　　　仓库负责人:

(五) 重点养护品种的类别

重点养护的品种范围一般包括主营品种、首营品种、质量性状不稳定的品种、有特殊要求的品种、储存时间较长的品种、近期内发生过质量问题的品种以及药监部门重点监控的品种。重点养护具体品种应在质量管理部门的指导下由养护组按年度制定及调整,并填写"重点养护药品品种确定表"(表 6-11)。

表 6-11 重点养护药品品种确定表(样本)

序号	通用名称	规格	单位	数量	有效期	生产企业	货位	确定时间	确定理由	养护重点	备注

保管员:________

（六）药品的在库检查

药品在库储存期间，由于受到外界环境因素的影响，随时可能出现各种质量变化现象。因此，除需采取适当的保管、养护措施外，还必须经常地、定期地进行在库检查。通过检查，及时了解药品的质量变化，掌握药品质量变化的规律，以便采取相应的防护措施。

1. 检查的时间和方法　其检查应根据药品的性质及其变化规律，并结合季节、气候、储存环境和储存时间等因素来进行。

（1）按日检查：一般由仓库保管员逐日进行检查。

（2）定期检查：即按月、季、半年、年终或结合盘点等进行检查。①对效期药品、重点养护的品种至少每月检查一次。②按季度检查时，一般药品每个季度检查一次，可采取“三三四”检查法，即每个季度的第一个月检查30%，第二个月检查30%，第三个月检查40%，使库存药品每个季度能全面检查一次。③按半年检查时，一般上、下半年对库存药品逐堆、逐垛各进行一次全面检查。

（3）随机检查：一般是在汛期、梅雨季节、高温季节、严寒季节或者发现有药品质量变化苗头时，临时组织力量进行全面或局部的检查。如高温季节应加强检查受热易变质、易挥发、熔化的药品；梅雨季节应加强检查吸潮易引湿的药品；寒冬季节应加强对遇冷易冻结的药品检查。

2. 检查的内容与要求　药品检查时，除检查药品储存条件及药品是否按规定分类存放、外观性状是否正常、包装有无破损、药品避光和防鼠的有效性及安全消防设施是否正常等外，库房还应配备温湿度监测与调控设施，重点检查仓库的温湿度及仪器设备，并建立养护档案。

（1）仓库温湿度的调节：养护员做好仓库温湿度的监测和管理，每日上下午分别对库房温湿度进行一次监测，并及时填写“库房温湿度记录表”（表6-12）。当发现库房温湿度超出规定范围或接近临界值时，应及时采取调控措施。温湿度的调节方法有：

表6-12　库房温湿度记录表（样本）

日期：　　年　　月

库号：　　　　库别：冷库□　　阴凉库□　　常温库□　　温湿度计编号：

库区：　　　　适宜温度范围　　℃　　℃　　适宜相对湿度范围：45%～75%

日期	上午							下午							记录员
	记录时间	气候	库内温度℃	相对湿度%	超标调控措施	采取措施后		记录时间	气候	库内温度℃	相对湿度%	超标调控措施	采取措施后		
						温度℃	湿度%						温度℃	湿度%	
1															
2															
3															

注：每日记录时间范围为上午9:30～10:30，下午3:30～4:30。

1）冷藏降温措施：其降温方法有通风降温、库房遮光降温、冷藏库或电冰箱降温、空调机降温、地下室或地窖降温。

2）保温防冻措施：利用设置有保温装置的保温库和设置有暖气片装置的暖气库储存药品。

3）降温防潮措施:有通风散潮法、密封防潮法、吸湿降潮法。

4）增湿措施:可采用在库房地面洒水、压缩喷雾器装水喷雾等。

(2) 仪器设备的养护:对养护使用的设施设备(如空调、吸湿机等)应填写养护设备使用记录,定期对所使用的设施设备进行检查、维修、保养,并做好“养护设备检查、维修、保养记录”(表6-13)。

表 6-13　养护设备使用、维修、保养记录(样本)

设备名称		设备编号		放置地点			
启用日期		型号		责任部门			
使用情况				检查、维护、维修情况			
使用日期	使用原因	开启-停止时间	操作人	时间	维护检查 维修内容	检查维 修后情况	操作人

3. 养护员应对库存药品进行循环质量检查,一般品种每季度检查一次,效期药品、易变药品酌情增加检查次数,并认真填写“库存药品养护记录”(表6-14)。

表 6-14　库存药品养护记录(样本)

日期:　　年　　月　　日

序号	通用名称	规格	生产企业	产品批号	有效期至	存放地点	储存条件	单位	数量	质量状况	养护措施	处理意见	备注

药品养护中发现药品有质量问题时,应悬挂“暂停发货”红色标志牌,同时填写“药品质量处理通知单”(表6-15)报质量管理部门。经质量管理部门检查审核后,确定为不合格药品的,保管员将其转入不合格药品库,确定为合格药品的,通知保管员解除“暂停发货”牌,恢复发货。

表 6-15　药品质量处理通知单(样本)

编号:　　　　　　　　　　　　日期:　　年　　月　　日

通用名称		批号		规格	
数量		生产企业		存放地点	
有效期至					
质量问题: 养护员:　　年　　月　　日					
检查结果: 质检部门:　　年　　月　　日					

4. 建立养护档案　养护档案是指记录药品养护信息的档案资料，其内容包括温湿度监测和调控记录、检查中有问题药品的记录、库存药品养护记录、养护设备使用、维修、保养记录以及对养护工作的定期汇总和分析。

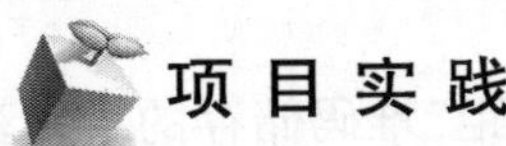

项目实践

一、近效期药品管理

实践准备

1. 工作服、胸卡、文具。

2. 模拟药品库房、药品样本(30 种左右，包括近效期药品和非近效期药品)、搬运设备。

3. "近效期药品催销表"、"近效期药品"标志牌、销售部桌牌、质量管理部门桌牌、分管业务负责人桌牌。

实践步骤

1. 分组上岗　着装佩戴胸卡上岗，4 名学生一组，其中 1 人扮演仓库保管员，1 人扮演养护员，另 2 人参与全过程药品的养护并评判操作程序的正确性。

2. 对药品样本进行效期检查。

3. 根据检查结果填写"近效期药品催销表"并上报。

4. 对近效期药品按批号和效期远近依次码放。

5. 清理现场。

注意事项

1. 应按月填报"近效期药品催销表"。

2. 报送"近效期药品催销表"必须有相关部门签字审批手续。

3. 对库存的近效期药品要按效期先后及时调整货位，做到"近期先出"，并悬挂醒目的"近效期药品"标志牌。

评分标准

序号	考核内容	考核要点	分值	配分	得分
1	仪表	着装整洁，佩戴胸卡	5	5	
2	药品的效期检查	养护员正确判断近效期药品	65	20	
		养护员完整、规范填制"近效期药品催销表"，并依次上报销售部门、质量管理部门及分管业务负责人审批		15	
		保管员能正确按批号和效期远近依次码放近效期药品		15	
		悬挂醒目的"近效期药品"标志牌		5	
		正确处理超过有效期的药品		10	
3	礼仪	使用礼貌用语，语气亲切；语速语气适中，表达准确；离别时说"谢谢！"	5	5	
4	团队合作	设计的对白和场景能较好运用专业知识	10	5	
		小组配合密切，真实感强		5	
5	清理现场	正确堆码药品	15	10	
		做好库房、地面、台面清洁，搬运设备归位		5	
		合计	100	100	

二、药品的在库养护

实践准备

1. 工作服、胸卡、文具。

2. 模拟药品库房,要求有按“五距”堆码储存的中西药品,“合格药品区”、“不合格药品区”标志牌。

3. “养护计划”、“库存药品养护记录”、“药品质量处理通知单”。

4. “暂停发货”红色、黄色、绿色标志牌、质量管理部门桌牌。

实践步骤

1. 分组上岗　着装佩戴胸卡上岗,4 名学生一组,其中 1 人扮演质量管理负责人,1 人扮演养护员,另 2 人参与全过程药品的养护并评判操作程序的正确性。

2. 养护员根据“养护计划”所列药品,对库存在库药品进行养护检查,并做记录。

3. 对养护过程中发现有异常的药品挂上“暂停发货”红色标志牌,同时填写“药品质量处理通知单”,报质量管理部门复检;对复检合格的药品,通知保管员解除“暂停发货”标志牌,恢复销售,并做记录。

4. 清理现场。

注意事项

1. 养护员对养护检查的药品要逐一完整规范地做好记录,并签名以示负责。

2. 对有问题的药品要及时按程序处理并上报。

3. 养护工作结束,做好记录表的整理及货架上物品归位工作。

评分标准

序号	考核内容	考核要点	分值	配分	得分
1	仪表	着装整洁,佩戴胸卡	5	5	
2	药品的养护检查	完整、规范填制“库存药品养护记录”	55	15	
		养护检查程序正确		15	
		正确按“五距”要求检查储存环境,并判断是否合格		10	
		通过检查药品的外观性状和包装,能准确判断药品是否合格		15	
3	异常药品的处理	检出的异常药品单独放置,并悬挂“暂停发货”红色标志牌,完整、规范填制“药品质量处理通知单”	15	5	
		报质量管理部门复查		5	
		对复检合格的药品,解除“暂停发货”标志牌		5	
4	礼仪	使用礼貌用语,语气亲切;语速语气适中,表达准确;离别时说“谢谢!”	5	5	
5	团队合作	设计的对白和场景能较好运用专业知识	10	5	
		小组配合密切,真实感强		5	
6	清理现场	物品归位	10	10	
合计			100	100	

项目练习

一、判断题：关于下列说法，正确的打"√"，错误的打"×"。

1. 品名或包装易混淆的药品，应分区或隔垛存放。 (　　)
2. 药品储存温度要求冷库温度为10℃以下。 (　　)
3. 储存药品的各类库房相对湿度均应控制在40%～75%。 (　　)
4. 色标管理要求退货药品库(区)和待验药品库(区)为黄色。 (　　)
5. 药品储存过程中待验药品状态标志牌为绿色，其中印有"待验"字样。 (　　)
6. 药品所含成分与国家药品标准规定的成分不符的系假药。 (　　)
7. 不合格药品可以不集中存放在不合格药品区或库。 (　　)
8. 超过有效期的药品按假药论处。 (　　)
9. 药品储存养护中对近效期药品应按时填"近效期药品催销表"。 (　　)
10. 库房遮光是一种常用的去湿防潮方法。 (　　)

二、选择题：每小题有四个备选答案，请从中选择一个最佳答案。

1. 药品与地面间不小于(　　)厘米
A. 10　　B. 20
C. 25　　D. 30
2. 药品库房相对湿度应保持在
A. 45%以上　　B. 75%以下
C. 45%～75%　　D. 45%以下
3. 在验收、储存、销售中发现不合格药品时，应及时向(　　)反映
A. 经理　　B. 质量管理员
C. 进货部门　　D. 保管员
4. 关于退货药品叙述不正确的是
A. 退货药品由专人保管，并做好退货记录
B. 应由企业负责人填写退货通知单
C. 包装已经拆封，确认有质量问题，而且是本店出售，可以退货
D. 销货退回药品存放于待验区
5. 药品未标明有效期或超过有效期的应按(　　)论处
A. 不合格品　　B. 违法经营
C. 假药　　D. 劣药
6. 变质不能药用的按(　　)论处
A. 药品　　B. 新药
C. 假药　　D. 劣药
7. 药品经营企业对销货退回的药品
A. 视同进货，进行正式验收后方可入库
B. 经领导批准就可入库
C. 退回供应商
D. 经质量管理部门同意后可入库
8. 在规定的条件下储存，药品超过有效期后
A. 可适当考虑延长销售时间
B. 一律不得销售
C. 经检验可延长销售
D. 报请药监部门申请延长销售
9. 不属于药品变异现象的是
A. 变色　　B. 潮解
C. 浑浊　　D. 超过有效期
10. 生物制品(菌苗、疫苗、类毒素等)一般怕热、怕光、怕冻，故最适宜的保管温度
A. 20℃以下　　B. 0～30℃
C. 0～10℃　　D. 2～10℃
11. 关于药品存放叙述不正确的是
A. 有效期不满半年的药品不可以混垛堆放
B. 有效期不满半年的药品可以混垛堆放
C. 药品与保健品应存放于不同货位
D. 易串味药品应专柜存放
12. 在库药品的检查中，对由于异常原因可能出现问题的药品应进行
A. 重点养护　　B. 抽样送检
C. 挂红牌　　D. 移至不合格药品库
13. 对久贮、残损、变质和接近有效期的药品应
A. 近期先出
B. 打折销售
C. 搭配出货
D. 催促业务部门及时处理
14. 药品养护组发现药品质量问题时，应悬挂(　　)"暂停发货"标志牌
A. 绿色　　B. 红色
C. 黄色　　D. 白色
15. 在库药品的检查内容包括
A. 药品质量和有效期
B. 药品包装和库房内的温湿度

C. 药品堆垛和数量

D. 药品质量、有效期、堆垛、数量、包装和库房内的温湿度等

16. 药品养护时库房温湿度的记录要求是

A. 每日上午1次

B. 每日下午两次

C. 每日下午1次

D. 每日上下午分别进行1次监测

17. 效期药品催销表应由(　　)填写

A. 保管员　　B. 验收员

C. 复核员　　D. 质量管理员

18. 湿度过小对药品的质量影响是

A. 潮解　　B. 稀释

C. 风化　　D. 变形

19. 按“三三四”法进行循检时,多少时间能对库存药品全面检查一次

A. 一个月　　B. 一个季度

C. 半年　　D. 一年

项目三　药品出库

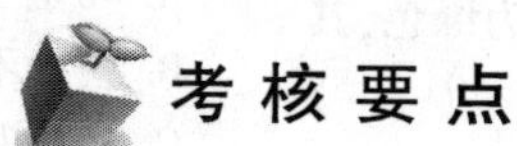

考核要点

1. 药品出库的原则和基本程序。

2. 药品出库注意事项。

项目知识

药品出库是药品结束储存过程、进入流通领域的重要环节,加强药品的出库管理,防止不合格药品流入市场,对保证人民用药安全具有极其重要的意义。

一、药品出库原则

1. 先产先出　指库存同一药品,对先生产的批次应尽先出库。药品出库采取“先产先出”有利于库存药品不断更新,以确保其质量。

2. 先进先出　指同一药品出库时,按进货的先后顺序出货。一般来说,药品贮藏的时间越长,变化越大,超过一定期限就会发生变质,以致造成损失。

3. 易变先出　指库存的同一药品,不宜久贮,易变质的应先出库。

4. 近期先出　指库存有“有效期”的同一药品,对接近失效期的应先出库。

5. 按批号发货　按批号发货是为了保证出库药品有可追踪性,便于日后药品的质量追踪,利于及时、完整、准确地召回售出药品。

二、药品出库业务基本程序

1. 查对　药品出库前,保管员首先要核查发票购货单位、发票印鉴、开票日期是否符合要求,发票与药品的货号、品名、规格、单位、数量、包装是否相符;其次要核对出库凭证,检查印鉴是否齐全,印鉴上药品信息是否清楚,有无差错、涂改,是否超过提货日期等。

2. 配货　保管员凭出库凭证,并根据药品出库的原则进行配货。

3. 复核　复核员按照发货凭证对照实物进行质量检查和出库药品信息、购货单位的核对,包括购货单位、通用名称、剂型、规格、数量、生产企业、标识、有效期、产品批号、发货日期等进行核对,并完整、规范填制“药品出库复核记录”(表6-16)。

4. 出库　发出的药品,经清点集中后,要及时办理手续。

表 6-16　药品出库复核记录(样本)

发货日期	购货单位	品名	规格	批号	有效期	生产企业	单位	数量	质量情况	发货人	复核人

注:1. 有效期栏内应填写有效期至××年××月。
2. 发出的药品若无质量问题,在质量情况栏内填写"正常"。
3. 特殊管理药品出库复核时,要双人复核,在复核人栏内二人均要签字。

5. 记账　药品出库后,保管员根据出库凭证所列内容在保管台账上作发货记录,并及时在发货卡上注销。

三、药品出库注意事项

1. 保管员配货时对零星药品可并件并箱;贵重药品或剧毒药品要两人配货封箱。货要做到数量准确,质量完好,包装完整,堆放有序。

2. 保管员将货配齐后,要反复清点核对,确保货单相符,保证数量和质量。既要复核货单是否相符,又要核对货位结存量以验证出库量是否正确。

3. 药品出库时复核人员要检查运输工具,并记录运输方式(自送、自提、委托)和运输工具,发运时间等情况,如发现运输条件不符合规定的,不得发运。

4. 出库检查与复核记录应保存至超过药品有效期 1 年,但不得少于 3 年。

5. 不能出库发货的药品

(1) 过期失效、发霉变质、虫蛀、鼠咬及淘汰药品以及内包装破损药品。

(2) 有退货通知或药检部门通知暂停销售的药品。

(3) 药品包装内有异常响动和液体渗漏。

(4) 外包装出现破损、封口不牢、衬垫不实、封条严重损坏等现象。

(5) 药品包装、标签上的文字内容模糊不清或脱落。

(6) 怀疑药品质量发生变化,未出检验报告加以确认的药品。

(7) 药品超过有效期。

项目练习

一、判断题:关于下列说法,正确的打"√",错误的打"×"。

1. 药品出库检查与复核记录的保存不得少于 3 年。（　）

2. 超过有效期药品不得出库发货。（　）

二、选择题:每小题有四个备选答案,请从中选择一个最佳答案。

1. 药品出库应遵循的原则不是

A. 先产先出　　B. 近期先出
C. 易变先出　　D. 按堆码发货

2. 药品出库时,复核员应按照发货凭证对照实物进行(　　)和出库药品信息、购货单位的核对

A. 药品名称　　B. 药品规格
C. 质量检查　　D. 质量检验

3. 查对-(　　)-复核-出库-记账是出库业务程序

A. 入库　　B. 配货
C. 运输　　D. 核单

项目四 药品陈列

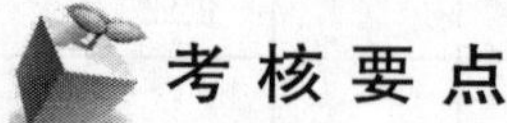

考核要点

1. 药品陈列的基本原则及技巧。
2. 处方药的陈列要求。
3. 药品陈列的步骤及自查要点。
4. 根据药品陈列的基本原则和陈列技巧,能对药品进行分类陈列。

案例导入

某药店在对药品进行陈列时,将感冒药“感冒清热软胶囊、氨酚氯雷伪麻缓释片、感冒灵胶囊”等陈列在货架中段,呈纵向阶梯陈列。在价格牌旁边放置一个盛有几瓶维生素C的篮子,并加上一个“爆炸花”:“温馨提示:维生素C能增强抗炎效果,缩短感冒病程,3.2元/瓶”。一周后统计,维生素C的平均销售量较原来提高200%。

问题:

1. 案例显示了哪些陈列原则?
2. 案例运用了哪些陈列技巧?

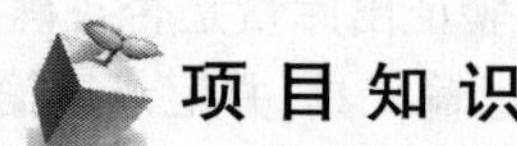

项目知识

一、药品陈列的目的

1. 提升药房品牌价值,规范药房药品陈列形象,增加顾客信任度与药房竞争力。
2. 为顾客创造更好、更舒适的购物环境,吸引和留住顾客,刺激购买欲望,增加药房销售额。

二、药品陈列原则

1. 分区定位的原则

(1) 按疗效分类陈列:非处方药化学药品按其疗效分为呼吸系统用药、消化系统用药、神经系统用药、五官科用药、皮肤科用药、妇科用药、维生素与矿物质用药等陈列;非处方药中成药按其疗效分为内科、外科、儿科、妇科、五官科、皮肤科、骨科等陈列。

(2) 按GSP要求规范陈列

1) 药品与非药品、内服药与外用药分开陈列;处方药与OTC分开陈列,处方药不得开架自选销售。

2) 危险品不得陈列,若必须陈列时,只能陈列代用品或空包装。

3) 拆零药品集中存放于拆零专柜,保留原包装标签。

4) 中药饮片装斗前需复核,不得错斗、串斗,斗标应用正名正字。

2. 醒目易取原则

(1) 药品正面面向顾客,不被其他药品挡住视线;货架最底层不易看到的药品要倾斜陈列或前进陈列。

(2) 货架最上层不易陈列过高、过重和易碎的药品;整箱药品不要上货架,中包装药品上架前必须全部打码上架。对卖场主推的新品或DM(直销广告)上宣传的药品突出陈列,可以陈列在端架、堆头或黄金位置。

3. 满陈列原则　满陈列就是把药品在货架上陈列得丰满些，要有量感，俗话说“货卖堆山”。据美国一项调查资料表明，满陈列的超市与做不到满陈列的超市相比较，其销售量平均可提高24%。满陈列可以减少卖场缺货造成的销售额下降。

4. 先进先出原则　药品都有有效期和保质期，我们必须保证在有效期和保质期内提前卖完这些药品。因为顾客总是购买货架前面的药品，如果不按先进先出的原则来进行药品的补充陈列，那么陈列在后排的药品就永远卖不出去。所以每次将上架商品放在原有商品的后排或把近效期商品放在前排以便于销售。

5. 关联性原则　药品仓储式超市的陈列，尤其是药品自选区（OTC区）非常强调药品之间的关联性，如感冒药区常和清热解毒消炎药或止咳药相邻、皮肤科用药和皮肤科外用药相邻、妇科药品和儿科药品相邻、维生素类药和钙制剂在一起等，这样陈列可使顾客消费时产生连带性，也方便了顾客购药。

6. 同一品牌垂直陈列原则　与横式陈列相对而言，垂直陈列指将同一品牌的药品，沿上下垂直方向陈列在不同高度的货架层位上。其优点为：①顾客在挑选药品时视线上下移动较横向移动方便。②货架的不同层次对药品的销售影响很大，垂直陈列可使各药品平等享受到货架不同的层次，不至于某药品占据好的层次销量很好，而其他药品在比较差的层次销量很差。垂直陈列有两种方法：一是完全垂直陈列，对销量大或包装大的药品从最上一层到最下一层全部垂直陈列；二是部分垂直陈列，采用主辅结合陈列原则。

7. 季节性陈列原则　在不同的季节，将季节性药品陈列在醒目的位置（端架或堆头陈列），并悬挂POP（店面广告），其陈列面、陈列量较大，利于吸引顾客，促进销售。

三、药品陈列技巧

1. 收银台陈列

（1）主要陈列“冲动性购买的药品”、季节性药品、价格较低及体积较小且毛利润较高的药品、主题促销赠品（如咽特佳、金桑子）之类。

（2）收银台端架陈列药品货源要充足，陈列要丰满、美观，不得缺少价格标签。

2. 货架陈列

（1）黄金位置陈列：对于开架式销售来说，中等身材的顾客自然注视及伸手可及是离地面60～180cm的范围。货架一般高度为135cm，其中最易注视的范围为80～120cm，称为黄金位置。

主要陈列季节性、高毛利润、品牌、广告药品。同类的高毛利品种和品牌相邻陈列，尽量做到高毛利品种陈列面积大于品牌品种。

（2）货架分段陈列：货架分为上、中、下三段。上段陈列希望顾客注意的药品，如推荐药品、有意培养的药品，需求弹性高的药品，并注意药品陈列的高度基本统一，不得遮挡分类标识牌；中段陈列价格适中、销量稳定、主推药品；下段陈列体积大、重量重、需求弹性低、滞销的药品。

（3）分类标识牌整洁、无脱落残缺，价格牌整齐、无灰尘。

（4）每层货架可以摆放成阶梯状，同药品应该呈纵向陈列，如图6-1。

3. 端头货架陈列　通常端头货架在店堂走廊的两边及收银处的黄金位置，是顾客注意力极易达到的位置。

图 6-1 药品陈列示意图

(1) 货源充足,陈列丰满、美观,不得缺少价格标签,且价签整齐、无灰尘。

(2) 端架黄金位置主要陈列季节性、高毛利润、品牌、广告药品。同类的高毛利品种和品牌相邻陈列,尽量做到高毛利品种陈列面积大于品牌品种。

(3) 每组端架上陈列的药品大小、品类与颜色相近,大小相差很大的药品不陈列在同一层端架上。

4. 专柜陈列

(1) 按品牌效应:一般为同一品牌的各种药品陈列于同一专柜。

(2) 按功能效应:将相同或关联功能的药品陈列在同一专柜,如男性专柜、减肥专柜、糖尿病专柜等。

(3) 按储存条件:冰箱通常存放一些需要冷藏的药品。

5. 柜台陈列 柜台一般高 90~100cm,用两块玻璃板隔成三段。处方药必须采用封闭柜台销售。

(1) 处方药柜台必须有执业药师负责审核处方。柜台的上方应悬挂"处方药"标志,并有警示语"请凭处方购买,并在药师或执业药师的指导下使用"。

(2) 药品陈列要整齐、美观,不得有空位,不得缺少价签。

(3) 柜台第一层应陈列季节性、高毛利润、品牌、广告药品。同类的高毛利品种和品牌相邻陈列,尽量做到高毛利品种陈列面积大于品牌品种;柜台的最底层一般不用来陈列药品,可以码放储备的存货,以充分利用柜台的空间。

(4) 每组柜台上所陈列的药品大小、品类与色系应相近,采用平铺陈列的方式。

6. 堆头陈列 在门店醒目的位置把需要集中推销的药品用堆头的形式进行陈列,并悬挂 POP 吸引顾客,促进销售。以高毛利润药品、重点推荐药品、季节性药品及促销药品(包括近效期药品)为主。

7. 促销标牌

(1) "爆炸花"用于药品促销,体现药品不同卖点及价格。

(2) "药师推荐,店长推荐"主用于高毛利药品的促销。

(3) "会员专享"用在只有会员才可以特价购买的药品。

四、药品陈列步骤

1. 根据店堂空间位置和陈列柜与货架的规格数量规划好相应药品分类。

2. 根据“二八”原则(任何一种药品,最重要的只占约20%,其余80%却是次要的,通常一个企业80%的利润来自于这20%的药品),列出各中、小类中的重点商品。

3. 找出各种陈列柜与货架的黄金位置。

4. 各类药品进入相适应的区域和位置,进行陈列。

5. 陈列美化与重点提示,如加上一个“爆炸花”等。

五、药品陈列自查要点

1. 药品价格牌是否面向顾客正面。
2. 药品有无遮挡、无法显而易见。
3. 药品上有无灰尘或杂物。
4. 有无价格牌脱落或者价格不明显的药品。
5. 是否做到了取药品容易,放回也容易。
6. 药品群或药品类别区别是否正确。
7. 货架上堆放的药品是否堆放得过高。

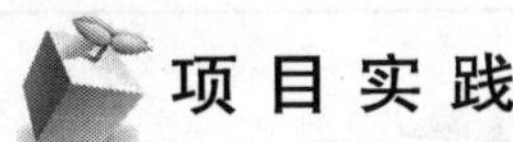

项目实践

药品陈列

实践准备

1. 工作服、胸卡、文具。
2. 模拟药房、药品货架、货柜、价格牌、分类标识牌、促销标牌。
3. 各类药品(若干)、放药品箩筐。

实践步骤

1. 分组上岗　着装上岗,2名学生一组,其中1人扮演购销员,1人参与药品陈列全过程并评判操作程序的正确性。
2. 说出药品陈列的步骤。
3. 根据药品陈列的基本原则和陈列技巧进行药品分类陈列。
4. 对所完成的陈列工作进行检查,并作简要说明。
5. 清理现场。

注意事项

1. 陈列的药品应整齐、干净。
2. 每组柜台上所陈列的药品大小、品类与色系应相近。
3. 药品的陈列应体现门店的风格。
4. 充分使用促销标牌。

评分标准

序号	考核内容	考核要点	分值	配分	得分
1	仪表	着装整洁,佩戴胸卡	5	5	
2	药品陈列的步骤	正确叙述药品陈列的步骤	15	15	

续表

序号	考核内容	考核要点	分值	配分	得分
3	药品的分类陈列	药品陈列符合 GSP 对药品陈列的要求	45	15	
		陈列的处方药应易见,非处方药应易见、易取,方便购买和销售操作		10	
		药品陈列突出门店的风格		10	
		陈列的药品要具有关联性		5	
		恰当使用促销标牌		5	
4	陈列工作进行检查	检查所陈列的药品是否符合要求	20	10	
		简要说明陈列的药品符合要求		10	
5	礼仪	使用礼貌用语,语气亲切;语速语气适中,表达准确;离别时说“谢谢!”	5	5	
6	清理现场	物品归位	10	10	
		合计	100	100	

项 目 练 习

一、判断题:关于下列说法正确的打“√”,错误的打“×”。

1. 拆零药品,集中存放于拆零专柜,可以不保留原包装标签。 ( )
2. 危险品可陈列在危险品专柜。 ( )
3. 购销员可以审核处方。 ( )
4. 处方药的陈列应易见易取。 ( )

二、选择题:每小题有四个备选答案,请从中选择一个最佳答案。

1. 零售药店陈列药品,下列正确的是
   A. 特殊管理药品可直接存放
   B. 店堂无须进行温湿度调节
   C. 少量危险品可陈列
   D. 中药饮片斗前应写正名正字
2. 拆零药品应集中存放于拆零专拒,并保留
   A. 原包装的标签　　B. 说明书
   C. 空包装　　D. 凭证和记录
3. 关于药品的陈列叙述错误的是
   A. 处方药不得采用开架自选的陈列方式
   B. 处方药与非处方药应分开陈列
   C. 拆零药品应集中于拆零药品专柜
   D. 药品与保健品可不用分开陈列
4. 下列哪项不是药品陈列的原则
   A. 醒目易取　　B. 先进先出
   C. 季节性陈列　　D. 端头货架陈列

第七章 经济核算

经济核算是指利用实物和价值形式，对企业经营过程中的各项劳动占用、劳动消耗和劳动成果进行记录、计算、对比和分析，指导企业以较少的投入取得较大经济效益的一种管理活动，是对企业经济活动的一种价值管理。加强药品经营企业的经济核算，有利于对企业资金进行全面的考核和科学的分析；有利于保护国家和企业财产物资的安全。本章节将对药品经营企业中较为常用的柜组核算、药品盘点和应收、应付结算进行介绍。

项目一 商业计算

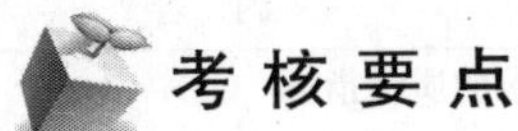

考核要点

1. 柜组核算的概念、特点和主要内容。
2. 常用经济指标的核算方法。

案例导入

某药店2012年第一季度经营情况资料如下：销售收入为800 000元，销售成本为450 000元，销售税率为3%，费用率为11%，差错额为1000，差错率为0.06%。

问题：

1. 如何计算该药店本季度毛利、费用、税金、营业利润是多少？
2. 该药店第一季度各项经济指标资料对其经营业绩和经营方式有何实际意义？

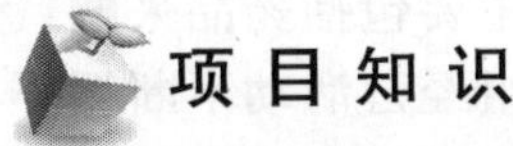

项目知识

一、柜组核算

（一）柜组核算的概念

柜组核算是指药品经营企业内部以门市部或营业柜组为单位所进行的一种群众性经济核算形式。

柜组核算是药品经营企业经济核算的基础，是将会计核算、统计核算、业务核算进行综合的初级经济核算，是相对独立的经济核算。

（二）柜组核算的特点

1. 经常性　柜组的经营管理活动是连续不断地进行的，柜组核算的记录、计算等工作也是连续不断地进行的。柜组每天都要根据业务的开展情况进行逐日登记、日结日清。

2. 群众性　柜组核算是在一定规章制度下进行的群众性的非专业的经济核算。柜组的医药商品购销员常常集经营者、经营管理者、核算者于一身。

3. 广泛性　柜组经营管理活动涉及范围广，从购、销、存业务的开展，到人、财、物各种资源的配置，各个环节、方方面面都需要柜组进行记录和核算。

4. 具体性　首先,柜组核算的内容是本着“干什么、管什么、算什么”的原则确定的,各柜组核算的内容和范围是明确和具体的。其次,柜组核算的各项指标都是柜组的购销员在具体的时间、地点、条件下从事经营活动的具体反映。

5. 简便性　柜组核算所核算的指标项目不多,指标含义通俗易懂,记录、计算方法简便。主要进行购、销、存的如实记录,不需要进行复杂的会计综合比较分析。

综上所述,柜组核算是药品经营企业进行的一种简便性、具体性、经常性的初级经济核算。因此,柜组医药商品购销员必须学习柜组核算知识,提高柜组核算水平,才能更好地将国家、企业、职工和消费者的责、权、利有机结合起来,促进企业销售水平和经济效益的不断提高。

(三) 柜组核算的内容

一般柜组核算的内容主要是对经济指标进行核算。经济指标主要包括经营品种、商品销售额、利润、商品资金占用额、费用、差错率及劳动效率等(表7-1)。

表7-1　常用柜组核算的经济指标(样本)

经济指标	内　容
经营品种	反映柜组满足社会需求的质量指标
商品销售额	柜组销售所得的报酬,是反映柜组销售水平的经济指标
利润	商品经营活动的最终财务成果,是考核柜组经营业绩的指标
商品资金占用额	柜组库存商品为销售所占用的资金的数额,是反映资金使用效果的指标
费用	商品流转过程中活劳动和物化劳动所耗费的货币表现,是反映柜组支出的质量指标
差错率	商品经营过程中发生的差错与销售额的比例,是反映柜组经营管理水平的一项质量指标
劳动效率	柜组完成一定销售额所配置的人数额

注:①活劳动是指物质资料的生产过程中,劳动者体力和脑力的消耗。②物化劳动是指凝结在劳动对象中,体现为劳动产品的人类劳动。

二、经济指标核算

药品经营企业的柜组经营活动主要包括药品采购、运输、储存、销售四个环节。每个环节彼此联系,互相促进,推动整个柜组经营活动不断循环、扩大。柜组业务人员须根据柜组日常发生的各种业务活动,记录、填制、载明各业务执行和完成情况。在进行柜组核算时,收集以上有关单据进行归类计算,按规定的指标体系和格式综合汇总,为柜组领导提供信息资料,为企业的会计核算提供依据。

(一) 经济指标核算的特征

1. 以货币(元)为计量单位。
2. 对经济业务活动进行连续、系统和完整的记录与反映。
3. 采用专门的核算方法。
4. 具有核算和监督两大基本职能。
5. 以提高经济效益为目的。

(二) 常用经济指标的核算

1. 药品资金指标核算　药品资金指标的核算一般用药品资金占用率和药品资金周转率来反映。

(1) 药品资金占用率的核算

1) 药品资金占用率的定义:是指药品销售额与药品资金平均占用额的百分比率,用以反映柜组每销售百元药品所平均占用的药品资金数(流动资金)的金额。它是评价柜组资金利用效率的质量指标。其值越小，说明流动资金利用效果越好；相反，其值越大，说明流动资金利用效果越差。

2）药品资金占用率的核算方法

第一步：核算药品资金月（年）平均占用额$_{售价}$

药品资金月平均占用额$_{售价}$=（月初药品资金占用额-月末药品资金占用额）/2

药品资金年平均占用额$_{售价}$=（年初药品资金占用额/2+第一季度药品资金占用额+第二季度药品资金占用额+第三季度药品资金占用额+年末药品资金占用额/2）/4

第二步：核算药品资金月（年）平均占用额$_{进价}$

药品资金月（年）平均占用额$_{进价}$=药品资金月（年）平均占用额$_{售价}$×（1-综合进销差价率）

第三步：核算药品月（年）销售额$_{进价}$

药品月（年）销售额$_{进价}$=药品月（年）销售额$_{售价}$×（1-综合进销差价率）

第四步：核算药品资金占用率

药品资金月（年）占用率=［药品资金月（年）平均占用额$_{进价}$÷药品月（年）销售额$_{进价}$］×100%

上述药品资金占用率按进价计算，而购销员职业活动中的药品资金占用率则按售价计算，为反映真实水平，应根据综合进销差价率将以售价计算的药品资金平均占用额换成以进价计算的药品资金平均占用额。

例1：某药房全年药品销售额为200万元，年初药品占用资金为25万元，一季度末为22万元，二季度末为20万元，三季度末为18万元，年末为21万元，（均按售价确认），综合进销差价为10%，试求药房药品资金年占用率。

解：第一步：核算药品资金年平均占用额$_{售价}$

药品资金年平均占用额$_{售价}$=（年初药品资金占用额/2+第一季度末药品资金占用额+第二季度药品资金占用额+第三季度药品资金占用额+年末药品资金占用额/2）/4

=（25/2+22+20+18+21/2）/4=20.75万元

第二步：核算药品资金年平均占用额$_{进价}$

药品资金年平均占用额$_{进价}$=药品资金年平均占用额$_{售价}$×（1-综合进销差价率）

=20.75×（1-10%）=18.675万元

第三步：核算药品月（年）销售额$_{进价}$

药品月（年）销售额$_{进价}$=药品月（年）销售额$_{售价}$×（1-综合进销差价率）

=200×（1-10%）=180万元

第四步：核算药品资金占用率

药品资金年占用率=（药品资金年平均占用额$_{进价}$÷药品年销售额$_{进价}$）×100%

=18.675÷180×100%=10.375%

答：该药房药品资金年占用率为10.375%。

（2）药品资金周转速率的核算

1）药品资金周转率：是衡量资金利用效率的重要质量指标，分别用药品资金周转次数和药品资金周转天数来表示。在一定时期内周转的次数越多，或周转一次所需要的天数越少，表示资金周转速度越快。周转越快，药品资金利用率越高，经营越好。

2）药品资金周转率核算方法

第一步：药品资金周转次数=本期药品销售额÷本期药品资金平均占用额$_{进价}$

第二步:药品资金周转天数=本期天数÷本期药品资金周转次数

本期天数为年时按每年 360 天计算;本期天数为季度时,按每季度 90 天计算;本期天数为月时,按每月 30 天计算。

例 2:以例 1 中数据为例计算药品资金周转率。

解:第一步:药品资金周转次数=本期药品销售额÷本期药品资金平均占用额$_{进价}$

=200÷18. 675=10. 710 次

第二步:药品资金周转天数=360÷10. 710=33. 613 天

答:药品资金周转次数为 10. 710 次;药品资金周转天数为 33. 613 天。

2. 劳动耗费经济指标的核算

(1) 药品流通费的核算

1) 药品流通费的定义:是指企业每销售百元药品的过程中所耗费用,包括间接费用和直接费用。间接费用一般不随药品流转额的增减而变化,如工资、租金、折旧费等,相对稳定;直接费用随药品流转额增减而增减,如药品损耗、运杂费、包装费等。当直接费用发生时,由店长或柜组长签字认可,财务部门填制柜组核算费用通知单(表 7-2)。

表 7-2 柜组核算费用通知单(样本)

柜组: 年 月 日 第 号

项 目	摘 要	金 额
合计		

店长: 核算员: 制单:

药品流通费常用药品流通费用额和药品流通费用率来表示。药品流通费用额为间接费用与直接费用之和。药品流通费用率是指企业在一定时期内药品流通费用额与药品销售额的百分比。药品流通费率的多少与经济效益成反比。

2) 药品流通费的核算:①药品流通费用额的核算:药品流通费用额=间接费用+直接费用。②药品流通费用率的核算:药品流通费用率=(药品流通费用额÷药品销售额)×100% 。③柜组应摊间接费用的核算:柜组应摊间接费用=企业费用率×柜组销售总额

例 3:某店 2 月销售 20 万元。从"柜组核算费用登记簿"查得 2 月直接费用为 8000 元;按销售额应摊间接费用 6000 元。求该药店 2 月的实际费用率。

解:第一步:核算药品流通费用额

药品流通费用额=间接费用+直接费用=8000+6000=14 000 元

第二步:核算药品流通费用率

药品流通费用率=(药品流通费用额÷药品销售额)×100% =14 000÷200 000×100% =7%

答:该药店 2 月的实际费用率为 7%。

(2) 劳动效率:是指一定时期内每个员工所完成的工作量指标。反映了药品销售额和劳动消耗之间的关系。

劳动效率(万元/人)=(药品销售额÷员工平均人数)

3. 营业利润指标的核算

营业利润指标

1）销售后税金：是依照国家税法缴纳的税款，是劳动者为社会创造价值的货币表现，是国家财政收入的来源。药品零售企业的销售税金包括国税（增值税）和地税两部分。按商品的销售收入进行计算。如小规模纳税人销售货物或应税劳务的增值税税率为3%。核算时除增值税税率外，还应考虑各地城建税税率、教育附加费和企业所得税税率。

销售后税金=销售收入×税率

2）经营利润额：是指销售收入减去销售成本、经营费用、销售税金后的净值。

经营利润额=药品销售额-进货成本-费用额-税金

3）毛利：是柜组获得利润的主要来源。有毛利存在，柜组开展降本增效，提高营业利润才具现实意义。

毛利=药品销售额-进货成本

4）毛利率：是指每百元药品销售额所能实现的毛利。毛利率是柜组最终经营成果的实质体现。

毛利率=（毛利÷药品销售额）×100%

例4：某药店2011年第二季度经营情况资料如下：销售收入为600 000元，销售成本为350 000元，销售税率为3%，费用率为12%，差错额为1000，差错率为0.08%。核算销售税金、经营利润额、毛利、毛利率。

解：第一步：核算销售后税金

销售后税金=销售收入×增值税税率=600 000×3% =18 000元

第二步：核算经营利润额

经营利润额=药品销售额-进货成本-费用额-税金

=600 000-350 000-600 000×12% -18 000=160 000元

第三步：核算毛利

毛利=药品销售额-进货成本=600 000-350 000=250 000元

第四步：核算毛利率

毛利率=（毛利÷药品销售额）×100% =250 000÷600 000×100% =41.67%

毛利率=（250 000÷600 000）×100% =41.67%

答：销售后税金为18 000元，经营利润额160 000元，毛利为250 000元，毛利率为41.67%。

5）销售扣率：是指实际购进价与批发价或零售价之比。能较直观地反映药品销售毛利的水平。

销售扣率=（购进价÷批发价或零售价）×100%

例5：某批药材进价1800元/箱，零售价2600元/箱，整箱购买可按批发价2500元/箱，分别以批发价和零售价计算其销售扣率。

解：销售扣率=（购进价÷批发价）×100% =1800÷2500×100% =72%

销售扣率=（购进价÷零售价）×100% =1800÷2600×100% =69.2%

答：以批发价和零售价计算的销售扣率分别为72%、69.2%。

6）差错率：是药品经营过程中发生的差错金额与销售额的比例，是反映柜组经营管理水平的一项质量指标。通常以每万元药品销售额所发生的差错金额表示。长款指在药品销售过程中,出现实收货款多于应收销售货款。短款则是指实收货款少于应收销售货款。柜组发生长、短款时,应填制销售长、短款报告单(表7-3)。

表7-3 药品销货长(短)款表(样本)

(单位:元)柜组: 年 月 日

应收金额		实收金额		长(短)款	
原因		柜组意见			
审批意见					

财务负责人: 审核人: 报告人:

差错率=(长款+短款)÷药品销售额×10 000‱

例6:某药店营养品柜台本月销售额为30万,其中蛋白类长款800元,口服液类短款150元,维生素类短款300元,计算该柜组销售差错率。

解:差错率=(长款+短款)÷药品销售额×10 000‱

=(800+150+300)÷300 000×10 000‱=4.167‱

答:该柜组销售差错率为4.167‱

项目练习

一、判断题:关于下列说法,正确的打"√",错误的打"×"。

1. 药品进销差价称为毛利。 ( )
2. 柜组的直接费用一般不随药品流转额增减而增减。 ( )
3. 药品经营过程中发生长款越多越好。 ( )
4. 药品资金周转越快,利用率越高,说明企业经营越好。 ( )

二、选择题:每小题有四个备选答案,请从中选择一个最佳答案。

1. 柜组核算的特点包括经常性、群众性、广泛性、( )和简便性

A. 一致性 B. 专业性

C. 服务性 D. 具体性

2. 柜组业务活动的中心环节是

A. 进货业务 B. 销售业务

C. 赊销业务 D. 储存业务

3. 柜组核算的内容是本着"干什么、管什么、( )"的原则确定的

A. 算什么 B. 用什么

C. 售什么 D. 考什么

4. 经济核算的两大基本职能是

A. 核算和分析 B. 核算和监督

C. 监督和管理 D. 管理和核算

项目二 药品盘点

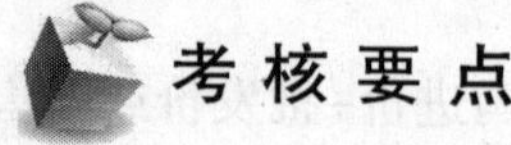

考核要点

1. 药品盘点的目的。
2. 药品盘点的操作程序。

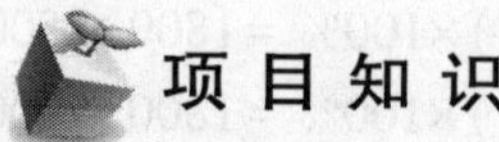

项目知识

一、药品盘点的目的和方式

药品盘点是指对药品实有库存数量及其金额进行全部或部分清点,以确切掌握一定时

间内的货品状况,并因此加以改善,加强管理。

(一) 药品盘点的目的

1. 掌握与控制库存　全面掌握药品的库存品种、数目和金额。

2. 了解药品损益情况　核对实盘金额和账面金额,找出差异,并通过盘点差异表,确切掌握所有药品损益情况。

3. 了解药品效期情况　盘点过程中全面清理滞销药品,及时登记、上报、退库,调整库存。

4. 药品结构调整　通过盘点登记,计算出各类药品的品项数、销售比例、库存比例、毛利率、存销比等,进行销售分析,调整药品结构。

(二) 常用药品盘点的方式

1. 定期盘点

(1) 日盘:交接班或营业后盘点(重点盘点贵重药品和易盗药品)。

(2) 全面盘点:仓库在每个季度末进行的盘点。

(3) 停业盘点:用于清算时的盘点。

2. 不定期盘点　存在盘点差异过大、重要人员调动或离职、意外事件发生时需进行不定期盘点。

二、药品盘点的操作程序

盘点流程如下:盘前准备→盘点过程→盘后处理结算记录。

(一) 盘前准备

1. 时间　确定盘点时间后,应提前通知柜组成员,做好准备;告知供应商,以免盘点期间供货商送货上门,造成混乱;门店前张贴安民告示,以免给顾客带来不便。

2. 环境　盘点前做好环境整理工作。主要包括:

(1) 检查各区位药品陈列、仓库存货的位置和编号是否与盘点配置图一致。

(2) 对残次品,进行清理、归类放齐;对退货药品及时处理,暂无法退货的应进行标识;对赠品进行清理,并单独存放,加以标识;对散乱货物进行收集与整理,以方便盘点时计数。

(3) 清除店铺内的死角。

3. 人员

(1) 明确人员职责和分工,具体盘点实施小组由盘点人、记录人、监盘人三人组成。

(2) 进行人员培训,熟悉盘点区域、点数原则、数字填报、签字等程序。

4. 盘点工具　若使用盘点机盘点,需先检查盘点机是否可正常操作;如采用人员填写方式,则需准备盘点表及红、蓝色圆珠笔。

5. 单据整理　整理好进货单据、变价单据、净销货收入汇总表(含税和无税)、报废品汇总表、赠品汇总表、移库单、报废品单据、药品调拨单据、前期盘点单据等,以便能尽快获得盘点结果。

(二) 盘点操作

1. 盘点的基本过程

(1) 点货:对卡(货卡),对账(药品明细账)。

(2) 核对相符的药品,做好盘点标记,认真填写药品盘点表(表7-4),并签字盖章。

(3) 有溢余或短缺的药品,不但要做好盘点标记及签字盖章,还要填报盘点损益情况说

明表(表7-5)

表7-4 药品盘点表

部门：　　货架编号：　　　　　　　　　　年　　月　　日

药名	规格	数量	零售价	金额	复点	抽点	差异	备注
小计								

记录人：　　　　盘点人：　　　　复点人：　　　　抽点人：

表7-5 药品盘点损益情况说明表

柜组：　　　　　　　　　　　　　　　　　年　　月　　日

品名	品号	原盘点金额	实际数量	差额	复点数量	与实际差额	
							损益原因
							处理对策

盘点人：　　　　　　　　记录人：　　　　　　　　监盘人：

2. 盘点作业　分为初点作业、复点作业和抽点作业。

(1) 初点作业：盘点人员按照所负责的区位，由左而右、由上而下认真仔细盘点，避免漏点；不同剂型药品的计量单位不同，不得混淆填写。认真填写药品盘点表，并签字盖章。过期药品应随即下架，并记录。

(2) 复点作业：复点是在初点后一段时间进行。复点人员核对盘点配置图与现场实际情况是否相符，并按照初点的药品盘点表依序检查，做好盘点标记并盖章。发现差异时，使用红色圆珠笔把差异值填入差异栏。

(3) 抽点作业：对照各小组的盘点结果，门店负责人应认真抽查以下项目：

1) 检查每一类药品是否都已经盘点出数量和金额，并有初点人和复点人签名。

2) 对初点和复点差异大的药品进行实地抽查。

3) 对店铺死角，或不易清点、单价高、数量多的药品，做到准确无误。

4) 复查过期药品、破损药品等的处理情况。

(三) 盘后工作

1. 盘后整理

(1) 资料整理：将药品盘点表全部收回，并加以汇总。

(2) 药品整理：将货架上因盘点时排列的药品按照原先的陈列方式或陈列原则进行整理。

(3) 环境整理：对环境进行清洁、清扫工作。

2. 计算盘点结果　将每一张药品盘点单的原价和数量相乘，合计出药品的盘点金额。报送财务部门，结算出毛利和净利润。

3. 分析盘点结果

(1) 根据盘点结果,实施奖惩措施。

(2) 针对存在问题,重新盘点,并找出经营管理中缺陷,提出改善对策。

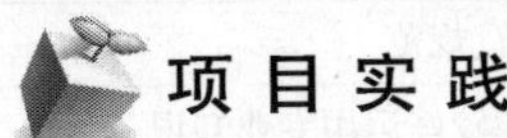

项目实践

药品盘点作业

实践准备

1. 工作服、胸卡、文具。
2. 模拟药房:药品陈列柜、药品样本、盘点配置图、货卡、药品明细账、相关票据。
3. 空白“药品盘点表”和“药品盘点损益情况说明表”若干。

实践步骤

1. 分组练习 5名学生一组,其中1人扮演盘点人,1人扮演记录人,1人扮演监盘人,另2人分别扮演复点人和抽点人,并参与全过程验收、评判操作程序的正确性。

2. 盘点前准备 确定盘点时间,成立盘点小组,整理盘点环境,准备盘点工具和收集准备有关单据。

3. 盘点作业 分别进行初点作业、复点作业和抽点作业。

4. 盘点后处理 盘点后整理药品复位、清理环境、收集药品盘点表汇总上交。

注意事项

1. 盘点前合理划分盘点区域。
2. 盘点时三人一组 一人点货,一人记录,一人监督。
3. 盘点顺序由左至右,由上至下,避免漏点。
4. 复点在初点完成后进行。复点时须更换负责人。
5. 对初点和复点差异较大的药品要进行实地抽点。
6. 盘点中发现过期药品应随即下架,做好记录。

评分标准

序号	考核内容	考核要点	分值	配分	得分
1	仪表	着装整洁,佩戴胸卡	5	5	
2	盘点前准备	人员分工合理:一人盘点,一人记录,一人监盘	18	5	
		口述盘点时间和盘点人员名单		3	
		环境整洁有序、货架药品陈列整齐		5	
		出示盘点工具、药品盘点表和有关单据		5	
3	盘点作业	初点人员按照所负责的区位,由左而右、由上而下盘点	32	10	
		复点人员核对盘点配置图,按照初点药品盘点表由左而右、由上而下依序盘点		15	
		做好盘点标记并盖章		2	
		使用红色圆珠笔把差异值填入差异栏		5	

续表

序号	考核内容	考核要点	分值	配分	得分
4	盘点后处理	整理盘点环境,药品复位		5	
		药品盘点表填制完整、规范		15	
5	团队合作	设计的对白和场景能较好运用专业知识	10	5	
		小组配合密切,真实感强		5	
6	礼仪	使用礼貌用语,语气亲切;语速语气适中,表达准确;离别时说“谢谢!”	5	5	
7	清理现场	物品归位	10	10	
合计			100	100	

项目练习

一、判断题:关于下列说法,正确的打“√”,错误的打“×”。

1. 盘点人和监盘人可以是同一人。 ( )
2. 盘点就是要盘查账簿上所记载的药品与实际药品之间的数量是否吻合。做到账实相符、库存真实。 ( )
3. 盘点中发现过期药物应当及时下架,不得继续销售。 ( )
4. 盘点中有溢余或短缺的药品,只要做好盘点标记及签字盖章,无须填报盘点损溢情况说明表。 ( )
5. 盘点时,不同剂型药品的计量单位不同,不得混淆填写。 ( )

二、选择题:每小题有四个备选答案,请从中选择一个最佳答案。

1. 不属盘点实施小组组成人员的是
   A. 盘查人　B. 核对人
   C. 销售人　D. 记录人
2. 不属于盘点作业的是
   A. 初点作业　B. 抽点作业
   C. 定期作业　D. 复点作业

项目三　应收、应付结算

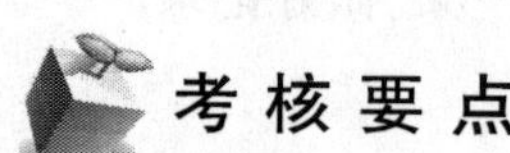

考核要点

1. 应收、应付账款的概念。
2. 应收、应付账款的处理操作流程。

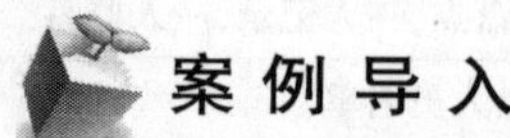

案例导入

某公司2010年年度报告如下:

1. 本公司该年度向贵州××药业公司销售药品300 005元。
2. 本公司该年度向云南××药业公司销售药品250 000元。
3. 本公司向四川××药业公司采购药品150 000元。
4. 本公司向贵州××公司租用生产用房,付出租金200 000元。

问题:

1. 作为销售员,在完成应收账款处理时,应着重处理哪些环节?
2. 作为采购员,在完成应付账款处理时,应当做好哪些工作?

项目知识

应收、应付账款是药品营销过程中的重要环节。目前，医药企业销售收款难，以及职务犯罪问题日益突出，重要原因是企业内部管理漏洞大，监督制度不健全，导致合同审查不严，发货体制缺乏监控，销售人员不诚信，截留货款等现象频繁发生。另外，买方破产、改制，实施合同诈骗；法院审判受到地方保护等行政干预后，影响司法公正，使异地医药企业权利得不到保障等，也使得问题更加严重。因此，做好应收、应付账款处理工作对加强企业内部管理，提高企业在行业中的诚信度，保障药品营销工作的顺利进行具有重要意义。

一、应收账款处理

（一）应收账款

应收账款是指企业因销售商品、产品，或提供劳务而形成的债权。

（二）应收账款处理

1. 应收账款处理前准备

（1）编制销货通知单：销售部门收到顾客订货单后，应先进行登记，审核订单的内容和数量，确定能如期供货后，编制销货通知单和销售发票通知单，作为信用、仓库、运输、开票和收款等有关部门履行职责的依据。

（2）批准赊销：赊销批准应由信用管理部门根据赊销政策，以及对每个顾客已经授权的信用额度进行。赊销商品前，销售人员应对客户作信用调查，并报告销售主管。无论是否批准赊销，都应在销售通知书上签署意见。

（3）发货：仓储部门根据运输部门持有的信用管理部门核准后的销货通知单来发货。

（4）运货：运输部门运送货物时应填制发货单等运送文件并送往开票部门。发货单是货物出库的依据，用于仓库和财务部门的存货记录，也是开具销货发票的依据，应按顺序编号，并计入送货登记簿。

（5）开具销售发票：财务部门根据顾客提供的订货单、销售通知单、销售发票通知单、发货单，经审查无误后，开具统一格式的销售发票，列明实际发货的品种、规格、数量、单价、金额和增值税税额。销售发票一式数联，分别转给顾客、仓库、销售、财务等部门，并保存好存根联备查。

（6）记录销售业务：会计部门根据销售发票的记账联进行账务处理，区分赊销或是现销，决定编制转账凭证还是收款凭证，再据此登记销售账和应收账款明细账或现金、银行存款日记账。最终根据发货单等，结转销售成本，冲销库存。

2. 应收账款处理流程　编制销货通知单→批准赊销→发货→运货→开具销售发票→记录销售业务→收款→记账。

（1）收款

1）设置应收账款台账，编制应收账款账龄分析表，对应收账款进行追踪分析。

2）定期分析应收账款账龄，及时回收应收账款。

3）制定逾期应收账款的催收制度：落实责任，制定催款政策、策略和手段，依法清收。

（2）记账。

3. 应收账款的注意事项

（1）审批时，审批人员应充分了解和考量客户信誉、财务状况等有关情况，降低账款回收风险。

(2) 销售部门应设置销售台账,及时反映药品开单、收款、发货情况,为收款业务做好基础工作。销售台账应附有客户订单、销售通知单客户签收回执等相关客户购货单据。

(3) 建立切实可行的应收账款、账龄制度和逾期应收账款制度。销售部门负责应收账款的催讨;会计主管应根据销售(付款)凭证及时入账,详细核算和分析每一客户财务状况,督促销售部门催款。

(4) 单位内部的销售与收款职能应分开,销售人员应避免接触销售现款。

(5) 逾期应收账款催收无效时,可通过法律程序解决。

二、应付账款处理

(一) 应付账款

应付账款是指企业在正常经营中,因购买材料、商品或接收劳务供应等而应付供应单位的款项。

(二) 应付账款处理

1. 应付账款处理前的准备

(1) 请购:根据生产经营的需要和储备情况,由仓储或需用部门提出请购单,经领导批准后,交采购供应部门办理。

(2) 订购:采购供应部门收到上级领导批准的请购单后,应与采购计划进行核对,确定采购的具体品种、规格、数量,指定采购人员组织采购。大宗货物采购应与供货单位签订合同,并将合同副本分送会计、会计控制和请购部门,以便检查合同执行情况。

(3) 验收

1) 采购合同签订后,应建立催收制度,督促供货单位按期交货。

2) 采购的货物运达后,须由仓储部门对照购货发票、合同副本等进行数量清点和质量检查。点验结果填写入库单一式数联,自存一份,其余送采购供应部门、会计部门,以登记业务账、会计账和保管账。验收中,如果出现药品名、规格、数量等不符合合同要求的,应如实记录,填写书面报告并上报主管部门;如有严重不符的,应拒绝验收。

2. 应付账款处理流程 请购→订购→验收→付款→记账。

(1) 付款:财务部门收到供货单位转来的发票结算联及银行结算凭证后,应送给采购供应部门复核,并与入库单、采购合同核对无误后,办理结算付款手续,同时在发票结算联上加盖"付讫"戳记。

(2) 记账:财务部门根据上述原始凭证,编制记账凭据,以登记明细账、总分类账及其他有关账簿。

3. 应付账款的注意事项

(1) 业务经理必须认真建立请购制度、询价制度、合同管理制度和验收制度,严格按照应付账款程序进行采购和付款,并在各环节设置相关记录,填制相关凭证,完善采购登记制度,加强请购手续、采购订单(采购合同)、验收证明、入库凭证、采购发票等文件和凭证的核对管理工作。

(2) 财务经理应建立严格的付款控制制度和授权审批制度,加强应付账款和应付票据的管理,对采购发票、验收证明等相关凭证的真实性、完整性、合法性进行严格审核,对退货条件、退货手续、货物出库和退货货款回收作出明确规定。

(3) 对已经确认的应付账款应及时支付,既能获取约定的现金折扣,还能加强同供应商保持良好合作关系,进一步维护企业自身信用形象。

项目练习

一、判断题:关于下列说法,正确的打"√",错误的打"×"。

1. 销售人员根据原始凭证,编制记账凭据,以登记明细账。（　）
2. 采购供应部门收到已批准的请购单后,必须立即指定采购人员组织采购。（　）
3. 单位内部的销售与收款职能应分开,销售人员应避免接触销售现款。（　）
4. 销售经理对采购发票、验收证明等相关凭证的真实性、完整性、合法性进行严格审核后,即可付款。（　）

二、选择题:每小题有四个备选答案,请从中选择一个最佳答案。

1. 销售部门收到顾客订货单后,应首先进行
   A. 发货　B. 登记
   C. 开具销售发票　D. 编制销货通知单
2. 运输部门运送货物时应填制
   A. 发货单　B. 发票
   C. 订货单　D. 销货单
3. 赊销批准应由哪个部门根据赊销政策,以及对每个顾客已经授权的信用额度来进行
   A. 信用管理部门　B. 仓储部门
   C. 财务部门　D. 生产部门
4. 采购的药品到达后,需由仓管部门对照下列哪项进行数量清点和质量调查
   A. 购货发票　B. 合同副本
   C. A+B　D. 运输费发票
5. 销售与收款职能应当分开,销售人员应避免接触
   A. 销售发票　B. 转账支票
   C. 销售清单　D. 销售现款
6. 应付账款的程序不包括
   A. 开发票　B. 验收
   C. 订购　D. 请购
7. 逾期应收账款的催收制度中不包括
   A. 落实责任　B. 催款政策
   C. 依法清收　D. 转嫁债务

第八章　消防和安全用电知识

加强安全管理，防止发生各种事故，对保障国家财产和职工人身安全，保证医药购销活动的顺利进行，具有十分重要的意义。安全管理要遵循国家有关安全工作的各项法律法规，认真贯彻“以防为主，防消结合”的方针，建立健全安全管理制度和责任制，保证国家财产不受损失，人民群众的生命财产得以保证。安全知识的内容很多，包括防火、防爆、防盗、防毒及安全用电等，本章主要介绍防火、防爆消防及安全用电知识。

项目一　防火、防爆消防知识

考核要点

1. 了解火灾知识、常用的消防器材、灭火器材和仓库的消防和灭火措施，形成以防为主的安全消防意识。

2. 能正确采取仓库安全消防措施。

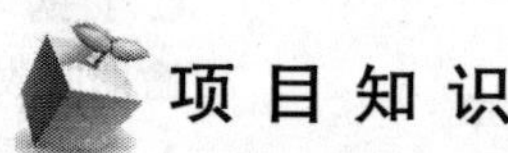

项目知识

一、火灾的定义

凡失去控制并对财物和人身造成损害的燃烧现象称为火灾。

二、火灾的起因及预防措施

1. 违章用火　在库区内违章使用炉火取暖做饭、使用明火照明、吸烟不慎、小孩玩火等引起火灾。因此，科学进行生产生活活动，合理用火，时刻做好明火的使用和监护工作不可懈怠。

2. 违章用电　库区内电线老化，违章使用临时线，违章安装、使用照明，使用电热器具和用电设备等引起火灾。因此，电气线路安装要规范，防止乱拉乱接；注意电器设备、电热器具与药品保持一定距离。

3. 违章操作　商品堆放不留灯距，性质相抵触的药品混存在一起，产生化学反应引起火灾；进入库区的机动车辆没有防火防爆措施，输送机、码垛机等由于故障摩擦生热起火。因此，必须遵守安全操作规程，维护安全管理制度。

4. 自燃　是指在没有任何明火的情况下，物质受空气氧化或外界温度、湿度的影响，经过较长时间的发热和蓄热，逐渐达到自燃点而发生燃烧的现象。如所存物品堆垛过大、没有间距、堆放时间过长或遇潮湿、高温、通风不良等原因，使可燃物蓄热引起自燃；一些化学危险物品由于包装破损、遇水、受潮也会发生自燃。所以，应科学、合理、谨慎地存放自燃物质，不可大意。

5. 雷击　化学危险物品仓库、储存和规模较大的物资库不按要求采取防雷设施，有的虽有防雷设施，但年久失修引起火灾。因此，仓库建筑物上应按规定安装避雷设施，并做好按时测试和维护工作。

6. 纵火　由于仓库物资集中，常成为一些犯罪分子的攻击目标。

三、灭火的基本方法

一般来说，起火必须具备三个条件，即可燃物、助燃物（主要指含氧气的空气、氧化剂等）和点燃源，并且三者要互相作用。灭火就是根据起火物质燃烧的状态方式，采取一定的措施破坏燃烧必须具备的基本条件，从而使燃烧停止。灭火的基本方法有以下四种：

1. 冷却灭火法　将灭火器直接喷洒在可燃物上，使可燃物温度降低到燃点以下，从而使燃烧停止。冷却法是灭火的主要方法。用水扑救火灾其主要作用就是冷却灭火。除忌水物质外，一般起火都可以用水冷却灭火。

2. 隔离灭火法　将着火的地方或物体与其周围的可燃物隔离或移开，燃烧就会因缺少可燃物而停止。

3. 窒息灭火法　采取适当的措施，阻止空气流入燃烧区或用不燃物质（如惰性气体）冲淡空气中氧，使燃烧物质得不到足够的氧气而熄灭。实际运用中，如用石棉毯、湿麻袋、湿棉被、黄沙等不燃或难燃物质覆盖在燃烧物上；用水蒸气或惰性气体灌注容器设备等。

4. 抑制灭火法　是用含氟、溴的化学灭火器喷射火焰，让灭火剂参与到燃烧反应中去，使燃烧链反应中断，达到灭火的目的。

以上方法在实用中，可根据实际情况，采用一种或多种方法并用，以达到迅速灭火的目的。

四、常用的灭火器材和消防设施

1. 灭火剂

（1）水：是最经济、来源丰富而且灭火效果较好的灭火剂。水的作用就是冷却和窒息。但水不能扑救下列物质和设备的火灾：①石油、汽油、苯等比水轻的可燃液体。②遇水发生燃烧和爆炸的化学危险品。③熔化的铁水、钢水、灼热的金属和矿渣等。④高压线路设备。⑤精密仪器设备和贵重文件档案。

（2）二氧化碳：无色、无味，具有不燃烧，不助燃，比空气重，灭火时不导电、不留污迹的特点。通常二氧化碳是以液态灌进钢瓶内，使用时打开阀门，喷出液态二氧化碳迅速汽化，而从周围吸收部分热量，起到冷却作用。喷出的二氧化碳还能增加空气中不燃烧、不助燃的成分，空气中的氧含量减少，降低可燃物或防护空间内的氧浓度，产生窒息作用灭火。可用来扑灭精密仪器和一般电器火灾，以及不能用水扑灭的火灾。但不能用于金属钾、钠、镁、铝等的火灾，也不宜用于扑灭棉花、硝酸纤维等火灾，因这类物质能在含有大量二氧化碳的气体中继续燃烧。

（3）化学泡沫：常用的化学泡沫灭火剂，主要是硫酸铝和碳酸氢钠与少量发泡剂（植物水解蛋白质或干草粉）、少量稳定剂（三氯化铁）等混合后，相互作用而生成泡沫。泡沫中的主要成分是二氧化碳和氢氧化铝，其中反应生成的氢氧化铝可使泡沫具有一定的黏性，易于黏附在燃烧的物体上，从而阻止空气与燃烧的物体接触，使燃烧终止。化学泡沫灭火剂不能用来扑救忌水、忌酸的化学物质和电器高设备的火灾。

（4）干粉：干粉灭火剂是由灭火基料（小苏打、碳酸铵、磷酸的铵盐）、适量润滑剂（硬脂酸镁、滑石粉等）和少量防潮剂（硅胶）混合后共同研磨制成的固体小颗粒，用二氧化碳作喷射动力。喷射出来的粉末，浓度密集，颗粒细小，盖在固体燃烧物上，能够形成阻碍燃烧的隔离层,同时析出不可燃气体,使空气中的氧浓度降低,火焰熄灭。适用于扑灭油类、可燃性气体、电器设备等物品的火灾。

(5) 卤代烷:常用的有氟一氯一溴甲烷(1211) 和三氟一溴甲烷(1301)。灭火的原理主要是溴离子破坏燃料在燃烧过程中产生氢离子的连锁化反应,中断燃烧而达到灭火的目的。适用于扑救各种易燃、可燃液体火灾和电器设备火灾。

(6) 沙土:沙土是经济而常用的灭火材料,其灭火的原理就是覆盖火焰,使燃烧物与空气隔绝,达到灭火效果。

2. 灭火器

(1) 水型灭火器:包括清水灭火器、强化液灭火器和酸碱灭火器,其共同特点是通过水的冷却灭火。

(2) 泡沫型灭火器:有空气泡沫灭火器和化学泡沫灭火器两种。通过产生的泡沫覆盖在燃烧表面实施灭火。

(3) 卤代烷灭火器:内充装的灭火剂是卤代烷,这类灭火器喷出的灭火剂是气态,射程较短,灭火速度较快。

(4) 干粉型灭火器:内充装的灭火剂是干粉,利用二氧化碳或氮气携带干粉喷出实施灭火。

(5) 二氧化碳灭火器:把二氧化碳气体经高压灌装在瓶内即得,通过二氧化碳的窒息和冷却实施灭火。

3. 消防设施

(1) 消火栓:消火栓是接于消防供水管道上的阀门装置,供给灭火用水,分室内消火栓和室外消火栓两种。每个消火栓应配有数条合适的水龙带和消防水枪。

(2) 消防水带和水枪:水带和水枪是火场输水的灭火器材,使用水带时应防止扭转和骤然折弯,以防止阻挡水流顺利通过。

五、仓库的消防及灭火措施

1. 严防火灾的措施

(1) 药品仓库应设在周围建筑不相毗邻有独立建筑内。

(2) 药品仓库的建筑要求为 1、2 级耐火等级,若耐火等级低于 3 级,不得存放易燃物品。

(3) 储存要求

1) 不燃的药品或不含易燃、氧化剂等的药品不得与乙醇、丙酮、乙醚等危险药品混放,应分间或分隔贮藏。

2) 苦味酸、硝酸甘油片等应一一单独存放。

3) 高锰酸钾、重铬酸钾、过氧化氢等氧化剂不得与其他药品混放,前两者与过氧化氢也应该分开存放。

4) 乙醚应避光储存,储存温度不得超过30℃,夏天应将乙醚储于冷库中。如把乙醚放电冰箱内,必须将容器严密封盖。

5) 中草药库中若存放大量中草药,应定期翻堆散热。

(4) 中西药库内一律严禁吸烟。

(5) 药品仓库必须把安全工作列入议事日程。要建立健全治保、消防等安全制度。切实做好防火、防盗、防破坏、防自然灾害、防发霉残损等工作，确保药品、器材和财产安全。

(6) 药品仓库要制订安全工作的各项规章制度，制订作业的操作规程。经常开展安全思想教育，使职工保持高度的警惕性和责任心。严格照章办事，杜绝违章作业。掌握各种安全知识和技能。

(7) 药品仓库严格执行消防法规、《仓库防火安全管理规则》和《化学危险物品安全管理条例》。药库的防火工作要实行分区管理、分级负责的制度。保管员为防火负责人，对本责任区的安全负全部责任。药库的库存区要和办公室等严格分开，以保安全。

(8) 药品仓库必须严格管理火种、火源、电源、水源。严禁携带火种、危险品进入存货区。存货区禁止吸烟、用火。药库电器设备必须符合安全用电要求，老旧电线要及时更新，仓库照明线和路灯线须分别设置。每次作业完毕要将仓库的电源切断。

(9) 药品仓库必须根据建筑规模和储存药品器材的性质配置消防设备，做到数量充足、合理摆布、专人管理、经常有效，严禁挪作他用。药品消防通道要保持畅通。

为避免药库发生火灾，必须对化学药品、毒性药品按特性分类保管，做到防光、防晒、防潮、防冻、防高温、防氧化，经常检查。对氧化剂、自燃品、遇水燃烧品、易燃液体、易燃固体、毒害品、腐蚀品要严格管理，谨慎使用。要绝对避免因混放(如氧化剂和易燃物混放)而诱发爆炸、燃烧等事故的发生。严禁室内明火，禁止在化学药品、毒性药品仓库内存放食品和吸烟。易燃、易爆、剧毒药品的存放应贴好标签，标明名称、浓度、存量、进货日期、有效期或配制日期。无标签药品，必须经鉴定合格后才能使用，否则以报废处理。有毒废物(液)的处理要符合环保要求，不得随意倾倒。

2. 药品仓库的安全灭火措施　当药品仓库不慎发生火灾时，除按一般消防措施如切断电源、搬移可燃物品(特别是易燃物品和爆炸物品)等外，还必须根据医药商品特性，采取相应的灭火方法。

由于药品不同于一般商品，所以不能一概采用最普通的用水扑灭的方法。有些易燃或遇水起反应的药品，若错误地用水扑救，非但不能扑火，反而会使火势蔓延或燃烧更为剧烈。乙醚、松节油等不溶于水又比水轻的易燃液体，若用水扑救，则水会沉在燃烧的液体下面，并能引起喷溅、漂流而扩大火灾，故宜用砂土覆盖或泡沫灭火器。乙醇虽能与水任意混合，但仍以不使用水扑灭为宜，若需要水，也只能用雾状的水流。对于粉状的易燃固体(如硫黄粉等)和氧化剂(如高锰酸钾等)，不得用加压水冲击，以防燃烧物飞溅，使火势扩大，而宜用雾状水扑灭，也可用砂土覆盖。对于贵重药品着火，可用二氧化碳灭火器扑灭，但应注意空气流通，防止窒息。

一般说来，对于小型的火灾最好使用砂土、灭火器等扑救，不但安全可靠，也可以免除因大量用水而损及周围其他药品的包装和质量。

项目二　安全用电知识

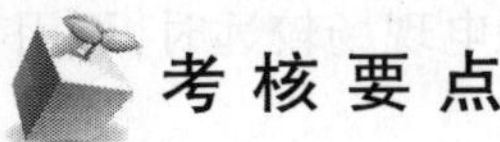

考核要点

1. 电气火灾产生的原因及预防措施。
2. 能正确实施触电事故救治。

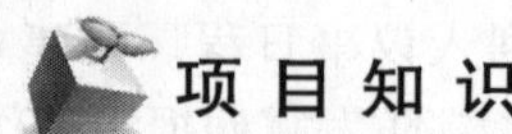

项目知识

一、电气火灾产生的原因

1. 短路 电气线路中的裸导线或绝缘导线的绝缘体破损后,火线与邻线,或火线与地线在某一点碰在一起,引起电流突然大量增加的现象就是线路短路。由于短路时电阻突然减少,电流突然增大,其瞬间的发热量也很大,大大超过了线路正常工作时的发热量,并在短路点易产生强烈的火花和电弧,不仅能使绝缘层迅速燃烧,而且能使金属熔化,引起附近的易燃可燃物燃烧,造成火灾。

2. 过负荷 所谓过负荷是指当导线中通过电流量超过了安全载流量时,导线的温度不断升高。当导线过负荷时,加快了导线绝缘层老化变质。当严重过负荷时,导线的温度会不断升高,甚至会引起导线的绝缘发生燃烧,并能引燃导线附近的可燃物,从而造成火灾。

3. 接触电阻过大 导体连接时,在接触面上形成的电阻称为接触电阻。发生接触电阻过大的主要原因如下。

(1) 安装质量差,造成导线与导线、导线与电气设备连接点连接不牢。

(2) 导线的连接处沾有杂质,如泥土、油污等。

(3) 连接点由于长期震动或冷热变化,使接头松动。

(4) 铜铝混接时,由于接头处理不当,在电腐蚀作用下接触电阻会很快增大。

4. 散热不良 各种电气设备在设计和安装时都考虑有一定的散热和通风措施,如果措施受到破坏,可造成设备过热。

二、电气火灾的预防

1. 在线路布线时要合理选择线路路径,避免曲折迂回,减少交叉跨越。同时在选择线路导线时,要根据具体环境特点选用导线的类型,尤其应考虑防湿、防潮、防热、防腐等因素。

2. 导线的连接要按规定严格施工,电线的连接要牢靠连接,对接线桩头、端子的接线还要拧紧螺丝,防止因接线松动造成接触不良。

3. 导线在穿墙时要用套管,否则极易发生磨损,从而造成因漏电或短路引起火灾。

4. 认真做好定期检查工作。为了保证线路正常工作,要经常对其进行检查。在线路检查工作中,要计算线路是否能够承受现有的总用电量,线路的接头是否有松动、打火现象,对导线陈旧老化的要重新加固或更换。同时对于临时接拉的线路要做到及时拆除,以免发生火灾事故。

三、触电及触电事故急救

1. 触电 人的身体碰到带电的物体,电流就会通过人体传入大地,形成导电回路,于是引起触电。触电的紧急处理有以下几点。

(1) 断电源:拉闸刀开关、拔保险丝盖、拉插头等。

(2) 当电源开关、插座等距离触电现场较远时,可用带有绝缘手柄的电工钳或有干燥木柄的斧头等利器将电源线切断。

(3) 如果导线搭落在触电者身上,可用绝缘体(如木棒、竹竿等)挑开电线。

(4) 救护人可戴上手套或在手上包缠干燥衣服等物品拖拽触电者,使之脱离电源。

(5) 如果触电者靠近高压线,救护人一定要保持在50米以外,不要盲目施救,应该首先切断电源。

2. 触电事故急救

(1) 患者神志清醒,但感乏力、头晕、胸闷、出冷汗,甚至有恶心和呕吐,应当让其就地安静休息,以减轻心脏负荷,加快恢复。情况严重时应小心送往医疗部门,途中严密观察患者,以防意外。

(2) 患者呼吸、心跳尚存,但神志不清,应使其仰卧,保持周围空气通畅,注意保暖,并立即送往医院抢救。此时还要严密观察患者,做好人工呼吸和胸外心脏按压急救的准备工作。

(3) 触电者伤势严重,呼吸停止和(或)心脏跳动停止,立刻进行现场心肺复苏、拨打急救电话。

项目练习

一、判断题:关于下列说法,正确的打"√",错误的打"×"。

1. 灭火的基本原理有冷却、窒息、隔离、化学抑制。（　）
2. 碱金属着火时可用二氧化碳扑灭。（　）
3. 为了防止触电,可采用绝缘、防护、隔离等技术措施以保障安全。（　）

二、选择题:每小题有四个备选答案,请从中选择一个最佳答案。

1. 我国消防工作贯彻的方针是
   A. 以防为主,防消结合
   B. 预防为主,防消结合
   C. 专门机关与群众相结合
   D. 以防为主,以消为辅
2. 火灾具备的三个条件不包括
   A. 可燃物　　B. 助燃物
   C. 点燃源　　D. 着火点
3. 火灾中致死的主要燃烧产物是
   A. 二氧化硫　　B. 二氧化氮
   C. 二氧化碳　　D. 一氧化碳
4. 卤代烷主要靠(　)灭火
   A. 降低温度　　B. 降低氧浓度
   C. 稀释可燃物　　D. 抑制链式反应
5. 当贵重精密仪器发生火灾时应选用
   A. 1211灭火器　　B. 二氧化碳灭火器
   C. 泡沫灭火器　　D. 干粉灭火器
6. 不能用来扑救电器设备火灾的灭火器是
   A. 1211灭火器　　B. 二氧化碳灭火器
   C. 干粉灭火器　　D. 水型灭火器
7. 如果有人躺在掉落的电线上,最先应该
   A. 近前查看　　B. 用手推开人
   C. 用木棍挑开电线　　D. 拨打120
8. 如果触电者伤势严重,呼吸、心跳停止跳动,应立刻进行现场
   A. 点穴　　B. 按摩
   C. 心肺复苏　　D. 人工呼吸

参考文献

柏树令.2004. 系统解剖学. 第6版. 北京:人民卫生出版社

崔福德.2008. 药剂学. 第6版. 北京:人民卫生出版社

符秀华,叶宝华.2011. 药物应用护理. 北京:科学出版社

高秀来. 2009. 人体解剖学. 第2版. 北京:北京大学医学出版社

何东.2009. 药品仓储与养护技术. 第2版. 北京:中国医药科技出版社

金伯泉.2011. 医学免疫学. 第5版. 北京:人民卫生出版社

李凡,刘晶星.2012. 医学微生物学. 第7版. 北京:人民卫生出版社

刘文英.2009. 药物分析. 北京:人民卫生出版社

陆国民.2009. 医药商品采购. 北京:化学工业出版社

陆再英,钟南山.2008. 内科学. 第7版. 北京:人民卫生出版社

王冬丽.2009. 医药商品销售. 北京:化学工业出版社

王冬丽.2011. 医药商品购销员. 北京:中国劳动社会保障出版社

王开贞,于肯明.2011. 药理学. 第6版. 北京:人民卫生出版社

夏鸿林.2011. 药品储存与养护技术. 北京:中国医药科技出版社

徐叔云.2005. 临床药理学. 第3版. 北京:人民卫生出版社

杨世明.2012. 药事管理学. 第5版. 北京:人民卫生出版社

张立波.2009. 柜组核算. 第2版. 北京:高等教育出版社

张学军.2013. 皮肤发病学. 第8版. 北京:人民卫生出版社

朱大年.2013. 生理学. 第7版. 北京:人民卫生出版社

朱依谆,殷明.2011. 药理学. 第7版. 北京:人民卫生出版社

附录一　法律基本知识

中华人民共和国药品管理法

（1984 年 9 月 20 日第六届全国人民代表大会常务委员会第七次会议通过
2001 年 2 月 28 日第九届全国人民代表大会常务委员会第二十次会议修订）

第一章　总　则

第一条　为加强药品监督管理，保证药品质量，保障人体用药安全，维护人民身体健康和用药的合法权益，特制定本法。

第二条　在中华人民共和国境内从事药品的研制、生产、经营、使用和监督管理的单位或者个人，必须遵守本法。

第三条　国家发展现代药和传统药，充分发挥其在预防、医疗和保健中的作用。

国家保护野生药材资源，鼓励培育中药材。

第四条　国家鼓励研究和创制新药，保护公民、法人和其他组织研究、开发新药的合法权益。

第五条　国务院药品监督管理部门主管全国药品监督管理工作。国务院有关部门在各自的职责范围内负责与药品有关的监督管理工作。

省、自治区、直辖市人民政府药品监督管理部门负责本行政区域内的药品监督管理工作。省、自治区、直辖市人民政府有关部门在各自的职责范围内负责与药品有关的监督管理工作。

国务院药品监督管理部门应当配合国务院经济综合主管部门，执行国家制定的药品行业发展规划和产业政策。

第六条　药品监督管理部门设置或者确定的药品检验机构，承担依法实施药品审批和药品质量监督检查所需的药品检验工作。

第二章　药品生产企业管理

第七条　开办药品生产企业，须经企业所在地省、自治区、直辖市人民政府药品监督管理部门批准并发给《药品生产许可证》，凭《药品生产许可证》到工商行政管理部门办理登记注册。无《药品生产许可证》的，不得生产药品。

《药品生产许可证》应当标明有效期和生产范围，到期重新审查发证。

药品监督管理部门批准开办药品生产企业，除依据本法第八条规定的条件外，还应当符合国家制定的药品行业发展规划和产业政策，防止重复建设。

第八条　开办药品生产企业，必须具备以下条件：

（一）具有依法经过资格认定的药学技术人员、工程技术人员及相应的技术工人；

（二）具有与其药品生产相适应的厂房、设施和卫生环境；

（三）具有能对所生产药品进行质量管理和质量检验的机构、人员以及必要的仪器设备；

（四）具有保证药品质量的规章制度。

第九条　药品生产企业必须按照国务院药品监督管理部门依据本法制定的《药品生产

质量管理规范》组织生产。药品监督管理部门按照规定对药品生产企业是否符合《药品生产质量管理规范》的要求进行认证;对认证合格的,发给认证证书。

《药品生产质量管理规范》的具体实施办法、实施步骤由国务院药品监督管理部门规定。

第十条 除中药饮片的炮制外,药品必须按照国家药品标准和国务院药品监督管理部门批准的生产工艺进行生产,生产记录必须完整准确。药品生产企业改变影响药品质量的生产工艺的,必须报原批准部门审核批准。

中药饮片必须按照国家药品标准炮制;国家药品标准没有规定的,必须按照省、自治区、直辖市人民政府药品监督管理部门制定的炮制规范炮制。省、自治区、直辖市人民政府药品监督管理部门制定的炮制规范应当报国务院药品监督管理部门备案。

第十一条 生产药品所需的原料、辅料,必须符合药用要求。

第十二条 药品生产企业必须对其生产的药品进行质量检验;不符合国家药品标准或者不按照省、自治区、直辖市人民政府药品监督管理部门制定的中药饮片炮制规范炮制的,不得出厂。

第十三条 经国务院药品监督管理部门或者国务院药品监督管理部门授权的省、自治区、直辖市人民政府药品监督管理部门批准,药品生产企业可以接受委托生产药品。

第三章 药品经营企业管理

第十四条 开办药品批发企业,须经企业所在地省、自治区、直辖市人民政府药品监督管理部门批准并发给《药品经营许可证》;开办药品零售企业,须经企业所在地县级以上地方药品监督管理部门批准并发给《药品经营许可证》,凭《药品经营许可证》到工商行政管理部门办理登记注册。无《药品经营许可证》的,不得经营药品。

《药品经营许可证》应当标明有效期和经营范围,到期重新审查发证。

药品监督管理部门批准开办药品经营企业,除依据本法第十五条规定的条件外,还应当遵循合理布局和方便群众购药的原则。

第十五条 开办药品经营企业必须具备以下条件:

(一) 具有依法经过资格认定的药学技术人员;

(二) 具有与所经营药品相适应的营业场所、设备、仓储设施、卫生环境;

(三)具有与所经营药品相适应的质量管理机构或者人员;

(四)具有保证所经营药品质量的规章制度。

第十六条 药品经营企业必须按照国务院药品监督管理部门依据本法制定的《药品经营质量管理规范》经营药品。药品监督管理部门按照规定对药品经营企业是否符合《药品经营质量管理规范》的要求进行认证;对认证合格的,发给认证证书。

《药品经营质量管理规范》的具体实施办法、实施步骤由国务院药品监督管理部门规定。

第十七条 药品经营企业购进药品,必须建立并执行进货检查验收制度,验明药品合格证明和其他标识;不符合规定要求的,不得购进。

第十八条 药品经营企业购销药品,必须有真实完整的购销记录。购销记录必须注明药品的通用名称、剂型、规格、批号、有效期、生产厂商、购(销)货单位、购(销)货数量、购销价格、购(销)货日期及国务院药品监督管理部门规定的其他内容。

第十九条 药品经营企业销售药品必须准确无误,并正确说明用法、用量和注意事项;调配处方必须经过核对,对处方所列药品不得擅自更改或者代用。对有配伍禁忌或者超剂量的处方,应当拒绝调配;必要时,经处方医师更正或者重新签字,方可调配。

药品经营企业销售中药材,必须标明产地。

第二十条　药品经营企业必须制定和执行药品保管制度,采取必要的冷藏、防冻、防潮、防虫、防鼠等措施,保证药品质量。

药品入库和出库必须执行检查制度。

第二十一条　城乡集市贸易市场可以出售中药材,国务院另有规定的除外。

城乡集市贸易市场不得出售中药材以外的药品,但持有《药品经营许可证》的药品零售企业在规定的范围内可以在城乡集市贸易市场设点出售中药材以外的药品。具体办法由国务院规定。

第四章　医疗机构的药剂管理

第二十二条　医疗机构必须配备依法经过资格认定的药学技术人员。非药学技术人员不得直接从事药剂技术工作。

第二十三条　医疗机构配制制剂,须经所在地省、自治区、直辖市人民政府卫生行政部门审核同意,由省、自治区、直辖市人民政府药品监督管理部门批准,发给《医疗机构制剂许可证》。无《医疗机构制剂许可证》的,不得配制制剂。

《医疗机构制剂许可证》应当标明有效期,到期重新审查发证。

第二十四条　医疗机构配制制剂,必须具有能够保证制剂质量的设施、管理制度、检验仪器和卫生条件。

第二十五条　医疗机构配制的制剂,应当是本单位临床需要而市场上没有供应的品种,并须经所在地省、自治区、直辖市人民政府药品监督管理部门批准后方可配制。配制的制剂必须按照规定进行质量检验;合格的,凭医师处方在本医疗机构使用。特殊情况下,经国务院或者省、自治区、直辖市人民政府的药品监督管理部门批准,医疗机构配制的制剂可以在指定的医疗机构之间调剂使用。

医疗机构配制的制剂,不得在市场销售。

第二十六条　医疗机构购进药品,必须建立并执行进货检查验收制度,验明药品合格证明和其他标识;不符合规定要求的,不得购进和使用。

第二十七条　医疗机构的药剂人员调配处方,必须经过核对,对处方所列药品不得擅自更改或者代用。对有配伍禁忌或者超剂量的处方,应当拒绝调配;必要时,经处方医师更正或者重新签字,方可调配。

第二十八条　医疗机构必须制定和执行药品保管制度,采取必要的冷藏、防冻、防潮、防虫、防鼠等措施,保证药品质量。

第五章　药 品 管 理

第二十九条　研制新药,必须按照国务院药品监督管理部门的规定如实报送研制方法、质量指标、药理及毒理试验结果等有关资料和样品,经国务院药品监督管理部门批准后,方可进行临床试验。药物临床试验机构资格的认定办法,由国务院药品监督管理部门、国务院卫生行政部门共同制定。

完成临床试验并通过审批的新药,由国务院药品监督管理部门批准,发给新药证书。

第三十条　药物的非临床安全性评价研究机构和临床试验机构必须分别执行药物非临

床研究质量管理规范、药物临床试验质量管理规范。

药物非临床研究质量管理规范、药物临床试验质量管理规范由国务院确定的部门制定。

第三十一条　生产新药或者已有国家标准的药品的,须经国务院药品监督管理部门批准,并发给药品批准文号;但是,生产没有实施批准文号管理的中药材和中药饮片除外。实施批准文号管理的中药材、中药饮片品种目录由国务院药品监督管理部门会同国务院中医药管理部门制定。

药品生产企业在取得药品批准文号后,方可生产该药品。

第三十二条　药品必须符合国家药品标准。中药饮片依照本法第十条第二款的规定执行。

国务院药品监督管理部门颁布的《中华人民共和国药典》和药品标准为国家药品标准。

国务院药品监督管理部门组织药典委员会,负责国家药品标准的制定和修订。

国务院药品监督管理部门的药品检验机构负责标定国家药品标准品、对照品。

第三十三条　国务院药品监督管理部门组织药学、医学和其他技术人员,对新药进行审评,对已经批准生产的药品进行再评价。

第三十四条　药品生产企业、药品经营企业、医疗机构必须从具有药品生产、经营资格的企业购进药品;但是,购进没有实施批准文号管理的中药材除外。

第三十五条　国家对麻醉药品、精神药品、医疗用毒性药品、放射性药品,实行特殊管理。管理办法由国务院制定。

第三十六条　国家实行中药品种保护制度。具体办法由国务院制定。

第三十七条　国家对药品实行处方药与非处方药分类管理制度。具体办法由国务院制定。

第三十八条　禁止进口疗效不确、不良反应大或者其他原因危害人体健康的药品。

第三十九条　药品进口,须经国务院药品监督管理部门组织审查,经审查确认符合质量标准、安全有效的,方可批准进口,并发给进口药品注册证书。

医疗单位临床急需或者个人自用进口的少量药品,按照国家有关规定办理进口手续。

第四十条　药品必须从允许药品进口的口岸进口,并由进口药品的企业向口岸所在地药品监督管理部门登记备案。海关凭药品监督管理部门出具的《进口药品通关单》放行。无《进口药品通关单》的,海关不得放行。

口岸所在地药品监督管理部门应当通知药品检验机构按照国务院药品监督管理部门的规定对进口药品进行抽查检验,并依照本法第四十一条第二款的规定收取检验费。

允许药品进口的口岸由国务院药品监督管理部门会同海关总署提出,报国务院批准。

第四十一条　国务院药品监督管理部门对下列药品在销售前或者进口时,指定药品检验机构进行检验;检验不合格的,不得销售或者进口:

(一) 国务院药品监督管理部门规定的生物制品;

(二) 首次在中国销售的药品;

(三) 国务院规定的其他药品。

前款所列药品的检验费项目和收费标准由国务院财政部门会同国务院价格主管部门核定并公告。检验费收缴办法由国务院财政部门会同国务院药品监督管理部门制定。

第四十二条　国务院药品监督管理部门对已经批准生产或者进口的药品,应当组织调查;对疗效不确、不良反应大或者其他原因危害人体健康的药品,应当撤销批准文号或者进口药品注册证书。

已被撤销批准文号或者进口药品注册证书的药品,不得生产或者进口、销售和使用;已经生产或者进口的,由当地药品监督管理部门监督销毁或者处理。

第四十三条　国家实行药品储备制度。

国内发生重大灾情、疫情及其他突发事件时,国务院规定的部门可以紧急调用企业药品。

第四十四条　对国内供应不足的药品,国务院有权限制或者禁止出口。

第四十五条　进口、出口麻醉药品和国家规定范围内的精神药品,必须持有国务院药品监督管理部门发给的《进口准许证》、《出口准许证》。

第四十六条　新发现和从国外引种的药材,经国务院药品监督管理部门审核批准后,方可销售。

第四十七条　地区性民间习用药材的管理办法,由国务院药品监督管理部门会同国务院中医药管理部门制定。

第四十八条　禁止生产(包括配制,下同)、销售假药。

有下列情形之一的,为假药:

(一)药品所含成分与国家药品标准规定的成分不符的;

(二)以非药品冒充药品或者以他种药品冒充此种药品的。

有下列情形之一的药品,按假药论处:

(一)国务院药品监督管理部门规定禁止使用的;

(二)依照本法必须批准而未经批准生产、进口,或者依照本法必须检验而未经检验即销售的;

(三)变质的;

(四)被污染的;

(五)使用依照本法必须取得批准文号而未取得批准文号的原料药生产的;

(六)所标明的适应证或者功能主治超出规定范围的。

第四十九条　禁止生产、销售劣药。

药品成分的含量不符合国家药品标准的,为劣药。

有下列情形之一的药品,按劣药论处:

(一)未标明有效期或者更改有效期的;

(二)不注明或者更改生产批号的;

(三)超过有效期的;

(四)直接接触药品的包装材料和容器未经批准的;

(五)擅自添加着色剂、防腐剂、香料、矫味剂及辅料的;

(六)其他不符合药品标准规定的。

第五十条　列入国家药品标准的药品名称为药品通用名称。已经作为药品通用名称的,该名称不得作为药品商标使用。

第五十一条　药品生产企业、药品经营企业和医疗机构直接接触药品的工作人员,必须每年进行健康检查。患有传染病或者其他可能污染药品的疾病的,不得从事直接接触药品的工作。

第六章　药品包装的管理

第五十二条　直接接触药品的包装材料和容器,必须符合药用要求,符合保障人体健康、安全的标准,并由药品监督管理部门在审批药品时一并审批。

药品生产企业不得使用未经批准的直接接触药品的包装材料和容器。

对不合格的直接接触药品的包装材料和容器,由药品监督管理部门责令停止使用。

第五十三条　药品包装必须适合药品质量的要求,方便储存、运输和医疗使用。

发运中药材必须有包装。在每件包装上,必须注明品名、产地、日期、调出单位,并附有质量合格的标志。

第五十四条　药品包装必须按照规定印有或者贴有标签并附有说明书。

标签或者说明书上必须注明药品的通用名称、成分、规格、生产企业、批准文号、产品批号、生产日期、有效期、适应证或者功能主治、用法、用量、禁忌、不良反应和注意事项。

麻醉药品、精神药品、医疗用毒性药品、放射性药品、外用药品和非处方药的标签,必须印有规定的标志。

第七章　药品价格和广告的管理

第五十五条　依法实行政府定价、政府指导价的药品,政府价格主管部门应当依照《中华人民共和国价格法》规定的定价原则,依据社会平均成本、市场供求状况和社会承受能力合理制定和调整价格,做到质价相符,消除虚高价格,保护用药者的正当利益。

药品的生产企业、经营企业和医疗机构必须执行政府定价、政府指导价,不得以任何形式擅自提高价格。

药品生产企业应当依法向政府价格主管部门如实提供药品的生产经营成本,不得拒报、虚报、瞒报。

第五十六条　依法实行市场调节价的药品,药品的生产企业、经营企业和医疗机构应当按照公平、合理和诚实信用、质价相符的原则制定价格,为用药者提供价格合理的药品。

药品的生产企业、经营企业和医疗机构应当遵守国务院价格主管部门关于药价管理的规定,制定和标明药品零售价格,禁止暴利和损害用药者利益的价格欺诈行为。

第五十七条　药品的生产企业、经营企业、医疗机构应当依法向政府价格主管部门提供其药品的实际购销价格和购销数量等资料。

第五十八条　医疗机构应当向患者提供所用药品的价格清单;医疗保险定点医疗机构还应当按照规定的办法如实公布其常用药品的价格,加强合理用药的管理。具体办法由国务院卫生行政部门规定。

第五十九条　禁止药品的生产企业、经营企业和医疗机构在药品购销中账外暗中给予、收受回扣或者其他利益。

禁止药品的生产企业、经营企业或者其代理人以任何名义给予使用其药品的医疗机构的负责人、药品采购人员、医师等有关人员以财物或者其他利益。禁止医疗机构的负责人、药品采购人员、医师等有关人员以任何名义收受药品的生产企业、经营企业或者其代理人给予的财物或者其他利益。

第六十条　药品广告须经企业所在地省、自治区、直辖市人民政府药品监督管理部门批准,并发给药品广告批准文号;未取得药品广告批准文号的,不得发布。

处方药可以在国务院卫生行政部门和国务院药品监督管理部门共同指定的医学、药学专业刊物上介绍,但不得在大众传播媒介发布广告或者以其他方式进行以公众为对象的广告宣传。

第六十一条　药品广告的内容必须真实、合法,以国务院药品监督管理部门批准的说明书为准,不得含有虚假的内容。

药品广告不得含有不科学的表示功效的断言或者保证;不得利用国家机关、医药科研单位、学术机构或者专家、学者、医师、患者的名义和形象作证明。

非药品广告不得有涉及药品的宣传。

第六十二条 省、自治区、直辖市人民政府药品监督管理部门应当对其批准的药品广告进行检查，对于违反本法和《中华人民共和国广告法》的广告，应当向广告监督管理机关通报并提出处理建议，广告监督管理机关应当依法作出处理。

第六十三条 药品价格和广告，本法未规定的，适用《中华人民共和国价格法》、《中华人民共和国广告法》的规定。

第八章 药品监督

第六十四条 药品监督管理部门有权按照法律、行政法规的规定对报经其审批的药品研制和药品的生产、经营以及医疗机构使用药品的事项进行监督检查，有关单位和个人不得拒绝和隐瞒。

药品监督管理部门进行监督检查时，必须出示证明文件，对监督检查中知悉的被检查人的技术秘密和业务秘密应当保密。

第六十五条 药品监督管理部门根据监督检查的需要，可以对药品质量进行抽查检验。抽查检验应当按照规定抽样，并不得收取任何费用。所需费用按照国务院规定列支。

药品监督管理部门对有证据证明可能危害人体健康的药品及其有关材料可以采取查封、扣押的行政强制措施，并在七日内作出行政处理决定；药品需要检验的，必须自检验报告书发出之日起十五日内作出行政处理决定。

第六十六条 国务院和省、自治区、直辖市人民政府的药品监督管理部门应当定期公告药品质量抽查检验的结果；公告不当的，必须在原公告范围内予以更正。

第六十七条 当事人对药品检验机构的检验结果有异议的，可以自收到药品检验结果之日起七日内向原药品检验机构或者上一级药品监督管理部门设置或者确定的药品检验机构申请复验，也可以直接向国务院药品监督管理部门设置或者确定的药品检验机构申请复验。受理复验的药品检验机构必须在国务院药品监督管理部门规定的时间内作出复验结论。

第六十八条 药品监督管理部门应当按照规定，依据《药品生产质量管理规范》、《药品经营质量管理规范》，对经其认证合格的药品生产企业、药品经营企业进行认证后的跟踪检查。

第六十九条 地方人民政府和药品监督管理部门不得以要求实施药品检验、审批等手段限制或者排斥非本地区药品生产企业依照本法规定生产的药品进入本地区。

第七十条 药品监督管理部门及其设置的药品检验机构和确定的专业从事药品检验的机构不得参与药品生产经营活动，不得以其名义推荐或者监制、监销药品。

药品监督管理部门及其设置的药品检验机构和确定的专业从事药品检验的机构的工作人员不得参与药品生产经营活动。

第七十一条 国家实行药品不良反应报告制度。药品生产企业、药品经营企业和医疗机构必须经常考察本单位所生产、经营、使用的药品质量、疗效和反应。发现可能与用药有关的严重不良反应，必须及时向当地省、自治区、直辖市人民政府药品监督管理部门和卫生行政部门报告。具体办法由国务院药品监督管理部门会同国务院卫生行政部门制定。

对已确认发生严重不良反应的药品，国务院或者省、自治区、直辖市人民政府的药品监督管理部门可以采取停止生产、销售、使用的紧急控制措施，并应当在五日内组织鉴定，自鉴定结论作出之日起十五日内依法作出行政处理决定。

第七十二条　药品生产企业、药品经营企业和医疗机构的药品检验机构或者人员，应当接受当地药品监督管理部门设置的药品检验机构的业务指导。

第九章　法律责任

第七十三条　未取得《药品生产许可证》、《药品经营许可证》或者《医疗机构制剂许可证》生产药品、经营药品的，依法予以取缔，没收违法生产、销售的药品和违法所得，并处违法生产、销售的药品(包括已售出的和未售出的药品，下同)货值金额二倍以上五倍以下的罚款；构成犯罪的，依法追究刑事责任。

第七十四条　生产、销售假药的，没收违法生产、销售的药品和违法所得，并处违法生产、销售药品货值金额二倍以上五倍以下的罚款；有药品批准证明文件的予以撤销，并责令停产、停业整顿；情节严重的，吊销《药品生产许可证》、《药品经营许可证》或者《医疗机构制剂许可证》；构成犯罪的，依法追究刑事责任。

第七十五条　生产、销售劣药的，没收违法生产、销售的药品和违法所得，并处违法生产、销售药品货值金额一倍以上三倍以下的罚款；情节严重的，责令停产、停业整顿或者撤销药品批准证明文件、吊销《药品生产许可证》、《药品经营许可证》或者《医疗机构制剂许可证》；构成犯罪的，依法追究刑事责任。

第七十六条　从事生产、销售假药及生产、销售劣药情节严重的企业或者其他单位，其直接负责的主管人员和其他直接责任人员十年内不得从事药品生产、经营活动。

对生产者专门用于生产假药、劣药的原辅材料、包装材料、生产设备，予以没收。

第七十七条　知道或者应当知道属于假劣药品而为其提供运输、保管、仓储等便利条件的，没收全部运输、保管、仓储的收入，并处违法收入百分之五十以上三倍以下的罚款；构成犯罪的，依法追究刑事责任。

第七十八条　对假药、劣药的处罚通知，必须载明药品检验机构的质量检验结果；但是，本法第四十八条第三款第(一)、(二)、(五)、(六)项和第四十九条第三款规定的情形除外。

第七十九条　药品的生产企业、经营企业、药物非临床安全性评价研究机构、药物临床试验机构未按照规定实施《药品生产质量管理规范》、《药品经营质量管理规范》、药物非临床研究质量管理规范、药物临床试验质量管理规范的，给予警告，责令限期改正；逾期不改正的，责令停产、停业整顿，并处五千元以上二万元以下的罚款；情节严重的，吊销《药品生产许可证》、《药品经营许可证》和药物临床试验机构的资格。

第八十条　药品的生产企业、经营企业或者医疗机构违反本法第三十四条的规定，从无《药品生产许可证》、《药品经营许可证》的企业购进药品的，责令改正，没收违法购进的药品，并处违法购进药品货值金额二倍以上五倍以下的罚款；有违法所得的，没收违法所得；情节严重的，吊销《药品生产许可证》、《药品经营许可证》或者医疗机构执业许可证书。

第八十一条　进口已获得药品进口注册证书的药品，未按照本法规定向允许药品进口的口岸所在地的药品监督管理部门登记备案的，给予警告，责令限期改正；逾期不改正的，撤销进口药品注册证书。

第八十二条　伪造、变造、买卖、出租、出借许可证或者药品批准证明文件的，没收违法所得，并处违法所得一倍以上三倍以下的罚款；没有违法所得的，处二万元以上十万元以下的罚款；情节严重的，并吊销卖方、出租方、出借方的《药品生产许可证》、《药品经营许可证》、《医疗机构制剂许可证》或者撤销药品批准证明文件；构成犯罪的，依法追究刑事责任。

第八十三条　违反本法规定，提供虚假的证明、文件资料样品或者采取其他欺骗手段取得《药品生产许可证》、《药品经营许可证》、《医疗机构制剂许可证》或者药品批准证明文件的，吊销《药品生产许可证》、《药品经营许可证》、《医疗机构制剂许可证》或者撤销药品批准证明文件，五年内不受理其申请，并处一万元以上三万元以下的罚款。

第八十四条　医疗机构将其配制的制剂在市场销售的，责令改正，没收违法销售的制剂，并处违法销售制剂货值金额一倍以上三倍以下的罚款；有违法所得的，没收违法所得。

第八十五条　药品经营企业违反本法第十八条、第十九条规定的，责令改正，给予警告；情节严重的，吊销《药品经营许可证》。

第八十六条　药品标识不符合本法第五十四条规定的，除依法应当按照假药、劣药论处的外，责令改正，给予警告；情节严重的，撤销该药品的批准证明文件。

第八十七条　药品检验机构出具虚假检验报告，构成犯罪的，依法追究刑事责任；不构成犯罪的，责令改正，给予警告，对单位并处三万元以上五万元以下的罚款；对直接负责的主管人员和其他直接责任人员依法给予降级、撤职、开除的处分，并处三万元以下的罚款；有违法所得的，没收违法所得；情节严重的，撤销其检验资格。药品检验机构出具的检验结果不实，造成损失的，应当承担相应的赔偿责任。

第八十八条　本法第七十三条至第八十七条规定的行政处罚，由县级以上药品监督管理部门按照国务院药品监督管理部门规定的职责分工决定；吊销《药品生产许可证》、《药品经营许可证》、《医疗机构制剂许可证》、医疗机构执业许可证书或者撤销药品批准证明文件的，由原发证、批准的部门决定。

第八十九条　违反本法第五十五条、第五十六条、第五十七条关于药品价格管理的规定的，依照《中华人民共和国价格法》的规定处罚。

第九十条　药品的生产企业、经营企业、医疗机构在药品购销中暗中给予、收受回扣或者其他利益的，药品的生产企业、经营企业或者其代理人给予使用其药品的医疗机构的负责人、药品采购人员、医师等有关人员以财物或者其他利益的，由工商行政管理部门处一万元以上二十万元以下的罚款，有违法所得的，予以没收；情节严重的，由工商行政管理部门吊销药品生产企业、药品经营企业的营业执照，并通知药品监督管理部门，由药品监督管理部门吊销其《药品生产许可证》、《药品经营许可证》；构成犯罪的，依法追究刑事责任。

第九十一条　药品的生产企业、经营企业的负责人、采购人员等有关人员在药品购销中收受其他生产企业、经营企业或者其代理人给予的财物或者其他利益的，依法给予处分，没收违法所得；构成犯罪的，依法追究刑事责任。

医疗机构的负责人、药品采购人员、医师等有关人员收受药品生产企业、药品经营企业或者其代理人给予的财物或者其他利益的，由卫生行政部门或者本单位给予处分，没收违法所得；对违法行为情节严重的执业医师，由卫生行政部门吊销其执业证书；构成犯罪的，依法追究刑事责任。

第九十二条　违反本法有关药品广告的管理规定的，依照《中华人民共和国广告法》的规定处罚，并由发给广告批准文号的药品监督管理部门撤销广告批准文号，一年内不受理该品种的广告审批申请；构成犯罪的，依法追究刑事责任。

药品监督管理部门对药品广告不依法履行审查职责，批准发布的广告有虚假或者其他违反法律、行政法规的内容的，对直接负责的主管人员和其他直接责任人员依法给予行政处分；构成犯罪的，依法追究刑事责任。

第九十三条 药品的生产企业、经营企业、医疗机构违反本法规定,给药品使用者造成损害的,依法承担赔偿责任。

第九十四条 药品监督管理部门违反本法规定,有下列行为之一的,由其上级主管机关或者监察机关责令收回违法发给的证书、撤销药品批准证明文件,对直接负责的主管人员和其他直接责任人员依法给予行政处分;构成犯罪的,依法追究刑事责任:

(一) 对不符合《药品生产质量管理规范》、《药品经营质量管理规范》的企业发给符合有关规范的认证证书的,或者对取得认证证书的企业未按照规定履行跟踪检查的职责,对不符合认证条件的企业未依法责令其改正或者撤销其认证证书的;

(二) 对不符合法定条件的单位发给《药品生产许可证》、《药品经营许可证》或者《医疗机构制剂许可证》的;

(三) 对不符合进口条件的药品发给进口药品注册证书的;

(四) 对不具备临床试验条件或者生产条件而批准进行临床试验、发给新药证书、发给药品批准文号的。

第九十五条 药品监督管理部门或者其设置的药品检验机构或者其确定的专业从事药品检验的机构参与药品生产经营活动的,由其上级机关或者监察机关责令改正,有违法收入的予以没收;情节严重的,对直接负责的主管人员和其他直接责任人员依法给予行政处分。

药品监督管理部门或者其设置的药品检验机构或者其确定的专业从事药品检验的机构的工作人员参与药品生产经营活动的,依法给予行政处分。

第九十六条 药品监督管理部门或者其设置、确定的药品检验机构在药品监督检验中违法收取检验费用的,由政府有关部门责令退还,对直接负责的主管人员和其他直接责任人员依法给予行政处分。对违法收取检验费用情节严重的药品检验机构,撤销其检验资格。

第九十七条 药品监督管理部门应当依法履行监督检查职责,监督已取得《药品生产许可证》、《药品经营许可证》的企业依照本法规定从事药品生产、经营活动。

已取得《药品生产许可证》、《药品经营许可证》的企业生产、销售假药、劣药的,除依法追究该企业的法律责任外,对有失职、渎职行为的药品监督管理部门直接负责的主管人员和其他直接责任人员依法给予行政处分;构成犯罪的,依法追究刑事责任。

第九十八条 药品监督管理部门对下级药品监督管理部门违反本法的行政行为,责令限期改正;逾期不改正的,有权予以改变或者撤销。

第九十九条 药品监督管理人员滥用职权、徇私舞弊、玩忽职守,构成犯罪的,依法追究刑事责任;尚不构成犯罪的,依法给予行政处分。

第一百条 依照本法被吊销《药品生产许可证》、《药品经营许可证》的,由药品监督管理部门通知工商行政管理部门办理变更或者注销登记。

第一百零一条 本章规定的货值金额以违法生产、销售药品的标价计算;没有标价的,按照同类药品的市场价格计算。

第十章 附 则

第一百零二条 本法下列用语的含义是:

药品,是指用于预防、治疗、诊断人的疾病,有目的地调节人的生理功能并规定有适应证或者功能主治、用法和用量的物质,包括中药材、中药饮片、中成药、化学原料药及其制剂、抗生素、生化药品、放射性药品、血清、疫苗、血液制品和诊断药品等。

辅料,是指生产药品和调配处方时所用的赋形剂和附加剂。

药品生产企业,是指生产药品的专营企业或者兼营企业。

药品经营企业,是指经营药品的专营企业或者兼营企业。

第一百零三条　中药材的种植、采集和饲养的管理办法,由国务院另行制定。

第一百零四条　国家对预防性生物制品的流通实行特殊管理。具体办法由国务院制定。

第一百零五条　中国人民解放军执行本法的具体办法,由国务院、中央军事委员会依据本法制定。

第一百零六条　本法自 2001 年 12 月 1 日起施行。

药品经营质量管理规范

《药品经营质量管理规范》已于 2012 年 11 月 6 日经卫生部部务会审议通过,现予公布,自 2013 年 6 月 1 日起施行。

第一章　总　则

第一条　为加强药品经营质量管理,规范药品经营行为,保障人体用药安全、有效,根据《中华人民共和国药品管理法》、《中华人民共和国药品管理法实施条例》,制定本规范。

第二条　本规范是药品经营管理和质量控制的基本准则,企业应当在药品采购、储存、销售、运输等环节采取有效的质量控制措施,确保药品质量。

第三条　药品经营企业应当严格执行本规范。

药品生产企业销售药品、药品流通过程中其他涉及储存与运输药品的,也应当符合本规范相关要求。

第四条　药品经营企业应当坚持诚实守信,依法经营。禁止任何虚假、欺骗行为。

第二章　药品批发的质量管理

第一节　质量管理体系

第五条　企业应当依据有关法律法规及本规范的要求建立质量管理体系,确定质量方针,制定质量管理体系文件,开展质量策划、质量控制、质量保证、质量改进和质量风险管理等活动。

第六条　企业制定的质量方针文件应当明确企业总的质量目标和要求,并贯彻到药品经营活动的全过程。

第七条　企业质量管理体系应当与其经营范围和规模相适应,包括组织机构、人员、设施设备、质量管理体系文件及相应的计算机系统等。

第八条　企业应当定期以及在质量管理体系关键要素发生重大变化时,组织开展内审。

第九条　企业应当对内审的情况进行分析,依据分析结论制定相应的质量管理体系改进措施,不断提高质量控制水平,保证质量管理体系持续有效运行。

第十条　企业应当采用前瞻或者回顾的方式,对药品流通过程中的质量风险进行评估、控制、沟通和审核。

第十一条　企业应当对药品供货单位、购货单位的质量管理体系进行评价,确认其质量保证能力和质量信誉,必要时进行实地考察。

第十二条　企业应当全员参与质量管理。各部门、岗位人员应当正确理解并履行职责,承担相应质量责任。

第二节 组织机构与质量管理职责

第十三条 企业应当设立与其经营活动和质量管理相适应的组织机构或者岗位,明确规定其职责、权限及相互关系。

第十四条 企业负责人是药品质量的主要责任人,全面负责企业日常管理,负责提供必要的条件,保证质量管理部门和质量管理人员有效履行职责,确保企业实现质量目标并按照本规范要求经营药品。

第十五条 企业质量负责人应当由高层管理人员担任,全面负责药品质量管理工作,独立履行职责,在企业内部对药品质量管理具有裁决权。

第十六条 企业应当设立质量管理部门,有效开展质量管理工作。质量管理部门的职责不得由其他部门及人员履行。

第十七条 质量管理部门应当履行以下职责:

(一) 督促相关部门和岗位人员执行药品管理的法律法规及本规范;

(二) 组织制订质量管理体系文件,并指导、监督文件的执行;

(三) 负责对供货单位和购货单位的合法性、购进药品的合法性以及供货单位销售人员、购货单位采购人员的合法资格进行审核,并根据审核内容的变化进行动态管理;

(四) 负责质量信息的收集和管理,并建立药品质量档案;

(五) 负责药品的验收,指导并监督药品采购、储存、养护、销售、退货、运输等环节的质量管理工作;

(六) 负责不合格药品的确认,对不合格药品的处理过程实施监督;

(七) 负责药品质量投诉和质量事故的调查、处理及报告;

(八) 负责假劣药品的报告;

(九) 负责药品质量查询;

(十) 负责指导设定计算机系统质量控制功能;

(十一) 负责计算机系统操作权限的审核和质量管理基础数据的建立及更新;

(十二) 组织验证、校准相关设施设备;

(十三) 负责药品召回的管理;

(十四) 负责药品不良反应的报告;

(十五) 组织质量管理体系的内审和风险评估;

(十六) 组织对药品供货单位及购货单位质量管理体系和服务质量的考察和评价;

(十七) 组织对被委托运输的承运方运输条件和质量保障能力的审查;

(十八) 协助开展质量管理教育和培训;

(十九) 其他应当由质量管理部门履行的职责。

第三节 人员与培训

第十八条 企业从事药品经营和质量管理工作的人员,应当符合有关法律法规及本规范规定的资格要求,不得有相关法律法规禁止从业的情形。

第十九条 企业负责人应当具有大学专科以上学历或者中级以上专业技术职称,经过基本的药学专业知识培训,熟悉有关药品管理的法律法规及本规范。

第二十条 企业质量负责人应当具有大学本科以上学历、执业药师资格和3年以上药品经营质量管理工作经历,在质量管理工作中具备正确判断和保障实施的能力。

第二十一条　企业质量管理部门负责人应当具有执业药师资格和3年以上药品经营质量管理工作经历,能独立解决经营过程中的质量问题。

第二十二条　企业应当配备符合以下资格要求的质量管理、验收及养护等岗位人员:

(一)从事质量管理工作的,应当具有药学中专或者医学、生物、化学等相关专业大学专科以上学历或者具有药学初级以上专业技术职称;

(二)从事验收、养护工作的,应当具有药学或者医学、生物、化学等相关专业中专以上学历或者具有药学初级以上专业技术职称;

(三)从事中药材、中药饮片验收工作的,应当具有中药学专业中专以上学历或者具有中药学中级以上专业技术职称;从事中药材、中药饮片养护工作的,应当具有中药学专业中专以上学历或者具有中药学初级以上专业技术职称;直接收购地产中药材的,验收人员应当具有中药学中级以上专业技术职称。

经营疫苗的企业还应当配备2名以上专业技术人员专门负责疫苗质量管理和验收工作,专业技术人员应当具有预防医学、药学、微生物学或者医学等专业本科以上学历及中级以上专业技术职称,并有3年以上从事疫苗管理或者技术工作经历。

第二十三条　从事质量管理、验收工作的人员应当在职在岗,不得兼职其他业务工作。

第二十四条　从事采购工作的人员应当具有药学或者医学、生物、化学等相关专业中专以上学历,从事销售、储存等工作的人员应当具有高中以上文化程度。

第二十五条　企业应当对各岗位人员进行与其职责和工作内容相关的岗前培训和继续培训,以符合本规范要求。

第二十六条　培训内容应当包括相关法律法规、药品专业知识及技能、质量管理制度、职责及岗位操作规程等。

第二十七条　企业应当按照培训管理制度制定年度培训计划并开展培训,使相关人员能正确理解并履行职责。培训工作应当做好记录并建立档案。

第二十八条　从事特殊管理的药品和冷藏冷冻药品的储存、运输等工作的人员,应当接受相关法律法规和专业知识培训并经考核合格后方可上岗。

第二十九条　企业应当制定员工个人卫生管理制度,储存、运输等岗位人员的着装应当符合劳动保护和产品防护的要求。

第三十条　质量管理、验收、养护、储存等直接接触药品岗位的人员应当进行岗前及年度健康检查,并建立健康档案。患有传染病或者其他可能污染药品的疾病的,不得从事直接接触药品的工作。身体条件不符合相应岗位特定要求的,不得从事相关工作。

第四节　质量管理体系文件

第三十一条　企业制定质量管理体系文件应当符合企业实际。文件包括质量管理制度、部门及岗位职责、操作规程、档案、报告、记录和凭证等。

第三十二条　文件的起草、修订、审核、批准、分发、保管,以及修改、撤销、替换、销毁等应当按照文件管理操作规程进行,并保存相关记录。

第三十三条　文件应当标明题目、种类、目的以及文件编号和版本号。文字应当准确、清晰、易懂。

文件应当分类存放,便于查阅。

第三十四条　企业应当定期审核、修订文件,使用的文件应当为现行有效的文本,已废止或者失效的文件除留档备查外,不得在工作现场出现。

第三十五条 企业应当保证各岗位获得与其工作内容相对应的必要文件,并严格按照规定开展工作。

第三十六条 质量管理制度应当包括以下内容:

(一) 质量管理体系内审的规定;

(二) 质量否决权的规定;

(三) 质量管理文件的管理;

(四) 质量信息的管理;

(五) 供货单位、购货单位、供货单位销售人员及购货单位采购人员等资格审核的规定;

(六) 药品采购、收货、验收、储存、养护、销售、出库、运输的管理;

(七) 特殊管理的药品的规定;

(八) 药品有效期的管理;

(九) 不合格药品、药品销毁的管理;

(十) 药品退货的管理;

(十一) 药品召回的管理;

(十二) 质量查询的管理;

(十三) 质量事故、质量投诉的管理;

(十四) 药品不良反应报告的规定;

(十五) 环境卫生、人员健康的规定;

(十六) 质量方面的教育、培训及考核的规定;

(十七) 设施设备保管和维护的管理;

(十八) 设施设备验证和校准的管理;

(十九) 记录和凭证的管理;

(二十) 计算机系统的管理;

(二十一) 执行药品电子监管的规定;

(二十二) 其他应当规定的内容。

第三十七条 部门及岗位职责应当包括:

(一) 质量管理、采购、储存、销售、运输、财务和信息管理等部门职责;

(二) 企业负责人、质量负责人及质量管理、采购、储存、销售、运输、财务和信息管理等部门负责人的岗位职责;

(三) 质量管理、采购、收货、验收、储存、养护、销售、出库复核、运输、财务、信息管理等岗位职责;

(四) 与药品经营相关的其他岗位职责。

第三十八条 企业应当制定药品采购、收货、验收、储存、养护、销售、出库复核、运输等环节及计算机系统的操作规程。

第三十九条 企业应当建立药品采购、验收、养护、销售、出库复核、销后退回和购进退出、运输、储运温湿度监测、不合格药品处理等相关记录,做到真实、完整、准确、有效和可追溯。

第四十条 通过计算机系统记录数据时,有关人员应当按照操作规程,通过授权及密码登录后方可进行数据的录入或者复核;数据的更改应当经质量管理部门审核并在其监督下进行,更改过程应当留有记录。

第四十一条 书面记录及凭证应当及时填写,并做到字迹清晰,不得随意涂改,不得撕毁。更改记录的,应当注明理由、日期并签名,保持原有信息清晰可辨。

第四十二条　记录及凭证应当至少保存5年。疫苗、特殊管理的药品的记录及凭证按相关规定保存。

第五节　设施与设备

第四十三条　企业应当具有与其药品经营范围、经营规模相适应的经营场所和库房。

第四十四条　库房的选址、设计、布局、建造、改造和维护应当符合药品储存的要求,防止药品的污染、交叉污染、混淆和差错。

第四十五条　药品储存作业区、辅助作业区应当与办公区和生活区分开一定距离或者有隔离措施。

第四十六条　库房的规模及条件应当满足药品的合理、安全储存,并达到以下要求,便于开展储存作业:

(一) 库房内外环境整洁,无污染源,库区地面硬化或者绿化;

(二) 库房内墙、顶光洁,地面平整,门窗结构严密;

(三) 库房有可靠的安全防护措施,能够对无关人员进入实行可控管理,防止药品被盗、替换或者混入假药;

(四) 有防止室外装卸、搬运、接收、发运等作业受异常天气影响的措施。

第四十七条　库房应当配备以下设施设备:

(一) 药品与地面之间有效隔离的设备;

(二) 避光、通风、防潮、防虫、防鼠等设备;

(三) 有效调控温湿度及室内外空气交换的设备;

(四) 自动监测、记录库房温湿度的设备;

(五) 符合储存作业要求的照明设备;

(六) 用于零货拣选、拼箱发货操作及复核的作业区域和设备;

(七) 包装物料的存放场所;

(八) 验收、发货、退货的专用场所;

(九) 不合格药品专用存放场所;

(十) 经营特殊管理的药品有符合国家规定的储存设施。

第四十八条　经营中药材、中药饮片的,应当有专用的库房和养护工作场所,直接收购地产中药材的应当设置中药样品室(柜)。

第四十九条　经营冷藏、冷冻药品的,应当配备以下设施设备:

(一) 与其经营规模和品种相适应的冷库,经营疫苗的应当配备两个以上独立冷库;

(二) 用于冷库温度自动监测、显示、记录、调控、报警的设备;

(三) 冷库制冷设备的备用发电机组或者双回路供电系统;

(四) 对有特殊低温要求的药品,应当配备符合其储存要求的设施设备;

(五) 冷藏车及车载冷藏箱或者保温箱等设备。

第五十条　运输药品应当使用封闭式货物运输工具。

第五十一条　运输冷藏、冷冻药品的冷藏车及车载冷藏箱、保温箱应当符合药品运输过程中对温度控制的要求。冷藏车具有自动调控温度、显示温度、存储和读取温度监测数据的功能;冷藏箱及保温箱具有外部显示和采集箱体内温度数据的功能。

第五十二条　储存、运输设施设备的定期检查、清洁和维护应当由专人负责,并建立记录和档案。

第六节 校准与验证

第五十三条 企业应当按照国家有关规定,对计量器具、温湿度监测设备等定期进行校准或者检定。

企业应当对冷库、储运温湿度监测系统以及冷藏运输等设施设备进行使用前验证、定期验证及停用时间超过规定时限的验证。

第五十四条 企业应当根据相关验证管理制度,形成验证控制文件,包括验证方案、报告、评价、偏差处理和预防措施等。

第五十五条 验证应当按照预先确定和批准的方案实施,验证报告应当经过审核和批准,验证文件应当存档。

第五十六条 企业应当根据验证确定的参数及条件,正确、合理使用相关设施设备。

第七节 计算机系统

第五十七条 企业应当建立能够符合经营全过程管理及质量控制要求的计算机系统,实现药品质量可追溯,并满足药品电子监管的实施条件。

第五十八条 企业计算机系统应当符合以下要求:

(一) 有支持系统正常运行的服务器和终端机;

(二) 有安全、稳定的网络环境,有固定接入互联网的方式和安全可靠的信息平台;

(三) 有实现部门之间、岗位之间信息传输和数据共享的局域网;

(四) 有药品经营业务票据生成、打印和管理功能;

(五) 有符合本规范要求及企业管理实际需要的应用软件和相关数据库。

第五十九条 各类数据的录入、修改、保存等操作应当符合授权范围、操作规程和管理制度的要求,保证数据原始、真实、准确、安全和可追溯。

第六十条 计算机系统运行中涉及企业经营和管理的数据应当采用安全、可靠的方式储存并按日备份,备份数据应当存放在安全场所,记录类数据的保存时限应当符合本规范第四十二条的要求。

第八节 采 购

第六十一条 企业的采购活动应当符合以下要求:

(一) 确定供货单位的合法资格;

(二) 确定所购入药品的合法性;

(三) 核实供货单位销售人员的合法资格;

(四) 与供货单位签订质量保证协议。

采购中涉及的首营企业、首营品种,采购部门应当填写相关申请表格,经过质量管理部门和企业质量负责人的审核批准。必要时应当组织实地考察,对供货单位质量管理体系进行评价。

第六十二条 对首营企业的审核,应当查验加盖其公章原印章的以下资料,确认真实、有效:

(一)《药品生产许可证》或者《药品经营许可证》复印件;

(二) 营业执照及其年检证明复印件;

(三)《药品生产质量管理规范》认证证书或者《药品经营质量管理规范》认证证书复印件;

(四) 相关印章、随货同行单(票)样式;

(五) 开户户名、开户银行及账号;

(六)《税务登记证》和《组织机构代码证》复印件。

第六十三条　采购首营品种应当审核药品的合法性,索取加盖供货单位公章原印章的药品生产或者进口批准证明文件复印件并予以审核,审核无误的方可采购。

以上资料应当归入药品质量档案。

第六十四条　企业应当核实、留存供货单位销售人员以下资料:

(一)加盖供货单位公章原印章的销售人员身份证复印件;

(二)加盖供货单位公章原印章和法定代表人印章或者签名的授权书,授权书应当载明被授权人姓名、身份证号码,以及授权销售的品种、地域、期限;

(三)供货单位及供货品种相关资料。

第六十五条　企业与供货单位签订的质量保证协议至少包括以下内容:

(一)明确双方质量责任;

(二)供货单位应当提供符合规定的资料且对其真实性、有效性负责;

(三)供货单位应当按照国家规定开具发票;

(四)药品质量符合药品标准等有关要求;

(五)药品包装、标签、说明书符合有关规定;

(六)药品运输的质量保证及责任;

(七)质量保证协议的有效期限。

第六十六条　采购药品时,企业应当向供货单位索取发票。发票应当列明药品的通用名称、规格、单位、数量、单价、金额等;不能全部列明的,应当附《销售货物或者提供应税劳务清单》,并加盖供货单位发票专用章原印章、注明税票号码。

第六十七条　发票上的购、销单位名称及金额、品名应当与付款流向及金额、品名一致,并与财务账目内容相对应。发票按有关规定保存。

第六十八条　采购药品应当建立采购记录。采购记录应当有药品的通用名称、剂型、规格、生产厂商、供货单位、数量、价格、购货日期等内容,采购中药材、中药饮片的还应当标明产地。

第六十九条　发生灾情、疫情、突发事件或者临床紧急救治等特殊情况,以及其他符合国家有关规定的情形,企业可采用直调方式购销药品,将已采购的药品不入本企业仓库,直接从供货单位发送到购货单位,并建立专门的采购记录,保证有效的质量跟踪和追溯。

第七十条　采购特殊管理的药品,应当严格按照国家有关规定进行。

第七十一条　企业应当定期对药品采购的整体情况进行综合质量评审,建立药品质量评审和供货单位质量档案,并进行动态跟踪管理。

第九节　收货与验收

第七十二条　企业应当按照规定的程序和要求对到货药品逐批进行收货、验收,防止不合格药品入库。

第七十三条　药品到货时,收货人员应当核实运输方式是否符合要求,并对照随货同行单(票)和采购记录核对药品,做到票、账、货相符。

随货同行单(票)应当包括供货单位、生产厂商、药品的通用名称、剂型、规格、批号、数量、收货单位、收货地址、发货日期等内容,并加盖供货单位药品出库专用章原印章。

第七十四条　冷藏、冷冻药品到货时,应当对其运输方式及运输过程的温度记录、运输时间等质量控制状况进行重点检查并记录。不符合温度要求的应当拒收。

第七十五条　收货人员对符合收货要求的药品,应当按品种特性要求放于相应待验区域,或者设置状态标志,通知验收。冷藏、冷冻药品应当在冷库内待验。

第七十六条 验收药品应当按照药品批号查验同批号的检验报告书。供货单位为批发企业的,检验报告书应当加盖其质量管理专用章原印章。检验报告书的传递和保存可以采用电子数据形式,但应当保证其合法性和有效性。

第七十七条 企业应当按照验收规定,对每次到货药品进行逐批抽样验收,抽取的样品应当具有代表性。

(一) 同一批号的药品应当至少检查一个最小包装,但生产企业有特殊质量控制要求或者打开最小包装可能影响药品质量的,可不打开最小包装;

(二) 破损、污染、渗液、封条损坏等包装异常以及零货、拼箱的,应当开箱检查至最小包装;

(三) 外包装及封签完整的原料药、实施批签发管理的生物制品,可不开箱检查。

第七十八条 验收人员应当对抽样药品的外观、包装、标签、说明书以及相关的证明文件等逐一进行检查、核对;验收结束后,应当将抽取的完好样品放回原包装箱,加封并标示。

第七十九条 特殊管理的药品应当按照相关规定在专库或者专区内验收。

第八十条 验收药品应当做好验收记录,包括药品的通用名称、剂型、规格、批准文号、批号、生产日期、有效期、生产厂商、供货单位、到货数量、到货日期、验收合格数量、验收结果等内容。验收人员应当在验收记录上签署姓名和验收日期。

中药材验收记录应当包括品名、产地、供货单位、到货数量、验收合格数量等内容。中药饮片验收记录应当包括品名、规格、批号、产地、生产日期、生产厂商、供货单位、到货数量、验收合格数量等内容,实施批准文号管理的中药饮片还应当记录批准文号。

验收不合格的还应当注明不合格事项及处置措施。

第八十一条 对实施电子监管的药品,企业应当按规定进行药品电子监管码扫码,并及时将数据上传至中国药品电子监管网系统平台。

第八十二条 企业对未按规定加印或者加贴中国药品电子监管码,或者监管码的印刷不符合规定要求的,应当拒收。监管码信息与药品包装信息不符的,应当及时向供货单位查询,未得到确认之前不得入库,必要时向当地药品监督管理部门报告。

第八十三条 企业应当建立库存记录,验收合格的药品应当及时入库登记;验收不合格的,不得入库,并由质量管理部门处理。

第八十四条 企业按本规范第六十九条规定进行药品直调的,可委托购货单位进行药品验收。购货单位应当严格按照本规范的要求验收药品和进行药品电子监管码的扫码与数据上传,并建立专门的直调药品验收记录。验收当日应当将验收记录相关信息传递给直调企业。

第十节 储存与养护

第八十五条 企业应当根据药品的质量特性对药品进行合理储存,并符合以下要求:

(一) 按包装标示的温度要求储存药品,包装上没有标示具体温度的,按照《中华人民共和国药典》规定的贮藏要求进行储存;

(二) 储存药品相对湿度为45%~75%;

(三) 在人工作业的库房储存药品,按质量状态实行色标管理:合格药品为绿色,不合格药品为红色,待确定药品为黄色;

(四) 储存药品应当按照要求采取避光、遮光、通风、防潮、防虫、防鼠等措施;

(五) 搬运和堆码药品应当严格按照外包装标示要求规范操作,堆码高度符合包装图示要求,避免损坏药品包装;

（六）药品按批号堆码，不同批号的药品不得混垛，垛间距不小于5厘米，与库房内墙、顶、温度调控设备及管道等设施间距不小于30厘米，与地面间距不小于10厘米；

（七）药品与非药品、外用药与其他药品分开存放，中药材和中药饮片分库存放；

（八）特殊管理的药品应当按照国家有关规定储存；

（九）拆除外包装的零货药品应当集中存放；

（十）储存药品的货架、托盘等设施设备应当保持清洁，无破损和杂物堆放；

（十一）未经批准的人员不得进入储存作业区，储存作业区内的人员不得有影响药品质量和安全的行为；

（十二）药品储存作业区内不得存放与储存管理无关的物品。

第八十六条　养护人员应当根据库房条件、外部环境、药品质量特性等对药品进行养护，主要内容是：

（一）指导和督促储存人员对药品进行合理储存与作业；

（二）检查并改善储存条件、防护措施、卫生环境；

（三）对库房温湿度进行有效监测、调控；

（四）按照养护计划对库存药品的外观、包装等质量状况进行检查，并建立养护记录；对储存条件有特殊要求的或者有效期较短的品种应当进行重点养护；

（五）发现有问题的药品应当及时在计算机系统中锁定和记录，并通知质量管理部门处理；

（六）对中药材和中药饮片应当按其特性采取有效方法进行养护并记录，所采取的养护方法不得对药品造成污染；

（七）定期汇总、分析养护信息。

第八十七条　企业应当采用计算机系统对库存药品的有效期进行自动跟踪和控制，采取近效期预警及超过有效期自动锁定等措施，防止过期药品销售。

第八十八条　药品因破损而导致液体、气体、粉末泄漏时，应当迅速采取安全处理措施，防止对储存环境和其他药品造成污染。

第八十九条　对质量可疑的药品应当立即采取停售措施，并在计算机系统中锁定，同时报告质量管理部门确认。对存在质量问题的药品应当采取以下措施：

（一）存放于标志明显的专用场所，并有效隔离，不得销售；

（二）怀疑为假药的，及时报告药品监督管理部门；

（三）属于特殊管理的药品，按照国家有关规定处理；

（四）不合格药品的处理过程应当有完整的手续和记录；

（五）对不合格药品应当查明并分析原因，及时采取预防措施。

第九十条　企业应当对库存药品定期盘点，做到账、货相符。

第十一节　销　　售

第九十一条　企业应当将药品销售给合法的购货单位，并对购货单位的证明文件、采购人员及提货人员的身份证明进行核实，保证药品销售流向真实、合法。

第九十二条　企业应当严格审核购货单位的生产范围、经营范围或者诊疗范围，并按照相应的范围销售药品。

第九十三条　企业销售药品，应当如实开具发票，做到票、账、货、款一致。

第九十四条　企业应当做好药品销售记录。销售记录应当包括药品的通用名称、规格、剂型、批号、有效期、生产厂商、购货单位、销售数量、单价、金额、销售日期等内容。按照本规范第六十九条规定进行药品直调的,应当建立专门的销售记录。

中药材销售记录应当包括品名、规格、产地、购货单位、销售数量、单价、金额、销售日期等内容;中药饮片销售记录应当包括品名、规格、批号、产地、生产厂商、购货单位、销售数量、单价、金额、销售日期等内容。

第九十五条 销售特殊管理的药品以及国家有专门管理要求的药品,应当严格按照国家有关规定执行。

第十二节 出 库

第九十六条 出库时应当对照销售记录进行复核。发现以下情况不得出库,并报告质量管理部门处理:

(一) 药品包装出现破损、污染、封口不牢、衬垫不实、封条损坏等问题;

(二) 包装内有异常响动或者液体渗漏;

(三) 标签脱落、字迹模糊不清或者标识内容与实物不符;

(四) 药品已超过有效期;

(五) 其他异常情况的药品。

第九十七条 药品出库复核应当建立记录,包括购货单位、药品的通用名称、剂型、规格、数量、批号、有效期、生产厂商、出库日期、质量状况和复核人员等内容。

第九十八条 特殊管理的药品出库应当按照有关规定进行复核。

第九十九条 药品拼箱发货的代用包装箱应当有醒目的拼箱标志。

第一百条 药品出库时,应当附加盖企业药品出库专用章原印章的随货同行单(票)。

企业按照本规范第六十九条规定直调药品的,直调药品出库时,由供货单位开具两份随货同行单(票),分别发往直调企业和购货单位。随货同行单(票)的内容应当符合本规范第七十三条第二款的要求,还应当标明直调企业名称。

第一百零一条 冷藏、冷冻药品的装箱、装车等项作业,应当由专人负责并符合以下要求:

(一) 车载冷藏箱或者保温箱在使用前应当达到相应的温度要求;

(二) 应当在冷藏环境下完成冷藏、冷冻药品的装箱、封箱工作;

(三) 装车前应当检查冷藏车辆的启动、运行状态,达到规定温度后方可装车;

(四) 启运时应当做好运输记录,内容包括运输工具和启运时间等。

第一百零二条 对实施电子监管的药品,应当在出库时进行扫码和数据上传。

第十三节 运输与配送

第一百零三条 企业应当按照质量管理制度的要求,严格执行运输操作规程,并采取有效措施保证运输过程中的药品质量与安全。

第一百零四条 运输药品,应当根据药品的包装、质量特性并针对车况、道路、天气等因素,选用适宜的运输工具,采取相应措施防止出现破损、污染等问题。

第一百零五条 发运药品时,应当检查运输工具,发现运输条件不符合规定的,不得发运。运输药品过程中,运载工具应当保持密闭。

第一百零六条 企业应当严格按照外包装标示的要求搬运、装卸药品。

第一百零七条 企业应当根据药品的温度控制要求,在运输过程中采取必要的保温或者冷藏、冷冻措施。

运输过程中,药品不得直接接触冰袋、冰排等蓄冷剂,防止对药品质量造成影响。

第一百零八条 在冷藏、冷冻药品运输途中,应当实时监测并记录冷藏车、冷藏箱或者保温箱内的温度数据。

第一百零九条　企业应当制订冷藏、冷冻药品运输应急预案，对运输途中可能发生的设备故障、异常天气影响、交通拥堵等突发事件，能够采取相应的应对措施。

第一百一十条　企业委托其他单位运输药品的，应当对承运方运输药品的质量保障能力进行审计，索取运输车辆的相关资料，符合本规范运输设施设备条件和要求的方可委托。

第一百一十一条　企业委托运输药品应当与承运方签订运输协议，明确药品质量责任、遵守运输操作规程和在途时限等内容。

第一百一十二条　企业委托运输药品应当有记录，实现运输过程的质量追溯。记录至少包括发货时间、发货地址、收货单位、收货地址、货单号、药品件数、运输方式、委托经办人、承运单位，采用车辆运输的还应当载明车牌号，并留存驾驶人员的驾驶证复印件。记录应当至少保存 5 年。

第一百一十三条　已装车的药品应当及时发运并尽快送达。委托运输的，企业应当要求并监督承运方严格履行委托运输协议，防止因在途时间过长影响药品质量。

第一百一十四条　企业应当采取运输安全管理措施，防止在运输过程中发生药品盗抢、遗失、调换等事故。

第一百一十五条　特殊管理的药品的运输应当符合国家有关规定。

第十四节　售后管理

第一百一十六条　企业应当加强对退货的管理，保证退货环节药品的质量和安全，防止混入假冒药品。

第一百一十七条　企业应当按照质量管理制度的要求，制定投诉管理操作规程，内容包括投诉渠道及方式、档案记录、调查与评估、处理措施、反馈和事后跟踪等。

第一百一十八条　企业应当配备专职或者兼职人员负责售后投诉管理，对投诉的质量问题查明原因，采取有效措施及时处理和反馈，并做好记录，必要时应当通知供货单位及药品生产企业。

第一百一十九条　企业应当及时将投诉及处理结果等信息记入档案，以便查询和跟踪。

第一百二十条　企业发现已售出药品有严重质量问题，应当立即通知购货单位停售、追回并做好记录，同时向药品监督管理部门报告。

第一百二十一条　企业应当协助药品生产企业履行召回义务，按照召回计划的要求及时传达、反馈药品召回信息，控制和收回存在安全隐患的药品，并建立药品召回记录。

第一百二十二条　企业质量管理部门应当配备专职或者兼职人员，按照国家有关规定承担药品不良反应监测和报告工作。

第三章　药品零售的质量管理

第一节　质量管理与职责

第一百二十三条　企业应当按照有关法律法规及本规范的要求制定质量管理文件，开展质量管理活动，确保药品质量。

第一百二十四条　企业应当具有与其经营范围和规模相适应的经营条件，包括组织机构、人员、设施设备、质量管理文件，并按照规定设置计算机系统。

第一百二十五条　企业负责人是药品质量的主要责任人，负责企业日常管理，负责提供必要的条件，保证质量管理部门和质量管理人员有效履行职责，确保企业按照本规范要求经营药品。

第一百二十六条　企业应当设置质量管理部门或者配备质量管理人员,履行以下职责:

(一) 督促相关部门和岗位人员执行药品管理的法律法规及本规范;

(二) 组织制订质量管理文件,并指导、监督文件的执行;

(三) 负责对供货单位及其销售人员资格证明的审核;

(四) 负责对所采购药品合法性的审核;

(五) 负责药品的验收,指导并监督药品采购、储存、陈列、销售等环节的质量管理工作;

(六) 负责药品质量查询及质量信息管理;

(七) 负责药品质量投诉和质量事故的调查、处理及报告;

(八) 负责对不合格药品的确认及处理;

(九) 负责假劣药品的报告;

(十) 负责药品不良反应的报告;

(十一) 开展药品质量管理教育和培训;

(十二) 负责计算机系统操作权限的审核、控制及质量管理基础数据的维护;

(十三) 负责组织计量器具的校准及检定工作;

(十四) 指导并监督药学服务工作;

(十五) 其他应当由质量管理部门或者质量管理人员履行的职责。

第二节　人 员 管 理

第一百二十七条　企业从事药品经营和质量管理工作的人员,应当符合有关法律法规及本规范规定的资格要求,不得有相关法律法规禁止从业的情形。

第一百二十八条　企业法定代表人或者企业负责人应当具备执业药师资格。

企业应当按照国家有关规定配备执业药师,负责处方审核,指导合理用药。

第一百二十九条　质量管理、验收、采购人员应当具有药学或者医学、生物、化学等相关专业学历或者具有药学专业技术职称。从事中药饮片质量管理、验收、采购人员应当具有中药学中专以上学历或者具有中药学专业初级以上专业技术职称。

营业员应当具有高中以上文化程度或者符合省级药品监督管理部门规定的条件。中药饮片调剂人员应当具有中药学中专以上学历或者具备中药调剂员资格。

第一百三十条　企业各岗位人员应当接受相关法律法规及药品专业知识与技能的岗前培训和继续培训,以符合本规范要求。

第一百三十一条　企业应当按照培训管理制度制定年度培训计划并开展培训,使相关人员能正确理解并履行职责。培训工作应当做好记录并建立档案。

第一百三十二条　企业应当为销售特殊管理的药品、国家有专门管理要求的药品、冷藏药品的人员接受相应培训提供条件,使其掌握相关法律法规和专业知识。

第一百三十三条　在营业场所内,企业工作人员应当穿着整洁、卫生的工作服。

第一百三十四条　企业应当对直接接触药品岗位的人员进行岗前及年度健康检查,并建立健康档案。患有传染病或者其他可能污染药品的疾病的,不得从事直接接触药品的工作。

第一百三十五条　在药品储存、陈列等区域不得存放与经营活动无关的物品及私人用品,在工作区域内不得有影响药品质量和安全的行为。

第三节　文　　件

第一百三十六条　企业应当按照有关法律法规及本规范规定,制定符合企业实际的质量管理文件。文件包括质量管理制度、岗位职责、操作规程、档案、记录和凭证等,并对质量管理文件定期审核、及时修订。

第一百三十七条 企业应当采取措施确保各岗位人员正确理解质量管理文件的内容,保证质量管理文件有效执行。

第一百三十八条 药品零售质量管理制度应当包括以下内容:

(一) 药品采购、验收、陈列、销售等环节的管理,设置库房的还应当包括储存、养护的管理;

(二) 供货单位和采购品种的审核;

(三) 处方药销售的管理;

(四) 药品拆零的管理;

(五) 特殊管理的药品和国家有专门管理要求的药品的管理;

(六) 记录和凭证的管理;

(七) 收集和查询质量信息的管理;

(八) 质量事故、质量投诉的管理;

(九) 中药饮片处方审核、调配、核对的管理;

(十) 药品有效期的管理;

(十一) 不合格药品、药品销毁的管理;

(十二) 环境卫生、人员健康的规定;

(十三) 提供用药咨询、指导合理用药等药学服务的管理;

(十四) 人员培训及考核的规定;

(十五) 药品不良反应报告的规定;

(十六) 计算机系统的管理;

(十七) 执行药品电子监管的规定;

(十八) 其他应当规定的内容。

第一百三十九条 企业应当明确企业负责人、质量管理、采购、验收、营业员以及处方审核、调配等岗位的职责,设置库房的还应当包括储存、养护等岗位职责。

第一百四十条 质量管理岗位、处方审核岗位的职责不得由其他岗位人员代为履行。

第一百四十一条 药品零售操作规程应当包括:

(一) 药品采购、验收、销售;

(二) 处方审核、调配、核对;

(三) 中药饮片处方审核、调配、核对;

(四) 药品拆零销售;

(五) 特殊管理的药品和国家有专门管理要求的药品的销售;

(六) 营业场所药品陈列及检查;

(七) 营业场所冷藏药品的存放;

(八) 计算机系统的操作和管理;

(九) 设置库房的还应当包括储存和养护的操作规程。

第一百四十二条 企业应当建立药品采购、验收、销售、陈列检查、温湿度监测、不合格药品处理等相关记录,做到真实、完整、准确、有效和可追溯。

第一百四十三条 记录及相关凭证应当至少保存5年。特殊管理的药品的记录及凭证按相关规定保存。

第一百四十四条　通过计算机系统记录数据时,相关岗位人员应当按照操作规程,通过授权及密码登录计算机系统,进行数据的录入,保证数据原始、真实、准确、安全和可追溯。

第一百四十五条　电子记录数据应当以安全、可靠方式定期备份。

第四节　设施与设备

第一百四十六条　企业的营业场所应当与其药品经营范围、经营规模相适应,并与药品储存、办公、生活辅助及其他区域分开。

第一百四十七条　营业场所应当具有相应设施或者采取其他有效措施,避免药品受室外环境的影响,并做到宽敞、明亮、整洁、卫生。

第一百四十八条　营业场所应当有以下营业设备:

(一) 货架和柜台;

(二) 监测、调控温度的设备;

(三) 经营中药饮片的,有存放饮片和处方调配的设备;

(四) 经营冷藏药品的,有专用冷藏设备;

(五) 经营第二类精神药品、毒性中药品种和罂粟壳的,有符合安全规定的专用存放设备;

(六) 药品拆零销售所需的调配工具、包装用品。

第一百四十九条　企业应当建立能够符合经营和质量管理要求的计算机系统,并满足药品电子监管的实施条件。

第一百五十条　企业设置库房的,应当做到库房内墙、顶光洁,地面平整,门窗结构严密;有可靠的安全防护、防盗等措施。

第一百五十一条　仓库应当有以下设施设备:

(一) 药品与地面之间有效隔离的设备;

(二) 避光、通风、防潮、防虫、防鼠等设备;

(三) 有效监测和调控温湿度的设备;

(四) 符合储存作业要求的照明设备;

(五) 验收专用场所;

(六) 不合格药品专用存放场所;

(七) 经营冷藏药品的,有与其经营品种及经营规模相适应的专用设备。

第一百五十二条　经营特殊管理的药品应当有符合国家规定的储存设施。

第一百五十三条　储存中药饮片应当设立专用库房。

第一百五十四条　企业应当按照国家有关规定,对计量器具、温湿度监测设备等定期进行校准或者检定。

第五节　采购与验收

第一百五十五条　企业采购药品,应当符合本规范第二章第八节的相关规定。

第一百五十六条　药品到货时,收货人员应当按采购记录,对照供货单位的随货同行单(票)核实药品实物,做到票、账、货相符。

第一百五十七条　企业应当按规定的程序和要求对到货药品逐批进行验收,并按照本规范第八十条规定做好验收记录。

验收抽取的样品应当具有代表性。

第一百五十八条　冷藏药品到货时,应当按照本规范第七十四条规定进行检查。

第一百五十九条　验收药品应当按照本规范第七十六条规定查验药品检验报告书。

第一百六十条　特殊管理的药品应当按照相关规定进行验收。

第一百六十一条　验收合格的药品应当及时入库或者上架,实施电子监管的药品,还应当按照本规范第八十一条、第八十二条的规定进行扫码和数据上传,验收不合格的,不得入库或者上架,并报告质量管理人员处理。

第六节　陈列与储存

第一百六十二条　企业应当对营业场所温度进行监测和调控,以使营业场所的温度符合常温要求。

第一百六十三条　企业应当定期进行卫生检查,保持环境整洁。存放、陈列药品的设备应当保持清洁卫生,不得放置与销售活动无关的物品,并采取防虫、防鼠等措施,防止污染药品。

第一百六十四条　药品的陈列应当符合以下要求:

(一)按剂型、用途以及储存要求分类陈列,并设置醒目标志,类别标签字迹清晰、放置准确;

(二)药品放置于货架(柜),摆放整齐有序,避免阳光直射;

(三)处方药、非处方药分区陈列,并有处方药、非处方药专用标识;

(四)处方药不得采用开架自选的方式陈列和销售;

(五)外用药与其他药品分开摆放;

(六)拆零销售的药品集中存放于拆零专柜或者专区;

(七)第二类精神药品、毒性中药品种和罂粟壳不得陈列;

(八)冷藏药品放置在冷藏设备中,按规定对温度进行监测和记录,并保证存放温度符合要求;

(九)中药饮片柜斗谱的书写应当正名正字;装斗前应当复核,防止错斗、串斗;应当定期清斗,防止饮片生虫、发霉、变质;不同批号的饮片装斗前应当清斗并记录;

(十)经营非药品应当设置专区,与药品区域明显隔离,并有醒目标志。

第一百六十五条　企业应当定期对陈列、存放的药品进行检查,重点检查拆零药品和易变质、近效期、摆放时间较长的药品以及中药饮片。发现有质量疑问的药品应当及时撤柜,停止销售,由质量管理人员确认和处理,并保留相关记录。

第一百六十六条　企业应当对药品的有效期进行跟踪管理,防止近效期药品售出后可能发生的过期使用。

第一百六十七条　企业设置库房的,库房的药品储存与养护管理应当符合本规范第二章第十节的相关规定。

第七节　销售管理

第一百六十八条　企业应当在营业场所的显著位置悬挂《药品经营许可证》、营业执照、执业药师注册证等。

第一百六十九条　营业人员应当佩戴有照片、姓名、岗位等内容的工作牌,是执业药师和药学技术人员的,工作牌还应当标明执业资格或者药学专业技术职称。在岗执业的执业药师应当挂牌明示。

第一百七十条　销售药品应当符合以下要求:

(一)处方经执业药师审核后方可调配;对处方所列药品不得擅自更改或者代用,对有配伍禁忌或者超剂量的处方,应当拒绝调配,但经处方医师更正或者重新签字确认的,可以

调配;调配处方后经过核对方可销售;

(二) 处方审核、调配、核对人员应当在处方上签字或者盖章,并按照有关规定保存处方或者其复印件;

(三) 销售近效期药品应当向顾客告知有效期;

(四) 销售中药饮片做到计量准确,并告知煎服方法及注意事项;提供中药饮片代煎服务,应当符合国家有关规定。

第一百七十一条　企业销售药品应当开具销售凭证,内容包括药品名称、生产厂商、数量、价格、批号、规格等,并做好销售记录。

第一百七十二条　药品拆零销售应当符合以下要求:

(一) 负责拆零销售的人员经过专门培训;

(二) 拆零的工作台及工具保持清洁、卫生,防止交叉污染;

(三) 做好拆零销售记录,内容包括拆零起始日期、药品的通用名称、规格、批号、生产厂商、有效期、销售数量、销售日期、分拆及复核人员等;

(四) 拆零销售应当使用洁净、卫生的包装,包装上注明药品名称、规格、数量、用法、用量、批号、有效期以及药店名称等内容;

(五) 提供药品说明书原件或者复印件;

(六) 拆零销售期间,保留原包装和说明书。

第一百七十三条　销售特殊管理的药品和国家有专门管理要求的药品,应当严格执行国家有关规定。

第一百七十四条　药品广告宣传应当严格执行国家有关广告管理的规定。

第一百七十五条　非本企业在职人员不得在营业场所内从事药品销售相关活动。

第一百七十六条　对实施电子监管的药品,在售出时,应当进行扫码和数据上传。

第八节　售后管理

第一百七十七条　除药品质量原因外,药品一经售出,不得退换。

第一百七十八条　企业应当在营业场所公布药品监督管理部门的监督电话,设置顾客意见簿,及时处理顾客对药品质量的投诉。

第一百七十九条　企业应当按照国家有关药品不良反应报告制度的规定,收集、报告药品不良反应信息。

第一百八十条　企业发现已售出药品有严重质量问题,应当及时采取措施追回药品并做好记录,同时向药品监督管理部门报告。

第一百八十一条　企业应当协助药品生产企业履行召回义务,控制和收回存在安全隐患的药品,并建立药品召回记录。

第四章　附　　则

第一百八十二条　药品零售连锁企业总部的管理应当符合本规范药品批发企业相关规定,门店的管理应当符合本规范药品零售企业相关规定。

第一百八十三条　本规范为药品经营质量管理的基本要求。对企业信息化管理、药品储运温湿度自动监测、药品验收管理、药品冷链物流管理、零售连锁管理等具体要求,由国家食品药品监督管理局以附录方式另行制定。

第一百八十四条　本规范下列术语的含义是:

（一）在职：与企业确定劳动关系的在册人员。

（二）在岗：相关岗位人员在工作时间内在规定的岗位履行职责。

（三）首营企业：采购药品时，与本企业首次发生供需关系的药品生产或者经营企业。

（四）首营品种：本企业首次采购的药品。

（五）原印章：企业在购销活动中，为证明企业身份在相关文件或者凭证上加盖的企业公章、发票专用章、质量管理专用章、药品出库专用章的原始印记，不能是印刷、影印、复印等复制后的印记。

（六）待验：对到货、销后退回的药品采用有效的方式进行隔离或者区分，在入库前等待质量验收的状态。

（七）零货：指拆除了用于运输、储藏包装的药品。

（八）拼箱发货：将零货药品集中拼装至同一包装箱内发货的方式。

（九）拆零销售：将最小包装拆分销售的方式。

（十）国家有专门管理要求的药品：国家对蛋白同化制剂、肽类激素、含特殊药品复方制剂等品种实施特殊监管措施的药品。

第一百八十五条　医疗机构药房和计划生育技术服务机构的药品采购、储存、养护等质量管理规范由国家食品药品监督管理局商相关主管部门另行制定。

互联网销售药品的质量管理规定由国家食品药品监督管理局另行制定。

第一百八十六条　药品经营企业违反本规范的，由药品监督管理部门按照《中华人民共和国药品管理法》第七十九条的规定给予处罚。

第一百八十七条　本规范自2013年6月1日起施行。依照《中华人民共和国药品管理法》第十六条规定，具体实施办法和实施步骤由国家食品药品监督管理局规定。

中华人民共和国产品质量法

（1993年2月22日第七届全国人民代表大会常务委员会第三十次会议通过）

（根据2000年7月8日第九届全国人民代表大会常务委员会第十六次会议《关于修改〈中华人民共和国产品质量法〉的决定》修正）

第一章　总　　则

第一条　为了加强对产品质量的监督管理，提高产品质量水平，明确产品质量责任，保护消费者的合法权益，维护社会经济秩序，制定本法。

第二条　在中华人民共和国境内从事产品生产、销售活动，必须遵守本法。

本法所称产品是指经过加工、制作，用于销售的产品。

建设工程不适用本法规定；但是，建设工程使用的建筑材料、建筑构配件和设备，属于前款规定的产品范围的，适用本法规定。

第三条　生产者、销售者应当建立健全内部产品质量管理制度，严格实施岗位质量规范、质量责任以及相应的考核办法。

第四条　生产者、销售者依照本法规定承担产品质量责任。

第五条　禁止伪造或者冒用认证标志等质量标志；禁止伪造产品的产地，伪造或者冒用他人的厂名、厂址；禁止在生产、销售的产品中掺杂、掺假，以假充真，以次充好。

第六条　国家鼓励推行科学的质量管理方法，采用先进的科学技术，鼓励企业产品质量达到并且超过行业标准、国家标准和国际标准。

对产品质量管理先进和产品质量达到国际先进水平、成绩显著的单位和个人,给予奖励。

第七条　各级人民政府应当把提高产品质量纳入国民经济和社会发展规划,加强对产品质量工作的统筹规划和组织领导,引导、督促生产者、销售者加强产品质量管理,提高产品质量,组织各有关部门依法采取措施,制止产品生产、销售中违反本法规定的行为,保障本法的施行。

第八条　国务院产品质量监督部门主管全国产品质量监督工作。国务院有关部门在各自的职责范围内负责产品质量监督工作。

县级以上地方产品质量监督部门主管本行政区域内的产品质量监督工作。县级以上地方人民政府有关部门在各自的职责范围内负责产品质量监督工作。

法律对产品质量的监督部门另有规定的,依照有关法律的规定执行。

第九条　各级人民政府工作人员和其他国家机关工作人员不得滥用职权、玩忽职守或者徇私舞弊,包庇、放纵本地区、本系统发生的产品生产、销售中违反本法规定的行为,或者阻挠、干预依法对产品生产、销售中违反本法规定的行为进行查处。

各级地方人民政府和其他国家机关有包庇、放纵产品生产、销售中违反本法规定的行为的,依法追究其主要负责人的法律责任。

第十条　任何单位和个人有权对违反本法规定的行为,向产品质量监督部门或者其他有关部门检举。

产品质量监督部门和有关部门应当为检举人保密,并按照省、自治区、直辖市人民政府的规定给予奖励。

第十一条　任何单位和个人不得排斥非本地区或者非本系统企业生产的质量合格产品进入本地区、本系统。

第二章　产品质量的监督

第十二条　产品质量应当检验合格,不得以不合格产品冒充合格产品。

第十三条　可能危及人体健康和人身、财产安全的工业产品,必须符合保障人体健康和人身、财产安全的国家标准、行业标准;未制定国家标准、行业标准的,必须符合保障人体健康和人身、财产安全的要求。

禁止生产、销售不符合保障人体健康和人身、财产安全的标准和要求的工业产品。具体管理办法由国务院规定。

第十四条　国家根据国际通用的质量管理标准,推行企业质量体系认证制度。企业根据自愿原则可以向国务院产品质量监督部门认可的或者国务院产品质量监督部门授权的部门认可的认证机构申请企业质量体系认证。经认证合格的,由认证机构颁发企业质量体系认证证书。国家参照国际先进的产品标准和技术要求,推行产品质量认证制度。企业根据自愿原则可以向国务院产品质量监督部门认可的或者国务院产品质量监督部门授权的部门认可的认证机构申请产品质量认证。经认证合格的,由认证机构颁发产品质量认证证书,准许企业在产品或者其包装上使用产品质量认证标志。

第十五条　国家对产品质量实行以抽查为主要方式的监督检查制度,对可能危及人体健康和人身、财产安全的产品,影响国计民生的重要工业产品以及消费者、有关组织反映有质量问题的产品进行抽查。抽查的样品应当在市场上或者企业成品仓库内的待销产品中随机抽取。监督抽查工作由国务院产品质量监督部门规划和组织。县级以上地方产品质量监督部门在本行政区域内也可以组织监督抽查。法律对产品质量的监督检查另有规定的,依照有关法律的规定执行。国家监督抽查的产品,地方不得另行重复抽查;上级监督抽查的产品,下级不得另行重复抽查。

根据监督抽查的需要,可以对产品进行检验。检验抽取样品的数量不得超过检验的合理需要,并不得向被检查人收取检验费用。监督抽查所需检验费用按照国务院规定列支。生产者、销售者对抽查检验的结果有异议的,可以自收到检验结果之日起十五日内向实施监督抽查的产品质量监督部门或者其上级产品质量监督部门申请复检,由受理复检的产品质量监督部门作出复检结论。

第十六条　对依法进行的产品质量监督检查,生产者、销售者不得拒绝。

第十七条　依照本法规定进行监督抽查的产品质量不合格的,由实施监督抽查的产品质量监督部门责令其生产者、销售者限期改正。逾期不改正的,由省级以上人民政府产品质量监督部门予以公告;公告后经复查仍不合格的,责令停业,限期整顿;整顿期满后经复查产品质量仍不合格的,吊销营业执照。监督抽查的产品有严重质量问题的,依照本法第五章的有关规定处罚。

第十八条　县级以上产品质量监督部门根据已经取得的违法嫌疑证据或者举报,对涉嫌违反本法规定的行为进行查处时,可以行使下列职权:

(一)对当事人涉嫌从事违反本法的生产、销售活动的场所实施现场检查;

(二)向当事人的法定代表人、主要负责人和其他有关人员调查、了解与涉嫌从事违反本法的生产、销售活动有关的情况;

(三)查阅、复制当事人有关的合同、发票、账簿以及其他有关资料;

(四)对有根据认为不符合保障人体健康和人身、财产安全的国家标准、行业标准的产品或者有其他严重质量问题的产品,以及直接用于生产、销售该项产品的原辅材料、包装物、生产工具,予以查封或者扣押。

县级以上工商行政管理部门按照国务院规定的职责范围,对涉嫌违反本法规定的行为进行查处时,可以行使前款规定的职权。

第十九条　产品质量检验机构必须具备相应的检测条件和能力,经省级以上人民政府产品质量监督部门或者其授权的部门考核合格后,方可承担产品质量检验工作。法律、行政法规对产品质量检验机构另有规定的,依照有关法律、行政法规的规定执行。

第二十条　从事产品质量检验、认证的社会中介机构必须依法设立,不得与行政机关和其他国家机关存在隶属关系或者其他利益关系。

第二十一条　产品质量检验机构、认证机构必须依法按照有关标准,客观、公正地出具检验结果或者认证证明。

产品质量认证机构应当依照国家规定对准许使用认证标志的产品进行认证后的跟踪检查;对不符合认证标准而使用认证标志的,要求其改正;情节严重的,取消其使用认证标志的资格。

第二十二条　消费者有权就产品质量问题,向产品的生产者、销售者查询;向产品质量监督部门、工商行政管理部门及有关部门申诉,接受申诉的部门应当负责处理。

第二十三条　保护消费者权益的社会组织可以就消费者反映的产品质量问题建议有关部门负责处理,支持消费者对因产品质量造成的损害向人民法院起诉。

第二十四条　国务院和省、自治区、直辖市人民政府的产品质量监督部门应当定期发布其监督抽查的产品的质量状况公告。

第二十五条　产品质量监督部门或者其他国家机关以及产品质量检验机构不得向社会推荐生产者的产品;不得以对产品进行监制、监销等方式参与产品经营活动。

第三章　生产者、销售者的产品质量责任和义务

第一节　生产者的产品质量责任和义务

第二十六条　生产者应当对其生产的产品质量负责。

产品质量应当符合下列要求:

(一)不存在危及人身、财产安全的不合理的危险,有保障人体健康和人身、财产安全的国家标准、行业标准的,应当符合该标准;

(二)具备产品应当具备的使用性能,但是,对产品存在使用性能的瑕疵作出说明的除外;

(三)符合在产品或者其包装上注明采用的产品标准,符合以产品说明、实物样品等方式表明的质量状况。

第二十七条　产品或者其包装上的标识必须真实,并符合下列要求:

(一)有产品质量检验合格证明;

(二)有中文标明的产品名称、生产厂厂名和厂址;

(三)根据产品的特点和使用要求,需要标明产品规格、等级、所含主要成分的名称和含量的,用中文相应予以标明;需要事先让消费者知晓的,应当在外包装上标明,或者预先向消费者提供有关资料;

(四)限期使用的产品,应当在显著位置清晰地标明生产日期和安全使用期或者失效日期;

(五)使用不当,容易造成产品本身损坏或者可能危及人身、财产安全的产品,应当有警示标志或者中文警示说明。

裸装的食品和其他根据产品的特点难以附加标识的裸装产品,可以不附加产品标识。

第二十八条　易碎、易燃、易爆、有毒、有腐蚀性、有放射性等危险物品以及储运中不能倒置和其他有特殊要求的产品,其包装质量必须符合相应要求,依照国家有关规定作出警示标志或者中文警示说明,标明储运注意事项。

第二十九条　生产者不得生产国家明令淘汰的产品。

第三十条　生产者不得伪造产地,不得伪造或者冒用他人的厂名、厂址。

第三十一条　生产者不得伪造或者冒用认证标志等质量标志。

第三十二条　生产者生产产品,不得掺杂、掺假,不得以假充真、以次充好,不得以不合格产品冒充合格产品。

第二节　销售者的产品质量责任和义务

第三十三条　销售者应当建立并执行进货检查验收制度,验明产品合格证明和其他标识。

第三十四条　销售者应当采取措施,保持销售产品的质量。

第三十五条　销售者不得销售国家明令淘汰并停止销售的产品和失效、变质的产品。

第三十六条　销售者销售的产品的标识应当符合本法第二十七条的规定。

第三十七条　销售者不得伪造产地,不得伪造或者冒用他人的厂名、厂址。

第三十八条　销售者不得伪造或者冒用认证标志等质量标志。

第三十九条　销售者销售产品,不得掺杂、掺假,不得以假充真、以次充好,不得以不合

格产品冒充合格产品。

第四章 损害赔偿

第四十条 售出的产品有下列情形之一的,销售者应当负责修理、更换、退货;给购买产品的消费者造成损失的,销售者应当赔偿损失:

(一)不具备产品应当具备的使用性能而事先未作说明的;

(二)不符合在产品或者其包装上注明采用的产品标准的;

(三)不符合以产品说明、实物样品等方式表明的质量状况的。

销售者依照前款规定负责修理、更换、退货、赔偿损失后,属于生产者的责任或者属于向销售者提供产品的其他销售者(以下简称供货者)的责任的,销售者有权向生产者、供货者追偿。

销售者未按照第一款规定给予修理、更换、退货或者赔偿损失的,由产品质量监督部门或者工商行政管理部门责令改正。

生产者之间,销售者之间,生产者与销售者之间订立的买卖合同、承揽合同有不同约定的,合同当事人按照合同约定执行。

第四十一条 因产品存在缺陷造成人身、缺陷产品以外的其他财产(以下简称他人财产)损害的,生产者应当承担赔偿责任。

生产者能够证明有下列情形之一的,不承担赔偿责任:

(一)未将产品投入流通的;

(二)产品投入流通时,引起损害的缺陷尚不存在的;

(三)将产品投入流通时的科学技术水平尚不能发现缺陷的存在的。

第四十二条 由于销售者的过错使产品存在缺陷,造成人身、他人财产损害的,销售者应当承担赔偿责任。销售者不能指明缺陷产品的生产者也不能指明缺陷产品的供货者的,销售者应当承担赔偿责任。

第四十三条 因产品存在缺陷造成人身、他人财产损害的,受害人可以向产品的生产者要求赔偿,也可以向产品的销售者要求赔偿。属于产品的生产者的责任,产品的销售者赔偿的,产品的销售者有权向产品的生产者追偿。属于产品的销售者的责任,产品的生产者赔偿的,产品的生产者有权向产品的销售者追偿。

第四十四条 因产品存在缺陷造成受害人人身伤害的,侵害人应当赔偿医疗费、治疗期间的护理费、因误工减少的收入等费用;造成残疾的,还应当支付残疾者生活自助具费、生活补助费、残疾赔偿金以及由其扶养的人所必需的生活费等费用;造成受害人死亡的,并应当支付丧葬费、死亡赔偿金以及由死者生前扶养的人所必需的生活费等费用。因产品存在缺陷造成受害人财产损失的,侵害人应当恢复原状或者折价赔偿。受害人因此遭受其他重大损失的,侵害人应当赔偿损失。

第四十五条 因产品存在缺陷造成损害要求赔偿的诉讼时效期间为二年,自当事人知道或者应当知道其权益受到损害时起计算。

因产品存在缺陷造成损害要求赔偿的请求权,在造成损害的缺陷产品交付最初消费者满十年丧失;但是,尚未超过明示的安全使用期的除外。

第四十六条 本法所称缺陷,是指产品存在危及人身、他人财产安全的不合理的危险;产品有保障人体健康和人身、财产安全的国家标准、行业标准的,是指不符合该标准。

第四十七条 因产品质量发生民事纠纷时,当事人可以通过协商或者调解解决。当事人不愿通过协商、调解解决或者协商、调解不成的,可以根据当事人各方的协议向仲裁机构申请仲裁;当事人各方没有达成仲裁协议或者仲裁协议无效的,可以直接向人民法院起诉。

第四十八条　仲裁机构或者人民法院可以委托本法第十九条规定的产品质量检验机构,对有关产品质量进行检验。

第五章　罚　　则

第四十九条　生产、销售不符合保障人体健康和人身、财产安全的国家标准、行业标准的产品的,责令停止生产、销售,没收违法生产、销售的产品,并处违法生产、销售产品(包括已售出和未售出的产品,下同)货值金额等值以上三倍以下的罚款;有违法所得的,并处没收违法所得;情节严重的,吊销营业执照;构成犯罪的,依法追究刑事责任。

第五十条　在产品中掺杂、掺假,以假充真,以次充好,或者以不合格产品冒充合格产品的,责令停止生产、销售,没收违法生产、销售的产品,并处违法生产、销售产品货值金额百分之五十以上三倍以下的罚款;有违法所得的,并处没收违法所得;情节严重的,吊销营业执照;构成犯罪的,依法追究刑事责任。

第五十一条　生产国家明令淘汰的产品的,销售国家明令淘汰并停止销售的产品的,责令停止生产、销售,没收违法生产、销售的产品,并处违法生产、销售产品货值金额等值以下的罚款;有违法所得的,并处没收违法所得;情节严重的,吊销营业执照。

第五十二条　销售失效、变质的产品的,责令停止销售,没收违法销售的产品,并处违法销售产品货值金额二倍以下的罚款;有违法所得的,并处没收违法所得;情节严重的,吊销营业执照;构成犯罪的,依法追究刑事责任。

第五十三条　伪造产品产地的,伪造或者冒用他人厂名、厂址的,伪造或者冒用认证标志等质量标志的,责令改正,没收违法生产、销售的产品,并处违法生产、销售产品货值金额等值以下的罚款;有违法所得的,并处没收违法所得;情节严重的,吊销营业执照。

第五十四条　产品标识不符合本法第二十七条规定的,责令改正;有包装的产品标识不符合本法第二十七条第(四)项、第(五)项规定,情节严重的,责令停止生产、销售,并处违法生产、销售产品货值金额百分之三十以下的罚款;有违法所得的,并处没收违法所得。

第五十五条　销售者销售本法第四十九条至第五十三条规定禁止销售的产品,有充分证据证明其不知道该产品为禁止销售的产品并如实说明其进货来源的,可以从轻或者减轻处罚。

第五十六条　拒绝接受依法进行的产品质量监督检查的,给予警告,责令改正;拒不改正的,责令停业整顿;情节特别严重的,吊销营业执照。

第五十七条　产品质量检验机构、认证机构伪造检验结果或者出具虚假证明的,责令改正,对单位处五万元以上十万元以下的罚款,对直接负责的主管人员和其他直接责任人员处一万元以上五万元以下的罚款;有违法所得的,并处没收违法所得;情节严重的,取消其检验资格、认证资格;构成犯罪的,依法追究刑事责任。产品质量检验机构、认证机构出具的检验结果或者证明不实,造成损失的,应当承担相应的赔偿责任;造成重大损失的,撤销其检验资格、认证资格。

产品质量认证机构违反本法第二十一条第二款的规定,对不符合认证标准而使用认证标志的产品,未依法要求其改正或者取消其使用认证标志资格的,对因产品不符合认证标准给消费者造成的损失,与产品的生产者、销售者承担连带责任;情节严重的,撤销其认证资格。

第五十八条　社会团体、社会中介机构对产品质量作出承诺、保证,而该产品又不符合其承诺、保证的质量要求,给消费者造成损失的,与产品的生产者、销售者承担连带责任。

第五十九条　在广告中对产品质量作虚假宣传,欺骗和误导消费者的,依照《中华人民共和国广告法》的规定追究法律责任。

第六十条　对生产者专门用于生产本法第四十九条、第五十一条所列的产品或者以假充真的产品的原辅材料、包装物、生产工具,应当予以没收。

第六十一条　知道或者应当知道属于本法规定禁止生产、销售的产品而为其提供运输、保管、仓储等便利条件的,或者为以假充真的产品提供制假生产技术的,没收全部运输、保管、仓储或者提供制假生产技术的收入,并处违法收入百分之五十以上三倍以下的罚款;构成犯罪的,依法追究刑事责任。

第六十二条　服务业的经营者将本法第四十九条至第五十二条规定禁止销售的产品用于经营性服务的,责令停止使用;对知道或者应当知道所使用的产品属于本法规定禁止销售的产品的,按照违法使用的产品(包括已使用和尚未使用的产品)的货值金额,依照本法对销售者的处罚规定处罚。

第六十三条　隐匿、转移、变卖、损毁被产品质量监督部门或者工商行政管理部门查封、扣押的物品的,处被隐匿、转移、变卖、损毁物品货值金额等值以上三倍以下的罚款;有违法所得的,并处没收违法所得。

第六十四条　违反本法规定,应当承担民事赔偿责任和缴纳罚款、罚金,其财产不足以同时支付时,先承担民事赔偿责任。

第六十五条　各级人民政府工作人员和其他国家机关工作人员有下列情形之一的,依法给予行政处分;构成犯罪的,依法追究刑事责任:

(一) 包庇、放纵产品生产、销售中违反本法规定行为的;

(二) 向从事违反本法规定的生产、销售活动的当事人通风报信,帮助其逃避查处的;

(三) 阻挠、干预产品质量监督部门或者工商行政管理部门依法对产品生产、销售中违反本法规定的行为进行查处,造成严重后果的。

第六十六条　产品质量监督部门在产品质量监督抽查中超过规定的数量索取样品或者向被检查人收取检验费用的,由上级产品质量监督部门或者监察机关责令退还;情节严重的,对直接负责的主管人员和其他直接责任人员依法给予行政处分。

第六十七条　产品质量监督部门或者其他国家机关违反本法第二十五条的规定,向社会推荐生产者的产品或者以监制、监销等方式参与产品经营活动的,由其上级机关或者监察机关责令改正,消除影响,有违法收入的予以没收;情节严重的,对直接负责的主管人员和其他直接责任人员依法给予行政处分。

产品质量检验机构有前款所列违法行为的,由产品质量监督部门责令改正,消除影响,有违法收入的予以没收,可以并处违法收入一倍以下的罚款;情节严重的,撤销其质量检验资格。

第六十八条　产品质量监督部门或者工商行政管理部门的工作人员滥用职权、玩忽职守、徇私舞弊,构成犯罪的,依法追究刑事责任;尚不构成犯罪的,依法给予行政处分。

第六十九条　以暴力、威胁方法阻碍产品质量监督部门或者工商行政管理部门的工作人员依法执行职务的,依法追究刑事责任;拒绝、阻碍未使用暴力、威胁方法的,由公安机关依照治安管理处罚条例的规定处罚。

第七十条　本法规定的吊销营业执照的行政处罚由工商行政管理部门决定,本法第四十九条至第五十七条、第六十条至第六十三条规定的行政处罚由产品质量监督部门或者工商行政管理部门按照国务院规定的职权范围决定。法律、行政法规对行使行政处罚权的机关另有规定的,依照有关法律、行政法规的规定执行。

第七十一条　对依照本法规定没收的产品,依照国家有关规定进行销毁或者采取其他方式处理。

第七十二条　本法第四十九条至第五十四条、第六十二条、第六十三条所规定的货值金额以违法生产、销售产品的标价计算;没有标价的,按照同类产品的市场价格计算。

第六章　附　　则

第七十三条　军工产品质量监督管理办法,由国务院、中央军事委员会另行制定。

因核设施、核产品造成损害的赔偿责任,法律、行政法规另有规定的,依照其规定。

第七十四条　本法自1993年9月1日起施行。

中华人民共和国消费者权益保护法

(1993年10月31日第八届全国人民代表大会常务委员会第四次会议通过　根据2009年8月27日第十一届全国人民代表大会常务委员会第十次会议《关于修改部分法律的决定》第一次修正　根据2013年10月25日第十二届全国人民代表大会常务委员会第五次会议《关于修改〈中华人民共和国消费者权益保护法〉的决定》第二次修正)

第一章　总　　则

第一条　为保护消费者的合法权益,维护社会经济秩序,促进社会主义市场经济健康发展,制定本法。

第二条　消费者为生活消费需要购买、使用商品或者接受服务,其权益受本法保护;本法未作规定的,受其他有关法律、法规保护。

第三条　经营者为消费者提供其生产、销售的商品或者提供服务,应当遵守本法;本法未作规定的,应当遵守其他有关法律、法规。

第四条　经营者与消费者进行交易,应当遵循自愿、平等、公平、诚实信用的原则。

第五条　国家保护消费者的合法权益不受侵害。

国家采取措施,保障消费者依法行使权利,维护消费者的合法权益。

国家倡导文明、健康、节约资源和保护环境的消费方式,反对浪费。

第六条　保护消费者的合法权益是全社会的共同责任。

国家鼓励、支持一切组织和个人对损害消费者合法权益的行为进行社会监督。

大众传播媒介应当做好维护消费者合法权益的宣传,对损害消费者合法权益的行为进行舆论监督。

第二章　消费者的权利

第七条　消费者在购买、使用商品和接受服务时享有人身、财产安全不受损害的权利。

消费者有权要求经营者提供的商品和服务,符合保障人身、财产安全的要求。

第八条　消费者享有知悉其购买、使用的商品或者接受的服务的真实情况的权利。

消费者有权根据商品或者服务的不同情况,要求经营者提供商品的价格、产地、生产者、用途、性能、规格、等级、主要成分、生产日期、有效期限、检验合格证明、使用方法说明书、售后服务,或者服务的内容、规格、费用等有关情况。

第九条　消费者享有自主选择商品或者服务的权利。

消费者有权自主选择提供商品或者服务的经营者,自主选择商品品种或者服务方式,自主决定购买或者不购买任何一种商品、接受或者不接受任何一项服务。

消费者在自主选择商品或者服务时,有权进行比较、鉴别和挑选。

第十条　消费者享有公平交易的权利。

消费者在购买商品或者接受服务时,有权获得质量保障、价格合理、计量正确等公平交易条件,有权拒绝经营者的强制交易行为。

第十一条　消费者因购买、使用商品或者接受服务受到人身、财产损害的,享有依法获得赔偿的权利。

第十二条　消费者享有依法成立维护自身合法权益的社会组织的权利。

第十三条　消费者享有获得有关消费和消费者权益保护方面的知识的权利。

消费者应当努力掌握所需商品或者服务的知识和使用技能,正确使用商品,提高自我保护意识。

第十四条　消费者在购买、使用商品和接受服务时,享有人格尊严、民族风俗习惯得到尊重的权利,享有个人信息依法得到保护的权利。

第十五条　消费者享有对商品和服务以及保护消费者权益工作进行监督的权利。

消费者有权检举、控告侵害消费者权益的行为和国家机关及其工作人员在保护消费者权益工作中的违法失职行为,有权对保护消费者权益工作提出批评、建议。

第三章　经营者的义务

第十六条　经营者向消费者提供商品或者服务,应当依照本法和其他有关法律、法规的规定履行义务。

经营者和消费者有约定的,应当按照约定履行义务,但双方的约定不得违背法律、法规的规定。

经营者向消费者提供商品或者服务,应当恪守社会公德,诚信经营,保障消费者的合法权益;不得设定不公平、不合理的交易条件,不得强制交易。

第十七条　经营者应当听取消费者对其提供的商品或者服务的意见,接受消费者的监督。

第十八条　经营者应当保证其提供的商品或者服务符合保障人身、财产安全的要求。对可能危及人身、财产安全的商品和服务,应当向消费者作出真实的说明和明确的警示,并说明和标明正确使用商品或者接受服务的方法以及防止危害发生的方法。

宾馆、商场、餐馆、银行、机场、车站、港口、影剧院等经营场所的经营者,应当对消费者尽到安全保障义务。

第十九条　经营者发现其提供的商品或者服务存在缺陷,有危及人身、财产安全危险的,应当立即向有关行政部门报告和告知消费者,并采取停止销售、警示、召回、无害化处理、销毁、停止生产或者服务等措施。采取召回措施的,经营者应当承担消费者因商品被召回支出的必要费用。

第二十条　经营者向消费者提供有关商品或者服务的质量、性能、用途、有效期限等信息,应当真实、全面,不得作虚假或者引人误解的宣传。

经营者对消费者就其提供的商品或者服务的质量和使用方法等问题提出的询问,应当作出真实、明确的答复。

经营者提供商品或者服务应当明码标价。

第二十一条　经营者应当标明其真实名称和标记。

租赁他人柜台或者场地的经营者,应当标明其真实名称和标记。

第二十二条　经营者提供商品或者服务,应当按照国家有关规定或者商业惯例向消费者出具发票等购货凭证或者服务单据;消费者索要发票等购货凭证或者服务单据的,经营者必须出具。

第二十三条　经营者应当保证在正常使用商品或者接受服务的情况下其提供的商品或者服务应当具有的质量、性能、用途和有效期限;但消费者在购买该商品或者接受该服务前已经知道其存在瑕疵,且存在该瑕疵不违反法律强制性规定的除外。

经营者以广告、产品说明、实物样品或者其他方式表明商品或者服务的质量状况的,应当保证其提供的商品或者服务的实际质量与表明的质量状况相符。

经营者提供的机动车、计算机、电视机、电冰箱、空调器、洗衣机等耐用商品或者装饰装修等服务,消费者自接受商品或者服务之日起六个月内发现瑕疵,发生争议的,由经营者承担有关瑕疵的举证责任。

第二十四条　经营者提供的商品或者服务不符合质量要求的,消费者可以依照国家规定、当事人约定退货,或者要求经营者履行更换、修理等义务。没有国家规定和当事人约定的,消费者可以自收到商品之日起七日内退货;七日后符合法定解除合同条件的,消费者可以及时退货,不符合法定解除合同条件的,可以要求经营者履行更换、修理等义务。

依照前款规定进行退货、更换、修理的,经营者应当承担运输等必要费用。

第二十五条　经营者采用网络、电视、电话、邮购等方式销售商品,消费者有权自收到商品之日起七日内退货,且无须说明理由,但下列商品除外:

(一) 消费者定做的;

(二) 鲜活易腐的;

(三) 在线下载或者消费者拆封的音像制品、计算机软件等数字化商品;

(四) 交付的报纸、期刊。

除前款所列商品外,其他根据商品性质并经消费者在购买时确认不宜退货的商品,不适用无理由退货。

消费者退货的商品应当完好。经营者应当自收到退回商品之日起七日内返还消费者支付的商品价款。退回商品的运费由消费者承担;经营者和消费者另有约定的,按照约定。

第二十六条　经营者在经营活动中使用格式条款的,应当以显著方式提请消费者注意商品或者服务的数量和质量、价款或者费用、履行期限和方式、安全注意事项和风险警示、售后服务、民事责任等与消费者有重大利害关系的内容,并按照消费者的要求予以说明。

经营者不得以格式条款、通知、声明、店堂告示等方式,作出排除或者限制消费者权利、减轻或者免除经营者责任、加重消费者责任等对消费者不公平、不合理的规定,不得利用格式条款并借助技术手段强制交易。

格式条款、通知、声明、店堂告示等含有前款所列内容的,其内容无效。

第二十七条　经营者不得对消费者进行侮辱、诽谤，不得搜查消费者的身体及其携带的物品，不得侵犯消费者的人身自由。

第二十八条　采用网络、电视、电话、邮购等方式提供商品或者服务的经营者，以及提供证券、保险、银行等金融服务的经营者，应当向消费者提供经营地址、联系方式、商品或者服务的数量和质量、价款或者费用、履行期限和方式、安全注意事项和风险警示、售后服务、民事责任等信息。

第二十九条　经营者收集、使用消费者个人信息，应当遵循合法、正当、必要的原则，明示收集、使用信息的目的、方式和范围，并经消费者同意。经营者收集、使用消费者个人信息，应当公开其收集、使用规则，不得违反法律、法规的规定和双方的约定收集、使用信息。

经营者及其工作人员对收集的消费者个人信息必须严格保密，不得泄露、出售或者非法向他人提供。经营者应当采取技术措施和其他必要措施，确保信息安全，防止消费者个人信息泄露、丢失。在发生或者可能发生信息泄露、丢失的情况时，应当立即采取补救措施。

经营者未经消费者同意或者请求，或者消费者明确表示拒绝的，不得向其发送商业性信息。

第四章　国家对消费者合法权益的保护

第三十条　国家制定有关消费者权益的法律、法规、规章和强制性标准，应当听取消费者和消费者协会等组织的意见。

第三十一条　各级人民政府应当加强领导，组织、协调、督促有关行政部门做好保护消费者合法权益的工作，落实保护消费者合法权益的职责。

各级人民政府应当加强监督，预防危害消费者人身、财产安全行为的发生，及时制止危害消费者人身、财产安全的行为。

第三十二条　各级人民政府工商行政管理部门和其他有关行政部门应当依照法律、法规的规定，在各自的职责范围内，采取措施，保护消费者的合法权益。

有关行政部门应当听取消费者和消费者协会等组织对经营者交易行为、商品和服务质量问题的意见，及时调查处理。

第三十三条　有关行政部门在各自的职责范围内，应当定期或者不定期对经营者提供的商品和服务进行抽查检验，并及时向社会公布抽查检验结果。

有关行政部门发现并认定经营者提供的商品或者服务存在缺陷，有危及人身、财产安全危险的，应当立即责令经营者采取停止销售、警示、召回、无害化处理、销毁、停止生产或者服务等措施。

第三十四条　有关国家机关应当依照法律、法规的规定，惩处经营者在提供商品和服务中侵害消费者合法权益的违法犯罪行为。

第三十五条　人民法院应当采取措施，方便消费者提起诉讼。对符合《中华人民共和国民事诉讼法》起诉条件的消费者权益争议，必须受理，及时审理。

第五章　消费者组织

第三十六条　消费者协会和其他消费者组织是依法成立的对商品和服务进行社会监督的保护消费者合法权益的社会组织。

第三十七条　消费者协会履行下列公益性职责：

（一）向消费者提供消费信息和咨询服务，提高消费者维护自身合法权益的能力，引导

文明、健康、节约资源和保护环境的消费方式;

(二) 参与制定有关消费者权益的法律、法规、规章和强制性标准;

(三) 参与有关行政部门对商品和服务的监督、检查;

(四) 就有关消费者合法权益的问题,向有关部门反映、查询,提出建议;

(五) 受理消费者的投诉,并对投诉事项进行调查、调解;

(六) 投诉事项涉及商品和服务质量问题的,可以委托具备资格的鉴定人鉴定,鉴定人应当告知鉴定意见;

(七) 就损害消费者合法权益的行为,支持受损害的消费者提起诉讼或者依照本法提起诉讼;

(八) 对损害消费者合法权益的行为,通过大众传播媒介予以揭露、批评。

各级人民政府对消费者协会履行职责应当予以必要的经费等支持。

消费者协会应当认真履行保护消费者合法权益的职责,听取消费者的意见和建议,接受社会监督。

依法成立的其他消费者组织依照法律、法规及其章程的规定,开展保护消费者合法权益的活动。

第三十八条 消费者组织不得从事商品经营和营利性服务,不得以收取费用或者其他牟取利益的方式向消费者推荐商品和服务。

第六章 争议的解决

第三十九条 消费者和经营者发生消费者权益争议的,可以通过下列途径解决:

(一) 与经营者协商和解;

(二) 请求消费者协会或者依法成立的其他调解组织调解;

(三) 向有关行政部门投诉;

(四) 根据与经营者达成的仲裁协议提请仲裁机构仲裁;

(五) 向人民法院提起诉讼。

第四十条 消费者在购买、使用商品时,其合法权益受到损害的,可以向销售者要求赔偿。销售者赔偿后,属于生产者的责任或者属于向销售者提供商品的其他销售者的责任的,销售者有权向生产者或者其他销售者追偿。

消费者或者其他受害人因商品缺陷造成人身、财产损害的,可以向销售者要求赔偿,也可以向生产者要求赔偿。属于生产者责任的,销售者赔偿后,有权向生产者追偿。属于销售者责任的,生产者赔偿后,有权向销售者追偿。

消费者在接受服务时,其合法权益受到损害的,可以向服务者要求赔偿。

第四十一条 消费者在购买、使用商品或者接受服务时,其合法权益受到损害,因原企业分立、合并的,可以向变更后承受其权利义务的企业要求赔偿。

第四十二条 使用他人营业执照的违法经营者提供商品或者服务,损害消费者合法权益的,消费者可以向其要求赔偿,也可以向营业执照的持有人要求赔偿。

第四十三条 消费者在展销会、租赁柜台购买商品或者接受服务,其合法权益受到损害的,可以向销售者或者服务者要求赔偿。展销会结束或者柜台租赁期满后,也可以向展销会的举办者、柜台的出租者要求赔偿。展销会的举办者、柜台的出租者赔偿后,有权向销售者或者服务者追偿。

第四十四条 消费者通过网络交易平台购买商品或者接受服务,其合法权益受到损害的,可以向销售者或者服务者要求赔偿。网络交易平台提供者不能提供销售者或者服务者的真实名称、地址和有效联系方式的,消费者也可以向网络交易平台提供者要求赔偿;网络交易平台提供者作出更有利于消费者的承诺的,应当履行承诺。网络交易平台提供者赔偿后,有权向销售者或者服务者追偿。

网络交易平台提供者明知或者应知销售者或者服务者利用其平台侵害消费者合法权益,未采取必要措施的,依法与该销售者或者服务者承担连带责任。

第四十五条 消费者因经营者利用虚假广告或者其他虚假宣传方式提供商品或者服务,其合法权益受到损害的,可以向经营者要求赔偿。广告经营者、发布者发布虚假广告的,消费者可以请求行政主管部门予以惩处。广告经营者、发布者不能提供经营者的真实名称、地址和有效联系方式的,应当承担赔偿责任。

广告经营者、发布者设计、制作、发布关系消费者生命健康商品或者服务的虚假广告,造成消费者损害的,应当与提供该商品或者服务的经营者承担连带责任。

社会团体或者其他组织、个人在关系消费者生命健康商品或者服务的虚假广告或者其他虚假宣传中向消费者推荐商品或者服务,造成消费者损害的,应当与提供该商品或者服务的经营者承担连带责任。

第四十六条 消费者向有关行政部门投诉的,该部门应当自收到投诉之日起七个工作日内,予以处理并告知消费者。

第四十七条 对侵害众多消费者合法权益的行为,中国消费者协会以及在省、自治区、直辖市设立的消费者协会,可以向人民法院提起诉讼。

第七章 法律责任

第四十八条 经营者提供商品或者服务有下列情形之一的,除本法另有规定外,应当依照其他有关法律、法规的规定,承担民事责任:

(一) 商品或者服务存在缺陷的;

(二) 不具备商品应当具备的使用性能而出售时未作说明的;

(三) 不符合在商品或者其包装上注明采用的商品标准的;

(四) 不符合商品说明、实物样品等方式表明的质量状况的;

(五) 生产国家明令淘汰的商品或者销售失效、变质的商品的;

(六) 销售的商品数量不足的;

(七) 服务的内容和费用违反约定的;

(八) 对消费者提出的修理、重作、更换、退货、补足商品数量、退还货款和服务费用或者赔偿损失的要求,故意拖延或者无理拒绝的;

(九) 法律、法规规定的其他损害消费者权益的情形。

经营者对消费者未尽到安全保障义务,造成消费者损害的,应当承担侵权责任。

第四十九条 经营者提供商品或者服务,造成消费者或者其他受害人人身伤害的,应当赔偿医疗费、护理费、交通费等为治疗和康复支出的合理费用,以及因误工减少的收入。造成残疾的,还应当赔偿残疾生活辅助具费和残疾赔偿金。造成死亡的,还应当赔偿丧葬费和死亡赔偿金。

第五十条 经营者侵害消费者的人格尊严、侵犯消费者人身自由或者侵害消费者个人信息依法得到保护的权利的,应当停止侵害、恢复名誉、消除影响、赔礼道歉,并赔偿损失。

第五十一条　经营者有侮辱诽谤、搜查身体、侵犯人身自由等侵害消费者或者其他受害人人身权益的行为,造成严重精神损害的,受害人可以要求精神损害赔偿。

第五十二条　经营者提供商品或者服务,造成消费者财产损害的,应当依照法律规定或者当事人约定承担修理、重作、更换、退货、补足商品数量、退还货款和服务费用或者赔偿损失等民事责任。

第五十三条　经营者以预收款方式提供商品或者服务的,应当按照约定提供。未按照约定提供的,应当按照消费者的要求履行约定或者退回预付款;并应当承担预付款的利息、消费者必须支付的合理费用。

第五十四条　依法经有关行政部门认定为不合格的商品,消费者要求退货的,经营者应当负责退货。

第五十五条　经营者提供商品或者服务有欺诈行为的,应当按照消费者的要求增加赔偿其受到的损失,增加赔偿的金额为消费者购买商品的价款或者接受服务的费用的三倍;增加赔偿的金额不足五百元的,为五百元。法律另有规定的,依照其规定。

经营者明知商品或者服务存在缺陷,仍然向消费者提供,造成消费者或者其他受害人死亡或者健康严重损害的,受害人有权要求经营者依照本法第四十九条、第五十一条等法律规定赔偿损失,并有权要求所受损失二倍以下的惩罚性赔偿。

第五十六条　经营者有下列情形之一,除承担相应的民事责任外,其他有关法律、法规对处罚机关和处罚方式有规定的,依照法律、法规的规定执行;法律、法规未作规定的,由工商行政管理部门或者其他有关行政部门责令改正,可以根据情节单处或者并处警告、没收违法所得、处以违法所得一倍以上十倍以下的罚款,没有违法所得的,处以五十万元以下的罚款;情节严重的,责令停业整顿、吊销营业执照:

(一)提供的商品或者服务不符合保障人身、财产安全要求的;

(二)在商品中掺杂、掺假,以假充真,以次充好,或者以不合格商品冒充合格商品的;

(三)生产国家明令淘汰的商品或者销售失效、变质的商品的;

(四)伪造商品的产地,伪造或者冒用他人的厂名、厂址,篡改生产日期,伪造或者冒用认证标志等质量标志的;

(五)销售的商品应当检验、检疫而未检验、检疫或者伪造检验、检疫结果的;

(六)对商品或者服务作虚假或者引人误解的宣传的;

(七)拒绝或者拖延有关行政部门责令对缺陷商品或者服务采取停止销售、警示、召回、无害化处理、销毁、停止生产或者服务等措施的;

(八)对消费者提出的修理、重作、更换、退货、补足商品数量、退还货款和服务费用或者赔偿损失的要求,故意拖延或者无理拒绝的;

(九)侵害消费者人格尊严、侵犯消费者人身自由或者侵害消费者个人信息依法得到保护的权利的;

(十)法律、法规规定的对损害消费者权益应当予以处罚的其他情形。

经营者有前款规定情形的,除依照法律、法规规定予以处罚外,处罚机关应当记入信用档案,向社会公布。

第五十七条　经营者违反本法规定提供商品或者服务,侵害消费者合法权益,构成犯罪的,依法追究刑事责任。

第五十八条　经营者违反本法规定,应当承担民事赔偿责任和缴纳罚款、罚金,其财产不足以同时支付的,先承担民事赔偿责任。

第五十九条 经营者对行政处罚决定不服的,可以依法申请行政复议或者提起行政诉讼。

第六十条 以暴力、威胁等方法阻碍有关行政部门工作人员依法执行职务的,依法追究刑事责任;拒绝、阻碍有关行政部门工作人员依法执行职务,未使用暴力、威胁方法的,由公安机关依照《中华人民共和国治安管理处罚法》的规定处罚。

第六十一条 国家机关工作人员玩忽职守或者包庇经营者侵害消费者合法权益的行为的,由其所在单位或者上级机关给予行政处分;情节严重,构成犯罪的,依法追究刑事责任。

第八章 附 则

第六十二条 农民购买、使用直接用于农业生产的生产资料,参照本法执行。

第六十三条 本法自1994年1月1日起施行。

中华人民共和国反不正当竞争法

(1993年9月2日第八届全国人民代表大会常务委员会第三次会议通过,1993年9月2日中华人民共和国主席令第十号公布,自1993年12月1日起施行)

第一章 总 则

第一条 为保障社会主义市场经济健康发展,鼓励和保护公平竞争,制止不正当竞争行为,保护经营者和消费者的合法权益,制定本法。

第二条 经营者在市场交易中,应当遵循自愿、平等、公平、诚实信用的原则,遵守公认的商业道德。

本法所称的不正当竞争,是指经营者违反本法规定,损害其他经营者的合法权益,扰乱社会经济秩序的行为。

本法所称的经营者,是指从事商品经营或者营利性服务(以下所称商品包括服务)的法人、其他经济组织和个人。

第三条 各级人民政府应当采取措施,制止不正当竞争行为,为公平竞争创造良好的环境和条件。

县级以上人民政府工商行政管理部门对不正当竞争行为进行监督检查;法律、行政法规规定由其他部门监督检查的,依照其规定。

第四条 国家鼓励、支持和保护一切组织和个人对不正当竞争行为进行社会监督。

国家机关工作人员不得支持、包庇不正当竞争行为。

第二章 不正当竞争行为

第五条 经营者不得采用下列不正当手段从事市场交易,损害竞争对手:

(一)假冒他人的注册商标;

(二)擅自使用知名商品特有的名称、包装、装潢,或者使用与知名商品近似的名称、包装、装潢,造成和他人的知名商品相混淆,使购买者误认为是该知名商品;

(三)擅自使用他人的企业名称或者姓名,引人误认为是他人的商品;

(四)在商品上伪造或者冒用认证标志、名优标志等质量标志,伪造产地,对商品质量作引人误解的虚假表示。

第六条　公用企业或者其他依法具有独占地位的经营者,不得限定他人购买其指定的经营者的商品,以排挤其他经营者的公平竞争。

第七条　政府及其所属部门不得滥用行政权力,限定他人购买其指定的经营者的商品,限制其他经营者正当的经营活动。

政府及其所属部门不得滥用行政权力,限制外地商品进入本地市场,或者本地商品流向外地市场。

第八条　经营者不得采用财物或者其他手段进行贿赂以销售或者购买商品。在账外暗中给予对方单位或者个人回扣的,以行贿论处;对方单位或者个人在账外暗中收受回扣的,以受贿论处。

经营者销售或者购买商品,可以以明示方式给对方折扣,可以给中间人佣金。经营者给对方折扣、给中间人佣金的,必须如实入账。接受折扣、佣金的经营者必须如实入账。

第九条　经营者不得利用广告或者其他方法,对商品的质量、制作成分、性能、用途、生产者、有效期限、产地等作引人误解的虚假宣传。

广告的经营者不得在明知或者应知的情况下,代理、设计、制作、发布虚假广告。

第十条　经营者不得采用下列手段侵犯商业秘密:

(一) 以盗窃、利诱、胁迫或者其他不正当手段获取权利人的商业秘密;

(二) 披露、使用或者允许他人使用以前项手段获取的权利人的商业秘密;

(三) 违反约定或者违反权利人有关保守商业秘密的要求,披露、使用或者允许他人使用其所掌握的商业秘密。

第三人明知或者应知前款所列违法行为,获取、使用或者披露他人的商业秘密,视为侵犯商业秘密。

本条所称的商业秘密,是指不为公众所知悉、能为权利人带来经济利益、具有实用性并经权利人采取保密措施的技术信息和经营信息。

第十一条　经营者不得以排挤竞争对手为目的,以低于成本的价格销售商品。

有下列情形之一的,不属于不正当竞争行为:

(一) 销售鲜活商品;

(二) 处理有效期限即将到期的商品或者其他积压的商品;

(三) 季节性降价;

(四) 因清偿债务、转产、歇业降价销售商品。

第十二条　经营者销售商品,不得违背购买者的意愿搭售商品或者附加其他不合理的条件。

第十三条　经营者不得从事下列有奖销售:

(一) 采用谎称有奖或者故意让内定人员中奖的欺骗方式进行有奖销售;

(二) 利用有奖销售的手段推销质次价高的商品;

(三) 抽奖式的有奖销售,最高奖的金额超过五千元。

第十四条　经营者不得捏造、散布虚伪事实,损害竞争对手的商业信誉、商品声誉。

第十五条　投标者不得串通投标,抬高标价或者压低标价。

投标者和招标者不得相互勾结,以排挤竞争对手的公平竞争。

第三章　监督检查

第十六条　县级以上监督检查部门对不正当竞争行为,可以进行监督检查。

第十七条　监督检查部门在监督检查不正当竞争行为时，有权行使下列职权：

（一）按照规定程序询问被检查的经营者、利害关系人、证明人，并要求提供证明材料或者与不正当竞争行为有关的其他资料；

（二）查询、复制与不正当竞争行为有关的协议、账册、单据、文件、记录、业务函电和其他资料；

（三）检查与本法第五条规定的不正当竞争行为有关的财物，必要时可以责令被检查的经营者说明该商品的来源和数量，暂停销售，听候检查，不得转移、隐匿、销毁该财物。

第十八条　监督检查部门工作人员监督检查不正当竞争行为时，应当出示检查证件。

第十九条　监督检查部门在监督检查不正当竞争行为时，被检查的经营者、利害关系人和证明人应当如实提供有关资料或者情况。

第四章　法律责任

第二十条　经营者违反本法规定，给被侵害的经营者造成损害的，应当承担损害赔偿责任，被侵害的经营者的损失难以计算的，赔偿额为侵权人在侵权期间因侵权所获得的利润；并应当承担被侵害的经营者因调查该经营者侵害其合法权益的不正当竞争行为所支付的合理费用。

被侵害的经营者的合法权益受到不正当竞争行为损害的，可以向人民法院提起诉讼。

第二十一条　经营者假冒他人的注册商标，擅自使用他人的企业名称或者姓名，伪造或者冒用认证标志、名优标志等质量标志，伪造产地，对商品质量作引人误解的虚假表示的，依照《中华人民共和国商标法》、《中华人民共和国产品质量法》的规定处罚。

经营者擅自使用知名商品特有的名称、包装、装潢，或者使用与知名商品近似的名称、包装、装潢，造成和他人的知名商品相混淆，使购买者误认为是该知名商品的，监督检查部门应当责令停止违法行为，没收违法所得，可以根据情节处以违法所得一倍以上三倍以下的罚款；情节严重的，可以吊销营业执照；销售伪劣商品，构成犯罪的，依法追究刑事责任。

第二十二条　经营者采用财物或者其他手段进行贿赂以销售或者购买商品，构成犯罪的，依法追究刑事责任；不构成犯罪的，监督检查部门可以根据情节处以一万元以上二十万元以下的罚款，有违法所得的，予以没收。

第二十三条　公用企业或者其他依法具有独占地位的经营者，限定他人购买其指定的经营者的商品，以排挤其他经营者的公平竞争的，省级或者设区的市的监督检查部门应当责令停止违法行为，可以根据情节处以五万元以上二十万元以下的罚款。被指定的经营者借此销售质次价高商品或者滥收费用的，监督检查部门应当没收违法所得，可以根据情节处以违法所得一倍以上三倍以下的罚款。

第二十四条　经营者利用广告或者其他方法，对商品作引人误解的虚假宣传的，监督检查部门应当责令停止违法行为，消除影响，可以根据情节处以一万元以上二十万元以下的罚款。

广告的经营者，在明知或者应知的情况下，代理、设计、制作、发布虚假广告的，监督检查部门应当责令停止违法行为，没收违法所得，并依法处以罚款。

第二十五条　违反本法第十条规定侵犯商业秘密的，监督检查部门应当责令停止违法行为，可以根据情节处以一万元以上二十万元以下的罚款。

第二十六条　经营者违反本法第十三条规定进行有奖销售的，监督检查部门应当责令停止违法行为，可以根据情节处以一万元以上十万元以下的罚款。

第二十七条　投标者串通投标,抬高标价或者压低标价;投标者和招标者相互勾结,以排挤竞争对手的公平竞争的,其中标无效。监督检查部门可以根据情节处以一万元以上二十万元以下的罚款。

第二十八条　经营者有违反被责令暂停销售,不得转移、隐匿、销毁与不正当竞争行为有关的财物的行为的,监督检查部门可以根据情节处以被销售、转移、隐匿、销毁财物的价款的一倍以上三倍以下的罚款。

第二十九条　当事人对监督检查部门作出的处罚决定不服的,可以自收到处罚决定之日起十五日内向上一级主管机关申请复议;对复议决定不服的,可以自收到复议决定书之日起十五日内向人民法院提起诉讼;也可以直接向人民法院提起诉讼。

第三十条　政府及其所属部门违反本法第七条规定,限定他人购买其指定的经营者的商品、限制其他经营者正当的经营活动,或者限制商品在地区之间正常流通的,由上级机关责令其改正;情节严重的,由同级或者上级机关对直接责任人员给予行政处分。被指定的经营者借此销售质次价高商品或者滥收费用的,监督检查部门应当没收违法所得,可以根据情节处以违法所得一倍以上三倍以下的罚款。

第三十一条　监督检查不正当竞争行为的国家机关工作人员滥用职权、玩忽职守,构成犯罪的,依法追究刑事责任;不构成犯罪的,给予行政处分。

第三十二条　监督检查不正当竞争行为的国家机关工作人员徇私舞弊,对明知有违反本法规定构成犯罪的经营者故意包庇不使他受追诉的,依法追究刑事责任。

第五章　附　则

第三十三条　本法自1993年12月1日起施行。

中华人民共和国劳动合同法

《全国人民代表大会常务委员会关于修改〈中华人民共和国劳动合同法〉的决定》已由中华人民共和国第十一届全国人民代表大会常务委员会第三十次会议于2012年12月28日通过,现予公布,自2013年7月1日起施行。

第一章　总　则

第一条　为了完善劳动合同制度,明确劳动合同双方当事人的权利和义务,保护劳动者的合法权益,构建和发展和谐稳定的劳动关系,制定本法。

第二条　中华人民共和国境内的企业、个体经济组织、民办非企业单位等组织(以下称用人单位)与劳动者建立劳动关系,订立、履行、变更、解除或者终止劳动合同,适用本法。

国家机关、事业单位、社会团体和与其建立劳动关系的劳动者,订立、履行、变更、解除或者终止劳动合同,依照本法执行。

第三条　订立劳动合同,应当遵循合法、公平、平等自愿、协商一致、诚实信用的原则。

依法订立的劳动合同具有约束力,用人单位与劳动者应当履行劳动合同约定的义务。

第四条　用人单位应当依法建立和完善劳动规章制度,保障劳动者享有劳动权利、履行劳动义务。

用人单位在制定、修改或者决定有关劳动报酬、工作时间、休息休假、劳动安全卫生、保险福利、职工培训、劳动纪律以及劳动定额管理等直接涉及劳动者切身利益的规章制度或者重大事项时，应当经职工代表大会或者全体职工讨论，提出方案和意见，与工会或者职工代表平等协商确定。

在规章制度和重大事项决定实施过程中，工会或者职工认为不适当的，有权向用人单位提出，通过协商予以修改完善。

用人单位应当将直接涉及劳动者切身利益的规章制度和重大事项决定公示，或者告知劳动者。

第五条　县级以上人民政府劳动行政部门会同工会和企业方面代表，建立健全协调劳动关系三方机制，共同研究解决有关劳动关系的重大问题。

第六条　工会应当帮助、指导劳动者与用人单位依法订立和履行劳动合同，并与用人单位建立集体协商机制，维护劳动者的合法权益。

第二章　劳动合同的订立

第七条　用人单位自用工之日起即与劳动者建立劳动关系。用人单位应当建立职工名册备查。

第八条　用人单位招用劳动者时，应当如实告知劳动者工作内容、工作条件、工作地点、职业危害、安全生产状况、劳动报酬，以及劳动者要求了解的其他情况；用人单位有权了解劳动者与劳动合同直接相关的基本情况，劳动者应当如实说明。

第九条　用人单位招用劳动者，不得扣押劳动者的居民身份证和其他证件，不得要求劳动者提供担保或者以其他名义向劳动者收取财物。

第十条　建立劳动关系，应当订立书面劳动合同。

已建立劳动关系，未同时订立书面劳动合同的，应当自用工之日起一个月内订立书面劳动合同。

用人单位与劳动者在用工前订立劳动合同的，劳动关系自用工之日起建立。

第十一条　用人单位未在用工的同时订立书面劳动合同，与劳动者约定的劳动报酬不明确的，新招用的劳动者的劳动报酬按照集体合同规定的标准执行；没有集体合同或者集体合同未规定的，实行同工同酬。

第十二条　劳动合同分为固定期限劳动合同、无固定期限劳动合同和以完成一定工作任务为期限的劳动合同。

第十三条　固定期限劳动合同，是指用人单位与劳动者约定合同终止时间的劳动合同。

用人单位与劳动者协商一致，可以订立固定期限劳动合同。

第十四条　无固定期限劳动合同，是指用人单位与劳动者约定无确定终止时间的劳动合同。

用人单位与劳动者协商一致，可以订立无固定期限劳动合同。有下列情形之一，劳动者提出或者同意续订、订立劳动合同的，除劳动者提出订立固定期限劳动合同外，应当订立无固定期限劳动合同：

（一）劳动者在该用人单位连续工作满十年的；

（二）用人单位初次实行劳动合同制度或者国有企业改制重新订立劳动合同时，劳动者在该用人单位连续工作满十年且距法定退休年龄不足十年的；

（三）连续订立二次固定期限劳动合同，且劳动者没有本法第三十九条和第四十条第一项、第二项规定的情形，续订劳动合同的。

用人单位自用工之日起满一年不与劳动者订立书面劳动合同的,视为用人单位与劳动者已订立无固定期限劳动合同。

第十五条　以完成一定工作任务为期限的劳动合同,是指用人单位与劳动者约定以某项工作的完成为合同期限的劳动合同。

用人单位与劳动者协商一致,可以订立以完成一定工作任务为期限的劳动合同。

第十六条　劳动合同由用人单位与劳动者协商一致,并经用人单位与劳动者在劳动合同文本上签字或者盖章生效。

劳动合同文本由用人单位和劳动者各执一份。

第十七条　劳动合同应当具备以下条款:

(一) 用人单位的名称、住所和法定代表人或者主要负责人;

(二) 劳动者的姓名、住址和居民身份证或者其他有效身份证件号码;

(三) 劳动合同期限;

(四) 工作内容和工作地点;

(五) 工作时间和休息休假;

(六) 劳动报酬;

(七) 社会保险;

(八) 劳动保护、劳动条件和职业危害防护;

(九) 法律、法规规定应当纳入劳动合同的其他事项。

劳动合同除前款规定的必备条款外,用人单位与劳动者可以约定试用期、培训、保守秘密、补充保险和福利待遇等其他事项。

第十八条　劳动合同对劳动报酬和劳动条件等标准约定不明确,引发争议的,用人单位与劳动者可以重新协商;协商不成的,适用集体合同规定;没有集体合同或者集体合同未规定劳动报酬的,实行同工同酬;没有集体合同或者集体合同未规定劳动条件等标准的,适用国家有关规定。

第十九条　劳动合同期限三个月以上不满一年的,试用期不得超过一个月;劳动合同期限一年以上不满三年的,试用期不得超过二个月;三年以上固定期限和无固定期限的劳动合同,试用期不得超过六个月。

同一用人单位与同一劳动者只能约定一次试用期。

以完成一定工作任务为期限的劳动合同或者劳动合同期限不满三个月的,不得约定试用期。

试用期包含在劳动合同期限内。劳动合同仅约定试用期的,试用期不成立,该期限为劳动合同期限。

第二十条　劳动者在试用期的工资不得低于本单位相同岗位最低档工资或者劳动合同约定工资的百分之八十,并不得低于用人单位所在地的最低工资标准。

第二十一条　在试用期中,除劳动者有本法第三十九条和第四十条第一项、第二项规定的情形外,用人单位不得解除劳动合同。用人单位在试用期解除劳动合同的,应当向劳动者说明理由。

第二十二条　用人单位为劳动者提供专项培训费用,对其进行专业技术培训的,可以与该劳动者订立协议,约定服务期。

劳动者违反服务期约定的,应当按照约定向用人单位支付违约金。违约金的数额不得超过用人单位提供的培训费用。用人单位要求劳动者支付的违约金不得超过服务期尚未履行部分所应分摊的培训费用。

用人单位与劳动者约定服务期的,不影响按照正常的工资调整机制提高劳动者在服务期期间的劳动报酬。

第二十三条 用人单位与劳动者可以在劳动合同中约定保守用人单位的商业秘密和与知识产权相关的保密事项。

对负有保密义务的劳动者,用人单位可以在劳动合同或者保密协议中与劳动者约定竞业限制条款,并约定在解除或者终止劳动合同后,在竞业限制期限内按月给予劳动者经济补偿。劳动者违反竞业限制约定的,应当按照约定向用人单位支付违约金。

第二十四条 竞业限制的人员限于用人单位的高级管理人员、高级技术人员和其他负有保密义务的人员。竞业限制的范围、地域、期限由用人单位与劳动者约定,竞业限制的约定不得违反法律、法规的规定。

在解除或者终止劳动合同后,前款规定的人员到与本单位生产或者经营同类产品、从事同类业务的有竞争关系的其他用人单位,或者自己开业生产或者经营同类产品、从事同类业务的竞业限制期限,不得超过二年。

第二十五条 除本法第二十二条和第二十三条规定的情形外,用人单位不得与劳动者约定由劳动者承担违约金。

第二十六条 下列劳动合同无效或者部分无效:

(一) 以欺诈、胁迫的手段或者乘人之危,使对方在违背真实意思的情况下订立或者变更劳动合同的;

(二) 用人单位免除自己的法定责任、排除劳动者权利的;

(三) 违反法律、行政法规强制性规定的。

对劳动合同的无效或者部分无效有争议的,由劳动争议仲裁机构或者人民法院确认。

第二十七条 劳动合同部分无效,不影响其他部分效力的,其他部分仍然有效。

第二十八条 劳动合同被确认无效,劳动者已付出劳动的,用人单位应当向劳动者支付劳动报酬。劳动报酬的数额,参照本单位相同或者相近岗位劳动者的劳动报酬确定。

第三章 劳动合同的履行和变更

第二十九条 用人单位与劳动者应当按照劳动合同的约定,全面履行各自的义务。

第三十条 用人单位应当按照劳动合同约定和国家规定,向劳动者及时足额支付劳动报酬。

用人单位拖欠或者未足额支付劳动报酬的,劳动者可以依法向当地人民法院申请支付令,人民法院应当依法发出支付令。

第三十一条 用人单位应当严格执行劳动定额标准,不得强迫或者变相强迫劳动者加班。用人单位安排加班的,应当按照国家有关规定向劳动者支付加班费。

第三十二条 劳动者拒绝用人单位管理人员违章指挥、强令冒险作业的,不视为违反劳动合同。

劳动者对危害生命安全和身体健康的劳动条件,有权对用人单位提出批评、检举和控告。

第三十三条 用人单位变更名称、法定代表人、主要负责人或者投资人等事项,不影响劳动合同的履行。

第三十四条 用人单位发生合并或者分立等情况,原劳动合同继续有效,劳动合同由承继其权利和义务的用人单位继续履行。

第三十五条　用人单位与劳动者协商一致,可以变更劳动合同约定的内容。变更劳动合同,应当采用书面形式。

变更后的劳动合同文本由用人单位和劳动者各执一份。

第四章　劳动合同的解除和终止

第三十六条　用人单位与劳动者协商一致,可以解除劳动合同。

第三十七条　劳动者提前三十日以书面形式通知用人单位,可以解除劳动合同。劳动者在试用期内提前三日通知用人单位,可以解除劳动合同。

第三十八条　用人单位有下列情形之一的,劳动者可以解除劳动合同:

(一) 未按照劳动合同约定提供劳动保护或者劳动条件的;

(二) 未及时足额支付劳动报酬的;

(三) 未依法为劳动者缴纳社会保险费的;

(四) 用人单位的规章制度违反法律、法规的规定,损害劳动者权益的;

(五) 因本法第二十六条第一款规定的情形致使劳动合同无效的;

(六) 法律、行政法规规定劳动者可以解除劳动合同的其他情形。

用人单位以暴力、威胁或者非法限制人身自由的手段强迫劳动者劳动的,或者用人单位违章指挥、强令冒险作业危及劳动者人身安全的,劳动者可以立即解除劳动合同,不需事先告知用人单位。

第三十九条　劳动者有下列情形之一的,用人单位可以解除劳动合同:

(一) 在试用期间被证明不符合录用条件的;

(二) 严重违反用人单位的规章制度的;

(三) 严重失职,营私舞弊,给用人单位造成重大损害的;

(四) 劳动者同时与其他用人单位建立劳动关系,对完成本单位的工作任务造成严重影响,或者经用人单位提出,拒不改正的;

(五) 因本法第二十六条第一款第一项规定的情形致使劳动合同无效的;

(六) 被依法追究刑事责任的。

第四十条　有下列情形之一的,用人单位提前三十日以书面形式通知劳动者本人或者额外支付劳动者一个月工资后,可以解除劳动合同:

(一) 劳动者患病或者非因工负伤,在规定的医疗期满后不能从事原工作,也不能从事由用人单位另行安排的工作的;

(二) 劳动者不能胜任工作,经过培训或者调整工作岗位,仍不能胜任工作的;

(三) 劳动合同订立时所依据的客观情况发生重大变化,致使劳动合同无法履行,经用人单位与劳动者协商,未能就变更劳动合同内容达成协议的。

第四十一条　有下列情形之一,需要裁减人员二十人以上或者裁减不足二十人但占企业职工总数百分之十以上的,用人单位提前三十日向工会或者全体职工说明情况,听取工会或者职工的意见后,裁减人员方案经向劳动行政部门报告,可以裁减人员:

(一) 依照企业破产法规定进行重整的;

(二) 生产经营发生严重困难的;

(三) 企业转产、重大技术革新或者经营方式调整,经变更劳动合同后,仍需裁减人员的;

(四) 其他因劳动合同订立时所依据的客观经济情况发生重大变化,致使劳动合同无法履行的。

裁减人员时,应当优先留用下列人员:

(一) 与本单位订立较长期限的固定期限劳动合同的;

(二) 与本单位订立无固定期限劳动合同的;

(三) 家庭无其他就业人员,有需要抚养的老人或者未成年人的。

用人单位依照本条第一款规定裁减人员,在六个月内重新招用人员的,应当通知被裁减的人员,并在同等条件下优先招用被裁减的人员。

第四十二条　劳动者有下列情形之一的,用人单位不得依照本法第四十条、第四十一条的规定解除劳动合同:

(一) 从事接触职业病危害作业的劳动者未进行离岗前职业健康检查,或者疑似职业病病人在诊断或者医学观察期间的;

(二) 在本单位患职业病或者因工负伤并被确认丧失或者部分丧失劳动能力的;

(三) 患病或者非因工负伤,在规定的医疗期内的;

(四) 女职工在孕期、产期、哺乳期的;

(五) 在本单位连续工作满十五年,且距法定退休年龄不足五年的;

(六) 法律、行政法规规定的其他情形。

第四十三条　用人单位单方解除劳动合同,应当事先将理由通知工会。用人单位违反法律、行政法规规定或者劳动合同约定的,工会有权要求用人单位纠正。用人单位应当研究工会的意见,并将处理结果书面通知工会。

第四十四条　有下列情形之一的,劳动合同终止:

(一) 劳动合同期满的;

(二) 劳动者开始依法享受基本养老保险待遇的;

(三) 劳动者死亡,或者被人民法院宣告死亡或者宣告失踪的;

(四) 用人单位被依法宣告破产的;

(五) 用人单位被吊销营业执照、责令关闭、撤销或者用人单位决定提前解散的;

(六) 法律、行政法规规定的其他情形。

第四十五条　劳动合同期满,有本法第四十二条规定情形之一的,劳动合同应当续延至相应的情形消失时终止。但是,本法第四十二条第二项规定丧失或者部分丧失劳动能力劳动者的劳动合同的终止,按照国家有关工伤保险的规定执行。

第四十六条　有下列情形之一的,用人单位应当向劳动者支付经济补偿:

(一) 劳动者依照本法第三十八条规定解除劳动合同的;

(二) 用人单位依照本法第三十六条规定向劳动者提出解除劳动合同并与劳动者协商一致解除劳动合同的;

(三) 用人单位依照本法第四十条规定解除劳动合同的;

(四) 用人单位依照本法第四十一条第一款规定解除劳动合同的;

(五) 除用人单位维持或者提高劳动合同约定条件续订劳动合同,劳动者不同意续订的情形外,依照本法第四十四条第一项规定终止固定期限劳动合同的;

(六) 依照本法第四十四条第四项、第五项规定终止劳动合同的;

(七) 法律、行政法规规定的其他情形。

第四十七条　经济补偿按劳动者在本单位工作的年限,每满一年支付一个月工资的标准向劳动者支付。六个月以上不满一年的,按一年计算;不满六个月的,向劳动者支付半个月工资的经济补偿。

劳动者月工资高于用人单位所在直辖市、设区的市级人民政府公布的本地区上年度职工月平均工资三倍的,向其支付经济补偿的标准按职工月平均工资三倍的数额支付,向其支付经济补偿的年限最高不超过十二年。

本条所称月工资是指劳动者在劳动合同解除或者终止前十二个月的平均工资。

第四十八条　用人单位违反本法规定解除或者终止劳动合同,劳动者要求继续履行劳动合同的,用人单位应当继续履行;劳动者不要求继续履行劳动合同或者劳动合同已经不能继续履行的,用人单位应当依照本法第八十七条规定支付赔偿金。

第四十九条　国家采取措施,建立健全劳动者社会保险关系跨地区转移接续制度。

第五十条　用人单位应当在解除或者终止劳动合同时出具解除或者终止劳动合同的证明,并在十五日内为劳动者办理档案和社会保险关系转移手续。

劳动者应当按照双方约定,办理工作交接。用人单位依照本法有关规定应当向劳动者支付经济补偿的,在办结工作交接时支付。

用人单位对已经解除或者终止的劳动合同的文本,至少保存二年备查。

第五章　特别规定

第一节　集体合同

第五十一条　企业职工一方与用人单位通过平等协商,可以就劳动报酬、工作时间、休息休假、劳动安全卫生、保险福利等事项订立集体合同。集体合同草案应当提交职工代表大会或者全体职工讨论通过。

集体合同由工会代表企业职工一方与用人单位订立;尚未建立工会的用人单位,由上级工会指导劳动者推举的代表与用人单位订立。

第五十二条　企业职工一方与用人单位可以订立劳动安全卫生、女职工权益保护、工资调整机制等专项集体合同。

第五十三条　在县级以下区域内,建筑业、采矿业、餐饮服务业等行业可以由工会与企业方面代表订立行业性集体合同,或者订立区域性集体合同。

第五十四条　集体合同订立后,应当报送劳动行政部门;劳动行政部门自收到集体合同文本之日起十五日内未提出异议的,集体合同即行生效。

依法订立的集体合同对用人单位和劳动者具有约束力。行业性、区域性集体合同对当地本行业、本区域的用人单位和劳动者具有约束力。

第五十五条　集体合同中劳动报酬和劳动条件等标准不得低于当地人民政府规定的最低标准;用人单位与劳动者订立的劳动合同中劳动报酬和劳动条件等标准不得低于集体合同规定的标准。

第五十六条　用人单位违反集体合同,侵犯职工劳动权益的,工会可以依法要求用人单位承担责任;因履行集体合同发生争议,经协商解决不成的,工会可以依法申请仲裁、提起诉讼。

第二节　劳务派遣

第五十七条　经营劳务派遣业务应当具备下列条件:

(一) 注册资本不得少于人民币二百万元;

(二) 有与开展业务相适应的固定的经营场所和设施;

（三）有符合法律、行政法规规定的劳务派遣管理制度；

（四）法律、行政法规规定的其他条件。

“经营劳务派遣业务，应当向劳动行政部门依法申请行政许可；经许可的，依法办理相应的公司登记。未经许可，任何单位和个人不得经营劳务派遣业务。”

第五十八条　劳务派遣单位是本法所称用人单位，应当履行用人单位对劳动者的义务。劳务派遣单位与被派遣劳动者订立的劳动合同，除应当载明本法第十七条规定的事项外，还应当载明被派遣劳动者的用工单位以及派遣期限、工作岗位等情况。

劳务派遣单位应当与被派遣劳动者订立二年以上的固定期限劳动合同，按月支付劳动报酬；被派遣劳动者在无工作期间，劳务派遣单位应当按照所在地人民政府规定的最低工资标准，向其按月支付报酬。

第五十九条　劳务派遣单位派遣劳动者应当与接受以劳务派遣形式用工的单位（以下称用工单位）订立劳务派遣协议。劳务派遣协议应当约定派遣岗位和人员数量、派遣期限、劳动报酬和社会保险费的数额与支付方式以及违反协议的责任。

用工单位应当根据工作岗位的实际需要与劳务派遣单位确定派遣期限，不得将连续用工期限分割订立数个短期劳务派遣协议。

第六十条　劳务派遣单位应当将劳务派遣协议的内容告知被派遣劳动者。

劳务派遣单位不得克扣用工单位按照劳务派遣协议支付给被派遣劳动者的劳动报酬。

劳务派遣单位和用工单位不得向被派遣劳动者收取费用。

第六十一条　劳务派遣单位跨地区派遣劳动者的，被派遣劳动者享有的劳动报酬和劳动条件，按照用工单位所在地的标准执行。

第六十二条　用工单位应当履行下列义务：

（一）执行国家劳动标准，提供相应的劳动条件和劳动保护；

（二）告知被派遣劳动者的工作要求和劳动报酬；

（三）支付加班费、绩效奖金，提供与工作岗位相关的福利待遇；

（四）对在岗被派遣劳动者进行工作岗位所必需的培训；

（五）连续用工的，实行正常的工资调整机制。

用工单位不得将被派遣劳动者再派遣到其他用人单位。

第六十三条　被派遣劳动者享有与用工单位被派遣劳动者享有与用工单位的劳动者同工同酬的权利。用工单位应当按照同工同酬原则，对被派遣劳动者与本单位同类岗位的劳动者实行相同的劳动报酬分配办法。用工单位无同类岗位劳动者的，参照用工单位所在地相同或者相近岗位劳动者的劳动报酬确定。

“劳务派遣单位与被派遣劳动者订立的劳动合同和与用工单位订立的劳务派遣协议，载明或者约定的向被派遣劳动者支付的劳动报酬应当符合前款规定。”

第六十四条　被派遣劳动者有权在劳务派遣单位或者用工单位依法参加或者组织工会，维护自身的合法权益。

第六十五条　被派遣劳动者可以依照本法第三十六条、第三十八条的规定与劳务派遣单位解除劳动合同。

被派遣劳动者有本法第三十九条和第四十条第一项、第二项规定情形的，用工单位可以将劳动者退回劳务派遣单位，劳务派遣单位依照本法有关规定，可以与劳动者解除劳动合同。

第六十六条　劳动合同用工是我国的企业基本用工形式。劳务派遣用工是补充形式，只能在临时性、辅助性或者替代性的工作岗位上实施。

"前款规定的临时性工作岗位是指存续时间不超过六个月的岗位;辅助性工作岗位是指为主营业务岗位提供服务的非主营业务岗位;替代性工作岗位是指用工单位的劳动者因脱产学习、休假等原因无法工作的一定期间内,可以由其他劳动者替代工作的岗位。"

"用工单位应当严格控制劳务派遣用工数量,不得超过其用工总量的一定比例,具体比例由国务院劳动行政部门规定。"

第六十七条　用人单位不得设立劳务派遣单位向本单位或者所属单位派遣劳动者。

第三节　非全日制用工

第六十八条　非全日制用工,是指以小时计酬为主,劳动者在同一用人单位一般平均每日工作时间不超过四小时,每周工作时间累计不超过二十四小时的用工形式。

第六十九条　非全日制用工双方当事人可以订立口头协议。

从事非全日制用工的劳动者可以与一个或者一个以上用人单位订立劳动合同;但是,后订立的劳动合同不得影响先订立的劳动合同的履行。

第七十条　非全日制用工双方当事人不得约定试用期。

第七十一条　非全日制用工双方当事人任何一方都可以随时通知对方终止用工。终止用工,用人单位不向劳动者支付经济补偿。

第七十二条　非全日制用工小时计酬标准不得低于用人单位所在地人民政府规定的最低小时工资标准。

非全日制用工劳动报酬结算支付周期最长不得超过十五日。

第六章　监督检查

第七十三条　国务院劳动行政部门负责全国劳动合同制度实施的监督管理。

县级以上地方人民政府劳动行政部门负责本行政区域内劳动合同制度实施的监督管理。

县级以上各级人民政府劳动行政部门在劳动合同制度实施的监督管理工作中,应当听取工会、企业方面代表以及有关行业主管部门的意见。

第七十四条　县级以上地方人民政府劳动行政部门依法对下列实施劳动合同制度的情况进行监督检查:

(一) 用人单位制定直接涉及劳动者切身利益的规章制度及其执行的情况;

(二) 用人单位与劳动者订立和解除劳动合同的情况;

(三) 劳务派遣单位和用工单位遵守劳务派遣有关规定的情况;

(四) 用人单位遵守国家关于劳动者工作时间和休息休假规定的情况;

(五) 用人单位支付劳动合同约定的劳动报酬和执行最低工资标准的情况;

(六) 用人单位参加各项社会保险和缴纳社会保险费的情况;

(七) 法律、法规规定的其他劳动监察事项。

第七十五条　县级以上地方人民政府劳动行政部门实施监督检查时,有权查阅与劳动合同、集体合同有关的材料,有权对劳动场所进行实地检查,用人单位和劳动者都应当如实提供有关情况和材料。

劳动行政部门的工作人员进行监督检查,应当出示证件,依法行使职权,文明执法。

第七十六条　县级以上人民政府建设、卫生、安全生产监督管理等有关主管部门在各自职责范围内,对用人单位执行劳动合同制度的情况进行监督管理。

第七十七条　劳动者合法权益受到侵害的，有权要求有关部门依法处理，或者依法申请仲裁、提起诉讼。

第七十八条　工会依法维护劳动者的合法权益，对用人单位履行劳动合同、集体合同的情况进行监督。用人单位违反劳动法律、法规和劳动合同、集体合同的，工会有权提出意见或者要求纠正；劳动者申请仲裁、提起诉讼的，工会依法给予支持和帮助。

第七十九条　任何组织或者个人对违反本法的行为都有权举报，县级以上人民政府劳动行政部门应当及时核实、处理，并对举报有功人员给予奖励。

第七章　法律责任

第八十条　用人单位直接涉及劳动者切身利益的规章制度违反法律、法规规定的，由劳动行政部门责令改正，给予警告；给劳动者造成损害的，应当承担赔偿责任。

第八十一条　用人单位提供的劳动合同文本未载明本法规定的劳动合同必备条款或者用人单位未将劳动合同文本交付劳动者的，由劳动行政部门责令改正；给劳动者造成损害的，应当承担赔偿责任。

第八十二条　用人单位自用工之日起超过一个月不满一年未与劳动者订立书面劳动合同的，应当向劳动者每月支付二倍的工资。

用人单位违反本法规定不与劳动者订立无固定期限劳动合同的，自应当订立无固定期限劳动合同之日起向劳动者每月支付二倍的工资。

第八十三条　用人单位违反本法规定与劳动者约定试用期的，由劳动行政部门责令改正；违法约定的试用期已经履行的，由用人单位以劳动者试用期满月工资为标准，按已经履行的超过法定试用期的期间向劳动者支付赔偿金。

第八十四条　用人单位违反本法规定，扣押劳动者居民身份证等证件的，由劳动行政部门责令限期退还劳动者本人，并依照有关法律规定给予处罚。

用人单位违反本法规定，以担保或者其他名义向劳动者收取财物的，由劳动行政部门责令限期退还劳动者本人，并以每人五百元以上二千元以下的标准处以罚款；给劳动者造成损害的，应当承担赔偿责任。

劳动者依法解除或者终止劳动合同，用人单位扣押劳动者档案或者其他物品的，依照前款规定处罚。

第八十五条　用人单位有下列情形之一的，由劳动行政部门责令限期支付劳动报酬、加班费或者经济补偿；劳动报酬低于当地最低工资标准的，应当支付其差额部分；逾期不支付的，责令用人单位按应付金额百分之五十以上百分之一百以下的标准向劳动者加付赔偿金：

（一）未按照劳动合同的约定或者国家规定及时足额支付劳动者劳动报酬的；

（二）低于当地最低工资标准支付劳动者工资的；

（三）安排加班不支付加班费的；

（四）解除或者终止劳动合同，未依照本法规定向劳动者支付经济补偿的。

第八十六条　劳动合同依照本法第二十六条规定被确认无效，给对方造成损害的，有过错的一方应当承担赔偿责任。

第八十七条　用人单位违反本法规定解除或者终止劳动合同的，应当依照本法第四十七条规定的经济补偿标准的二倍向劳动者支付赔偿金。

第八十八条　用人单位有下列情形之一的，依法给予行政处罚；构成犯罪的，依法追究

刑事责任;给劳动者造成损害的,应当承担赔偿责任:

(一)以暴力、威胁或者非法限制人身自由的手段强迫劳动的;

(二)违章指挥或者强令冒险作业危及劳动者人身安全的;

(三)侮辱、体罚、殴打、非法搜查或者拘禁劳动者的;

(四)劳动条件恶劣、环境污染严重,给劳动者身心健康造成严重损害的。

第八十九条 用人单位违反本法规定未向劳动者出具解除或者终止劳动合同的书面证明,由劳动行政部门责令改正;给劳动者造成损害的,应当承担赔偿责任。

第九十条 劳动者违反本法规定解除劳动合同,或者违反劳动合同中约定的保密义务或者竞业限制,给用人单位造成损失的,应当承担赔偿责任。

第九十一条 用人单位招用与其他用人单位尚未解除或者终止劳动合同的劳动者,给其他用人单位造成损失的,应当承担连带赔偿责任。

第九十二条 违反本法规定,未经许可,擅自经营劳务派遣业务的,由劳动行政部门责令停止违法行为,没收违法所得,并处违法所得一倍以上五倍以下的罚款;没有违法所得的,可以处五万元以下的罚款。

"劳务派遣单位、用工单位违反本法有关劳务派遣规定的,由劳动行政部门责令限期改正;逾期不改正的,以每人五千元以上一万元以下的标准处以罚款,对劳务派遣单位,吊销其劳务派遣业务经营许可证。用工单位给被派遣劳动者造成损害的,劳务派遣单位与用工单位承担连带赔偿责任。"

第九十三条 对不具备合法经营资格的用人单位的违法犯罪行为,依法追究法律责任;劳动者已经付出劳动的,该单位或者其出资人应当依照本法有关规定向劳动者支付劳动报酬、经济补偿、赔偿金;给劳动者造成损害的,应当承担赔偿责任。

第九十四条 个人承包经营违反本法规定招用劳动者,给劳动者造成损害的,发包的组织与个人承包经营者承担连带赔偿责任。

第九十五条 劳动行政部门和其他有关主管部门及其工作人员玩忽职守、不履行法定职责,或者违法行使职权,给劳动者或者用人单位造成损害的,应当承担赔偿责任;对直接负责的主管人员和其他直接责任人员,依法给予行政处分;构成犯罪的,依法追究刑事责任。

第八章 附 则

第九十六条 事业单位与实行聘用制的工作人员订立、履行、变更、解除或者终止劳动合同,法律、行政法规或者国务院另有规定的,依照其规定;未作规定的,依照本法有关规定执行。

第九十七条 本法施行前已依法订立且在本法施行之日存续的劳动合同,继续履行;本法第十四条第二款第三项规定连续订立固定期限劳动合同的次数,自本法施行后续订固定期限劳动合同时开始计算。

本法施行前已建立劳动关系,尚未订立书面劳动合同的,应当自本法施行之日起一个月内订立。

本法施行之日存续的劳动合同在本法施行后解除或者终止,依照本法第四十六条规定应当支付经济补偿的,经济补偿年限自本法施行之日起计算;本法施行前按照当时有关规定,用人单位应当向劳动者支付经济补偿的,按照当时有关规定执行。

第九十八条 本法自 2008 年 1 月 1 日起施行。

附录二　医药商品购销员国家执业标准

一、职业概况

（一）职业名称

医药商品购销员。

（二）职业定义

从事药品采购、销售及咨询服务的人员。

（三）职业等级

本职业共设三个等级，分别为：初级（国家职业资格五级）、中级（国家职业资格四级）、高级（国家职业资格三级）。

（四）职业环境

室内、常温。

（五）职业能力特征

手指、手臂灵活，色、味、嗅、听等感官正常，具有一定的观察、判断、理解、计算和表达能力。

（六）基本文化程度

高中毕业（或同等学力）。

（七）培训要求

1. 培训期限　全日制职业学校教育，根据其培养目标和教学计划确定。晋级培训期限：初级不少于300标准学时；中级、高级不少于200标准学时。

2. 培训教师　培训初级、中级医药商品购销员的教师应具有本职业高级职业资格证书或相关专业初级以上专业技术职务任职资格；培训高级医药商品购销员的教师应具有本专业中级以上专业技术职务任职资格。

3. 培训场地设备　标准教室及必要的教学、实验设备和工具。

（八）鉴定要求

1. 适用对象　从事或准备从事本职业的人员。

2. 申报条件

——初级（具备以下条件之一者）：

（1）经本职业初级正规培训达规定标准学时数，并取得毕（结）业证书。

（2）从事本职业学徒期满。

（3）连续从事本职业2年以上。

——中级（具备以下条件之一者）：

（1）取得本职业初级职业资格证书后，连续从事本职业工作3年以上，经本职业中级正规培训达规定标准学时数，并取得毕（结）业证书。

（2）取得本职业初级职业资格证书后，连续从事本职业工作5年以上。

（3）连续从事本职业工作7年以上。

(4) 取得经劳动保障行政部门审核认定的、以中级技能为培养目标的中等以上职业学校药学专业毕业证书。

——高级(具备以下条件之一者):

(1) 取得本职业中级职业资格证书后,连续从事本职业工作4年以上,经本职业高级正规培训达规定标准学时数,并取得毕(结)业证书。

(2) 取得本职业中级职业资格证书后,连续从事本职业工作7年以上。

(3) 取得高级技工学校或经劳动保障行政部门审核认定的、以高级技能为培养目标的高等职业学校药学专业毕业证书。

3. 鉴定方式　分为理论知识考试和技能操作考核。理论知识考试采用闭卷笔试方式,技能操作考核采用现场实际操作方式。理论知识考试和技能操作考核均实行百分制,成绩皆达60分以上者为合格。

4. 考评人员与考生配比　理论知识考试考评人员与考生配比为1:20,每个标准教室不少于2名考评人员;技能操作考核考评员与考生配比为1:5,且不少于3名考评员。

5. 鉴定时间　各等级的理论知识考试时间均为120min,技能操作考核时间为60min。

6. 鉴定场所设备　理论知识考试场所为标准教室,技能鉴定场所应具备能满足技能鉴定需要的场所,以及实施考核所需的工具和设备。

二、基本要求

(一) 职业道德

1. 职业道德基本知识

2. 职业守则

(1) 遵纪守法,爱岗敬业。

(2) 质量为本,真诚守信。

(3) 急人所难,救死扶伤。

(4) 文明经商,服务热情。

(二) 基础知识

1. 法律法规基本知识

(1) 药品管理法及实施办法。

(2) 药品经营质量管理规范及实施细则。

(3) 消费者权益保护法、反不正当竞争法、产品质量法、劳动法的相关内容。

2. 医药基础知识

(1) 医学基础知识。

1) 人体构成、重要脏器的位置及生理功能。

2) 病原微生物的类别、致病特性。

3) 免疫、抗原、抗体等基本概念。

(2) 药物基础知识。

1) 药物的分类、剂型特点、质量标准及包装标识。

2) 药物体内过程的概念、半衰期的含义和意义。

3) 药物的基本作用及影响作用的因素。

3. 安全知识

(1) 防火、防爆等消防知识。

(2) 安全用电常识。

三、工作要求

本标准对初级、中级、高级的技能要求依次递进,高级别包括低级别的要求。

(一) 初级

职业功能	工作内容	技能要求	相关知识
一、顾客服务	(一) 接待顾客	1. 会用礼貌用语 2. 能与顾客交流,了解顾客需求	1. 社交礼仪知识 2. 行业服务忌语
	(二) 提供服务	1. 能主动、热情、耐心、周到地为顾客服务 2. 能主动为顾客包扎商品及礼品包装	1. 医药商业服务规范 2. 包装知识
二、药品介绍	介绍药品知识	1. 能读解常用药品的通用名、商品名、缩写英文名 2. 能介绍常用药品的适应证、使用方法 3. 能区别处方药与非处方药	1. 药品的通用名、商品名、缩写英文名 2. 常用药品的适应证和使用方法 3. 处方药与非处方药的基本知识
三、药品销售	(一) 销售准备	1. 能按卫生要求清洁营业场所 2. 能按售前操作规程清点、添加药品	药品销售的售前操作规程
	(二) 销售实施	1. 能正确发药、收款、找零 2. 能填制、审核票据 3. 能进行每日销售结算和填写日报表	1. 票据法有关规定 2. 药品销售的售中操作规程 3. 税制票据的种类及票据书写方法
	(三) 销售记录	1. 能记录销售药品的品名、规格、数量、金额等 2. 能收集顾客资料和意见并记录	1. 药品销售的售后操作规程 2. 药品经营的商品流转和凭证管理
四、药品陈列与保管	(一) 药品分类陈列	能按用途、剂型、性质及管理要求分类陈列药品	药品分类知识和有关规定
	(二) 药品保管	1. 能按药品性质保管药品 2. 能做好营业场所、仓库的温、湿度记录及调控	药品保管基本要求

(二) 中级

职业功能	工作内容	技能要求	相关知识
一、顾客服务	(一) 接待顾客查询	1. 能正确接待顾客的查询并做好记录 2. 能正确处理顾客的来函、来电业务并做好记录	1. 咨询服务的类型 2. 医药商业服务知识
	(二) 处理顾客投诉	1. 能正确处理顾客的投诉并做好记录 2. 能处理退换货事件	1. 处理顾客投诉的技巧 2. 顾客投诉的处理原则与流程
二、药品介绍	介绍药品知识	1. 能根据顾客需求推荐药品 2. 能介绍常用药品的作用、用途、不良反应及注意事项 3. 能看懂处方用语	1. 常见病基础知识 2. 常用药品的作用、用途、不良反应及注意事项 3. 处方的结构与处方用语

续表

职业功能	工作内容	技能要求	相关知识
三、药品购销	(一)购进药品	1. 能填报首营品种经营审批表 2. 能签订采购合同 3. 能根据进、销、存动态编制采购计划 4. 能整理、分析、归档供应商资料及购进记录	1. 首营品种的规定 2. 采购合同的种类及签订的注意事项 3. 编制采购计划要点 4. 购进记录的内容及要求 5. 客户档案的内容及要求
	(二)销售药品	1. 能签订销售合同 2. 能整理、分析、归档客户资料及销售记录 3. 能正确进行调价操作	1. 销售合同的种类及签订的注意事项 2. 物价管理的有关规定 3. 谈判基础知识 4. 销售记录的内容及要求
四、药品保管养护	(一)药品的日常养护	1. 能对入库和退回药品进行验收 2. 能进行有效期药品的管理 3. 能进行在库药品的外观检查 4. 能记录质量工作台账和建立养护档案	1. 药品储存养护知识 2. 各类台账的记录要求 3. 药物的理化性质与稳定性
	(二)不合格药品、退货药品的处理	1. 能从药品外观及包装判别假劣药品 2. 能按规定的程序处理不合格药品及退货药品,并形成记录	1. 不合格药品及退货药品的处理规定 2. 药品验收细则
五、经济核算	(一)商业计算	能对销售扣率和利润进行计算	利润计算分解方法
	(二)商品盘点	能正确进行库存盘点和结算	会计核算对经营业务的处理程序
	(三)应收、应付结算	能进行应收、应付的结算操作	应收、应付账款的处理

(三)高级

职业功能	工作内容	技能要求	相关知识
一、药品介绍	推荐、介绍药品	1. 能看懂常用的药品英文名 2. 能对药物的体内过程进行一般介绍 3. 能介绍新上市品种的特点、进行同类药的比较 4. 能根据常见病知识指导合理用药及药物的联合应用	1. 常用药品英文名 2. 常用药物的作用机理及特点 3. 常见病的药物治疗 4. 新上市品种的特点
二、药品营销	(一)市场调研与新品种开发	1. 能设计调研提纲,完成抽样调查工作 2. 能对调查资料进行简单分析,并提出报告 3. 能对客户的质量保证体系、市场能力和资金信用进行评价	1. 市场调研与预测 2. 产品生命周期分析
	(二)销售促进	1. 会应用各种销售促进技巧 2. 能制订促销计划 3. 能分析各种供销渠道并建立协作构架和网络	1. 顾客心理分析 2. 营销策略基本知识 3. 渠道策略基本知识
	(三)商务谈判	1. 能分析谈判僵局的类别和成因 2. 能运用各种方式解决合同纠纷	谈判技巧

续表

职业功能	工作内容	技能要求	相关知识
三、药品保管养护	(一) 药品的特殊保管	1. 能分清马醉药品、精神药品、医疗用毒性药品、戒毒药品及其特殊管理要求 2. 能运用特殊保管方法保管药品	1. 特殊管理药品的有关规定 2. 戒毒药品的有关规定 3. 药品的特殊保管方法
	(二) 药品的重点养护	1. 能分清重点养护的药品类别 2. 能按规定对重点养护的药品进行养护，建立档案	重点养护品种的类别及养护方法
四、经济核算	(一) 库存分析	1. 能合理设置安全库存，确定库存高、低限 2. 能用ABC、量本利等现代分析法进行库存结构分析	商品策略有关基本知识
	(二) 保本保利分析	能进行商品保本保利销售计算	保本保利分析基本知识

四、比　重　表

(一) 理论知识

项目			初级(%)	中级(%)	高级(%)
基本要求	职业道德		5	5	5
	基础知识		20	10	5
相关知识	顾客服务	接待顾客	5	—	—
		提供服务	5	—	—
		接待顾客查询	—	2	—
		处理顾客投诉	—	2	—
	药品介绍	介绍药品知识	30	40	—
		推荐、介绍药品	—	—	45
	药品销售	销售准备	5	—	—
		销售实施	15	—	—
		销售记录	5	—	—
	药品购销	购进药品	—	8	—
		销售药品	—	10	—
	药品营销	市场调研与新品种开发	—	—	15
		销售促进	—	—	10
		商务谈判	—	—	5
	药品陈列与保管	药品分类陈列	8	—	—
		药品保管	2	—	—
	药品保管与养护	药品的日常养护	—	10	—
		不合格药品、退货药品的处理	—	4	—
		药品的特殊保管	—	—	3
		药品的重点养护	—	—	2

续表

项目			初级(%)	中级(%)	高级(%)
相关知识	经济核算	商业计算	—	5	—
		商品盘点	—	2	—
		应收、应付结算	—	2	—
		库存分析	—	—	6
		保本保利分析	—	—	4
合计			100	100	100

(二) 技能操作

项目			初级(%)	中级(%)	高级(%)
技能要求	顾客服务	接待顾客	5	—	—
		提供服务	5	—	—
		接待顾客查询	—	2	—
		处理顾客投诉	—	3	—
	药品介绍	介绍药品知识	35	50	—
		推荐、介绍药品	—	—	55
	药品销售	销售准备	5	—	—
		销售实施	25	—	—
		销售记录	10	—	—
	药品购销	购进药品	—	8	—
		销售药品	—	10	—
	药品营销	市场调研与新品种开发	—	—	15
		销售促进	—	—	8
		商务谈判	—	—	5
	药品陈列与保管	药品分类陈列	10	—	—
		药品保管	5	—	—
	药品保管与养护	药品的日常养护	—	10	—
		不合格药品、退货药品的处理	—	3	—
		药品的特殊保管	—	—	1
		药品的重点养护	—	—	1
	经济核算	商业计算	—	8	—
		商品盘点	—	4	—
		应收、应付结算	—	2	—
		库存分析	—	—	10
		保本、保利分析	—	—	5
合计			100	100	100

项目练习参考答案

第一章　职业道德

项目一　职业道德基本知识

一、判断题

1. √　2. ×　3. ×　4. √

二、选择题

1. D　2. A　3. A　4. B　5. D

项目二　医药商品购销员职业守则

一、判断题

1. √　2. ×　3. ×　4. √　5. ×

二、选择题

1. D　2. C　3. B　4. D　5. B

第二章　医学知识

项目一　医学基础知识

一、判断题

1. ×　2. √　3. ×　4. √　5. ×　6. √
7. √　8. ×　9. ×　10. ×　11. √　12. √
13. ×　14. ×　15. ×　16. ×　17. √
18. ×　19. √　20. ×　21. √　22. √
23. ×

二、选择题

1. C　2. D　3. D　4. B　5. B　6. C　7. A
8. B　9. C　10. D　11. D　12. A　13. B
14. C　15. B　16. A　17. B　18. A　19. D
20. A　21. A　22. C　23. B　24. B　25. D
26. A　27. B　28. D　29. A　30. A　31. C
32. D　33. B　34. B　35. A

项目二　常见疾病介绍

一、判断题

1. ×　2. √　3. ×　4. √　5. ×　6. ×
7. √　8. √　9. √　10. ×　11. ×　12. √
13. ×　14. √　15. √　16. ×　17. √
18. ×　19. ×　20. √　21. ×　22. ×
23. √　24. √　25. ×　26. ×　27. √
28. ×　29. ×　30. √

二、选择题

1. A　2. C　3. B　4. A　5. A　6. D　7. A
8. D　9. A　10. C　11. C　12. D　13. A
14. A　15. A　16. B　17. A　18. D　19. A
20. B　21. C　22. C　23. A　24. D　25. A
26. B　27. A　28. C　29. D　30. A　31. C
32. B　33. A　34. A　35. C　36. D　37. C
38. A　39. D　40. A

第三章　药学知识

第一节　药物基础知识

一、判断题

1. ×　2. √　3×　4. √　5. √　6. ×
7. √　8. √　9. ×　10. √　11. √　12. √
13. ×　14. ×　15. ×　16. √　17. ×
18. ×　19. √　20. √　21. ×　22. ×

二、选择题

1. D　2. A　3. B　4. C　5. A　6. C　7. A
8. B　9. C　10. D　11. C　12. D　13. B
14. D　15. B　16. A　17. C　18. D　19. D
20. C　21. D　22. B　23. D　24. A　25. A
26. C　27. B　28. C　29. D　30. B　31. B
32. C　33. C　34. A　35. C　36. A　37. B
38. A　39. D　40. B　41. A　42. D　43. B
44. C　45. D　46. D

第二节　常用药物介绍

项目一～五(抗生素～抗病毒药)

一、判断题

1. ×　2. √　3. ×　4. ×　5. ×　6. √
7. ×　8. √　9. √　10. ×

二、选择题

1. B　2. D　3. C　4. B　5. B　6. D　7. C
8. A　9. A　10. D　11. B　12. D

项目六　传出神经系统药

一、判断题

1. ×　2. ×　3. ×　4. √　5. √　6. √

二、选择题

1. A　2. D　3. D　4. C　5. C　6. D　7. C
8. B　9. D　10. B　11. D　12. D　13. D

项目七 镇静催眠药

一、判断题

1. √ 2. ×

二、选择题

1. D 2. C 3. B 4. D

项目八 抗癫痫药

一、判断题

1. × 2. √ 3. √

二、选择题

1. B 2. D 3. A 4. B 5. B

项目九 抗精神失常药

一、判断题

1. × 2. √

二、选择题

1. C 2. D 3. D 4. C 5. B 6. B

项目十 抗帕金森病药

一、判断题

1. √ 2. ×

二、选择题

1. D 2. B 3. A 4. B

项目十一 镇痛药

一、判断题

1. × 2. √

二、选择题

1. C 2. D 3. D 4. C 5. C

项目十二 解热镇痛抗炎药

一、判断题

1. × 2. √ 3. ×

二、选择题

1. A 2. D 3. D 4. D 5. B 6. C 7. A 8. D

项目十三 泌尿系统药

一、判断题

1. × 2. √ 3. × 4. √ 5. ×

二、选择题

1. C 2. B 3. D 4. C 5. D 6. D

项目十四 抗高血压药

一、判断题

1. × 2. √

二、选择题

1. D 2. A 3. B 4. D 5. B 6. C 7. A 8. A 9. D 10. B 11. D

项目十五 抗心绞痛药

一、判断题

1. × 2. √

二、选择题

1. B 2. D 3. A 4. D

项目十六 抗心律失常药

一、判断题

1. √ 2. ×

二、选择题

1. C 2. A 3. B 4. B 5. C 6. D 7. C

项目十七 抗慢性心功能不全药

一、判断题

1. × 2. ×

二、选择题

1. B 2. A 3. A 4. B 5. B

项目十八 降血脂药

一、判断题

1. × 2. ×

二、选择题

1. A 2. D

项目十九 血液系统药

一、判断题

1. √ 2. √ 3. ×

二、选择题

1. C 2. A 3. C 4. D 5. B 6. C 7. D

项目二十 消化系统药

一、判断题

1. √ 2. × 3. √ 4. ×

二、选择题

1. D 2. A 3. C 4. D 5. B 6. A 7. D

项目二十一 呼吸系统药

一、判断题

1. √ 2. ×

二、选择题

1. D 2. A 3. C 4. D 5. A 6. C 7. B

项目二十二 抗过敏药

一、判断题

1. √ 2. ×

二、选择题

1. A 2. D 3. C

项目二十三　糖皮质激素类药

一、判断题

1. √　2. ×　3. ×　4. √

二、选择题

1. B　2. B　3. C　4. B　5. D　6. A

项目二十四　降血糖药

一、判断题

1. √　2. √

二、选择题

1. A　2. C　3. A　4. B　5. A

项目二十五　避孕药

一、判断题

1. √　2. √

二、选择题

1. B　2. D

项目二十六　抗甲状腺激素药

一、判断题

1. √　2. ×

二、选择题

1. D　2. D

项目二十七　子宫平滑肌收缩药

一、判断题

1. ×　2. √

二、选择题

1. A　2. A　3. C　4. C

项目二十八　维生素类药物及钙剂

一、判断题

1. ×　2. ×　3. ×　4. ×　5. √

二、选择题

1. B　2. C　3. D　4. D　5. B　6. C

项目二十九　抗寄生虫病药

一、判断题

1. √　2. ×

二、选择题

1. B　2. C　3. D　4. D

项目三十　消毒防腐药

一、判断题

1. ×　2. √

二、选择题

1. A　2. B　3. C　4. C

第四章　顾客服务

项目一　接待顾客

一、判断题

1. √　2. ×　3. √

二、选择题

1. B　2. D

项目二　接待顾客咨询、查询和投诉

一、判断题

1. ×　2. √　3. √　4. √　5. ×　6. ×

二、选择题

1. D　2. D　3. D

项目三　顾客退、换药品的处理

一、判断题

1. ×　2. √　3. ×

二、选择题

1. D　2. C　3. D

第五章　医药商品的购销

项目一　医药商品采购

一、判断题

1. ×　2. ×　3. ×　4. √　5. √　6. √
7. ×　8. √　9. ×　10. √　11. √　12. √
13. ×　14. ×　15. √　16. ×　17. ×

二、选择题

1. C　2. D　3. B　4. D　5. A　6. A　7. C
8. C　9. A　10. A　11. A　12. C　13. C
14. B　15. D

项目二　医药商品销售

一、判断题

1. ×　2. ×　3. √　4. ×　5. √　6. ×
7. √　8. √　9. ×　10. ×　11. ×　12. √
13. √　14. ×　15. √　16. ×　17. √
18. √　19. ×　20. √

二、选择题

1. B　2. D　3. B　4. C　5. C　6. A　7. D
8. B　9. B　10. A　11. D　12. D　13. C
14. B　15. D　16. D　17. B　18. A　19. D
20. B　21. D　22. A　23. D

第六章　药品的保管与陈列

项目一　药品验收与入库

一、判断题

1. √　2. √　3. ×　4. √　5. ×　6. √

二、选择题

1. A　2. C　3. A　4. C　5. C　6. A　7. D　8. D　9. C

项目二　药品储存与养护

一、判断题

1. √　2. ×　3. ×　4. √　5. ×　6. √　7. ×　8. ×　9. √　10. ×

二、选择题

1. A　2. C　3. B　4. B　5. D　6. C　7. A　8. B　9. D　10. D　11. B　12. B　13. D　14. C　15. D　16. D　17. A　18. C　19. B

项目三　药品出库

一、判断题

1. √　2. √

二、选择题

1. D　2. C　3. B

项目四　药品陈列

一、判断题

1. ×　2. √　3. ×　4. ×

二、选择题

1. D　2. A　3. D　4. D

第七章　经济核算

项目一　商业计算

一、判断题

1. √　2. ×　3. ×　4. √

二、选择题

1. D　2. B　3. A　4. B

项目二　药品盘点

一、判断题

1. ×　2. √　3. √　4. ×　5. √

二、选择题

1. C　2. C

项目三　应收、应付结算

一、判断题

1. ×　2. ×　3. √　4. ×

二、选择题

1. B　2. A　3. A　4. C　5. D　6. A　7. D

第八章　消防和安全用电知识

一、判断题

1. √　2. ×　3. √

二、选择题

1. A　2. D　3. C　4. D　5. B　6. D　7. C　8. C